当代旅游研究译丛

生态旅游

（第四版）

〔加拿大〕戴维·A.芬内尔　著
张凌云　马晓秋　译

Ecotourism, fourth edition

商务印书馆
2017年·北京

ECOTOURISM, FOURTH EDITION
David A. Fennell
Original work copyright©2015 David A. Fennell
All Rights Reserved. Authorized translation from English Language edition published by Routledge Inc., part of Taylor & Francis Group LLC.
Copies of this book sold without a Taylor & Francis sticker on the cover are unauthorized and illegal.

本书中文简体翻译版授权由商务印书馆有限公司独家出版并限在中国大陆地区销售。未经出版者书面许可，不得以任何方式复制或发行本书的任何部分。本书封面贴有Taylor & Francis 公司防伪标签，无标签者不得销售。

序

生态旅游一直深受欢迎，因为它可以替代大众旅游，通过有意识地保护自然和推动社区发展，通过教育和学习，通过开展促进对当地生态和社会系统有益的自然活动，实现可持续发展。但这种承诺能在多大程度上得以实现仍然是一个值得探讨的问题。

强调经济、社会和生态的协调有序发展仍然是生态旅游在理论和实践中追求的目标。相对于其他旅游形态，客流量是检验生态旅游的关键指标。影响、保护、可持续、教育和沟通、政策和管理及生态旅游的道德内涵，这些概念都适用于这种世界上最绿色的旅游形态。生态旅游正吸引着越来越多的学者和学生的关注。戴维·A.芬内尔（David Fennell）对生态旅游进行了最权威和最全面的论述，既沿袭了传统的生态旅游理论，也让它成为整个旅游行业中最富有活力的一个部分。本书的内容涵盖了很多主题和地理区域。

本书在前几版的基础上，进行了大量的改编，融入了很多最新的研究成果，更多的实际案例，以及最新相关书籍的观点。本书既可作为对生态旅游感兴趣的学生的入门教材，也可供专业研究人员和从业人员参考。本书新增的章节涉及动物伦理的理论与应用，可持续旅游中的社区发展，以及这方面的教育和学习，进一步丰富了本书内容。本书广泛地适用于地理、经济、商科、伦理学、生物和环境等方面专业学生的学习。

戴维·A.芬内尔是加拿大安大略省布鲁克（Brock）大学的旅游管理学教授。其著作还有《旅游与动物伦理》《旅游伦理》和《生态旅游项目规划》。戴维同时还是《生态旅游杂志》的创始主编。

序

"戴维·A.芬内尔的第四版《生态旅游》已经成为这方面的指南，没有一本书像本书那样透彻和全面地介绍生态旅游的研究和实践，包括生态旅游的历史、理论和理念。芬内尔在这方面是先驱者，他追踪和记录了生态旅游很多成功和失败的经历，并且多年来让生态旅游成为行业热议的话题。对于那些想要寻求和理解生态旅游对社区经济发展和生态系统的意义和价值的人来说，这是一本非常重要的文献。"

——美国得克萨斯州农工（A&M）大学阿曼达·斯庄扎（Amanda Stronza）博士

"芬内尔抓住了生态旅游的核心，那就是强调伦理需求、自然历史和与可持续发展更深入的互动。他的理论研究方法和哲学基础，还有对与生态旅游相关的各方面问题的思考，都有助于读者更有效地把理论与实践结合起来。《生态旅游》第四版仍然是这一领域的学生、学者和业者的必读文献之一。"

——南非约翰内斯堡大学和芬兰奥卢（Oulu）大学亚尔科·萨里宁（Jarkko Saarinen）教授

"戴维·A.芬内尔最近这本关于生态旅游的书是一本大师级杰作，用三个简单易懂的部分就说清了一个非常复杂高深的话题，这简直无可比拟。这本书是所有与生态旅游有关的人士的必读书，我相信这会成为业内的经典读物。"

——澳大利亚埃迪斯·科文（Edith Cowan）大学罗斯·道林（Ross K. Dowling）教授

前　言

从早年就开始生态旅游研究的一个好处就是我能获得很多第一手资料并近距离地观察它的发展。20世纪80年代后期，生态旅游被视为某些以自然体验为基础的特色目的地的发展机遇。观鸟者和科学家是这个市场的典型代表，生态旅游者的特点是：与某些保护组织有关系，有充足的装备能让自己更好地捕捉到这类旅游的体验，经常像生态旅游者那样旅行，而且他们在目的地逗留时间长，普遍受过良好的教育，经济状况良好，并且他们的旅游需求总有点与众不同。生态旅游（生态"eco"是生态学ecological的缩写）也给了保护主义者一个平台，让他们能有效地转变整个旅游行业给生态和社会文化带来负面影响的形象。这种旅游形态的诱人之处在于它把可持续发展和媒体关注扩展到了很多新的地方，让那些基本处于未开发状态的区域能从这种新的替代旅游中获得市场机会。当前这种需求的增长给很多商家带来了机会。这些商家利用自己所在地的资源开发一些小规模包价生态旅游产品，他们可以不必与大型旅游机构绑在一起。显然，生态旅游的需求与供给在如此短时间内的增长也同时伴生了一些非常严重的理念和实践不一现象，这也成了生态旅游研究和实践中老生常谈的问题。例如，阿伦（Arlen，1995）在介绍她在秘鲁雨林里的体验时冷静地写到，生态旅游已经到了其发展过程中的一个关键转折点。她提到旅游者要忍受在有人体排泄物的水里游泳，导游抓着树懒和凯门鳄让游客照相，未经处理的垃圾被直接倒入海里，为了躲避观豹游客的骚扰，母豹甚至把自己的幼崽杀死。生态旅游在这里无序地野蛮发展。很多作者也在自己的书中记录下了相同的经历。法夸尔森

前　言

（Farquharson，1992）认为生态旅游是一个已经严重褪色的梦想。她在书中写到，观鸟曾如此流行，生态旅游已大批量地占据了像坎昆这样的超大型度假区，"生态旅游"这个词像变色龙一样已经变了颜色。生态学者提出这个概念的初衷是要积极有效地防止环境遭到破坏，而现在生态旅游已经成为旅游开发商的营销噱头，用来推广清洁的海滩、多鱼的海水和一点点的文化体验，让那些对日光浴略感厌倦的人有些不同的感受（Farquharson，1992：8）。因此，大众旅游业者已经开始用自己定义的生态旅游把这个概念资产化也就不足为奇了。这种市场更大、概念更软化的生态旅游，相比原本传统的生态旅游来说，少了对生态系统的认知和敏感。

启动这本书的另一个触动原因是现在大量出现的有关生态旅游的资料文献。在第四版中，我们借鉴参考了超过 200 篇文章的内容，使这个话题能与时俱进。大部分文章来自《生态旅游杂志》——这个领域的唯一一本国际刊物，不断推出的文章也让我们把对生态旅游的思考引向更新和更多元的方向。这些文章中，有些来自生态旅游或旅游行业以外，跨学科的研究对于生态旅游理论的发展是非常重要的，对生态旅游理论如何向实践转化同等重要。

除了大量新增参考文献外，本版还介绍了一个新的理论框架。这种改变是双向的，首先它让我能更好地组织整本书的内容，其次也是最重要的是，新的框架能让学生有一个更清晰的学习路径，即把学习重心放在：1. 认清生态旅游的基础；2. 定义生态旅游的核心标准；3. 第三部分汇总了与生态旅游理论与实践有关的主要观点。

目　录

插图 ··· vii
图 ··· ix
表 ··· xi
案例研究 ··· xiii

第一部分　生态旅游的本质

第 1 章　生态旅游的性质 ··· 3
第 2 章　生态旅游者 ·· 25

第二部分　定义生态旅游的核心标准

第 3 章　以自然为基础 ··· 47
第 4 章　可持续性（一）：当地社区的参与和收益 ························ 76
第 5 章　可持续性（二）：保护 ··· 102
第 6 章　学习 ··· 134
第 7 章　道德要求 ··· 162

第三部分　生态旅游的重要议题

第 8 章　生态旅游对社会文化和生态的影响 ································ 201

目　录

第9章　生态旅游市场营销对经济的影响 …………………………… 233
第10章　开发、管理与政策 …………………………………………… 267
第11章　项目规划 ……………………………………………………… 301
第12章　总结 …………………………………………………………… 328

附录：生态旅游魁北克城市宣言 ………………………………………… 336
参 考 文 献 ……………………………………………………………… 344
后　　　记 ……………………………………………………………… 407

插　　图

1.1　墨西哥坎昆的旅游开发 ································· 8
1.2　替代旅游（AT）有很多形式，包括由当地
　　 人控制的小型休闲渔业企业 ························· 10
1.3　玛雅遗址：墨西哥尤卡坦半岛外围地区的
　　 主要景观 ··· 23
2.1　生态旅游者在寻鲸 ······································ 34
2.2　生态旅游者在学习干燥热带雨林的自然历史 ··· 35
2.3　观鸟是一种吸引有经验和无经验的生态旅游者的活动 ··· 36
2.4　导游在学习过程中起到了重要的作用 ············ 42
3.1　划独木舟一直是北美探险类活动的主流 ········ 53
3.2　去海滩是 NBT 的一种形式 ························· 54
3.3　对一些旅游者来说文化是主要的吸引力，但对于其他
　　 旅游者来说只是附属于整体体验的一个次要特征 ········ 63
3.4　生态旅游项目可能包括在独特环境中的探险元素，但
　　 这就是生态旅游吗？ ·································· 68
5.1　在加拿大西海岸，环保主义者与伐木工较量后保存下来
　　 的大树吸引了大量的生态旅游者 ················· 114
5.2　很多荒野地区同时具有自然和文化遗产价值。加拿大
　　 萨斯喀彻温省清水河省立公园的岩画是当地土著在几
　　 百年前刻画上去的 ···································· 114

5.3　萨斯喀彻温清水河公园的荒野。该公园以独木舟和徒步著称 ·········· 115

5.4　追踪鲨鱼的装置 ··· 119

5.5　给一条绞口鲨植入追踪器 ·· 120

6.1/6.2　有经验的外语讲解员是生态旅游体验的中心 ························· 143

6.3　a. 生态屋的建设没有统一通用的风格。很多涉及生态住宿
　　 的问题是它有多"绿色"以及所有权的类型（外资和跨国
　　 集团拥有，还是当地人拥有）；b. 外资生态住宿地的一个
　　 例子，与环境相比，它显得格格不入（人工处理的草坪等）········· 155

7.1　美洲豹被一天 24 小时锁住成为一个生态旅游景点 ····················· 168

7.2　海龟产卵的季节，旅游者和当地居民都必须非常小心
　　 不去打扰母龟，包括给它们足够的空间 ···································· 169

8.1　野外生存者应明智地利用自然界现有的宿营地 ·························· 216

8.2　公园使用者对环境的影响有很多形式 ······································· 217

8.3/8.4　不要打扰植物和动物，应让它们自由共存 ··························· 218

9.1　在加拿大新斯科舍（Nova Scotia）的布雷顿角岛
　　 （Cape Breton），马克斯船长是最受欢迎的观鲸船长，
　　 也是最成功的一位船长 ··· 257

10.1　加拿大新布伦瑞克圣安德鲁斯的观鲸 ······································ 278

10.2　小须鲸离开圣安德鲁斯 ··· 279

11.1/11.2　无论生态旅游发生在什么地方，运营商和导游
　　 都必须重视参加者对价值的需求 ··· 307

11.3/11.4　生态旅游者需要离得足够近去观察和拍照 ························ 313

图

1.0	生态旅游的结构	1
1.1	生态旅游的硬性和软性元素	15
1.2	生态旅游的连续体：操作型到严格意义的生态旅游	18
2.1	动机模型	27
2.2	生态旅游者的软性和硬性元素	40
3.0	生态旅游的结构	46
3.1	人与鱼互动娱乐中的人类优先性与活动	57
3.2	基于野生动物的旅游	59
3.3	旅游包价的风险等级	66
3.4	旅游活动范围图	66
3.5	ACE 旅游	68
4.1	可持续旅游的原则	82
4.2	可持续旅游的程度	86
4.3	旅游关系	87
5.1	公园作用的发展	109
6.1	生态旅游住宿连续体	157
7.1	交互利他主义	163
7.2	道德哲学框架	166
7.3	资源保护与开发的特征	170
7.4	伦理三角模型	175

7.5	生态旅游组织文化中的道德发展	176
7.6	乡村规范	179
7.7	南极道德规范示例	181
8.0	生态旅游的结构	200
8.1	对休闲场地的影响	215
8.2	旅游区生命周期	222
8.3	可持续生态旅游变化周期？	227
8.4	基于环境的旅游规划框架	229
9.1	进口引致漏损	235
9.2	环境资产的经济价值分类	240
9.3	通过市场定位实现机构目标的流程	258
11.1	娱乐业与旅游业中的游客满意度	303
11.2	旅游业与娱乐业的规划	305
11.3	可持续住宿设施的评价标准	324

表

1.1 替代旅游（AT）战略带来的潜在收益 ········· 9
1.2 比较几种生态旅游和自然旅游的定义 ········· 19
2.1 景点和收获对加拿大旅游者和生态旅游者的相对重要性 ········· 31
3.1 新西兰的商业生态旅游企业提供的探险、
文化和生态旅游的体验 ········· 69
4.1 可持续旅游的核心指标 ········· 80
4.2 具体生态系统的指标 ········· 81
4.3 对本土化敏感的生态旅游者行为准则 ········· 98
5.1 保护区管理的分类 ········· 117
5.2 保护区面临的共同问题 ········· 125
5.3 私人保护区的类型 ········· 131
6.1 生态导游计划的收效 ········· 138
6.2 土著文化对野生动物的解说系统原则 ········· 150
6.3 传统住宿与生态住宿 ········· 152
7.1 伦理导向：一种比较 ········· 173
7.2 旅游业的特殊伦理问题 ········· 173
7.3 环境公正的主要概念 ········· 178
7.4 生态旅游认证费 ········· 190
8.1 旅游和环境压力的研究框架 ········· 208
9.1 NBT 收费政策的指导原则 ········· 238

9.2	营销中介的优势与劣势	262
9.3	旅游业弱化营销的措施与保护区管理的探讨	265
10.1	社区介入旅游的机制安排	275
10.2	旅游政策法规的创新之处	293
10.3	政策执行框架	295
10.4	澳大利亚国家生态旅游战略目标	297
11.1	项目规划的重要方面	305
11.2	为什么需要进行评估？	311
11.3	一般资源普查	314
11.4	鹅山国家公园的 SWOT 分析	315
11.5	项目设计矩阵	317
11.6	风险管控概要	320
11.7	麦肯齐和斯梅尔策有关项目规划研究和开发周期的几个步骤	323
11.8	服务体验建设	326

案例研究

3.1 得克萨斯州的自然旅游 ······ 50
3.2 美国的自然旅游 ······ 50
3.3 加拿大育空的荒野旅游与设施 ······ 61
3.4 城市生态旅游 ······ 72
4.1 奥地利的可持续旅游与绿色乡村 ······ 84
4.2 生态旅游和帝王蝶 ······ 92
5.1 苏格兰设德兰岛的自然历史旅游 ······ 103
5.2 最后山湖国家野生动物保护区 ······ 112
5.3 非洲的大猩猩旅游 ······ 126
6.1 格雷洛克格伦生态旅游度假区 ······ 154
7.1 伦理问题：经营者、当地居民和旅游者 ······ 167
7.2 南极的生态旅游 ······ 183
8.1 加拉帕戈斯群岛的生态旅游 ······ 223
8.2 墨西哥玛雅腹地的命运 ······ 231
9.1 澳大利亚宁格鲁的鲸鲨 ······ 246
10.1 加拿大的观鲸规定 ······ 277
10.2 非政府组织的亮点：国际保护组织 ······ 282
10.3 卡卡杜的抗争 ······ 286

第一部分

生态旅游的本质

本书分为三部分（见图1.0）。第一部分讨论生态旅游的本质以及它与其他类型旅游的差别，另外也深入分析一下生态旅游者。第二部分重点介绍定义生态旅游的核心标准。第三部分重点探讨在生态旅游理论和实践中比较重要的议题。

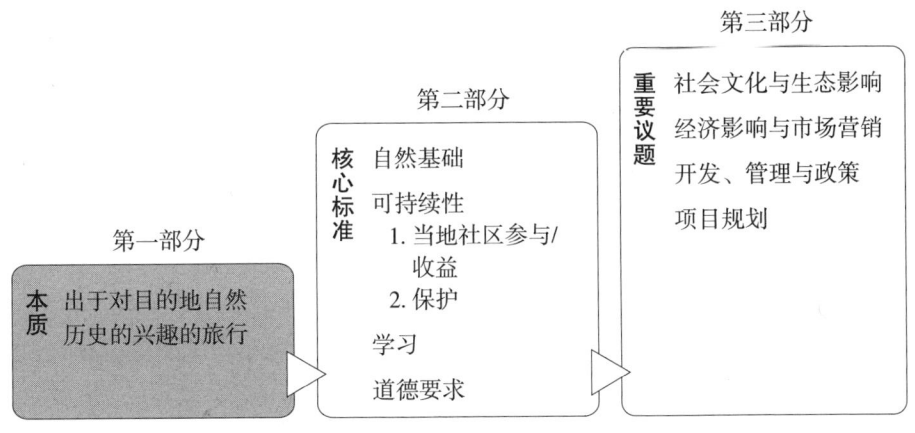

图1.0　生态旅游的结构

第一部分讨论生态旅游的本质，或者说生态旅游的性质。我认为这类旅行的最主要特征是出行的主要动机是出于对目的地自然历史的兴趣。在这方面的探索中，我最近发现关注生物学和自然历史方面的文章是很有帮助的（Fennell，2012d）。自然历史是自然科学的一个分支，侧重观察而不是实验。

第一部分 生态旅游的本质

巴塞洛缪（Bartholomew，1986：326）指出："自然历史学生或自然学者是通过直接观察动物和植物研究这个世界"。持同样观点的威尔科夫和艾斯纳（Wilcove & Eisner，2000）认为自然历史是广义地观察各种有机物，包括这些物种的进化和行为模式，以及这些物种和其他物种之间的相互关系。

从这个意义上讲，生态旅游者可以被视为自然历史方面的学者，他们的旅游动机更注重观察有机体在环境中的作用和功能，更投入的人（严格意义上的生态旅游者）可以通过非常有耐心地观察满足这方面的需求。进一步讲，把生态旅游者定义为自然学者比定义为生态学者更恰当，因为前者更注重观察而后者更注重实验（见 Schmidley，2005，关于自然历史研究需要更科学和更有理论依据的讨论）。自然历史及践行者会涉及以下领域：植物学、普通生物学、地理学、古生物学和动物学。因此，这个意义上的生态旅游者就是那些对这类吸引物感兴趣的人而不仅仅是对野生动物感兴趣的野生动物旅游者。对于想要区分生态旅游和野生动物旅游的学者来说，后面的内容可能会有帮助。

第一部分包括两章，第1章重点分析生态旅游的本质，特别是把生态旅游作为一种特殊的旅游形态与其他各类旅游加以比较分析。在这一章我们要深入探究生态旅游的源起，分析以往关于生态旅游的各种定义，还会讨论旅游的大众形式和替代形式。第2章重点分析生态旅游者，特别是分析这类旅游者与其他类型旅游者的区别，包括旅游动机、旅游期望值和行为。

关于生态旅游到底是不是一个独特的市场，其讨论会很冗长，涉及生态旅游的很多核心衡量标准，包括：1. 生态旅游的自然基础；2. 从保护的角度看生态旅游的可持续性要素；3. 从当地社区参与和收益方面看可持续性的人文要素；4. 学习和教育是生态旅游体验的一部分；5. 道德需求。

第1章 生态旅游的性质

本章将讨论旅游业的结构，侧重于讨论景点作为旅游体验的基础组成部分。不论大众旅游还是替代旅游（AT），其核心都是以探索为目的，用不同的方式进行旅游规划、开发和管理。作为替代旅游的一种，我们开始介绍生态旅游及其定义，重点探讨生态旅游的源起，即生态旅游的发展历程。我们通过讨论生态旅游与其他旅游形式的区别，引出生态旅游的主要界定标准。这方面的讨论为我们下一章分析生态旅游者做了铺垫。

旅游

作为世界上最大的产业之一，旅游业与世界经济的很多主要产业密切相关联。约曼等人（Yeoma et al., 2006）曾在书中提到，在过去的半个世纪里，旅游业的年平均增长速度是6.6%，国际旅游者从1950年的2500万增长到2002年的7000万。2012年，国际旅游者人数已经从2011年的9.95亿增长到10.35亿（WTO，2013）。具体说到我们更关注的生态旅游，1950年全球前五大旅游目的地（在欧洲和北美）占世界旅游市场71%的份额，而到2002年其份额仅35%。约曼等人在书中把这种变化归因于人们对新目的地的渴求，这种需求同样也刺激了亚洲、非洲、中东和太平洋地区的新目的地的发展。

旅游业涵盖范围的广度使之非常难以定义，因为它严重依赖第一、二、三产业的生产和服务水平，实际上它与国计民生、社会文化和环境都丝丝相扣、密切交织。《经济学人》杂志1991年某期曾这样描述这个行业的复杂性：

关于旅游业的构成现在还没有一个能得到普遍接受的定义，任何定义都或夸大或低估了这种经济活动。最简单的定义认为，这个产业是让人离开居住地到其他地方（然后再返回居住地），并在这期间提供住宿和餐饮服务的行业。但这个定义其实说明不了什么。所有餐厅的营业额都被计入旅游业收入，所以这个数字被当地居民的消费托得虚高了很多。但如果把餐厅的营业额完全扣除显然也是错误的。

克劳森和尼奇（Clawson & Knetsch, 1984）及米切尔（Mitchell, 1984）认为，由于旅游与社会经济体系如此紧密地关联与渗入，定义旅游业变得异常复杂。旅游研究在哲学观念、研究方法和研究动机方面往往大相径庭。众多的旅游定义中，每个都带有某个学科的烙印，反映出的研究动机也各不相同。例如，旅游与娱乐休闲研究有很多共同的理论基础和类似的特征。在扬森-弗比克（Jansen-Verbeke）和戴特沃斯特（Dietvorst, 1987）看来，"休闲"、"娱乐"和"旅游"这几个词具有一定的共通性，都是强调活动体验的。而经济学和统计学角度的定义则往往忽略人的体验要素，更重视人的跨边境移动以及这种移动所带来的花费。

旅游与很多学科关系密切，包括心理学、社会学、人类学、地理学和经济学，因此定义旅游变得非常复杂。不过尽管旅游与这些学科都有很强的依附性，仍有很多学者认为旅游是一门独立的学科，利珀（Leiper, 1981）就是其中的一位。利珀认为我们研究旅游应基于这个产业的结构，认为这个产业是由相互关联的五大要素构成的，即：1. 一个移动的人；2. 客源地；3. 移动区域；4. 目的地；5. 旅游产业。这个定义与马西森和沃尔（Mathieson & Wall, 1982）的提法很类似，后者认为旅游是由三个基础要素构成的，即：1. 移动要素，即向一个选定目的地的移动；2. 静止要素，即要在一个目的地逗留一段时间；3. 前两个要素结合的结果，即旅游者直接或间接带来的经济、社会和自然系统的影响。其他定义还包括米尔和莫里森（Mill & Morrison）的定义。他们认为旅游是相互关联的各要素构成的一个系统，这个系统像个蜘蛛网，牵一发而动全身（Mill & Morrison, 1985：xix）。这个系统中有四个主要组成部分，即：市场（接近客源）、旅行（购买旅行产品）、目的地（旅游需求的形态）和营销（旅行的销售）。

由于认识到定义旅游是非常困难的，史密斯（Smith, 1990a）认为比较现实的做法是接受现有的各种定义，因为不同的定义服务于不同的目的。这是最现实的办法。本书对旅游的定义是，它是指一个由旅游者和相关服务设施（住宿、景区、交通等）组成的相互关联的系统，这些相关设施是帮助旅游者实现位移和旅游体验的。根据世界旅游组织的定义，旅游者是指出于愉悦身心的目的旅行并在外逗留一晚以上，但不超过一年的个人。国际旅游者是指离开自己的国家，到其他国家逗留不超过6个月，其主要目的是观光并且在目的地进行不以获得报酬为目的的活动的个人。

旅游景点

旅游业包括很多要素，旅游者依靠这些要素在目的地满足他们的需求。广义地说，这些要素包括各类设施，如住宿、交通、景区等。尽管进一步的深入讨论已经超出了本书的范围，不过深入地分析旅游景点仍有必要，因为它是旅游体验的基础要素。按格德纳等人（Goeldner et al., 2000）的观点，旅游景点可以大体分为文化类（如历史遗迹、博物馆）、自然类（如公园、动植物）、节庆类（如节日、宗教活动）、休闲类（如高尔夫、徒步）和娱乐类（如主题公园、电影院）。以往的旅游研究更多地关注对旅游景区的理解，以及它是如何影响旅游者的，而不是把它作为旅游产业的一部分。正如冈恩（Gunn）指出的，"它们（景点）是到某个目的地旅游的主要理由"（1972：24）。

麦克内尔（MacCannell）把旅游景点形容为，"一个旅游者、一个旅游地和一个标记之间的经验主义关系"（1989：41）。旅游者指人的要素，旅游地指目的地或物质实体，标记指旅游者认知某个景区或对其赋予意义的相关信息。不过刘（Lew, 1987）有不同的看法，他认为以旅游者-旅游地-标记的模式，基本上任何事物都可以被称为景点，甚至包括服务和设施。刘更强调景点的主观和客观的特征，认为研究人员应该从以下三个方面去分析景点：

1. 表意性：某个地点的具体、独有的特征，包括这个地点的个性化的名称和所属的小区域，这是旅游研究中最常见的景点形式。
2. 组织性：重点不是景点本身，而是其空间承载力和时间性。数据曲线走势取决于景点所涵盖的区域规模。

3. 认知性：一个地方带给旅游者的感觉，景点是指那些能引起人们相关感受的地方，这些感受包括"内在感"和"外在感"（Relph，1976），以及麦克内尔（1989）所说的地区前台和后台的真实性。

利珀（1990：381）根据麦克内尔的模型进一步形成了一个系统定义，即：

一个旅游景点是对以下三个要素进行系统化的组合安排：一个有旅游需求的人，一个核心（此人要到访的任何一个地方的任何特征）和至少一个标记（关于这个核心的信息）。

利珀所采用的方法也得到了冈恩（Gunn，1972）研究的印证，后者在文章中用很长的篇幅说明景点在旅游研究中的重要性。冈恩引入的旅游景点模型包括三个不同的地带：1. 核心，即景点的核心；2. 缓冲带，即核心需要的周边空间地带；3. 闭合区，即包括旅游基础设施（如卫生间、信息中心等）的区域。冈恩认为任何一个景点如果缺少以上三个要素中的任何一个都是不完整的，而且难以管理。

有些学者，包括皮尔斯（Pearce，1982）、冈恩（1988）和利珀（1990），认为景点有不同的规模层次，小到一个具体的物件，大到整个国家。这种规模的巨大差异使景点研究更加复杂。因此，景点核心和景点外围是共同存在的，在不同的地区，在地区之间，其界定更多地取决于到访的旅游者的类型。在固定的空间中，随着时间的推移，到访景点的旅游者和旅游者团体的数量和类型逐渐形成了一个细分群体，一个度假目的地中的某个常被旅游者占据的区域。通过对时间、空间和其他行为要素的分析，人们根据旅游者对目的地的选择和利用对旅游者进行了分类。人们可以通过旅游团对景点类型的选择，以及在不同类目的地的逗留时间和花费，对旅游者进行区分（见 Fennell，1996）。对于旅游产业来说，这意味着一个地区要尽可能让自己多元化，提供多种不同的旅游体验。例如，一个目的地因认识到吸引各类旅游者的重要性和市场机会，这个目的地可能会努力让自己既能满足一般游客的需求，也能满足寻求文化和自然体验的游客的需求，不论这个目的地处于城市、乡村还是荒野。

景点也被描述为一个固定的物质实体，这个实体具有一定的文化或自然形态（Gunn，1988）。自然形态的景点会吸引一些特定的旅游者，如野生动物旅游（见 Reynolds & Braithwaite，2001）和生态旅游（见 Page & Dowling，

2002)。例如，对于一个观鸟者来说，某种鸟类就是其最大的吸引力和追寻目标。一个比较极致的例子就是苏格兰设德兰的赫曼内斯（Hermaness）国家自然保护区的一只候鸟信天翁可能会吸引大批观鸟者。信天翁是观鸟者主要的吸引物，而赫曼内斯是一个载体（吸引物集群），它是主要吸引物（鸟）的一个代表。自然景观可能会在时间和空间转移，其吸引力可能以秒计、以小时计、以天计、以周计、以月计、以季计或以年计。对于追逐这种体验和景观的旅游者，他们的转移可能是非常具有挑战的。

大众旅游和替代旅游：相互竞争的模式

旅游很嘈杂而且常受到指责，因为它具有对目的地的物质上的转变能力。以前旅游能为一个地方提供长期发展的机会，后来它对目的地的生态和社会的干扰超越了它的其他功效。尽管也有很多案例说明旅游对发达国家也同样具有各种影响，但绝大多数相关文章还是记载着旅游对发展中国家的负面影响。例如，扬（Young，1983）在文章中记录了马耳他如何从原来的一个小渔村发展成为一个旅游发达的目的地。随着时间的推移，越来越复杂的交通系统和度假村的开发，旅游者带来的社会影响淹没了整个地区。

现在我们会更自然地去指责传统大众旅游，把它当成洪水猛兽，当成对目的地居民和自然资源不可饶恕的恶魔。最终，人们对大众旅游的批评焦点基于这样的事实，即它统治了旅游行业，无视目的地本地差异化，大众旅游者虽然逗留在目的地但在当地的花费非常少。酒店和大型度假村往往成为某地区大众旅游的主流代表，这些酒店和度假村内几乎没有任何当地的产品，对当地的特色食品需求很少，这一切都是为了迎合大城市人的喜好。酒店的营销努力带来大批量的游客，而这些游客的大量涌入也往往是季节性的。季节性的结果是酒店对当地人的雇用也往往是季节性的，完全是随着游客数量的变化而起伏。旺季时高密度人流的集中让当地人完全脱离了自己原来的谋生方式（见Young，1983），成为游客的佣人。最后，景点也都围绕着这些游客密集地区建设，完全为了迎合这些游客的需求。这些景点已经将自然和文化资源完全商业化，其结果是景点有很重的人为设计元素而失去了真实性，如一些主题文化节庆。

第一部分 生态旅游的本质

插图 1.1 墨西哥坎昆的旅游开发

上面描述的大众旅游至少说明了一点，即旅游业的经营目的不是出于当地居民和当地资源的利益的。这一点被20世纪80年代的很多旅游研究所印证，这些文章普遍看好一种新型的、对社会和生态有更良性作用的大众旅游的替代形式。克里彭多夫（Krippendorf，1982）认为替代旅游（AT）——与传统大众旅游相反的一种旅游形式——背后的哲学是要确保旅游政策不再以经济和实际操作为重心，而要重视未被污染的环境和当地居民的利益需求。这种"较软性"的方法把自然和文化资源前置到了旅游规划和开发的阶段，而不是事后的补救。替代旅游也在弱化外部因素对旅游开发的影响，让当地政府自己监控旅游项目并参与开发，在关键的问题上赢回自己的话语权而不是任由外部机构和外来者摆布。

替代旅游泛指一种旅游战略（如：恰当的、生态的、软性的、负责任的、强调人与人关系的、有控制的、小规模的、村舍型的和绿色的旅游），是指一种更良性的、替代传统大众旅游的旅游模式（引自Weaver，1991，1990年的大会报告）。德尔尼（Dernoi，1981）指出替代旅游的好处可以归纳为以下五个方面：

1. 对个人或家庭的好处：直接住到当地人家里能直接给家庭带来收益，

8

当然接待家庭也必须有一定的接待和管理能力。
2. 对当地社区的好处：替代旅游能给社区成员直接带来收入，同时能改善当地人的居住条件，避免大规模的公共基础设施的花费。
3. 对接待国的好处：替代旅游能有效避免旅游收入外流到目的地国以外，能有效避免与当地传统保护力量之间的摩擦和紧张关系。
4. 对客源国旅游行业的好处：替代旅游对于消费比较谨慎的旅游者来说是非常理想的，也非常适于那些想近距离接触当地人的旅游者。
5. 对国际关系的好处：替代旅游能促进国家间、地区间和文化间的相互理解。

韦弗（Weaver，1993）进一步具体分析了替代旅游能给住宿设施、景点、市场、经济影响和规范等方面带来的潜在好处（见表1.1）。这是一种更感性的旅游发展路径，从互补而不是竞争的角度力求满足当地居民、旅游者和资源各方的需求。替代旅游的重要性同时也是其所面临的主要挑战是，作为一种比较软性和更负责任的旅游形态，现在的事实是，以欧洲为例，旅游业在未来25年将增长一倍，其中贡献最大的是替代旅游（欧盟，2004）。

表 1.1　替代旅游（AT）战略带来的潜在收益

住宿
·不会充斥整个社区
·带来的收益（就业机会、花费）分配更平均
·在使用基础设施方面家庭和企业之间竞争比较小
·更大比例的收入会留在当地用于资助当地发展
·让当地企业家有更多机会介入旅游行业
景点
·提升和推动当地社区文化发展的真实性和独特性
·景点更富有教育性，促进游客的自我完善
·即使没有旅游者，当地人也能从现有景点中获益
市场
·旅游者在人数上不会超过当地人，避免当地资源紧张的状况
·避免旱涝循环，强化发展的均衡性
·更受欢迎的旅游者类型
·不会过度依赖单一市场，避免单一市场过旺造成的破坏，也不会让市场过于脆弱

经济影响
·促进经济多元化，避免过度依赖单一产业 ·加强产业互动 ·相对提高净收益，加快资金在社区内的周转速度 ·更多的就业机会和更多的经济活动
规范
·重大发展战略决策由社区做出 ·规划要根据生态、社会和经济承载力制定 ·综合考虑社区福利和压力渗透的全面发展路径 ·考虑未来几代人福利的长期发展战略 ·保护基础资产完整性 ·降低不可逆后果产生的可能性

插图1.2 替代旅游（AT）有很多形式，包括
由当地人控制的小型休闲渔业企业

也有很多学者马上指出，替代旅游发展得再好也不能取代大众旅游（Cohen，1987），因此更现实的做法是集中力量改造最差的情况，而不是发

展其他替代形式。巴特勒（Butler，1990）认为大众旅游没有被完全否决的两个原因是：经济因素，即它仍然是很多国家外汇收入的主要来源；社会心理因素，这点与下述事实相关：

> 很多人很享受作为一个大众旅游者的经历。他们真心喜欢这种旅游模式，不用自己操心旅游安排，到了目的地不用自己找房，不用学外语也能买到需要的商品和服务，能在旅游目的地待得比较舒服，能吃到相对熟悉的食物，而且不用花太多钱和时间就能实现这一切（Butler，1990：40）。

生态旅游的源起

关于"生态旅游"这个词的起源一直众说纷纭，关于这方面的文献也数量众多。奥拉姆斯（Orams，1995）和贺文贾德（Hvenegaard，1994）在文中写到，这个词的应用最早可追溯到20世纪80年代，而也有些学者（Higgins，1996）认为这个词最早源于上世纪70年代米勒（Miller，1989）关于生态发展的书。大部分文献比较统一的看法是这个词最早是在20世纪80年代初由塞瓦略斯-拉斯库赖因（Ceballos-Lascurain）创造出来的（见Thompson，1995）。他把生态旅游定义为"到相对未被打扰过或未被污染过的自然区域旅行，带有明确的研究、欣赏或观赏当地野生动植物，或现存当地文化（古代的和当代的文化）的目的"（Boo，1990：xiv）。塞瓦略斯-拉斯库赖因自称他最早想到这个词是在1983年，当时他正在墨西哥组织发起一个叫偏自然（PRONATURE）的非政府组织（Merwet et al.，1996）。

不过这个词可以更早溯源到赫兹（Hetzer，1965）的文章，当时他用这个词来说明旅游者、环境和文化之间的交互关系。赫兹认为一种比较负责任的旅游有四个要素，即：1. 最小化的环境影响；2. 对当地本土文化的最小影响；3. 对接待国普通民众的利益最大化；4. 最大限度满足旅游者对"娱乐"的需求。随着生态旅游概念的发展，赫兹（私人交流，1997年10月）认为，生态旅游是一个比较极致的概念，是因人们严重不满于过度开发的负面作用，特别是对生态环境的负面影响而产生的。纳尔逊（Nelson，1994）也认同这个观点，他指出生态旅游其实是一个很老的概念，20世纪60年代末到70年代初这个概念已比较泛滥，因为当时的学者对不当利用自然资源的问题越来越关注了。

再早，洛萨·马胡拉（Lothar Machura，1954）的论文"自然保护与旅游：以奥地利为例"是首次提到旅游和观察关系的学术文献，这为后来的生态旅游埋下了种子。他的讨论涉及旅游如何与自然保护合作或两者可能会怎样地不兼容。马胡拉在文中写到，旅游可以是唤起人们对自然的热爱的一种介质。不过有趣的是，2013年10月我在谷歌学术搜索马胡拉的论文时却没有找到这篇文章的记录。

其他相关领域的研究还有芬内尔（1998）从加拿大政府找到生态旅游（ecotour）的证据，关于这种旅游运营的记载是在20世纪70年代中叶。当时的生态旅游主要是围绕横贯加拿大高速公路的开发进行，这条高速公路是1976年开发的。加拿大版的生态旅游在时间上是比较超前的，但它还缺少当今生态旅游具备的低影响、可持续、关注社区发展和道德标签等要素。当时生态旅游的发展出于加拿大政府认为有必要让国内和外国旅游者通过对自然环境的解读，了解并欣赏加拿大人与土地的关系。尽管当时没有明确的生态旅游定义，但每个生态旅游指南都有下面这段前言：

> 生态旅游是加拿大林业局为你提供的，帮助你了解在这个国家看到的自然景观特征，包括自然和人文历史景观的解读。生态旅游的线路根据景观的主要类型或生态地带划分，每个生态地带的地图上都有景观位置的标识（上面带有编号）。尽管大部分景观可以从车上看到，但有些我们还是建议你下车观赏。各景点之间的距离标有公里数，同时也标出了支路以及支路到高速公路之间的距离。如果你事先了解旅行里程和每个景点的特点，就能从生态旅游中获得最大限度的价值（Fennell，1998：32）。

芬内尔还指出生态旅游的发展方向应该是收敛的，"很多地方的民众要独立地对本地的发展需求负责，在发展更自然的旅游业态和生态环境的全社会保护之间寻求平衡"（Fennell，1998：234），纳尔逊也持同样的观点。很多学者努力要找到生态旅游和其他旅游形式之间的关系和共同点（更早关于生态旅游的参考文献见 Mathieson & Wall，1982；Romeril，1985）。

人们普遍认可的是，生态旅游实际出现的时期远早于 20 世纪 80 年代。例如，纳尔逊（1993）指出美国自然历史博物馆早在 1953 年就组织过针对自然历史探索的旅行。可能更有力的证据是非洲基于野生动物的生态旅游的发展，这类旅游应该在 20 世纪早期就存在了，有些人甚至认为自然旅游企业在 19 世纪中叶就有了（Wilson，1992）。前面提到的马胡拉的文章针对的就是这种基于自然历史的旅游。有更多的文献说明人类去荒野旅行触发灵感的行为自古罗马时代起就有了。纳什（Nash）在文中指出，19 世纪很多人到欧洲和北美旅行的主要目的就是寻求户外体验，有下面的文字为证：

亚历西斯·德·托克维尔（Alexis de Tocqueville）1831 年在美国旅行时，在密歇根看到一片荒野，这个年轻的法国人觉得自己终于找到了文明的边界。不过当他把这种旅行的欲望和发现原始林地的兴奋感分享给别人的时候，其他人觉得他疯了。美国人那时还无法相信还有一种旅行的目的是在伐木或觊觎土地以外的（Nash，1982：23）。

托克维尔追求的是旅行中的一种基础心理体验：新奇感。纳什（1992）也回应道，18、19 世纪社会和科学的发展让当时的知识分子普遍有一种需求，相信到未被人类涉足的自然界能找到灵感，触发精神和心灵深层的涤荡，使灵魂得到滋养。触发这种需求要求社会上存在一个比较富裕而且有文化的群体，这些人长期居住在城市里（如卢梭和英国作家约翰·罗斯金）。对于这些人来说，"荒野能让人获得新奇的体验，满足人们深层的精神和心理需求"（Nash，1982：347）。当时这种情怀在美国远不及在欧洲流行，因此，"直到 19 世纪 70 年代，美国西部荒原的自然旅游者几乎完全是外国人"（Nash，1982：348）。

当美国人开始到本国的荒原旅行时，主要是一些特权阶层的人。据奥加拉（O'Gara，1996）记载，19 世纪 80 年代，去黄石旅行一次的费用是去欧洲旅行费用的三倍。毫无疑问，去旅行的人都被黄石的景色所震撼，但他们的行为却差强人意，他们留下的痕迹在拉迪亚德·吉卜林（Rudyard Kipling，

13

1996：56）的书中有记载：

> 这虽然不是惊人的庸俗，但也足以体现人们无法控制的自私和对环境的忽视，这种现象令人震惊。有大量号称"优雅"的女士把自己的名字刻在老忠实泉边的石头上。自然把这种丑陋现象永远地记录了下来，经年以后，我们仿佛还能看到"哈蒂（Hattie）、赛迪（Sadie）、玛米（Mamie）、苏菲（Sophie）"们把自己的发卡摘下来在老忠实泉的脸上留下的划痕。

定义生态旅游

由于关于生态旅游的起源一直存在着模棱两可的说法，下面这部分文字就要努力找到这个词含义中的一些关键原则，特别是自然旅游（或偏自然的旅游）和生态旅游的区别。拉阿曼（Laarman）和德斯特（Durst）在他们早期关于生态旅游的文献中把生态旅游定义为自然旅游，在他们的定义中，"旅游者被目的地的自然历史的一个或多个特征所吸引而前去旅行，他们的旅游目的兼有教育、娱乐，往往还有探险色彩"（Laarman & Durst，1987：5）。另外，这些学者可能是最早提出自然旅游有硬性和软性的两面，其衡量标准是看体验的严酷度和对自然历史的兴趣度（图1.1）。拉阿曼和德斯特认为科学家会比一般的游客更可能专注于追寻生态旅游，有些类型的生态旅游者在追求体验的过程中更愿意承受一些艰辛。图1.1中的字母"B"代表比较硬性的生态旅游体验，这种体验比较艰辛严酷，而且旅游者也能表现出对自然的浓厚兴趣和较高的投入度。关于生态旅游者软性和硬性的特征，在阿科特等人（Acott et al.，1998）的文章中被定义为深度和浅层生态旅游。深度生态旅游的特征是小规模开发，体现生态旅游本质价值，对社区有充分认知并有深度的社区参与，而生态旅游的物质主义解读是完全错误的。浅层生态旅游的特征是从生态旅游的商业到常态维度的解读，即自然被视为一种资源，可以被最大限度地服从于人的利益，管理决策是以开发利用为出发点，而可持续性被弱化。深度和浅层生态旅游是一个连续区间的两个极端，作者认为浅层生态旅游的极致边缘实际上已与大众旅游接壤，唯一的差异就是企业不同的宣传方式而已，浅层生态旅游会在广告宣传上号称生态旅游（如看到一种或另一种野生动物），然而从中获取利润的目的要远优先于其他社会和生态因素的考虑（从 Weaver, 2001a & Fennell, 2002a 两本书中可以更深入地了解生态旅游硬性和软性的两面）。

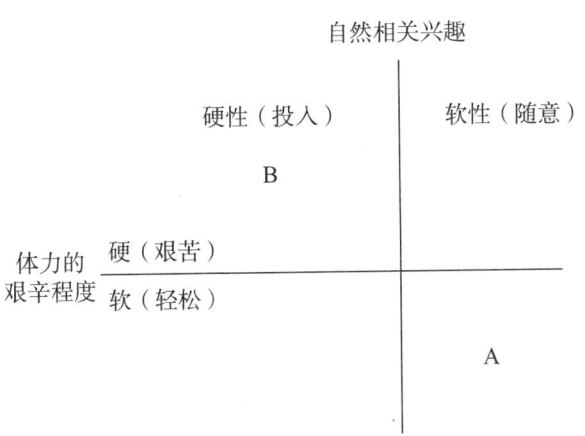

图 1.1　生态旅游的硬性和软性元素
资料来源：Laarman & Durst（1987）。

拉阿曼和德斯特（1993）最终的定义主要是从概念上区分生态旅游和自然旅游。由于定义自然旅游非常困难，他们把定义分为狭义定义和广义定义。狭义定义是指经营自然导向的旅游，而广义定义指所有利用自然资源（包括海滩和乡村风景区）开展的旅游。他们定义的自然旅游是"把重点放在自然资源的旅游，这些自然资源包括游客相对较少的公园和自然区域、湿地、野生动物保护区及其他动植物栖息地的保护区"（1993：2）。从这个角度讲，确实有很多文献都把生态旅游形容成一种比较广义的基于自然的旅游（NBT）。以古德温（Goodwin, 1996：287）为例，关于自然旅游他在书中是这样写的：

> 它几乎可以涵盖所有旅游形式——大众旅游、探险旅游、弱影响旅游、生态旅游——这些都是利用原生态自然资源的旅游。这些自然资源包括自然物种及其栖息地，自然地貌风景，咸水和淡水景观。自然旅游是以享受这些未开发自然资源或野生动物为目的的旅行。

相对地,他关于生态旅游的描述是:

> 弱影响的自然旅游,对物种及其栖息地保护能做出直接或间接的贡献,直接贡献包括直接投资用于保护,间接贡献包括为当地社区提供收入或为当地居民提供帮助,从而让他们更愿意保护当地的自然资源以谋求这种收入的延续(Goodwin, 1996:288)。

虽然自然旅游与生态旅游的区别是定义生态旅游的基础,但实际上生态旅游的定义非常多,每种定义都使用一些恰当的术语和词汇去描述。除了上述早期定义以外,齐费尔(Ziffer, 1989)在讨论基于自然的旅游(NBT)和生态旅游时第一次提出了一些相关术语,如"自然旅行"、"探险旅行"和"文化旅行",这些多是基于活动的表述;还有一些基于价值观的表述,如"负责任的"、"另类的"和"道德的"旅游,其核心是关注旅行造成的影响和带来的后果。齐费尔认为自然旅游虽然未必是以生态为中心的,但更关注的是个体旅游者的动机和行为。反之,生态旅游由于其涵盖面太广(需要以实现某种社会目标为目的进行提前规划),实际上是更难实现的。她认为生态旅游应该是:

> 一种以某个地区的自然历史为主要动机的旅游形态,其中,自然历史包括土著文化。生态旅游者走访一些未被开发的地区是希望能欣赏当地风景和融入当地社区。生态旅游者以非消费的态度对待当地野生动物和自然资源,并希望能通过劳动或资助的形式为到访地区做贡献,这种贡献的目的直接或间接地有利于当地的保护和改善当地居民的经济状况。这种造访能加深生态旅游者对当地的欣赏与对当地保护和当地人福利的关注度。生态旅游也意味着接待国或接待地的一种管理方式,即在景区的建设和维护过程中让更多的当地居民参与,进行适当的营销,执行一定的规则,让企业出资用于当地的土地管理和社区发展(Ziffer, 1989:6)。

与齐费尔的定义类似是华莱士和皮尔斯(Wallace & Pierce, 1996:848)的定义。这也是一种涵盖面比较全的定义,强调了各种变量的重要性。他们的定义是:

> 旅行到相对未被打扰过的自然区域去研究、享受或参加志愿服务。

这种旅行与当地动物、植物、地理、生态系统，以及当地人的需求、文化和人与土地关系等方面有关，它把自然区域视为"我们全人类的家"而不仅仅是"当地居民的家"（"生态"也有家的含义）。这是一种保护和可持续发展的工具，特别是针对那些当地居民强烈要求开发利用本地资源的地区。

华莱士和皮尔斯（1996，另见 Honey，2008 总结的关于真实生态旅游的七个原则）认为具备以下六个主要特征的旅游就是生态旅游：

1. 对当地环境和地区负面影响最小的一种资源利用形式；
2. 认识和理解当地自然和文化系统，并把游客影响纳入这个系统内；
3. 立法对当地自然资源进行保护和管理；
4. 当地居民在决策接纳什么样的旅游形态的初期就参与，并且能够长期参与决策；
5. 旅游经济收入能用于当地居民和扶持当地原生态活动（如种植、捕鱼、社会系统的运行等）而不是取代这些传统活动；
6. 让当地居民和自然旅游方面的雇员跟其他游客一样都有机会到访自然区域并了解当地的景观和资源。

多诺霍和尼达姆（Donohoe & Needham，2006）对生态旅游定义的内容进行了较深入的分析，并得出了与芬内尔（2001）较早期的研究一样的结论。大部分生态旅游定义由以下几个核心点构成：1. 基于自然；2. 保护；3. 教育；4. 可持续性；5. 收益的分配；6. 伦理道德/责任。两位作者认为由于很多生态旅游定义缺少上面的一些核心要素，结果变成了粉饰绿色、生态机会主义和生态剥削。

两位作者在后来的文献中把生态旅游描述成一个连续的区域，从一端的操作型生态旅游到另一端的严格意义生态旅游（另见 Honey，2003）。图 1.2 显示了真正意义上的生态旅游要能符合生态旅游所有定义要素，而伪生态旅游可以分为两类。一种是轻生态旅游，包括一些运营商或产品是实践和应用了部分生态旅游的原则，而且是侧重基于自然的旅游。而另一种则是粉饰绿色，其产品几乎没有任何生态旅游要素，但在营销时向市场标榜自己是生态旅游运营商，但实际目的与生态旅游的高尚目标相去甚远。

第一部分 生态旅游的本质

图1.2 生态旅游的连续体：操作型到严格意义的生态旅游
资料来源：Donohoe & Needham（2008）。

多诺霍、尼达姆、霍尼、齐费尔、华莱士和皮尔斯等学者都一致认为生态旅游要获得成功就必须努力实现其高尚的目标。相对来说，生态旅游协会（现在的国际生态旅游协会）给出的生态旅游定义是一个比较"走中间道路的"或相对被动的定义（见Orams，1995），而这个定义也是比较容易清晰表述的。协会给出的生态旅游定义是："到自然区域的负责任的旅行，这种旅行能保护环境和改善当地居民的福利"（Western，1993：8）。泼里斯（Preece）等人（1995）用的是澳大利亚国家生态旅游战略在生物多样性和生态旅游这一部分概述中的定义，也是一个比较笼统的定义。这个战略把生态旅游定义为含有教育和深入了解自然环境的基于自然的旅游（NTB），其管理方式是生态可持续的。

这些定义代表了描述生态旅游的一些核心原则，包括可持续性、教育、基于自然、强制或强调保护（见Blamey，1995；Diamantis，1999；Buckley，1994；Kutay，1989；Wight，1993a；Hawkes & Williams，1993；Wallace & Pierce，1996；Weaver & Lawton，2007）。2002年国际生态旅游年召开的会议上发表了《魁北克宣言》（联合国环境署/世界旅游组织，2002）。宣言指出定义生态旅游要遵循五个主要原则：基于自然的产品、影响最小化的管理、环境教育、为保护做贡献和为社区做贡献。

18

这一切都说明生态旅游是无法快捷或简单地定义的，只能找到一些核心原则。这个术语的简单定义给读者留出了很大的解读空间（表1.2对各种定义进行了汇总），太宽泛的定义可能会给服务供应商设定太多的限制，使这种旅游实际上无法实践。如果我们仔细解读生态旅游的一些简单定义，就会发现这些定义很容易造成误解。下面就是两个例子：

1. 保护环境和维持当地居民福利的负责任的旅行。
2. 在自然区域负责任的旅行，能保护环境和改善当地居民的福利。

第一个定义是长期以来使用的美国国际生态旅游协会对生态旅游的定义，第二个是美国南卡罗莱纳基于自然旅游协会的定义，它把生态旅游定义为旅游的一个类型，包括了背包旅行、泛舟、自行车旅行、垂钓、打猎和生态旅游。虽然两个定义的文字表述接近，但两者有着根本的区别。第二个定义描述了依赖于自然环境的一系列旅游类型。用韦弗的话说（2001a：350），基于自然的旅行（NBT）是"依赖自然环境的任何一类旅游形式，生态旅游和3S旅游都属于基于自然的旅行"。如前所述，生态旅游只是NBT的一种，它更依赖于户外自然环境。这一点已经在前面提到的很多学者所表述的生态旅游和NBT的关系中得到确证了。

表1.2 比较几种生态旅游和自然旅游的定义

定义的主要原则	定义														
	1	2	3	4	5	6	7	8	9	10	11	12	13	14	15
对自然的兴趣	√	√			√	√	√	√		√	√				
对保护的贡献			√		√	√	√	√	√				√	√	√
对公园和保护区的依赖			√					√					√	√	
当地居民的收益/长期的收益			√		√	√	√						√	√	
教育和学习	√	√				√				√					
弱影响/非消费						√							√	√	√
伦理道德/负责任				√				√	√			√			
管理						√		√				√			√
可持续性								√		√		√			√
享受/欣赏	√				√								√		
文化	√				√								√		

第一部分 生态旅游的本质

续表

定义的主要原则	定义															
	1	2	3	4	5	6	7	8	9	10	11	12	13	14	15
探险		√												√	
小规模												√			√

资料来源：1. Ceballos-Lascurain（1987）；2. Laarman and Durst（1987）；3. Halbertsma（1988）；4. Kutay（1989）；5. Ziffer（1989）；6. Fennell and Eagles（1990）；7. CEAC（1992）；8. Valentine（1993）；9. Goodwin（1996）引生态旅游协会（1993）；10. Western（1993）in Goodwin（1996）；11. Goodwin（1996）引澳大利亚生态旅游战略（1993）；12. Brandon（1996）；13. Goodwin（1996）；14. Wallace and Pierce（1996）；15. 当前研究。

注：1. 变量的排序依其出现的频次而定；
  2. 有些文献中的定义是自然旅游定义。

  两个词的互换使用或把两者视为同义词的情况很多。如加拿大的萨斯喀彻温省就用了一个非常类似的定义（生态旅游是"对目的地地区负责任的旅行，它能保护环境和提高当地居民的福利"）（萨斯喀彻温生态旅游协会，2000）。以垂钓为例，这在萨省是非常流行的一项活动。如果能严格执行捕获限制，它能是一种负责任的活动；它可以保护环境，因为养殖鱼苗能补充河流和湖泊里的鱼群数量；如果雇用当地土著捕鱼向导也能为当地居民带来福利。垂钓肯定是NBT的一种，但它是不是生态旅游的一种就值得推敲了，因为这种追逐和捕猎的活动会带来一系列哲学问题。由于无法从概念上有效地把生态旅游和NBT区分开来，业内相关各方已经误读了生态旅游，并且在错误地宣传生态旅游，从而在市场上形成了一个虚大的生态旅游市场，未必能让这个产业健康发展（第7章有更详细的说明）。

  不过为什么要大费周章地找到正确的生态旅游定义呢？博特里尔和皮尔斯（Bottrill & Pierce，1995）发现定义是非常重要的，因为人们通常要通过定义去观察、统计和评价什么是生态旅游，什么不是生态旅游（另见 Wallace & Pierce，1996，书中记录了他们对亚马逊生态旅游原则的评价）。博特里尔和皮尔斯研究了22家生态旅游企业，发现只有5家能真正满足以下几个条件：动机（实际活动、教育、参与）、敏感度管理和保险区地位。两位作者提出需要在定义方面做更多的工作并修正一些核心点和标准。他们的文章把定义往

第1章 生态旅游的性质

前推了一步，要通过定义定位生态旅游经营者，而且认为定义要能够经受公众和相关利益方在伦理道德和实践方面的推敲。米勒和凯耶（Miller & Kaye, 1993：37）的文章也响应了这个观点，认为"生态旅游的优点和不足……并不体现在任何标牌上，而是体现在人类在一个生态系统中的活动所带来的具体环境和社会影响的性质和程度"。

为了能继续我们的阐述，我推荐以下生态旅游定义，一个综合了大量文献观点的定义（见 Fennell, 2001），也结合了我的个人经验。这个定义涵盖面已经足够全面，能避免产生歧义，但也不至于过于宽泛和设置过多限制条件。生态旅游是：

> 旅行的主要目的是出于对目的地自然历史感兴趣，是基于自然旅游的一种，强调在目的地自然的第一手资源的学习、可持续性（保护和当地参与/收益）和有道德的规划、开发和管理。

这个定义指出生态旅游作为一种独特的旅游形态，必须具备和保持其定义特征才能与其他旅游形态加以区分，尽管大部分生态旅游者可能要求的是比较软性的、容易获得的城郊体验（Kearsley, 1997，在 Weaver, 1998 书中），而且"受欢迎的"生态旅游产品要求运输条件，方便的可进入性和较高水平的服务（昆士兰生态旅游战略草案，Weaver, 1998）。较软性的生态旅游与其他旅游形态是本书后面章节要讨论的一个话题。深入了解生态旅游和生态旅游者是非常重要的，为了更好地理解，目前我们需要用生态旅游较硬性的一面做说明。另外，严格的生态旅游定义让我们知道在区分什么是生态旅游，什么不是生态旅游时要用到哪些指标（见 Orams, 1995 年介绍的生态旅游连续体中从硬性到软性的路径）。这种思维较早期的例子是在肖尔斯（Shores, 1992）的研究中，他指出生态旅游行业在评价体系和收益评估方面需要有更高的标准。评价体系从 0（旅游者被告知环境的脆弱）到 5（旅行的整个运行体系都以环保的方式进行）。

读者们会发现前面提到的定义和生态旅游基础特征中没有提到文化。这个定义中只把文化看作是生态旅游为当地居民造福的一个内容，因为文化是任何旅游体验中都具备的要素。如果文化是生态旅游的主题，那它就变成文化旅游而不是生态旅游了。无疑，文化是生态旅游体验的一部分，不过文化总体来讲是次要目的，是排在主要目的——自然和自然资源之后的。以芬内尔（1990）的研究为例，统计数据显示加拿大旅游者和生态旅游者在文化类景点的行为特征几乎没有差异，这些文化类景点包括博物馆、美术馆、当地节庆和手工艺品。另外，科尔和贺文贾德（Kur & Hevenegaard, 2012）对观鲸宣传册的研究发现，这些宣传材料无一例外地不会强调文化或历史景观，而着重介绍观鲸体验的教育意义、自然环境和可持续性。两位作者指出，文化方面的宣传不能引起生态旅游者的兴趣和关注。

可持续发展在生态旅游中起着重要作用，因为它迫使我们不仅考虑当地居民的需要——当地居民有机会参与决策而且他们的决策肯定会要求获得经济和社会方面的收益——而且要考虑保护的需要，即保护自然世界，为了我们现在的利益也为了将来几代人的利益。这些价值观要引起企业或其他相关利益方的兴趣，形成更符合各自利益的生态旅游开发模式（第4章和第5章）。

通过针对环境的结构式教学课程了解环境是生态旅游体验的一个基础，在以往的研究中（见Bachert, 1990），人们一直想参透现场获得知识的需求与导游及其他解说设施的解说及信息之间的关系。以观鲸为例，很多人只是想看鲸（新奇感或满足好奇心），但也有些人想通过观鲸了解更多的知识（第6章会重点说明）。知识是关于某个场景的信息，而学习则是亲身参与的结果。学习是生态旅游者的首要动机。赫尔特曼（Hultman）和锡德霍姆（Cederholm, 2006: 78）指出虽然学习或获得关于自然的知识是生态旅游的首要目的，但生态旅游者"不能以任何侵犯的方式介入自然；自然界必须保持其原生态"。这种不介入的观点与本书不谋而合。尽管生态旅游者要获得的是第一手自然体验，但这种互动必须把自然世界包括其中个体的利益放在优先于生态旅游产业利益的位置（另见Butler, 1992）。威尔逊（Wilson）的观点（1994: 214）也与第一手自然体验有关，他提出了一个热带生命的天性的概念，即"被其他生命形态及其自然生活系统所吸引是一种发自内心的驱使"。生态旅游就是这种内在驱使的产物，这种内在驱使会让人希望参与到自然世界中，而这种参与活动有可能会给自然世界带来负面影响（另见Kellert, 1985，他在书中提出人和他们所选择的活动与他们对野生动物的价值观是正相关的）。

正确的价值观选择对这个行业是非常重要的，因此有越来越多的学者关注伦理道德，并把伦理道德视为生态旅游定义的一部分，以此推动对理论和实践的指导（第7章的重点）。这意味着对生态旅游恰当的规划、开发和管理，涉及营销、对待动物和自然界的伦理道德，后者以往也被归入关于低影响和非消费的讨论中。阿科特等人（Acott et al.，1998：239）指出"定义生态旅游时如果忽略其背后的哲学理念和伦理原则会带来很多问题"。一个人所处的地理位置（如保护区或因其他理由被认定为生态旅游区的地区）是不足以确定这个人的环境价值观的。鲍威尔（Powell）和哈姆（Ham，2008）综合了各家的理论，总结出了生态旅游要持续发展下去必须要考虑的4E要素，即：环境保护（environmental conservation）、教育（education）、经济收益（economic benefits）和公平（equity）。凯特（Cater，1994）也同样强调了伦理道德的重要性，她指出外在力量必须有意愿去服从和重视人们的这种需求，否则这种需求会被旅游边缘化，而这种外力的意愿就是生态旅游的道德问题。刚刚提到的观点都是生态旅游存在的基础，后面我会用更大的篇幅加以讨论。

插图1.3　玛雅遗址：墨西哥尤卡坦半岛外围地区的主要景观

总结

对于旅游学者来说，生态旅游的魅力在于麦克切尔（McKercher，2010）所表述的这样一个主题，即相比其他所有旅游形式，学者在培养生态旅游的兴趣方面起到最重要的作用。生态旅游如此众多的定义就从一个侧面印证了这个观点——如此的丰富性让这门学科散发出独有的魅力。从生态旅游产业的角度来看，根据国际生态旅游协会（TIES，2006）的统计，自1990年以来，生态旅游经历了每年20%—34%的增长速度，轻松超越所有旅游类型的增长速度。到2024年，生态旅游度假数量的增长将超出会议旅游的三倍，占到全球旅游市场的5%（Starmer-Smith，2004）。这种持续的增长对于那些已经开发或尚待开发的生态旅游目的地来说意义非凡。

随着对生态旅游者和其他一些生态旅游核心要素的深入讨论，现在我们把一些标志性的、发达国家和发展中国家的生态旅游目的地列出来可能比较好。这些目的地有：哥斯达黎加的蒙特韦尔德云雾（Monteverde Cloud）森林保护区，厄瓜多尔的加拉帕戈斯群岛（又名"大龟群岛"）（Galapagos Islands），亚马逊盆地的伊瓜苏瀑布，南极的巴塔哥尼亚（Patagonia），澳大利亚大堡礁，塞伦盖蒂平原，南非克鲁格国家公园和加拿大丘吉尔观北极熊。学生们要知道生态旅游会涉及所有的生态环境，包括雨林、山区、极地、海岛和海岸，沙漠和草原，海底，以及涉及从蓝鲸到苔藓各类动植物的区域。很多这样的区域可能是一种一生只能有一次的体验，像加拉帕戈斯群岛。尽管很多人一生只能去一次这样的目的地，但他们对这种目的地的钟爱会体现在他们会给更多朋友推荐这样的目的地（Rivera & Croes，2010）。

概括问题：

1. 为什么旅游很难定义？
2. 在定义景区时会用到哪些特征？
3. 大众旅游与替代旅游之间的基本区别是什么？
4. 为什么说伦理道德和价值观的讨论对于理解可持续旅游是非常重要的？

第 2 章　生态旅游者

前一章重点介绍了生态旅游的特征，本章我们要介绍那些选择这种旅游方式的人的特征。本章开头先从旅游者分类学的角度讨论几类旅游者的典型例子，然后再具体讨论生态旅游者的分类。关于生态旅游者的文献非常多，因此我把这方面的研究分为以下几个子课题：一般的生态旅游者分类，根据社会人口学的分类，根据心理学的分类，最后介绍一些特殊分类。本章最后讨论是否能像其他类旅游者那样，真正把生态旅游独立区分出来。

旅游者分类和特征

一般文献

由于人们一直在追求新的不同旅游体验，因此旅游产业必须保持开发步伐，不断发展更多更丰富的旅游类型。旅游研究也必须不断更新、紧跟形势，研究各种细分旅游类型的特征、动机、需求以及同类或不同类型旅游者的特征。这样学者和业者们才能更好地了解旅游者寻求的不同类型的体验。下面这部分内容概要介绍了从动机、行为和社会文化角度对旅游者进行的相应分类，这是我们理解生态旅游者的基础。

克里斯塔勒（Chirstaller）有效地抓住了这个研究点，他认为随着时间的推移，目的地将可以接待很多不同类型的旅游者。他写道：

　　目的地的开发遵循着以下道路模式。画家去寻找未被触及的不寻常地方作画，慢慢地这个地方被开发成所谓的艺术家领地。很快一批诗人闻风而至，他们跟画家是同源群体；接着是电影人、美食家和阔少。于是这个地方成为时尚而风靡起来，受到了企业家的关注。渔夫小屋、庇护所被改造成旅店，酒店开始出现……只有那些商业画家仍留在这里，把这个原先的艺术角商业化，去蒙蔽那些容易被骗的旅游者。越来越多的城里人选择这个地方，时尚文章和广告出现在报纸上……最后旅行社推出了包价产品，现在任性的公众开始避开这个地方了。同时，在其他地方这个循环又开始了，越来越多的地方开始流行，改变着他们的目的地类型，慢慢成为每个人都能去的旅游目的地（1963：103）。

虽然旅游目的地是在旅游者的影响和压力下转变的，但同时旅游者的类型也在改变。科恩（Cohen，1972：172）的观点与克里斯塔勒不谋而合，他认为"最初由当地居民经营的景区和设施慢慢被废弃。就像格林威治村成为旅游景区后，很多原来住在这里的波西米亚人渐渐都移居到村东去了"。科恩以此来说明旅游者从本质上是不同的，而这种不同是基于他们与旅游企业和目的地国家之间的关系。据此，他把旅游者分为四类，即：有组织的大众旅游者，个体大众旅游者，探险者和漂流者。这种分类把旅游者列入一个连续的区间，有组织的大众旅游者是最缺乏探险精神的，几乎没有任何愿望离开自己习惯的环境氛围。而漂流者则相反，他们避开旅游设施，寻找最真实原生态的旅游体验（见 Wickens，2002，他在书中把科恩说的个体大众旅游者再细分为五类；另见 Smith，1989 及 Plog，1973）。

麦克内尔（1989）通过分析旅游地的社会结构把旅游者分为不同的类型。他把旅游地分为"前台"区域和"后台"区域，"前台"区域是指成熟的旅游接待地，游客和当地居民在这里有频繁的接触，与之相对的"后台"区域是保留给当地居民的，保留着非旅游地的当地社区功能。寻找真实体验的旅游者会更关注"后台"区域，他们希望从中能找到当地居民真实的日常生活体验，旅游者对探索"后台"区域的意愿和能力，以及旅游区的可进入性对于旅游者满足他们的出游目的是非常重要的。尽管很多"后台"区域其实都只有一些传统的经济/地理背景，但是在旅游者心目中，它们在决定旅游体验时具有特殊的价值。

对于那些研究人们为什么旅行的学者，动机或者说内在驱动，即寻求心理和生理需求的满足也是旅游者分类的一个基础。概要地说，动机理论认为当某种需求、动机或驱动力产生时，人的心理均衡就被打破了，从而诱使人要参与某种活动达到期望目标，从而恢复心理均衡。如果人体验到了这种满足会产生积极的反应，而负面的反馈则会让人终止这个活动或对活动进行调整（Mannell & Kleiber，1997；另见 Gnoth，1997）。图 2.1 说明了这些相关要素之间的关系。

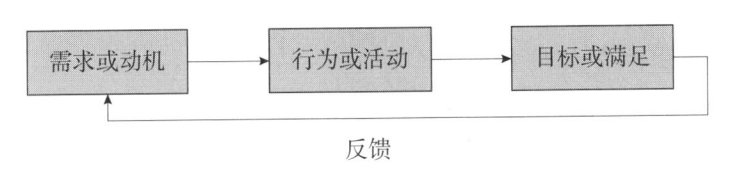

需求或动机 → 行为或活动 → 目标或满足

反馈

图 2.1　动机模型

资料来源：Mannell & Kleiber(1997)。

也有些学者认为旅游动机从本质上讲纯属心理因素而不是社会因素。艾泽欧-阿荷拉（Iso-Ahola，1982）指出人们旅行的基本目的有两个：1. 寻求内在收获（新奇感）；2. 逃离目前的日常环境。这两个动机可能非常个性化（个人遇到的麻烦或挫败感）或人际化（与同事、家人或邻居的关系）。这些关系综合起来可以组成一个四象限矩阵，理论上一个旅游者可能在一次旅行中经历其中之一或全部（另见 Pearce，1982）。

旅游学者需要更深层地理解旅游动机而不仅仅看那些外在表现出来的旅游动机，这就需要了解生理和心理的相互关系及这种关系如何形成旅游动机。芬内尔（2009）在研究愉悦旅行中愉悦的本质时，发现预期和新奇感是能带来愉悦的最关键要素。神经传导多巴胺是能激起欲望（目标导向行为）动机的，它能帮助人们形成记忆，即从以往的中性刺激中有收获感（Wise，2004）。因此，多巴胺是对预期回报的一种选择的传导，这种回报预期包括寻求刺激、欲望和寻求与世界接轨（Berridge，2003）。另外事实证明，预期回报实际上跟回报本身一样令人愉悦（Bressan & Crippa，2005）。另外，我们长期接受同样的刺激（如学习和日常生活）后会产生厌倦感（Phillips，2003），这种状态也被称为感觉特定的饱腹感。对于享乐主义者来说，他们觉得愉悦是无尽的，即不会有自然的极限，实际上这是不可能的。活动给我们带来的愉悦感会随着时间的推移而减少。这也就是为什么我们要选择去不同的目的地旅行，选择不同的景点和环境，享受不同的旅游体验，如生态旅游。这也是我们有那么多旅游类型的原因之一，甚至生态旅游也有很多的类型，这些都是源于我们对愉悦本质的深层理解。这方面显然还需要更多的深入研究。

生态旅游者

一般描述与社会人口学研究

生态旅游研究在20世纪80年末到90年代初一度盛极一时，学者们普遍对什么驱使生态旅游者这般出行产生了浓厚兴趣，这期间相关文章也大量涌现，有描述性也有实证性的，但普遍特征就是都应用了一系列的不同理论框架和研究方法。

这方面研究的早期代表是库斯勒（Kusler，1991），他认为生态旅游者可以大体分为三类。第一类是自助型生态旅游者，这是生态旅游者中数量最多的一类，他们会住在很多不同类型的住宿设施内，在各种环境中移动访问，其行为特征是具有高度的灵活性。第二类是旅游的生态旅游者，他们需要有一定程度的旅游组织，去一些非常冷僻的替代目的地（如南极）。第三类是学院团体或科学团体，这类生态旅游者会直接介入科学研究中，他们或有组织或个体行动，一般都会在同一个地区逗留较长一段时间，而且比其他生态旅游者更能够忍受当地条件的严酷（更多讨论见第6章）。

也有些研究强调投入度和花费时间是区分不同类型生态旅游者的关键（Lindberg，1991：3），包括旅游者希望从生态旅游中体验到什么，他们想去哪儿旅行，以及他们希望以什么样的方式旅行。林德伯格（Lindberg）认为可以把生态旅游者分为四类（当时生态旅游与自然旅游是同义词）：

1. 坚定的自然旅游者：科学研究者或一些专项教育团体或环保团体组织的旅游，或出于类似目的的旅游；
2. 深入的自然旅游者：人们参加旅行是为了看到保护区，希望了解当地自然和文化历史；
3. 主流的自然旅游者：到访亚马逊、卢旺达大猩猩公园之类目的地的人，他们主要想参加一些非常规的旅行；

4.随意的自然旅游者：人们在一般意义的旅行中偶尔有一些自然体验。

还有一些对生态旅游者的研究中引入了时间概念。巴兰坦和伊格尔斯（Ballantine & Eagles，1994）认为生态旅游者可以被形容为有意愿去学习自然知识，去走访未被开发的区域，而且愿意为上述两个目的投入至少旅行33%的时间。不过，布莱米（Blamey，1995）认为这样的标准有其内在问题，这样的时间比例对于到非洲游猎的生态旅游者来说可能非常适用，但对于不那么结构性的生态旅游环境来说就会有问题了，例如参加一个10分钟的有导游的自然旅游的人是否可以算是一个一日生态旅游者呢？其实这主要看大家共同接受的生态旅游的定义是什么，同样的问题以前在人们探究旅游的定义时也遇到过。旅游方面的文章会把"旅游"用很多维度去定义，包括时间、空间、经济、全体系模式等，这同样适用于生态旅游。选择什么样的定义完全取决于谁在操纵这个概念，以及出于什么样的目的。

默福斯（Mowforth，1993）提出用三个维度去区分生态旅游者，即年龄、旅行的类型和活动的组织、旅游的类型和预算。他提出的生态旅游者的三个分类是：1.粗糙型生态旅游者，青年到中年、个人旅行或小规模团体旅行、独立度高、低预算、寻求运动和探险活动；2.温和型生态旅游者，中年到老年、团体旅行、依靠旅行社、预算高、寻求自然和游猎型体验；3.专业型生态旅游者，青年到老年、个人旅行、独立度高、依靠一些专业组织、预算中到高、出于对科学研究兴趣或爱好的追求。

有些早期的研究想通过分析生态旅游者的年龄、受教育程度和收入状况，以及其他人口统计指标对其进行分类。很多这方面的研究发现生态旅游者大部分是男性、受过良好的教育、富有而且比其他类型旅游者在目的地逗留时间长。威尔逊（Wilson，1987：21）对厄瓜多尔的62名旅游者进行了研究并得出了以下结论：

> 男女比例是52%对48%，平均年龄是42岁……27%的受访者家庭税前年收入是3万到6万美元，约四分之一受访者的年收入超过9万美元，约30%有大学学历，约一成多有博士学位。

芬内尔和斯梅尔（Fennel & Smale，1992）和莱因戈尔德（Reingold，

1993）对加拿大生态旅游者的调查也得出了类似的结果。在芬内尔和斯梅尔的研究中，加拿大生态旅游者的平均年龄是54岁，主要来自60—69岁这个年龄段，男性占多数（55%），平均年收入是6万加币，约三分之一有大学学历，约三分之二有研究生学历，这个比例远远高于加拿大国民的平均水平（19%的大学学历，4%的研究生学历）。在莱因戈尔德的研究中，24%的加拿大生态旅游者在55—64岁，36%年收入超过7.5万加币，65%有大学学历，不过这个研究中64%的受访者是女性。最后的调查结果与其他研究不同，大部分研究认为生态旅游者中男性的比例会略高于女性。在对加拿大曼尼托巴丘吉尔的观北极熊游客的调查显示，大部分人是中年到老年，受过良好教育而且在经济收入上也属成功人士（见MacKay & McIlrith, 1997）。最近对这个地区的研究（Lemelin et al., 2002）发现旅游者中男性人数略高于女性，44.4%的人年龄在45—64岁之间，40%的人家庭年收入超10万美元，88%的人有大专以上学历。

前面提到的莱因戈尔德的研究发现有更多的女性参加生态旅游，韦弗（2001a）把这种变化称为生态旅游界的"女权主义"。迪亚芒蒂（Diamantis, 1999）发现57%的经常性生态旅游者是女性。韦弗和劳顿（Weaver & Lawton, 2002）在澳大利亚对生态旅游者的抽样调查也显示62%的生态旅游者是女性。更明显的是芬内尔（2002a）在哥斯达黎加做的一项调查发现高达70%的到访该地的加拿大游客是女性。诺瓦奇克和斯梅尔（Nowaczek & Smale, 2005）的研究也印证了同样的发现，他们对秘鲁东南部的坦博帕塔（Tambopata）国家保护区附近由当地社区经营的旅游地的228名游客进行调查，发现59.2%的样本是女性，25%的受访者家庭收入在13万美元以上，47.1%有研究生学历。

生态旅游者的研究结果基本与观鸟者和野生动物旅游者的研究结果一致。阿普尔盖特和克拉克（Applegate & Clark, 1987）的研究显示观鸟者中男性比例略高，而且他们的个人财富水平和受教育程度都出奇地高，一半以上的受访者都有本科以上学历。科勒特（Kellert, 1985）对观鸟者的调查发现73%是男性，平均年龄42岁，约三分之二受过大学教育而且平均收入也高于非观鸟群体。大部分户外娱乐方面的文献都支持这种结论，即大部分（约三分之二，甚至是四分之三的人）是男性（Hendee *et al.*，1990）。

心理学研究

心理学研究与人口统计研究不同，它更侧重分析具体社会群体的价值观、态度、生活方式和多元化的兴趣。芬内尔（1990）及芬内尔和斯梅尔（1992）早期将心理学引入对生态旅游者的研究中。芬内尔引用1983年加拿大针对本国居民对旅游的态度和收益的研究（《旅游态度与动机研究》CTAMS）与加拿大生态旅游者的研究结果进行对比。拿CTAMS研究中同样的问题向曾在1988年到1989年间去过哥斯达黎加的加拿大生态旅游者进行调查，在收到的98份调查问卷中（通过组织去哥斯达黎加旅游的旅行社派发的问卷），77份样本是有效的，调查结果列在表2.1中。

表 2.1 景点和收获对加拿大旅游者和生态旅游者[1]的相对重要性

变量	一般公众 平均[2]	标准差	加拿大生态旅游者 平均	标准差
对于生态旅游者的重要收获[3]				
体验新的不同的生活方式	2.67	1.02	1.95	0.78
尝试新的食物	2.85	0.99	2.43	0.82
身体活动	2.36	1.03	1.88	0.92
造访历史遗址	2.71	1.04	2.35	0.74
尽可能看更多的东西	2.01	0.99	1.77	0.81
大胆和探险	2.91	0.98	2.62	1.01
认识更多有相同爱好的人	2.08	0.94	1.91	0.71
对一般公众的重要收获[3]				
看体育比赛	3.16	0.96	3.84	0.37
走亲访友	1.83	1.03	3.25	0.82
无所事事	2.86	1.00	3.72	0.60
跟家人在一起	1.66	0.98	2.92	1.04
再度体验过去的好时光	2.46	1.06	3.36	0.79
到我的老家去看看	2.70	1.16	3.45	0.84
在外面体验到家的感觉	1.81	0.91	2.64	0.93
有意思和有娱乐性	1.95	0.88	2.72	0.94

续表

变量	一般公众 平均[2]	标准差	加拿大生态旅游者 平均	标准差
对于生态旅游者的重要景点[3]				
荒野地区	2.34	1.09	1.06	0.37
国家公园和保护区	2.21	1.01	1.14	0.35
郊野乡村	2.34	0.94	1.49	0.60
山地	2.34	1.07	1.50	0.66
河流湖泊	2.05	0.99	1.57	0.59
历史遗址和公园	2.37	1.01	2.05	0.81
文化活动	2.66	0.97	2.32	0.87
海滨	2.15	1.07	1.97	0.78
对一般公众的重要景点[3]				
户外运动	2.98	0.94	3.85	0.35
主题公园	2.74	0.99	3.80	0.54
夜生活和娱乐场所	2.72	1.04	3.70	0.56
博彩	3.61	0.69	3.96	0.34
购物	2.45	1.01	3.14	0.74
度假区	2.56	1.01	3.26	0.82
大城市	2.94	0.93	3.39	0.69
游泳和日光浴海滩	2.34	1.10	2.79	0.96
可以预知的天气	2.11	0.97	2.40	0.81
剧场和音乐剧	2.99	1.01	3.21	0.91

资料来源：Fennell & Smale（1992）。

注：1. 一般公众与生态旅游者之间差异的统计显著性是 0.05；

  2. 分值说明：1= 非常重要；4= 一点都不重要；

  3. 景点/收获变量是根据重要程度降序排列的。

总的来讲，调查结果显示生态旅游者会更多地参加新颖的、活跃的和有探险性的活动，而加拿大的一般公众更多参与的是活跃度较低和更家庭型的活动。生态旅游者更喜欢户外（荒野、公园和保护区，以及乡村），而一般公众更青睐城市和度假区。研究结果印证了之前的推断，即生态旅游者与普通旅游者之间是存在很大差异的，这种差异主要表现在他们在旅游

第 2 章 生态旅游者

需求和旅游体验的重点上。克雷奇曼和伊格尔斯（Kretchman & Eagles，1990）以及威利阿西和伊格尔斯（Williacy & Eagles，1990）继续深入地进行芬内尔（Fennell，1990）开始的研究，将同样的研究方法用于比较更多环境背景下的生态旅游者。这些研究结果后来被伊格尔斯（1992）收录在他对加拿大生态旅游者动机的综合分析中，这些研究的结果再次印证了上面提到的芬内尔和斯梅尔（1992）的观点，即生态旅游者从旅游动机来说与普通旅游者是有本质区别的。

贺文贾德（Hvenegaard，2002）在研究中发现有两大旅游者分类方式：1. 互动型，与目的地有较多互动的旅游者；2. 认知标准化型，强调旅游者的动机、态度和价值观（Murphy，1985，另见 Juric et al.，2002）。贺文贾德研究了泰国清迈茵他侬（Doi Inthanon）国家公园里的徒步者、观鸟者和一般游客，用上述两种分类方式共分出了四类旅游者，即研究者型（研究者定义的旅游者类型）、回答型（受访者自己认为自己属于的类型）、活动型（通过走访的地方和参加的活动确定的类型）和动机型（分类重点在到访公园的主要目的）。贺文贾德通过观察发现从活动、动机和观念对旅游者进行划分的几类旅游者之间是存在互动关系的：1. 动机反映在活动和地点的选择上；2. 研究者型、回答型和活动型分类比动机型分类方法更实用，因为旅游者通常有很多动机；3. 研究者认定的旅游者分类与受访者自己定义的旅游者类型吻合度很高，说明研究反映的事实是经过对大量人口实际调研的结果。

韦弗（Weaver，2002）对澳大利亚莱明顿（Lamington）国家公园的两处生态住宿设施内的1180名过夜游客进行了抽样调查，希望通过37个问题能把他们在从硬到软的连续区间内进行归类，但结果他发现这个群体显然不是个共同性很高的群体。韦弗最后的调研结果是，这个群体可以分为三个类别："较硬性"生态旅游者，其特征是有较高的环保意识，参加专业的旅行，逗留时间较长，活动团组较小，参加更多的体能活动，需要的服务较少；"较软性"生态旅游者，其特征是有一定的环保意识，旅游的目的比较多，逗留时间较短，活动团组较大，被动活动较多，需要的服务较多；第三种是"结构性"生态旅游者，其特征是具有比较模式化的环保意识并且需要指导和解说，要有领队并要求较高水平的服务，与大众旅游有较多的相似性。

如前面提及的，要有效地区分到访某地的旅游者的类型需要认真探讨旅游者的不同个性，包括首要动机、寻求的收获等。特恩布尔（Turnbull, 1981）提出了一个有意思的观点，他指出虽然很多到非洲的游客称自己到东非的游猎公园的首要目的是动物，但实际上通过他的观察发现，游客到非洲的真正原因远比这要深。作为一名人类学家，特恩布尔认为可能就是"非洲"和"乞力马扎罗"这两个词把游客带到这个环境中。追根溯源，他觉得人们可能想找到已经失落的久远以前人类与动物之间的纽带关系，不是仅仅将这些动物作为猎物和捕猎目标来观看，而这个关系的体验是当今旅游者非常渴望的（更多关于人类本性的内容见第7章）。他认为旅游者：

  期待一种不可见的、自然的、由人和动物共同组成的整体。不过除非他们非常幸运，否则旅游者在组织的游猎之旅中是找不到的。游客所看到的都是人为的：游猎公园驱逐了放牧人和猎人，而他们本来也是这整个生态系统中不可或缺的一部分（Turnbull, 1981 : 34）。

插图 2.1 生态旅游者在寻鲸

插图 2.2　生态旅游者在学习干燥热带雨林的自然历史

特殊性

　　特殊性的观点最早是由布赖恩（Bryan，1977）在研究垂钓者时提出的。他认为任何活动都有自己的参与群体或阶层，他们被组织起来所遵循的原则是环境、设备和技能。比较专业或超前的团体，比起参加同类活动的入门者，要求不同的环境、设备和比较高超的技能。另外，比较专业的团体也希望参加的个人能保持对这项活动的专注度，他们逐渐形成了一个固定的社会群体或形成了自己独有的文化。布赖恩对于垂钓者做了以下的分类：

1. 偶尔垂钓者：不经常钓鱼的人，新加入者和未把垂钓作为自己固定休闲模式的人；
2. 一般垂钓者：定期参加这项活动的人，且已经掌握了一定的技巧；
3. 技术专家：精于此道的人；
4. 技术设定专家：非常投入的垂钓者，技能高超而且有自己喜欢的水域。

钓鱼的人随着参加活动的时间越来越长，专业度会越来越高，大部分专业垂钓者参加一些休闲社团活动是为了分享自己的观点、态度和行为。随着专业化程度越来越高，关于这项运动的价值观也会从消费转变成保护。

特殊性已经成为说明观鸟者与其他生态旅游者之间区别的有效工具。尤班克等人（Eubank *et al.*, 2004）研究发现观鸟人群在行为和动机方面存在很大差异，专业程度区别也很大。特殊性已经被用于研究加拿大皮利角（Point Pelee）国家公园的观鸟人潮的衰落。梅普尔等人（Maple *et al.*, 2010）研究发现观鸟人群可以分为三类：初级者、中级者和经验丰富者。在这个群体里，初级者是个比较显著的群体。初级者大多是第一年参加观鸟活动，住宿晚数很少，花费也最少，在公园内外还参加很多非观鸟活动，比起其他两类观鸟者，初级者会更多地参考公园提供的信息。经验丰富者和中级者寻求在鸟类识别、生物学和观鸟方面更专业的活动项目。这些信息对于公园管理者来说是非常有用的，这样他们就可以针对不同的群体设计不同的项目以满足他们的不同需求（更多这方面的规划内容见第11章）。

插图 2.3　观鸟是一种吸引有经验和无经验的生态旅游者的活动

较硬性的生态旅游者需要更特殊的专业活动项目并不是皮利角国家公园的独家发现,沃伦伯格等人(Wollenberg et al., 2011)在研究到访马达加斯加的生态旅游者时发现,这些旅游者对动物学有相对较高的兴趣,而且愿意花更高的价钱参加生物多样性的专项旅游。林赛等人(Lindsey et al., 2007)在研究南非保护区的生态旅游者时发现,大部分第一次来保护区的游客或国外游客大多比较喜欢看一些大型动物,包括一些大型的食肉动物和食草动物,看到这些他们就很满足了。而比较有经验的旅游者则有不同的兴趣点,他们对鸟类、各类植物、知名度高的哺乳动物和其他地方不容易见到的动物更感兴趣。林赛和他的同事在书中写到,这个发现是非常重要的,因为对大型动物的偏爱会直接导致公园把更多的保护资源仅用于这些大型动物身上。而研究发现一些不太知名的动物也会引起一部分游客的兴趣,这会刺激公园更注重这些动物及其栖息地的保护。勒梅林(Lemelin, 2007)认为不能只把"特殊性"用来把观鸟者和大型动物爱好者从生态旅游者中区别开来,他认为生态旅游者中有一个市场群体专门对蜻蜓目动物(包括蜻蜓和豆娘)感兴趣,他们和观鸟者一样为自己的兴趣爱好而骄傲。另外,随着这个群体人数的增多,已经有很多研讨会和节事活动开始专门针对这个群体和方便这个群体发展自己的专业兴趣活动。

勒梅林等人(Lemelin et al., 2008)最近对丘吉尔野生动物管理区观北极熊游客的研究再次印证了布莱恩的序列区间理论。该研究用了很多指标对游客进行调查,包括特殊性、人口统计指标和环境指标,结果表明游客之间存在很大的特殊性差异,大部分游客属于新手(占56.1%),即几乎没有任何程度的环境关注或没有动机去走访类似的特殊目的地。

生态旅游是否真能独立区分?

虽然有那么多关于分类的研究,夏普利(Sharpley, 2006)指出所有这些文章最后都没能真正得出结论如何最恰当地定义谁是生态旅游者。在他看来,各种研究引用了太多的变量去定义这个群体,包括社会学的、人口统计学的、心理学的等。关于生态旅游者,学者们的争论一直没有停止,他们认为要基于旅游者的动机、价值观、消费和消费者文化去对旅游者进行区分,

结果"生态旅游者"这个词渐渐失去了意义,因为:

> 关注环境是从属于一系列其他价值观、动机和欲望的——换句话说,旅游者可能寻求新的、不同的产品,如生态旅游,而参加旅游的保护成分是不太可能改变的(Sharpley, 2006:19)。

如果是这种情况,我们很难区别所谓的生态旅游者和大众旅游者,夏普利认为真正的生态旅游是很难实现的,因为这只是一个供给驱动的小众市场。夏普利指出:

- 参与的生态旅游者不是被社会和环境的关注所驱动(即很多定义中所说的责任)。
- 生态旅游的发展也很难整体改变国际旅游的大形势(即它还是不能脱离旅游的大趋势)。
- 旅游者是对娱乐有需求的消费者(追求自我回报和自我满足)。
- 从什么意义上讲,所谓的生态旅游者的价值观能与生态核心价值观产生共鸣呢(即他们是真正的生态公民吗)(Sharpley, 2006:19)?

夏普利的结论是,因为从价值观等指标来看,所谓的生态旅游者与大众旅游者之间几乎没有区别,因此对生态旅游者进行分类没有任何意义。不仅生态旅游者如此,主流旅游者也同样。

博蒙特(Beaumont)把夏普利的研究进一步应用于澳大利亚雷明顿国家公园的国内和国际生态旅游者的调查。该研究的目的是看看与其他类型旅游者相比,生态旅游者对可持续性的支持度有何不同。在澳大利亚,生态旅游的定义有三个标准:基于自然、教育和可持续性(见第1章)。受访者被要求根据这三个标准对自己进行评价,三项都选的是"完全生态旅游者",选两项的是"强生态旅游者",选一项的是"外围生态旅游者",一项都没选的是"非生态旅游者"。

调查结果显示,只有15.6%的受访者自认为是"完全生态旅游者",其中只有36.8%有很强的生态旅游保护意识。后一个数据是根据奥尔森等人(Olsen et al., 1992)提出的生态旅游社会范示(ESP)评价标准(用于评判生态旅游者对可持续性的关注度的标准)。这项调查针对的只是游客样本总量的5.8%。从ESP评价标准来看,完全生态旅游者与其他两类生态旅游者和非生态旅游者之间的差别很小。因此博蒙特（2011）得出结论，生态旅游者并不会比其他类型的旅游者更关注可持续性，这个结论与前面夏普利的观点不谋而合。因此博蒙特认为"尽管对自然和学习体验的需求是存在的，但遵从可持续原则看起来是生态旅游者决策考虑得更多的要素，而不是普通旅游者"（2011：135）。

与夏普利（Sharpley，2006）和博蒙特（Beaumont，2011）的观察结果不同的是，珀金和格雷斯（Perkin & Grace，2009）指出生态旅游市场与普通旅游市场之间存在很大的差异。根据一项针对255名旅游者的自我评价调查，关于主流旅游者和生态旅游者之间的差别，他们得出以下结论：

> 生态旅游者与普通旅游者的动机存在质的区别，而且生态旅游者在描述自己的动机时与生态旅游的定义要素惊人地相似，即注重自然体验、环境教育和环境保护（Perkins & Grace，2009：234）。

珀金和格雷斯觉得这个研究结果非常有意思，因为事实上生态旅游的定义是由产业驱动的（而不是消费者驱动的）。实际上消费者可能根本没有意识到这三个要素就是产业定义的生态旅游定义的要素。因此珀金和格雷斯认为从动机来讲，生态旅游显然是个独特的市场。

显然，如上所述，与大众旅游的交集（包括行程、动机、价值观、态度和意义等）给生态旅游的基础概念带来了一些不和谐的杂音。夏普利所说的价值观不能一概而论，特别是我们看到存在生态旅游者从软性到硬性两极之间的差异。事实上有些生态旅游运营商的客人中回头客比例非常高，这些学术界和业界（特别是业界）都相信，对于硬性生态旅游的市场，需求是确实存在的。关于夏普利的理论，我想到的是我们谈论的生态旅游是整个旅游市场中一个非常小、非常专的超细分市场，这在早期的很多研究中也都谈到了，生态旅游者是指那些反复持续有此类行为的人。

硬性市场和更大的软性生态旅游之间的差别可以从图2.2中看出。这个图呈倒三角状，代表了生态旅游者在度假时所参与的活动和走访的景区。较软性的生态旅游者是这个市场中的大多数，他们会花很多时间去走访与自然历史无关的景区或参加活动，包括探险、文化类景点、购物、主题公园等。较软性的生态旅游者会更依赖于人为建造或人工改造的景点或地方，这类景

第一部分 生态旅游的本质

区或相关活动占他们度假的大部分时间，而花在自然历史类景观的时间比重较小。

与软性生态旅游者相反的是另一个极端，即图中三角另一端的硬性生态旅游者，他们会花更多时间在人工痕迹较少且游客也比较少的地方。硬性生态旅游者人数较少，硬性和软性之间的划分标志不在于类别而在于程度。即使在硬性生态旅游者范围内，细分群体也存在差别。不过总的来说，硬性生态旅游者会更专业，会花更多时间在自然历史类景区。这里所说的专业指更专注于自然历史景区内的某些物种或某个种群。如果产品不能满足硬性生态旅游者的这方面预期，他们会有很强烈的不满，而软性生态旅游者是不会有这种不满的。因此，硬性生态旅游者会寻找那些能满足他们特殊需求的产品供给方，而一旦找到了合适的供给方往往会一直跟这家企业走（例如，远征探索自然之旅的客户有67%是回头客）。

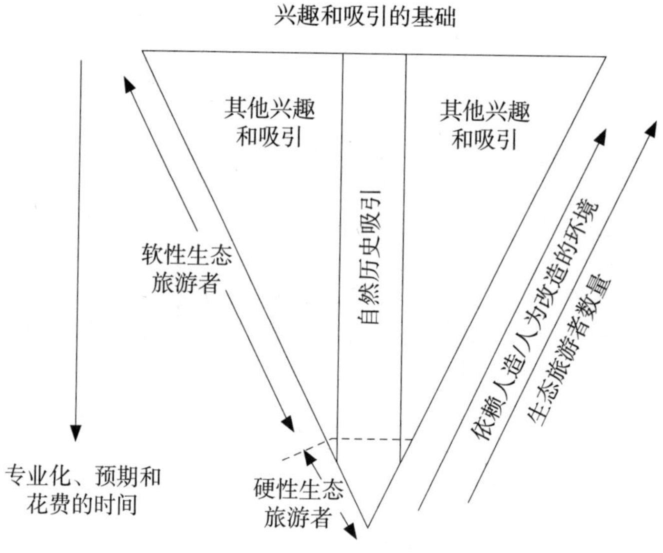

图 2.2 生态旅游者的软性和硬性元素
资料来源：Fennell（2002a）。

关于生态旅游是不是一个独特的市场，博蒙特认为所有受访者都可以被称为是生态旅游者，因为他们参加的活动（雷明顿国家公园）包含了三个核

40

心标准。博蒙特还指出我们不能仅仅因为旅游者参加了一个生态旅游活动就认为他们是关注可持续性的。可持续性作为第1章就提到的生态旅游核心之一，我们必须要沿着博蒙特的思路继续推演。

可持续不仅适用于生态旅游，也适用于其他旅游形式，涉及与这个行业有关的住宿、交通、景点等设施如何进行规划、开发与管理。例如，打猎与垂钓也可以是可持续的，其决定因素是种群是否得到了保护，使之能被未来的人用于打猎与垂钓。另外，学习在其他旅游形式中也存在，而不仅存在于生态旅游中，例如博物馆、画廊、古战场的旅游，以及黑暗旅游等大量旅游形式中。因此，学习也不是生态旅游的专属，不过生态旅游所指的学习是特指关于对自然和自然资源的学习。如我们在第1章所讲的，有很多不同形式的基于自然的旅游，它们与生态旅游有着类似的环境。

因此，尽管很多学者认为三个标准（可持续性、学习和基于自然）的结合仅能定义生态旅游的基础，但我认为最重要的标准被遗漏了。生态旅游是一种态度，还有生态旅游者及其道德和他们接近自然世界的方式。如果这三个标准之下有这个道德规范在指引，这三个标准的内涵将极大地得到丰富。

道德是通过环境教育计划灌输给生态旅游者的，他们把这个观念应用于旅游途中，也同样应用于自己的惯常环境中。基于自然的生态旅游中的道德应用是我们管理和控制生态旅游活动影响的方式。道德应用于可持续性，意味着资源分配和环境的公平性要应用于生态旅游的管理中。人们工作是为了获得尊严，环境保护更强调的是人类以外的物种也能获得同样的尊严。因此，所有这四个标准共同形成了生态旅游行业和生态旅游体验的基础。

这个观念最早是由芬内尔和马洛伊（Malloy）在1995年的书中提出的，后来又被反复提及（Malloy & Fennell, 1998; Donohoe & Needham, 2006; Honey, 1999）。诺瓦奇克和斯梅尔（Nowaczek & Smale, 2010）甚至还总结出了一个生态旅游易感度，其评价指标包括道德、教育、文化、自然、专业度和贡献这六个方面。作者发现在这六个评价要素中，道德的重要程度最高。诺瓦奇克和斯梅尔觉得这说明道德犹如一把概念伞，其终端实际触及了生态旅游体验的各个方面。

插图 2.4　导游在学习过程中起到了重要的作用

结论

　　关于生态旅游者的研究文献层出不穷，有从社会人口统计学入手研究的，有从心理学方向研究的，也有从不同环境中旅游者的行为特征角度进行研究的。本章介绍了生态旅游者的一些基本特征。后面的章节将继续深入探讨这方面的话题，分析生态旅游者与基于自然的其他旅游者在营销方面的差异。作为一个独立的旅游类型和一个市场类型，生态旅游仍然需要学者们更深入和更全面的研究，才能让我们更好地了解它。不过有一点是肯定的，即生态旅游者不是一个特征一致的群体，他们本身就很多元化，表现在生态旅游活动的花费时间、个性化的兴趣点、旅行的地点和选择的景观等方面的差异。关于生态旅游者软性和硬性化差异的讨论能更好地让我们了解这种差异。

概括问题：

1. 用以区别生态旅游者和其他旅游者的特征有哪些？
2. 为什么夏普利等人认为不存在一个独特或独立的生态旅游者市场？
3. 硬性生态旅游者和软性生态旅游者有什么区别？
4. 专业化及其概念是如何应用于生态旅游的？
5. 加拿大的一般旅游者与加拿大的生态旅游者在景区和旅游收获选择方面各有什么特点？

第二部分

定义生态旅游的核心标准

在这一部分，我们要深入地分析生态旅游的一些核心概念，包括生态旅游的自然基础、从当地获益角度讲的可持续性和从保护角度讲的可持续性、学习及道德。

首先要讲以自然为基础，这是生态旅游作为旅游的一种形态存在的本质。我常举的一个例子是一家公司提供乘直升机游览好莱坞的旅游产品，将其称之为生态旅游产品。这家公司把乘直升机归为生态旅游，显然这与生态旅游（或基于自然的旅游）几乎不搭界，因为这种旅游完全与自然世界没有任何瓜葛。在自然世界还有很多种旅游类型（钓鱼、狩猎、去海滩等），因此有必要引入更多的判定标准去界定生态旅游。

可持续性——在满足当代人利益的同时不以牺牲未来一代人的利益为代价的发展——也是判定生态旅游的标准之一。这部分将用两章来进行这方面的讨论，一方面由于这个领域有海量的研究文献，另一方面这方面的研究既涉及保护也涉及当地的参与和当地社会从生态旅游中获益的问题。有些学者认为一项活动是否能被认定为生态旅游，要看它是否为保护环境做出了贡献，包括生态旅游者和生态旅游的服务提供商。保护的举动包括给公园和保护区捐资或组织参与保护项目，如某些动物的育种计划、迁移计划、鸟类组群等。

从当地参与和当地获益的角度讲，有大量的例子证明旅游正逐渐将当地居民边缘化，他们的权利和控制力正被逐步削弱。生态旅游的初衷是要把控制力重新还给当地居民，由当地居民根据自己的利益去决定开发的节奏与规

第二部分 定义生态旅游的核心标准

模。基于社区项目的组织和实施以及由谁来负责是非常重要的，而最重要的是要确保当地社区最大限度地得到利益。跟前面提到的基于自然的标准一样，仅仅因为某个旅游类型能满足当地社区利益并不能判定这种旅游就是生态旅游。生态旅游除了要关注发展和给当地社区的贡献外，还会涉及更多下面讨论的标准。

生态旅游的另一个核心是学习，特别是针对一个目的地自然历史的学习是把生态旅游者与其他类型旅游者（如狩猎和钓鱼）区分开来的关键。围绕着学习的一个重要但有争议的话题是生态旅游者获得的知识的实用性。虽然这些知识信息的获得会改变生态旅游者在旅游地的行为模式，但问题是从长期来讲这些知识是否存在价值呢？

可能最重要也是常被学界忽略的一个原则是我认为的道德需求。例如，动物园和水族馆常被贴上生态旅游的标签用于营销。像动物园这样的地方，虽然表面上也是以自然为主要吸引力，以教育为目的，但把动物从原住地捕获囚禁在一个地方的做法是否道德则很少受到关注。动物园考虑更多的是满足人的利益而不是动物的利益。

我认为所有这些原则共同界定了生态旅游，只有深刻地理解这些原则才能更好地理解生态旅游及其相关的话题。而这些与生态旅游相关的话题我们将在本书第三部分重点讨论。

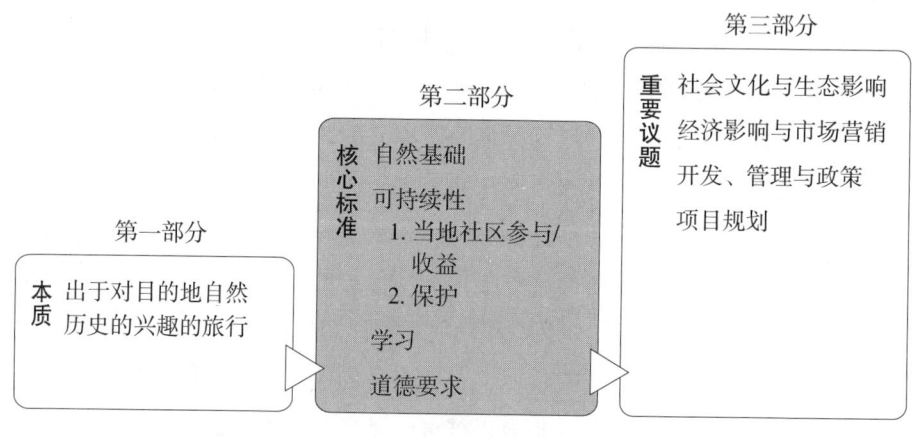

图 3.0 生态旅游的结构

第3章 以自然为基础

在前面的章节中我们介绍了基于自然是定义生态旅游的四个核心标准之一。不过，尽管生态旅游非常倚重自然环境，但单凭这一条是无法把生态旅游与其他基于自然的旅游形式区分开来的，因为大家都是在享用同样的环境。本章重点介绍以自然为基础这个侧面，对比生态旅游与其他基于自然的旅游类型（NBT），如狩猎和钓鱼，以及其他相关类型的旅游，如野生动物旅游、探险旅游、文化旅游和探险、文化及生态旅游（ACE）。本章还讨论了大众旅游中与自然有关的要素，说明这些地区是如何把自然改造成能接纳大量游客的地方。

自然资源

齐默曼（Zimmerman，1951：15）认为资源"不是固定的、一成不变的，而是随着人类活动扩大或收缩的"。也就是说诸如树、水、岩石等资源本不是资源，直到人们视之为能满足人类需求的东西时才成为资源。齐默曼称那些还未被人类利用的环境要素为"中性物质"。自然界的这些要素被人类利用得越多，就会有更多的中性物质变为资源。文化也会影响人们对自然资源的利用。例如，石油成为资源的前提是人们懂得如何开采和提炼它，并且掌握相应的技术把它合成和转化成能为我们工作、休闲和生存所用的工具（汽车、锅炉等）。因此，资源是一个时空动态的要素，它的存在取于它对人和社会的价值，正如米切尔（Mitchell，1989：2）所说，"自然资源是站在人的角度定义的，服从人的态度、需求、技术能力、法律、财经和组织安排，以及政治体系……用齐默曼的话说，资源是从属的、相对的和实用性的"。

旅游需求涉及一个很大的空间区域，从彻底被人改造的地方到人迹罕至的原始环境。恰布和恰布（Chubb & Chubb, 1981）指出已开发和未开发的分界线取决于一个人对所谓"开发"的理解。已开发的资源包括高速公路、设施、排水系统、建筑等一切能装备一个地区的建设。相对地，未开发的资源在城市和荒野环境中都有，但这些资源被认知的程度因人而异。有些学者在研究户外娱乐（旅游）时把这些资源大致分为七类，这些资源类型往往相互交织，在同一旅游地为不同类型的游客提供比较多元化的丰富体验。

- 地理位置：空间特征与条件，与其他变量相关，决定一些特殊活动的参与（如滑雪）。
- 气候和天气：与纬度、高度和地形相关的气候类型，如山地、洋流和高海拔气流。与地理相关的气候是自然环境的主要控制者，影响了土壤、植被、动物和地形地貌（如冰蚀和风蚀地貌）。
- 地势和地形：地表的形态和结构使某些地域具有某些独特的地形特征。
- 地表物质：地球表面的物质，包括岩石、沙、化石、矿藏、土壤等。
- 水：这种物质在很大程度上决定了户外娱乐活动参与者的性质，包括海洋环境和淡水环境（湖、河与湿地）。
- 植被：植被指覆盖整个地区的所有植物体系。娱乐活动经常直接依赖于这些植物（如旅游者会给一些独特的植物拍照），或与之有间接的依存关系（如保护滑雪者的、起到防风屏障作用的树）。
- 动物：动物在旅游和户外活动中起到重要作用，不论从消费和非消费角度讲都是。消费活动包括狩猎和垂钓，与之迥异的非消费活动（如观鸟）对资源基础影响非常小。

这些资源或成为吸引游客和促进地区旅游开发的催化剂，或成为限制游客流量的因素。蒙特塞拉特就是一个例子，这个加勒比小岛国虽然面积只有 102 平方千米，但自然资源非常丰富，这些自然资源往往成为吸引游客的催化剂。由于小岛非常独特的自然和气候特征，蒙特塞拉特被认为是世界上最有生态旅游发展潜力的地区之一（Reynolds, 1992；Weaver, 1995）。但 1997 年岛上的火山爆发使这里的旅游发展突然转折，给该岛国经济带来了致命打击。这次自然灾害的影响延续了很多年,正如韦弗(Weaver,1995:601)对于蒙特塞拉特旅游业的命运所预言的:

> 不可避免的飓风和地震周期性地光顾会不断冲击生态旅游的发展,这不仅对当地自然环境带来毁灭性的破坏,也会毁掉依地势修建的公路、步道和观景平台。灾害之后会需要一个很长的恢复期,让环境逐渐从自然灾害中恢复过来,旅游活动才能重新开展。

基于自然的旅游(NBT)

正如第一章所说,NBT 是一个超越其他旅游形式(如大众旅游、探险旅游、低影响旅游、生态旅游)的旅游形态,它利用的是原生、未开发的自然资源。在不同的环境下出现的各种复杂的社会、经济、自然生态关系的问题,使得 NBT 成为当今旅游研究中最重要的话题之一(Hall & Boyd,2005)。

NBT 对于澳大利亚非常重要,占澳大利亚总体旅游收入的三分之一(Buckley & Sommer,2000)。在加拿大,这部分的收入数据可以从《加拿大自然的重要性调查(SINC)》中找到,该资料中有大量关于加拿大自然相关活动及花费的数据。格雷等人(Gray *et al.*,2003)曾研究过上述报告 1981 年到 1996 年的数据,发现超过 80% 的 16 岁以上的加拿大人都参与过自然相关的活动,从非消费野生动物观赏活动的参与频次看,该数据从 1981 年的 5670 万天增长到 1996 年的 8000 万天,相反,打猎活动从 1981 年的 3230 万/天下降到 1996 年的 2020 万/天,同样钓鱼也从 8870 万/天下降到 1996 年的 7200 万/天(详见案例研究 3.1)。仅从野生动物观赏一项来看,1991 年参与这项活动的女性占 47.6%,5 年后的 1996 年这个比例增加到了 50.7%。这个数据印证了前面章节提到的生态旅游女性化的趋势。另外,1991 年参加野生动物观赏活动的人中,来自乡村的人数比例是 27.2%,72.8% 来自城市,到 1996 年,来自乡村的人数比例下降到了 17.9%。总体来讲,1996 年自然相关活动的收入为加拿大全国 GDP 贡献了 114 亿美元,其中 13 亿收入来自野生动物观赏,垂钓 19 亿,狩猎 8.15 亿,户外活动 71 亿(见 Manfredo 等人 2003 年的讨论,即关于什么因素转变了美国野生动物价值观,从传统的实用主义角度到基于更高层次心理需求的后物质价值观）。最新的一次加拿大自然调查开始于 2012 年，结果会在 2014 年出来，期待看看这个结果是否能印证同样的趋势在持续。

案例研究 3.1　得克萨斯州的自然旅游

得克萨斯州是生态旅游被列为自然旅游中的一个部分的典型。在得州，自然旅游被定义为"到自然区域的旅行，这些区域因环境、社会和文化价值被保护起来，使之给当地社区带来经济收益"（得州公园和野生动物，1996：2）。尽管狩猎和垂钓是得州自然旅游的传统主流，但《自然旅游任务书》指出，在过去的几年中，非消费类活动的增长最快。这些非消费类活动包括观鸟与野生动物、自然研究与摄影、骑行、露营、漂流和徒步。《任务书》称，旅游已经成为得州的第三大产业，每年创造 230 亿美元的收入，有望在几年内取代能源和制造业，成为得州的第一大收入来源。

大得州海岸观鸟步道是这个孤星州的一大主要生态旅游景观。这个步道的建设希望能给得州的沿海社区更大的自然旅游发展机遇，同时也给生活在该区域的居民传递一种保护的价值。虽然这个步道项目是由得州公园和野生动物部门发起的，但其中部分资金来自得州交通部的支持。步道在现有交通基础设施的基础上增加了观景平台和拓宽了步道，为当地居民和游客同等地提供娱乐、获利和教育的机会。这个项目在 1998 年完成，完成后的步道遍及得州 600 英里长的海岸线，连接 300 处观鸟点、9 个野生动物群落、11 个州立公园、1 个国家级海岸保护区和几个城市或县级保护区。

案例研究 3.2　美国的自然旅游

美国森林局（1994）公布的娱乐执行报告指出基于自然的娱乐活动，特别是很多非消费类的户外活动，近几年增长趋势显著。户外摄影增长 23%，野生动物观赏增长 16%，背包徒步增长 34%。另外，由美国联邦政府进行的一项研究——《环境及娱乐全国调查》指出最突出的增长发生在 1982—1983 年和 1994—1995 年，这两个时段观鸟增长了 155%，徒步增长 93%，背包客增长 73%，而与之相对的是狩猎和垂钓同期却经历了负增长（分别是-12%和-9%）。1995年10月，白宫旅游会议上提出了以下关于观鸟的相关数字：

参加人数：2500万

零售额：50亿美元

工资总额：40亿美元

提供全职和兼职就业机会：191 000个

税收：

州营业税：3.06亿美元

州收入：7400万美元

联邦收入：5.16亿美元

总经济产值：160亿美元

跟生态旅游一样，在过去的30年里，关于NBT的文献大量涌现，大部分研究均强调这种旅游的多元性，涵盖了很宽泛的旅游群体。例如，维斯匹斯塔和林德伯格（Vespestad & Lindberg, 2010）把基于自然的旅游体验根据体验的价值观分为四个群体：1. 真实的，寻求最本真的自然生命，寻求"神圣"自然体验；2. 娱乐的，以在自然中寻求乐趣为目标和动机；3. 存在的，以寻求一种心理和身体上全新自我为目标；4. 社会文化社区，这最后一类包括那些"意义追寻者"，即认为自然是全球部落中的一部分，寻求通过参与这样的活动认识更多全球部落中的其他成员。作者认为辨识游客属于哪个群体能更有效地进行相应的营销，并研发出对路的产品以满足不同体验要求。

穆罕默德奥卢（Mehmetoglu, 2007）发现在研究旅行动机和自然的重要性方面存在两个核心变量，即旅游者在选择目的地时主要考虑的是"新奇与学习"和"日常生活"。穆罕默德奥卢发现相对于混合自然旅游者（出游有很多目的，自然是其中之一），真正基于自然的旅游者（以自然为主要出游目的）更强调"与日常生活的反差"。他指出，虽然自然主义、改变消费模式和控制大众旅游的负面影响等都是人们选择NBT的原因，但研究与日常生活的反差也是非常重要的，因为自然提供了这种反差（另见Pouta等人2006年研究芬兰基于自然旅游者的消费模型的文章）。

基于自然的旅游的不一致性

洛佩兹-埃斯皮诺萨（Lopez-Espinosa, 2002）对墨西哥拉巴斯湾的生态旅游经营者有多贴近生态旅游的原则/标准进行研究。根据对21个经营海上独木舟、蛙潜、自然游船和一日游的商家的问卷调查，只有2个回复觉得自己不符合生态旅游的标准。但进一步调查发现：1. 很多经营者在公海丢弃有机垃圾，尽管这种行为是被禁止的；2. 经营者允许游客收集当地纪念品，如动物骨头和贝壳，尽管这也是被禁止的；3. 经营者允许游客垂钓，尽管这也是被禁止的。为了更深入地研究，洛佩兹-埃斯皮诺萨在国家、地区和当地对一些知情者就拉巴斯湾的生态旅游进行了访谈，结果发现这里的生态旅游是作为一个短期获利的产品进行销售的，而完全不考虑保护价值，而且不同层级的政府在如何有效进行生态旅游管理方面几乎没有任何互动协调，经营者对于适当的承载力完全没有概念，而且对于消费性和非消费性资源使用的利弊认识也非常混乱。这让作者不禁质疑这个地区生态旅游的合理性，并指出这里的旅游活动称为NBT更适合。

洛佩兹-埃斯皮诺萨（López-Espinosa, 2002）所遇到的问题，奈杜和阿达莫维卡（Naidoo & Adamowica, 2005）也遇到过。他们认为生态旅游这个词更严格，相对而言，用NBT来描述徒步和游猎这类"基于自然资源并能产生资源的非消费类活动"（2005:160）更适合，因为NBT的词义范围更灵活宽泛。有一个问题是自然旅游或NBT很难去界定一些消费类的活动（如狩猎）。我们现在归入自然旅游名下的旅游活动包括：探险旅游、垂钓、狩猎、观鲸，而生态旅游似乎更适合被称为"基于自然资源的旅游"。后者的分类有利用的含义，因为我们知道，现在很多户外旅游是明确基于自然资源的。这更类似一个从保护（以利用为目的的拯救）到防护（免于被利用的拯救）的连续区间，生态旅游虽然也会利用但更接近防护这一极，而狩猎和垂钓则更接近保护。同样的观点也出现在尤尔特和舒尔蒂斯（Ewert & Shultis, 1997）的著作中，他们认为"基于资源"的旅游包括很多旅游活动，如生态旅游、探险旅游、本色旅游等。

前面所说的都是因用词而产生的歧义，拉巴尔（De la Barre, 2005）指出，加拿大育空领地内的荒野旅游则刻意地避开了生态旅游这个词，这也是出于同样的理念。拉巴尔发现由于育空有意回避把自己定义为生态旅游之地，

第3章 以自然为基础

这里的空间开发服务于当地的多种用途（消费性或非消费性），这些用途都被吸纳进旅游规划中，让这片土地上能共存多种生活方式和文化，从这个意义上讲这更符合 NBT（另见 Waitt 等人 2003 年讨论政府和旅游业界如何成功地把澳大利亚金伯利地区的奥德河农耕区——一个完全人工的环境——变为一个荒野自然环境的文章）。

插图 3.1 划独木舟一直是北美探险类活动的主流

第二部分　定义生态旅游的核心标准

插图 3.2　去海滩是 NBT 的一种形式

消费与非消费的争议

前面讨论中关于 NBT 和生态旅游之间的差异，最终归结为消费性的问题。芬内尔（Fennell，2012a）指出消费性使用是指使用会使资源供给减少（如从河、湖或地下水中取水，后续无法等量补充）（见 Mimi，2011）。非消费性使用是指使用资源但不会减少资源供给，如环境的某种特征或某个物种，即环境不会因为人类活动造成净减少。因此 NBT 和生态旅游的真正分道扬镳之点就是活动的消费性。以下几个例子具体说明了这种差异。

道斯利（Dowsley，2000）认为打猎在加拿大极北地区是一种生态旅游，那里的因纽特人每年能猎杀的北极熊数量是有定额的。在允许的定量内，一部分北极熊可用于因纽特人的捕猎，另一部分可由社区支配用于娱乐狩猎，在这项活动中，当地人成为游客的向导。这项活动被称为生态旅游，因为它存在价值，有利于保护，同时可持续的限量捕猎能有力地支持当地经济。道斯利称之为保护性狩猎。在另一本书中，贡纳斯多特尔（Gunnarsdotter，2006：178）写到，瑞典的大角鹿狩猎也可以成为生态旅游，只要这项活动能

"考虑文化和社会因素",即与打猎有关的文化仪式(如对猎杀的大角鹿的处理),以及让当地经济能从这项活动中受益(另见 Campbell et al., 2011)。

把打猎认定为生态旅游而非 NBT 的理念核心是其与当地社区经济发展之间的关系(Fennell, 2003)。诺维利等人(Novelli et al., 2006)也认同这个观点,指出旅游被视为当地社区经济发展的最重要的载体之一,能够满足当地人的最基本需求。在过去的两年中,作者在博茨瓦纳和纳米比亚对当地消费性旅游活动(狩猎)和非消费性野生动物观赏(生态旅游)进行研究,得出的结论是"只要旅游能有利于自然、经济和社会环境,不论是消费性活动还是非消费性活动,都符合生态旅游的概念,而且这种活动将为可持续旅游发展做出贡献并会继续受到追捧"(Novelli et al., 2006:77)。

给垂钓和狩猎等活动贴上生态旅游的标签,除了经济原因(社区经济发展)还有保护和可持续方面的原因。诺维利等人(Novelli et al., 2006:67)指出"狩猎已经越来越成为保护的一部分,作为低影响、可持续的资源利用方式,它能给自然资源带来价值增值"。这一点非常重要,狩猎要成为保护的一部分,更多的是出于人类的需要。在世界上很多地方,狩猎的人数越来越少,主要是由于社会的普遍不接受。从这个角度讲,最有效地提升这项活动的参与人数的办法是让社会提高对这项活动的接受度,而这种接受度与可持续和道德关注(如当地人出于商业目的出售动物的肉品、皮毛、兽骨和象牙)密切相关。生态旅游正好能在这方面解决人们的担忧,这就是这个名称的魅力。其实根据我们前面介绍的关于生态旅游、探险旅游和 NBT 的区别,狩猎被列为 NBT 最合适,归入探险旅游也是实至名归,但这些类别都不像生态旅游这样带来道德和可持续的内涵。

同样的问题也反映在垂钓上,兹沃恩等人(Zwirn et al., 2005)认为,捕放式垂钓(钓鱼证的管理)和为当地带来收入方面关联度很高,这让垂钓能合理地成为生态旅游的一种。这种观点迅速地被行业所认同,如阿拉斯加仅垂钓一项每年就能给当地带来 10 亿美元的收入,创造 11 000 个就业机会。

关于长嘴鱼垂钓(如枪鱼、旗鱼)是否属于生态旅游的争论触及更广泛的领域。霍兰德等人(Holland et al., 1998)认为长嘴鱼垂钓是生态旅游的一种，因为它能给当地带来经济收益，它有自己特有的需求群体。而芬内尔（Fennell, 2000）认为长嘴鱼垂钓或任何垂钓活动都不属于生态旅游，因为它不能符合生态旅游与其他旅游类型相互区别的一些核心要素。这种争议主要源于大家对生态旅游的核心要素是什么的分歧，霍兰德等人的评判标准中缺失了人与动物关系的这条标准。这其中涉及诱捕动物的意愿（这与生态旅游者在任何情况下希望尽可能减少对环境的打扰与影响相悖）；捕获动物时给动物带来的痛苦和压力；消费（捕放行为仍然属于一种消费）与价值观，即生态旅游者对于运动和参加各项活动的内外在动机有自己不同的价值态度。芬内尔认为虽然捕手有意最小化给动物造成的压力，但只有他/她停止这种追逐和捕获行为才能真正做到对动物没有压力。另有一种观点认为根据我们对于种群保持健康数量（即只要种群数量整体保持在一个健康的水平，捕猎动物是无碍的）的知识去处置动物是不合适的，应该尊重种群中的每个个体（Taylor, 1989）。由于生态旅游定义和相关内涵原则的模糊造成了人们对各类活动（如狩猎）评判的困难，引发了各种误读，大部分这类活动都是把人的需求凌驾于其他种群之上（更多讨论见第7章）。

要理解生态旅游错综复杂的需求，以及生态旅游标签下的各类消费性旅游活动的偏好，芬内尔和诺瓦奇克（Fennell & Nowaczek, 2010）曾构架了一个理论框架，其中包括人与鱼的各种不同的互动形式。这个框架有助于定位人类基于消费需求与动物的互动，也有助于区别人类中心伦理和宇宙伦理。图3.1显示基于自然的旅游者与鱼之间存在八种不同类型的互动，从最消费性的人类中心形式的NBT到非消费性生态中心（或者说生物中心可能更确切）的生态旅游。前者的一个例子是一团旅游者组织钓鱼比赛，钓鱼比赛中捕放鱼的过程在道德上会受到质疑，因为在这个过程中鱼是非常痛苦的，而且往往经历过这个过程的鱼会很快死亡。后者是生态旅游，因为活动的重点是观赏和了解鱼，不会与鱼发生直接的肢体接触。斯托尔等人（Stoll *et al.*, 2009）指出观鱼已经成为一个新的休闲活动，他们研究了北威斯康星州的鲟鱼观赏活动，发现这是个正在兴起的活动，尽管目前当地的这项活动更多的还是当地人的参与。观鱼是生态旅游的一项活动也进一步印证了传统的娱乐垂钓活动是一种与生态旅游哲学相背离的一类活动。

第3章 以自然为基础

互动类型

组团参加钓鱼比赛	捕鱼服务于旅游业	个人运动垂钓	个人运动垂钓	捕鱼服务于旅游业	出于生存的捕鱼	出于生存的捕鱼	观鱼
竞赛	战利品或娱乐	战利品	娱乐	供游客食用	捕获的多于个人可食用的量	仅捕够个人需要的量	学习/欣赏
以捕放为主	蓄意杀鱼或捕放	蓄意杀鱼	捕放	蓄意杀鱼	蓄意杀鱼	蓄意杀鱼	没有直接的肢体接触

消费性/非基础性 ←――――――――――→ 消费/基础性 ┊ 非消费

其他基于自然的旅游 ←――――――――――――――→ 生态旅游

越来越以人类为中心 ←――――――――――――→ 越来越以生态为中心

人类道德　　　　　　　　　　　　　　　　　　　普世道德
人类生命的神圣性　　　　　　　　　　　　所有生命的神圣性
人类利益第一　　　　　　　　　　　　　　　自然利益第一
为了人的利益可以损害其他生命　　　不会故意危害其他生命

图 3.1　人与鱼互动娱乐中的人类优先性与活动
资料来源：Reynolds & Braithwaite（2001）。

特伦布莱（Tremblay，2001）进一步加深了我们对野生动物旅游消费性的理解。他指出我们在提倡一种旅游形式（非消费性野生动物观赏）时往往以牺牲另一种旅游形式（消费性狩猎或垂钓）为代价。他对非消费性活动传递了更高尚的道德和价值观，因此也是更受欢迎的一种旅游体验的看法提出挑战，原因是这些体验能得到社会更多的理解或尊重以及达到更高的受教育程度。这种非好即坏的二分法是有害的，因为旅游者会让当地居民发生异化，因为当地居民一直以来都是以野生动物为一种维持生计的方式。特伦布莱认为在平衡地提供以自然为基础的服务中，所谓的消费和非消费活动其实应形成一种互补性。这种互补性应在人们的共同兴趣上搭起桥梁，使猎手的经历因为自己周围可观看野生动物的质量而得到提升。但捕鱼的机会能在多大程度上提升野生动物观察游客的体验仍待讨论（Fennell & Weaver，1997）。

持类似观点的还有梅莱蒂斯和坎贝尔（Meletis & Campbell，2007），他们认为生态旅游不应被贴上非消费性的标签，因为在很大程度上它也和其他旅游形式一样具有消费性。生态旅游者的足迹范围很大，因为旅游者必须行走成百上千英里才能真正进入到纯自然的环境中去。另外他们还指出消费行为也是很多偏远地区人们的文化习俗。很多生态旅游者被邀请到目的地参加当地的狩猎和捕鱼，这是当地节日盛宴或庆典的一部分。加拿大极北地区就是这种旅游形式的一个例子。

另一个前景不错的研究领域是利用自然资源来开展生态旅游的可接受性。生态旅游者可能根本不在乎野生动物或养殖动物被杀掉用于人们的消费，甚至这可能是生态旅游体验的一部分，令他们非常享受。当然，不同形式的活动参与会有不同的心境，要么直接参与动物的杀戮，要么看生态旅游经营者捕杀动物后直接消费掉，或杀掉动物以满足个人的生态旅游体验。狩猎和垂钓对于爱好者来说只是一种满足个人嗜好的活动，任何时候你让一个动物从自然环境中离开都会面临生态旅游者的质疑。就像人们在讨论生态旅游在活动选择和住宿选择中的软性和硬性的分类一样，未来的研究可能讨论生态旅游者对消费肉制品的选择倾向。这种硬-软的连续区间可能从极端素食主义者（最硬性的生态旅游者）到普通素食者，再到大量消费肉食的人，最后到大量消费农场批量生产的肉食的人（Fennell，2013b）。这些动物是如何被杀死的显然会受到关注。动物长期在野生环境中快乐地生活，最后没有受到太大的痛苦而死亡，肯定比圈养在农场里长期受折磨的动物要幸福（见 Singer，2009）。

野生动物旅游

野生动物旅游是在生态旅游和 NBT 研究基础上的一个相对较新的话题，已把人与动物关系的研究推向了一个新的重要方向。希金博特姆（Higginbottom，2004：2）定义的野生动物旅游是"遇见非养殖动物的旅游"，包括观看野生动物（自然状态下的动物）、在人工环境中（如动物园）观赏被捕获的野生动物，以及狩猎和垂钓旅游。上面关于遇见动物的一般定义可以包括消费性活动和非消费性活动，前面说的第一类野生动物旅游（非消费）可以归入生态旅游范畴，而后一类（户外娱乐消费性活动）则不在生态旅游范畴。因此把生态旅游和野生动物旅游视为是同义词是错误的，因为野生动物旅游不包括自然界的其他元素（如植物），而且两者的价值观基础不同，对活动的分类标准也不同。关于价值观基础，唐纳利和德鲁依特（Donnelly & Deruiter, 2002）发现人们对野生动物的态度很大程度上受很多社会因素的影响，包括家庭和幼年与动物接触的经历，个人成长环境也会影响人们对野生动物的态度。作者观察到农村长大的孩子，家里有狩猎的传统的，他们长大后会更以人类为中心，而那些会花时间研究自然的孩子，并有直接接触野生动物的经历，他们长大后会保持着强烈的以生态为中心的情感。

雷诺兹和布雷斯韦特（Reynolds & Braithwaite, 2001）用一个框架图来说明生态旅游与野生动物旅游及其他旅游形式之间的关系（图3.2，见 Novelli et al., 2006），这是雷诺兹和布雷斯韦特对其2001年NBT概念的一个有益的修正。

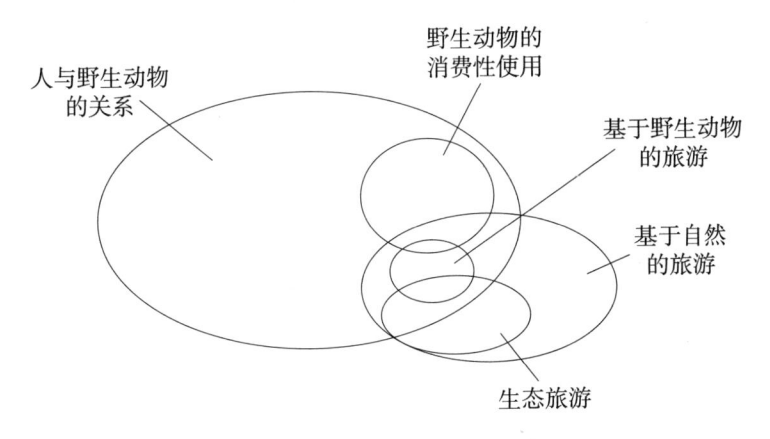

图 3.2 基于野生动物的旅游

资料来源：Reynolds & Braithwaite（2001）。

雷诺兹和布雷斯韦特根据对各类野生动物旅游小册子的研究，把野生动物旅游产品分为以下七类：

1. NBT和野生动物元素：野生动物是整个NBT产品中的一个偶然组成部分。
2. 能看到野生动物的地点：包括在一些野生动物较多的地方，通过搭建动物窝穴和提供食物吸引更多的动物聚集。
3. 基于野生动物的人造景观：指把捕获的动物圈养起来的人造景区。

4. 专业动物观赏：特殊兴趣团体，如观鸟游客。
5. 动物栖息地的专项旅游：旅游重点在动物生活和活动的区域。
6. 有刺激感的旅游：引诱一些危险的动物产生惊人的行为以取悦旅游者和观赏者。
7. 狩猎/垂钓旅游：在自然环境中的半捕获式活动，或在养殖环境中捕杀动物或捕获后再放归自然。

有些关于野生动物旅游的研究着重分析野生动物旅游者在捕获和半捕获环境中的预期、情感和满足程度。如休斯等人（Hughes et al.，2005）发现在捕获野生动物环境中（如澳大利亚的巴纳米娅），野外体验会因限制游客人数、旅游者与动物无障碍接触以及动物在公园区域内的无限制移动而提升。还有些研究发现，商业开发的野生动物旅游有时会危及生物多样性保护，不断努力做到可持续开发，同时更偏重野生动物旅游的使用价值，轻视非使用价值（Tidell & Wilson，2004；另见 Lovelock & Robinson，2005）。

科廷（Curtin，2010）对一个专注的野生动物旅游者群体进行研究，了解什么是野生动物旅游中最令人印象深刻的体验。问卷中的一个问题是"请描述你记忆最深的野生动物体验"，受访者给出了很多不同的答案，归纳起来主要包括感知自然的魅力、大量的野生动物、初次见到的野生动物、近距离的观看和与动物的目光交流，以及感同身受的体验。近距离的观看，一对一或眼对眼的接触能提升体验感受的主要原因是以下三点：近距离的细部观察；更亲密的相遇；完全不借助任何介质的亲身感受。有些受访者称野生动物观赏体验让人在事后深深感受到人与动物之间的纽带，也有些人称第一次看到或认出某个物种时会有一种成就感。

其他相关文献中，巴兰坦等人（Ballantyne et al.，2011a）用定性调查的方法了解受访者对野生动物旅游体验的记忆。他们在受访者从野生动物旅游归来后的四个月后给受访者发一个网络调查链接，根据调查反馈把受访者的体验归纳为以下四种（网络调查回答附后）：

1. 感性印象，如视觉、听觉、嗅觉和触觉的记忆（如"鱼真的是色彩斑斓"，"能触摸岩石池里的海洋生物"，p.773）。
2. 感情亲近，游客感受到了对动物的情感关联与反应（如"看到海豚我非常激动，因为它们太聪明太优雅了"，"看到大海龟产卵真的很兴奋，但我止不住地想我们对自然的干预太多了"，p.774）。
3. 反思，游客对自身经历进行认知处理或对此类经历反思后得到的新洞见（如"我看见海龟爬回大海，觉得人类必须要保护他们，这个世界不仅仅属于人类"，"人类比任何其他物种对个星球造成的破坏都大……我们必须承担起照看这个星球的责任"，p.774）。
4. 行为反馈，游客在野生动物旅游体验中的行为，包括觉悟提高（如"我肯定不会用太多的塑料袋，而且我也非常注意排污问题"，"我拒绝从日本人那里买任何东西，直到他们停止对鲸的滥杀"，p.775）。

案例研究 3.3　加拿大育空的荒野旅游与设施

加拿大育空地区对生态旅游的解读十分宽泛，当地用"荒野旅游"这个集合名词泛指各种到偏远地区的旅游体验，这种体验主要与地理要素（该地区偏远的荒野地区）和当地现有产品和资源有关。因此，不发达的荒野环境是当地旅游产品的一个重要组成部分。荒野旅游被定义为"与自然、探险和文化相关的旅游，这种旅游发生在偏远地区，而且多为几日游，当然也包括一日游"（Tompkins，1996）。荒野旅游分为以下几类：1. 打猎，2. 钓鱼，3. 探险，其中最后一类主要反映了加拿大旅游委员会对探险旅游及其相关活动的定义。这些活动包括观赏自然和野生动物，地面探险产品，水下探险产品，冬季探险产品，空中探险产品和土著旅游。

文化旅游

文化旅游被定义为"外来的人出于对某地的历史、艺术、科技或生活方式/历史遗址整体或部分的兴趣到该目的地旅行"（Silberberg，1995：361）。锡尔伯贝格（Silberberg）首先强调的是城市环境中的博物馆和遗址地。他还提到尽管人们到城市旅行会有很多目的，包括走亲访友或商务会议，可能主要目的不是当地文化，但一旦了解而且在条件允许的情况下，他们多半会去造访文化景区的。

文化旅游者的构成跟生态旅游者很类似，关于文化旅游者的特征，锡尔伯贝格（Silberberg，1995）归纳如下：

- 收入较高且在度假方面的花费也较高；

- 度假时在目的地逗留的时间比较长；
- 多住在酒店或汽车旅馆内；
- 比一般公众受教育程度高；
- 女性多于男性；
- 年龄偏大。

麦克切尔和迪克罗（McKercher & du Cros，2003）根据文化旅游体验深度和出游决策中文化旅游的重要性对文化旅游者进行了分类，并总结出了五个类型，其中目的最明确的文化旅游者（以文化旅游为核心目的而且追求深度体验）只代表文化旅游中非常小众的群体。而其他几类则代表了大多数文化旅游者的普遍状态，包括无心插柳型文化旅游者、偶然文化旅游者、随意文化旅游者和观光型文化旅游者。

有意思的是关于文化旅游者的分类与关于生态旅游者的分类很相似。麦克切尔和迪克罗认为大多数文化旅游者到访文化景区寻求的是一种愉悦体验，而不是深度了解。这种体验要具有娱乐性或令人享受，他们更强调这种体验而不是精神上的冲击或对旅游者个人意识形态的挑战。即使后者存在也要以一种令人愉悦的、易于消费的方式出现。麦克切尔和迪克罗认为文化实际上在人们选择目的地时是第二动机，不会起决定性作用，如我们在第1章提到的生态旅游也会把文化作为次级动机而不会影响整体旅行的安排。

麦克切尔和迪克罗的观点得到了斯特宾斯（Stebbins，1996）的支持，后者认为文化旅游是严肃的休闲理论中的一种自由艺术爱好，是一种风俗画感觉的特殊兴趣旅游。那些只参加过一两次文化旅游的人可以说是业余爱好者，而有些真正的热衷人士会对某个地区的文化、美食、语言、艺术、历史寻求深度全面的学习与理解（p.949）。斯特宾斯认为一般的文化旅游者只是喜欢走访不同的遗址地和宗教景点，收获知识与体验，而专业的文化旅游者会主要关注一个或少数几个地区，对当地文化和宗教寻求深度的理解。

在第1章，我们用几个变量去定义生态旅游，其中一个变量就是文化，因为文化是几乎所有旅游形式中都或多或少会涉及的。但如果过分强调文化，那么研究对象就不是生态旅游而是文化旅游了，因此我们要对两者之间的关系做一些范围上的区分。

文化对于生态旅游来说是重要的，因为两者都涉及人与自然的关系，两类旅游者都对其他地区的人类群体如何在当地自然条件下生活感兴趣,特别是当地的土著群体。从这个角度看,就不难理解为什么学者们都很强调这两者的关系,甚至有人认为"文化旅游可以看作是生态旅游的一个分支"(Ryan,2002:953)。提出这种观点的早期学者包括塞瓦略斯-拉斯库赖因(Ceballos-Lascuráin,1987)和齐费尔(Ziffer,1989),他们认为生态旅游是"一种因对某地自然历史的兴趣而激发的旅游,这种动机也包括对当地本土文化的兴趣"。伍德(Wood,1991)在他的文章中援引生态旅游协会(1990)对生态旅游的定义"有目的地前往自然区域了解当地文化和环境的自然历史……"这个定义甚至把文化放在比自然历史更重要的位置。

正如澳大利亚英联邦旅游部指出的,我们要认识到一个广义的自然环境是包括文化元素的。而且生态旅游产业应让当地民众得到经济收益(生态旅游需要对公园和保护区做出经济贡献,而且要在保护的同时认识到当地人的重要性)。不过我们仍然要把"生态放回到生态旅游中"(Valentine,1993:108)。生态旅游是一个应由生态学家和保护主义者引领的概念,而不是业界其他学者。

插图 3.3 对一些旅游者来说文化是主要的吸引力,但对于其他旅游者来说只是附属于整体体验的一个次要特征

探险旅游

与生态旅游密切相关的还有探险旅游，这也是在某些圈子里被视为生态旅游的附属旅游类型的。在认为生态旅游是探险旅游的一个分支的学者中，戴耶斯（Dyess，1997：2）就曾指出，他很赞成"把这两类旅游严格区分开，没必要把生态旅游和探险旅游的元素搞得泾渭分明"。一般来讲，这两类旅游的差异仅在其各自所涵盖的活动类型（同样也要看哪些活动是主要目的），不过很多活动如果严格地去划分是生态旅游还是探险旅游，也会出现一些问题，下面就是一个例子。

加拿大旅游局把探险旅游定义为是"前往非惯常、异域或偏远荒野目的地的一种户外休闲活动，包括使用一些非传统的交通工具，行程中有从低到高的不同强度的活动"（加拿大旅游局，1995：5）。下面是加拿大旅游局（CTC）在定义后面列出的探险旅游活动：1. 自然观察；2. 野生动物观赏（如观鸟、观鲸）；3. 水探险产品（如独木舟、皮划艇）；4. 地面探险产品（如徒步、登山）；5. 冬季探险产品（如狗拉雪橇、越野滑雪）；6. 空中探险产品，包括热气球、滑翔伞、蹦极跳和跳伞。加拿大旅游局的这个定义其实既适用于探险旅游也适用于生态旅游，尽管定义后面列出的活动有些能明显区分出来是生态旅游活动（如自然观察）还是探险旅游活动（如独木舟），当然详细的区分要对每项活动进行具体分析。尽管有些活动本身带有探险性，但普利斯特（Priest，1990）指出这些活动中肯定有些不确定因素存在。要区分探险旅游和非探险旅游，跟生态旅游一样，我们需要用到社会心理学领域的知识，即考察参与者从认知到行动的出发点（而不是去分析环境等其他变量）。尤尔特（Ewert，1985）和霍尔（Hall，1992）都指出把分类依据完全放在活动上是有风险的，另外霍尔还指出对于探险旅游者来说，活动而非环境才是核心吸引力。在分析人们参加有一定风险的活动的动机时还有两个因素要考虑——挑战和技能，这是奇克森特米哈伊（Csikszentmihalyi，1990）的心流模型中的基础变量。达到一定心流状态的人表明此人的个人技能与某项活动的挑战度是契合的。下面是奇克森特米哈伊列出的一些主要界定要素：

1. 完全沉浸于活动：不受外界环境干扰完全沉浸在活动中；
2. 提升专注程度：对活动的专注让人忘却此活动可能带来的一些不快的

重负；

3. 直接达成目标的活动：参与者目标明确，而且知道如何最有效地达成目标；
4. 要求技能和有挑战性的活动：这两个变量之间的关系很重要，如果技能超过挑战度会让参与者觉得枯燥无聊，反之会令参与者非常担忧；
5. 有控制的心流：参与者控制自己的移动与状态，并参与到活动推进的进程中；
6. 超验主义感受：参与者的体验是超越自我在地球上的存在的，触及更高层次的领悟与存在感，一种与环境或周边物质融为一体的感觉。
7. 失去时间感：参与者常常觉得只参与了很短的时间（如1小时），而实际上他/她已经参与了很长的时间（如4小时）。

奇克森特米哈伊认为这种心流体验不仅限于参与探险活动的人，还包括那些下国际象棋的人和手术中的医生。霍尔认为人们对于这种心流状态的渴望促使人们去参与一些有风险的或探险类的活动。

奎恩（Quinn，1990）觉得探险是深植于人们的精神、情感和理性中的，即人们永远被未知所吸引（Dufrene，1973：398）。具体地说，探险就是人对自己未知领域的探求欲望，人们总是尽自己所能解答自己的一些疑惑。人们越想超越自己的知识领域，探险的欲望越强烈。探险有强度差异，在现在的旅游市场上，人们在很宽的范围内选择探险体验的强度，从高强度的极限旅游（如登山、激流漂流、探冰、攀冰、探洞）到一般强度的娱乐体验。

克里斯蒂森（Christiansen，1990）认为探险旅游经营者有义务告知客人活动的风险度，同时要确保活动的安全。这种活动要求有安全无事故的历史纪录，完善的策划，高水平的领导力、技能水平和丰富的经验。克里斯蒂森对探险体验进行了从软性到硬性的区分，如图3.3所示，软性探险活动指那些被看作有风险但实际基本没有风险的活动，而硬性探险活动指那些参与者和组织者都非常清楚其高风险度的活动。对于高风险度的活动，人们对参与者和组织者都会有很多的道德质疑，比如攀登喜马拉雅山的动机，组织者是否能接纳那些水平不够或身体条件不适合的参与者？责任在谁——客人自己还是组织者，或两者都有责任？

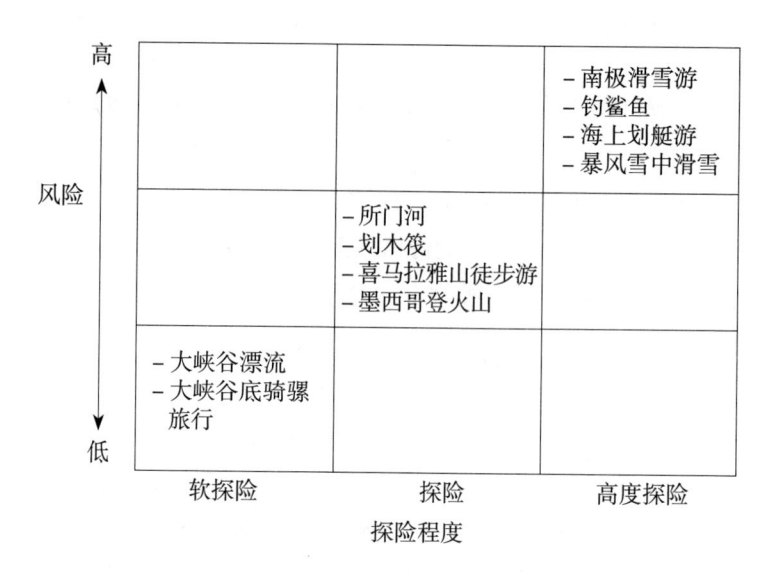

第二部分 定义生态旅游的核心标准

```
高
↑
      |         |         | - 南极滑雪游
      |         |         | - 钓鲨鱼
风险   |         |         | - 海上划艇游
      |         |         | - 暴风雪中滑雪
      |         | - 所门河  |
      |         | - 划木筏  |
      |         | - 喜马拉雅山徒步游 |
      |         | - 墨西哥登火山 |
      | - 大峡谷漂流 |    |
      | - 大峡谷底骑骡 |  |
      |   旅行   |        |
↓
低
       软探险    探险     高度探险
              探险程度
```

图 3.3　旅游包价的风险等级
资料来源：Christiansen（1990）。

芬内尔和伊格尔斯（Fennell & Eagles，1990）从风险要素角度对探险旅游、生态旅游和大众旅游的差异进行了区分，详见图 3.4，指出区别这些旅游形式的变量包括事先的准备和训练，对结果是否已经预知，以及风险、不确定性和安全系数。这三种旅游形式边界划分并不严格，生态旅游可能与其他两类旅游有一些共性的东西，但存在着能与大众旅游和探险旅游区别开来的一些独特之处。

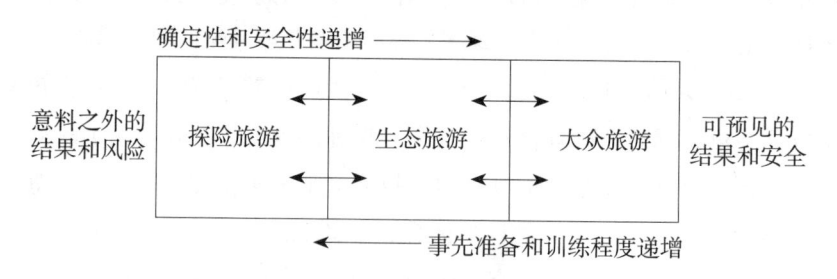

```
                确定性和安全性递增 ──────→
意料之外的  |  探险旅游  ↔ 生态旅游 ↔ 大众旅游  | 可预见的
结果和风险  |                                | 结果和安全
              ←────── 事先准备和训练程度递增
```

图 3.4　旅游活动范围图
资料来源：Fennell & Eagles（1990）。

尤尔特（Ewert，1985）研究了登山者的动机和体验，认为探险娱乐活动参与者对风险的认知是非常重要的。他对华盛顿州的雷尼尔山国家公园的登山者进行了调查,发现没有经验的登山者参加这项运动是出于被认可、逃离和社会方面的因素,相反有经验的登山者则多是出于一些深层次的动机,如振奋精神、迎接挑战、证明自己、决策力和对环境的控制力。这项研究结果说明,坚持从事浮潜、登山和探洞等探险活动的登山者都比新手更希望活动场地人少、原始而且可控度低(见第 2 章中的相关讨论)。

ACE 旅游(探险、文化、生态旅游)

根据前面对生态旅游及其变体的讨论,引出了 ACE 旅游的概念(图 3.5),用来说明生态旅游、探险旅游和文化旅游这三个相异又相关的 NBT 产品之间的相互关系。如前文所述,近几年来,这三者之间的重合部分似乎已经越来越多了,很多政策制定者甚至把三个名词看成同义词(这种现象在图中用缩写的 ACE 代表)。根据不同情况,ACE 的范围要么会扩大覆盖三者(生态旅游、探险旅游和文化旅游),要么会在产品内容方面有所缩小。

图 3.5 从两个方面加深了我们对这个概念的理解。首先,它说明 ACE 旅游与独立的这三个旅游类型是不同的,后者基于更单一的产品体验,即探险、文化或自然。如有些产品被归为生态旅游,其产品设计中可能会避开一些与文化或探险相关的活动项目。从这个意义上讲,生态旅游是独特的,在旅游市场上应该是独立存在的一种旅游类别,其依据事实包括:1. 尚无有说服力的证据证明探险旅游、文化旅游和生态旅游之间具有同质性;2. 即使这三类旅游合成一种综合旅游形式,也能剥离出生态旅游的独特元素或影响。第二,这个图说明存在一个叫 ACE 旅游的旅游类型,其产品设计中兼有探险、生态和文化旅游的要素。在产品中,文化、探险和生态旅游的比例则取决于服务商的产品设计和手中的资源条件,这也就意味着很多探险旅游、生态旅游和文化旅游的服务商都能同时提供 ACE 旅游服务,只是在同样的环境资源条件下不同的产品要素组合而已。这让服务商更好地定位自己的产品于某个超细分市场,在同样的环境中设计不同的产品组合(如果在同样环境下所有供应商都仅提供生态旅游产品,他们会竞争非常激烈,但如果大家可以从文化、探险和自然的不同领域提供差异化的专项产品,就可以形成互补)。韦弗(Weaver,2002)曾用这个 ACE 框架分析过亚洲的徒步登山旅游,这项

活动被视为是探险、文化和生态旅游的综合体,"从动机分析,可能很难把山地活动划归为纯生态旅游"(Weaver,2002a:167)。

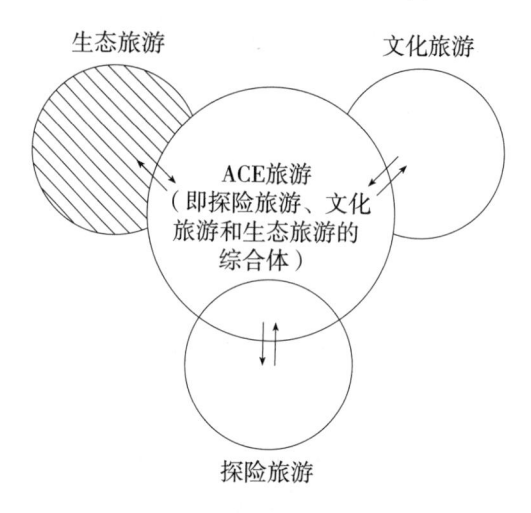

图 3.5 ACE 旅游

插图 3.4 生态旅游项目可能包括在独特环境中的探险元素,但这就是生态旅游吗?

海厄姆和迪奇（Higham & Dickey，2007）通过对新西兰生态旅游业的整体分析发现，只有很少运营商（n=232）在产品中包含了探险和文化类活动。作者对此发现感到诧异，因为新西兰的毛利文化是如此重要，几乎是新西兰旅游发展的核心。表 3.1 中列出了游客到新西兰的旅游体验类型、频次和比例。

表 3.1　新西兰的商业生态旅游企业提供的探险、文化和生态旅游的混合体验

旅游体验	频次	百分比（%）
生态旅游和探险	111	47.8
生态旅游和文化	23	9.9
探险、文化和生态旅游（ACE）	10	4.3
总计	144	62.0

资料来源：Higham & Dickey（2007）。

这个结果说明市场更偏好生态旅游和探险。从另一方面讲，这也意味着在新西兰开发 ACE 旅游的市场机会比较大，未来的开发方向应该重点放在生态旅游和文化或 ACE 旅游上。

作为大众旅游的生态旅游

如果生态旅游从理念到行动上都确实是最好的一种旅游形式，它如何能惠及大众旅游等其他旅游类型，让其他旅游类型也变得更好。首先提出这个观点的是韦弗（Weaver，2002），他认为规模与可持续性并不冲突（即规模无论大小都可能是好的或坏的），认为生态旅游不可能是大规模的其实并没有道理。韦弗从生态旅游的两个极端进行分析，即硬性生态旅游（活跃的、深度的）和软性生态旅游（被动的、浅层次的）。人们很自然地认为，大规模的软性生态旅游会给目的地造成更大范围和更深层次的影响。但韦弗指出，软性生态旅游者更可能会被限定在公园的一个很小的区域内（一般是环境足够硬性去吸纳这种影响的地方），而硬性生态旅游者可能会更深入保护区腹地。另外，韦弗也指出，软性生态旅游者对保护区的经济贡献更大，这是生态旅游的基本构成要素之一。奇廷·博萨（Citing Boza，1993）指出生态旅游是哥斯达黎加国家公园体系发展的最大贡献者，韦弗（Weaver，1999）发现被动的生态旅游可以被假定为大众旅游，它所带来的直接和间接收益给保护区的开发与保护做出了巨大的贡献。

持这种观点的不只韦弗一人,孔托杰奥戈普洛斯(Kontogeorgopoulos, 2004a)在对泰国普吉旅游业进行分析时指出,传统旅游和生态旅游在概念、运营和空间上都是共生的。当地两个最老的生态旅游运营商——海舟和暹罗游猎——称它们一直坚持着生态旅游原则,尽管它们与主流市场的包价旅行社有着深层结构上的联系。因此,普吉的生态旅游不是孤立存在或与其他旅游形式对立的,相反,它是大众旅游的一部分。尤其有意思的是,这些旅游者的做法在多大程度上符合生态旅游的严格标准,正如生态旅游这个术语的定义所严格界定的那样(即保护环境、可持续性、低影响和非消费性)。孔托杰奥戈普洛斯的研究发现,普吉的旅游者一般住四或五星级酒店,在去往其他目的地时顺访普吉或在普吉短期度假,通过旅行社预订旅行行程。旅游者能从酒店那里了解到当地生态旅游的信息(生态旅游目的地距酒店区约20公里),不足四分之三的游客在抵达当地以前没听说过当地的生态旅游服务商。生态旅游是当地一日游项目中的一类,与娱乐、购物和康体等活动归在一起。从这个意义上讲,生态旅游使大众旅游获益,"让游客能从沙滩和购物中换个口味,体验一下当地自然景观"(Weaver, 2001a: 110)(另见Diamantis, 2000,关于旅游与地中海海岛,这里作者发现绝大部分生态旅游者是在其他形式的旅游过程中偶尔参与生态旅游的)。孔托杰奥戈普洛斯(2004b)在之后的一篇文章中指出,普吉是大众旅游和生态旅游市场相互渗透的一个例子,正是这种渗透帮助生态旅游在市场上生存下去。这个例子说明:1. 包价旅游者愿意接受一种更负责任的旅游体验,这种体验可能与海水-阳光-沙滩-性的传统体验差异很大;2. 用一个模式化的概念定义生态旅游或评价可持续性、环境教育和道理管理已经远远不够了(Kontogeorgopoulos, 2004a: 105)。

上述情况有些人觉得是好事,但在有些人看来是坏事。迈尔斯(Myles, 2003: 185)认为生态旅游存在的问题是它无法区分以下两种体验:1. 一大群人欲到某个私人狩猎保护区去,于是乘飞机到达目的地,住在豪华的酒店里,被各种现代化设施服务着,在当地花很少的钱(因为绝大部分费用都已经在出发前预付了);2. 低影响的生态旅行者,背包行走或露营户外,为的是节省住宿费，但在旅行时自愿消费，追求在荒野环境中低影响的体验。迈尔斯与韦弗和孔托杰奥戈普洛斯仿佛分别坐在跷跷板的两端，他认为因为大众旅游，生态旅游正在丧失自己的完整性。同样持这种观点的还有迪亚曼蒂斯（Diamantis，1999），他认为现在的生态旅游正滑向小型化大众旅游的深渊，要采取措施阻止生态旅游被大众旅游同化，防止出现迪亚曼蒂斯所称的"大众生态旅游"现象。

要深入分析这个观点的正反两方的分歧，得从利用资源的形式与支撑生态旅游目的的基础设施分析入手。生态足迹是一种计算土地资源需求量的工具，它能对比旅游者所占用的资源与其他团体所占用的资源，以及旅游活动所产生的废弃物的消纳量（见 Rees & Wackernagel，1996；Fennel，2002；Gössling *et al.*，2002）。亨特和肖（Hunter & Shaw，2006）发现有些软性生态旅游者住在豪华酒店内，就像在普吉一样，这意味着更高的资源需求（能源、水、食物等的消耗），他们的生态足迹较大。凯特（Cater，2006）在书中讨论过这种较大的生态旅游足迹的本质，他认为高收入的精英人群通过到访一些软性生态旅游度假村能获得一定的社会资本，尽管事实上这种行为未必是生态良性的。相反，深度生态旅游者没有也不应享受这种西方式的舒适，因为此举可能给目的地生态资源造成更大的压力（Acott *et al.*，1998）。

前面提到的泰国南部生态旅游业者与海舟和暹罗游猎等大众游经营者联合的情况，近期的现状说明这种做法会带来很明显的问题。谢泼德（Shepherd，2002）指出这些经营者都面临着一些困境，因为市场进入相对容易，很多竞争对手都会进入市场分一杯羹。没有法律条文限制谁可以在这个地方开发，谁不能，同样一块土地上可能会有很多企业在开发，就会造成在保护区内同时有太多的游客存在。哥斯达黎加也有类似的情况，在过去的20年里该国旅游业增长迅猛。拉姆斯顿和斯威夫特（Lumsdon & Swift，1998）认为该国正在滑向大众旅游市场文化，这样大批量的游客根本不能称得上是生态专家，只能称他们是生态参与者，必须采取严格的措施避免当地的文化和生态资源被高密度的游客所破坏。在大众旅游上贴生态旅游标签的深层次问题非常复杂，约翰逊（Johnson，2006）在研究加勒比邮轮生态旅游时指出,乘邮轮的人最多也就是没有时间进行深度旅游的软性生态旅游者,而邮轮产品的重点在于售卖景点而不是环境教育。另外,游客除了在当地购买一些纪念品,对当地土著文化并没有什么支持和拉动作用,"生态旅游"让当地受益的作用小之又小。有关生态旅游与大众旅游市场的密切联系是否是引起上述部分问题的原因还有待进一步研究。不过这些学者的研究无法阻止传统邮轮市场借用生态旅游的标签。比德尔斯·图劳等人(Beadles Thurau et al., 2007)研究发现巴拿马运河沿线有四类不同的邮轮旅游市场,即文化发现类游客、活动探险类游客、传统旅游者和自然探索类游客。研究发现大部分游客对生态旅游景点有一定程度的喜爱,但并不期待,因此当地需要加大这方面的推广和开发力度,满足这方面的需求。

案例研究 3.4 城市生态旅游

在关于旅游的一篇早期经典论文中,克里斯塔勒(Christaller, 1963)写到,旅游的本质决了它会避开中心地区,偏爱城市以外的、以自然资源为依托的地方。他认为这背后的原因是城市的都市化和人口过度拥挤,通过旅游一类的远足可以提高人们的生活质量。因而克里斯塔勒认为边缘地区是城市的对立面。从本质上讲,旅游业推动了资本主义在新地区和新行业进一步发展。正如赫斯本兹(Husbands)所说的,"旅游业是……[在边远地区]出现的此类新活动的典型例子,而边远地区为这种活动提供了生产空间,使资本进一步渗透到边远地区"(Husbands, 1981:51)。对这种新空间利用的最著名例子就是阳光、海水和沙滩式的旅游业(如加勒比海地区),当然这种开发利用最近也拓展到一些能进行探险旅游和生态旅游的地区。

在上述论点的背景下,我们会发现一个有趣的新趋势,即都市地区的生态旅游已逐渐成为热点。这种现象可以被界定为:在城市内进行旅游和探索,使游客能欣赏和享受到城市的自然区域和文化资源,同时激发人们参与体育活动、知识性活动和社交体验的欲望,通过推动步行、骑自行车和使用公共交通工具长远地改善城市的生态状况,促进当地经济和社会可持续性的发展,带动当地的遗产保护和文化艺术事业,使所有人都能公平地使用这些资源(黑石公司,1996:2—5)。

第3章 以自然为基础

这种详尽的定义特别强调了存在于城市中的自然、文化、体育活动、可持续性和社区发展的重要性。从常理来看,城市里最适合于发展生态旅游的地方包括公园、墓地、高尔夫球场、排水潟湖和蓄洪池、垃圾填埋场、高层建筑等建筑,以及动物园和植物园(Lawton & Weaver 2001)。这方面的例子包括委内瑞拉加拉加斯的阿维拉山(El Avila)国家公园,该公园位于城市的北部,园中有数百条维护良好的步道,能看到加拉加斯海滩的风景;此外还有南非的世纪城和纽约的中央公园。刘和约翰斯顿(Lau & Johnston,2002)认为新西兰的奥克兰市通过一系列利用当地资源在微小规模上维系旅游业的企业和服务机构,正在兴起为一个生态旅游目的地。尽管其生态旅游市场的规模还不如一般旅游市场大,但当地已出现有意迎合那些寻求生态体验者的特殊兴趣的趋势。

与这种现象有关的一个最有趣话题可能是如何协调生态旅游的高尚哲学基础与城市节奏和拥堵的关系。如劳顿和韦弗(Law ton & Weaver,2001)所说的,高尔夫球场(和墓地)大量使用杀虫剂保持草地的绿色,这已成为很有争议的关注焦点。尽管这些城市生态旅游点中可能有鹰、鳄鱼和熊等重要物种,但在环境中大量使用化学药剂是否会影响整个生态系统的生态健康存在很多值得探讨的问题。同样的问题也存在于栖息于城市的海洋动物,包括虎鲸等海洋哺乳动物。不幸的是,由于捕猎等问题的存在,这些动物往往活不到寿终正寝。相对地,很多学者(Lawton & Weaver,2001;Higham & Lück,2002)指出城市是通过一系列的环境改造手段创造出空间来刺激生态旅游发展的,正如赫斯本兹在前面所描述的。城市对矿区和垃圾处理场进行复垦,使之成为绿化带,包括在此基础上建公园和高尔夫球场。这些地区已经成为当地动植物生活的重要场所,并为城市开发做出了重要贡献,使管理人员能将绿化带(走廊)贯穿于城市环境之中。就这个问题,海厄姆和吕克(Higham & Lück,2002)指出很多团体在保护和恢复已由人为破坏的自然区域方面做出了突出贡献,这一切使在城市环境中进行生态旅游成为可能。

在这一点上,加拿大绿色旅游协会(位于多伦多)认为在城市旅游中加入生态旅游原则在某种意义上来说对环境有更积极的作用,因为相对于荒野而言，城市更能吸纳旅游业的影响（Dodds & Joppe, 2001）。多伦多市内有约2万英亩的绿地，那里生活着约370种鸟类。可以进行生态旅游的地方包括莱斯里（Leslie）街角，候鸟迁徙的必经之地；R. C.哈里斯水处理厂；亨伯河；穿越城市的自助式徒步游；顿河修复工程；一些由保护当局提供的自行车游、划船游和遗址徒步游线路。此外，为了配合多伦多市这方面的开发，绿色旅游协会还出版了"多伦多'另类'地图"，这是一份将旅游与自然环境联系起来的绿色地图。2002年2月，加拿大绿色旅游协会参加了在芝加哥举办的国际户外探险展。在展览现场，协会进行了一项调查，结果显示有71%的游客称他们会使用那些对环境和社会负面影响最小的企业、餐厅和住宿设施。此前在2000年7月进行的一项调查显示91%的被访者称当他们到访一个城市时他们会"有时或经常"去绿地和公园。该调查还显示83%的被访者认为城市里也可以开展生态旅游（绿色旅游协会，1999）。

　　城市如何有效地发展生态旅游仍是一个值得探讨的问题，但可以肯定的是城市绿化是城市对可持续发展，特别是对发展可持续旅游这种趋势的一种回应。也许城市生态旅游发展的最大阻碍是对于城市旅游的一种传统观念，认为城市从空间上讲是一个进行商务和文化活动的地方，而不是一个进行探险和生态旅游的地方。还有一种看似有点自相矛盾的论调，即有人认为旅游者的钱最好能花在边远地区，因为那里生活在贫困边缘的人需要更大的经济刺激以帮助他们摆脱贫困，但同时必须意识到有很多错综复杂的原因可能推动或限制人们到这些边远地区去探险。当然，如果规划人员能很好地将保护、环境教育、社会福利（广义上的）、道德和可持续性几方面结合起来，那么人们可能没有理由认为城市是不可接受的生态旅游场所。

结论

　　生态旅游与其他NBT形式非常容易混淆，因为这几类旅游都在同样的环境中发展。对探险旅游、野生动物旅游、NBT和文化旅游的分析有助于厘清对它们的认识。关于垂钓和狩猎这些消费性活动与生态旅游等非消费性活动的讨论，将延伸你对问题的理解。有些活动一方面能给当地居民带来就业、收入等福利，一方面却对一些动物个体或动物种群产生巨大影响。有关这些活动的正当性仍存大量疑问。这方面的讨论在后面的章节具体讨论到定义生态旅游的一些关键标准时继续详述。

概括问题：

1. 什么是自然资源？为什么自然资源对于生态旅游业来说那么重要？
2. 野生动物旅游与生态旅游有什么区别？
3. 消费性活动与非消费性活动有什么区别？
4. 有些学者认为生态旅游可划归大众旅游模式，你是否认同这种观点？
5. ACE 旅游如何能转化为超细分市场，给共享同样地理区位的旅游行业从业者带来机遇？

第4章 可持续性（一）：当地社区的参与和收益

本章是关于生态旅游的可持续性标准问题讨论的两章中的第一章。本章分为两个主要部分，第一部分分析可持续性的概念，包括可持续发展的基本特征，以及可持续发展与旅游之间的关系。第二部分重点分析当地参与和当地利益这个生态旅游的基础要素。第5章将更多地从保护方面讨论可持续性与生态旅游。由于与生态旅游相关的话题太多而且一直在变化，因此关于当地参与和利益的内容还会在后面的章节（第9章"生态旅游的经济影响"和第10章"政策和治理"）中详细讨论。

可持续发展与旅游

发达程度（即一个国家的社会经济发展阶段）传统上是由一系列经济指标衡量的，其中包括蛋白质摄入量、饮用水情况、空气质量、燃料、医疗状况、教育、就业、国内生产总值（GDP）和国民生产总值（GNP）。根据这些条件确定出了所谓的"发达"国家（澳大利亚、美国、加拿大及西欧诸国），这些指标越高说明发达程度越高（第10章有关于这一点的更详细介绍）。而且一个国家的发达程度往往被主观地或客观地等同于"文明"程度，即进步（一般指经济方面的进步）与文明有着重要的联系。《牛津英语词典》对"文明"一词的解释是"社会发展的高级阶段"，动词"使文明"的意思是"使脱离野蛮，得到教化"。需要指出的是，这种对发达和文明的理解是值得商榷的，而且在现代的发展模式中这种观念是需要调整的。比如说，世界上最发达地区的20%的人口（所谓的"西方"）消耗了世界上80%的资源才达到其发展程度的，这一点已经得到广泛关注。如果我们的目标是让整个世界都按照西方的范式"发达"起来，这个星球将处于严重的危机之中（必须认识到西方国家在发展过程中对自然资源和社会资源的利用是不平衡的）。

戴明（Deming, 1996）也认为人类需要重新好好审视文明，她在自己的书中指出人们总希望对这个星球看得越多越好，对自然景观越近距离观看越好，这种行为取向使旅游者和旅游业的触手将人与野生动物的互动边界不断推进。这种人对动物的骚扰就定期地发生在加拿大安大略省的波因特皮利国家公园内，每年春天都会有上千个观鸟者在这里聚集，观看回迁的候鸟。虽然园内张贴了告示指定了观赏路径和拍照区，但总有旅游者对这种规定置之不理。戴明不禁质问，全球变暖、物种的减少和大量物种的灭绝，文明究竟意味着什么？她认为唯一的解决方案就是要求人们节制自身的行为，对社会和生态负责，正视人类自身的敌人：

> 正如波戈（Pogo）在越南战争时所说的，"我们看到了敌人，这个敌人就是我们自己"。突然间，我们都成了侵略的野蛮人，同时也只有我们在保护城市，我们每一个人都既处于文明世界的中心也处于其边缘（Deming, 1996: 32）。

米尔格拉斯（Milgrath, 1989）曾指出我们做的每一件事都是以价值观为基础的（另见Forman, 1990）。人类价值观的核心是渴望保全自己的生命，这种观念自然地演化成为一种对其他人的价值和关注，即成为一种社会价值观。米尔格拉斯进一步指出，这种社会取向观最明显地体现在优先发展经济中，而优先发展经济对社会的可持续性及其所依赖的资源会产生长久的影响。这种实用主义的价值观（只有能带来利益的事物才有价值）使人们忽视了人以外的其他事物也有自己存在的权利，也有其自身价值。这种"自然伦理"观是一种更本质的、更以生态为中心的观念（Wearing & Neil, 1999，更多内容见第7章）。

可持续发展是作为一种推动社会结构性变革的模式而提出的，它不再以社会经济为核心，而要求发展能"在满足当前需要的同时不影响后代满足他们需求的能力"（世界环境发展大会，1987: 43）。根据这种理念，生态原则

第二部分　定义生态旅游的核心标准

是经济发展的基础（Redclift，1987），社会发展目标是提高世界上贫困人口的物质生活水平（Barbier，1987）。可持续发展倡导经济、社会和生态系统平衡发展，因而与旅游的关系尤为密切。关于旅游业可持续发展的书籍文献自20世纪80年代起陆续涌现。

旅游和可持续发展的第一批行动战略制定于在加拿大哥伦比亚省召开的全球90大会。会上来自旅游行业、政府和非政府组织（NGO）以及学术机构的代表讨论了环境对旅游业可持续发展的重要意义，以及规划不当的旅游业开发项目是如何使自然和人文环境质量退化，丧失其对游客的核心吸引力。会议代表提出可持续旅游发展的目标包括：1. 使人们意识到并理解旅游业能给环境和经济做出突出贡献；2. 促进平等与发展；3. 提高目的地社会的生活质量；4. 为旅游者提供高质量的旅游体验；5. 保持上述各目标的实现所依托的环境质量。虽然这次会议所提出的可持续旅游发展的定义（即"满足当前旅游者和目的地地区的需要的同时维护和提升未来的发展机会"）不甚明确，但会议对政策、政府、非政府组织、旅游行业、旅游者和国际组织所提出了很多有益的建议。政策部分共15条建议，主要是关于旅游促进、开发、定义以及一系列地区内、地区间和时空意义，其中一条政策建议是"可持续旅游要求为各种层次和各种类型的可接受的发展设定指导原则，但这并不排斥新设施和新体验"（全球90大会，1990：6）。

从经济繁荣和增长的角度看，可持续性是具有经济动因的，如麦库尔（McCool）所说，"社群一旦失去自己的特点和对非本地居民的吸引力，它们就失去了在日益全球化和竞争加剧的市场上创造旅游收入的能力"（1995：3）。麦库尔引用法隆（Fallon）的话说，可持续性就是指努力实现一些既定目标及对实现这些目标的过程进行衡量。开发是否适度的评价标准不再只是物质产出或经济指标，而是必须考虑社会秩序和公平程度（Hall，1992；Urry，1992）。因此麦库尔认为要真正实现可持续性旅游开发，人们必须考虑以下几点：1. 如何让旅游者在使用自然环境时懂得珍惜自然环境；2. 如何通过旅游业推动当地社会的发展；3. 认清旅游业对社会和生态系统的影响；4. 如何管理这些影响（另见Liu，2003）。

为此，很多研究人员开始着手确定和量化评价这些影响。如上所述，全球90大会就是力求把旅游与可持续性发展联系起来的最初努力之一。此后的全球92大会（Hawkes & Williams，1993）把可持续旅游原则落实到具体的实施措施上。这些大会指出在旅游行业中落实可持续性原则还有很长的一段路要走，如罗伊（Roy）所述（见Sadler，1992：ix）：

> 可持续旅游是强调可持续发展的延伸，两者还基本停留在概念上。在印度，两者都没有成为现实，在旅游方面做得最好的是不丹，每年都严格地把入境旅游人数控制在2000人以内，以保护环境和该国独特的社会文化风貌。但即使这样，我在高山徒步游线路沿途还是看到了很多文明世界的垃圾。

虽然各种文献中都介绍了很多旅游业可持续开发的案例（见Nelson et al.，1993），但没有几个可持续旅游项目能禁得住时间的考验。一些书中常用的案例之一是巴厘可持续开发项目，这是由加拿大滑铁卢大学和印尼加查马达（Gadjahmada）大学合作的一个项目（见Wall，1993；Mitchell，1994）。该项目在多个领域内实施。旅游业是推动巴厘经济发展的一个重要部门，参加这个项目的Wall（1993）曾对这个项目的工作做出如下总结：

1. 在制定可持续发展战略时要尽可能对当地文化保持敏感；
2. 要在现有体制框架下进行运作而不应建立新的框架；
3. 多部门规划是可持续开发战略的关键，还应采取措施保证开发战略所涉及的所有利益相关方都能参与决策。

库珀在其著作（1995）中提到的英国近海岛屿和艾尔沃德等人（Aylward et al.，1996）的书中提及的哥斯达黎加蒙特维多云雾森林保护区是旅游与可持续性发展相结合的两个很好的案例。巴特勒（Butler，1993：221）还曾就旅游与其他土地使用方式的结合问题进行了阐述，他认为这种结合就是"一个地区的一种活动的开展是在不影响当地其他活动和当地环境基础上进行的，这种活动的开展应符合地区可持续或可长期发展的总体目标要求"。巴特勒指出在确定土地使用的优先顺序时应首先考虑互补性、兼容性和竞争性等几个变量要素，其中互补性能提高土地的综合利用程度，竞争性是把与其他土地利用形式有关的活动分离开来。

还有一些针对旅游目的地单一部门的理论模型，力图给出一系列衡量旅游开发是否可持续的指标。这方面的例子包括卡诺瓦模型（Canova，1994），说明旅游者如何能做到对目的地环境和当地居民更负责任；福赛斯模型（Forsyth，1995），概括了可持续旅游和自我规范；莫斯卡尔多等人（Moscardo et al.）的模型（1996）探讨了旅游住宿的生态可持续形式；以及加拿大咨询审计公司模型（1995），提出了可持续旅游核心开发指标和各地区具体开发的指导原则（另见Manning，1996）。表4.1列出了加拿大咨询审计公司报告所提出的主要指标，这些指标（如场地保护、压力、使用密度、垃圾管理等）的运用必须结合具体景点或目的的实际指标。这份报告把后一组指标分为两类：1. 具体生态系统辅助指标（适用于具体的土地和水域的生物物理环境）；2. 具体景点指标，这些指标是根据不同景点类型提出的。表4.2概括列出了这些"二级"生态系统指标。

表 4.1　可持续旅游的核心指标

指标	具体衡量尺度
景区保护	根据 IUCN 指数列出的景区保护类别
压力	到访某景区的旅游者数量（年均/高峰月份）
使用密度	旺季使用密度（人/公顷）
社会影响	旅游者与当地居民之比（旺季和长期）
开发控制	当前环境评估程序或对景点开发和使用密度的正式控制措施
垃圾管理	景点污水处理的比例（其他指标还包括景点其他基础设施能力的结构限制，如供水）
规划程序	旅游目的地区有组织的现行地区规划（其中包括旅游规划）
重要生态系统	稀有或濒危物种数量
消费者满意度	根据调查得出游客满意程度
当地居民满意度	根据调查得出当地居民满意程度
旅游对当地经济的贡献	旅游收入占当地经济总产出的比例
综合指数	
承载力	影响景点旅游接待能力的关键要素，能形成提前预警的措施
景区压力	景点影响程度的复合衡量指标（包括由旅游及其他部门共同造成的自然或人文方面的压力）
吸引力	衡量景点具有旅游吸引力的特质的定性指标，这个指标会随着时间的推移而发生变化

资料来源：加拿大咨询审计公司，1995。

表 4.2 具体生态系统的指标

生态系统	示例指标 *
沿海地区	退化（沙滩退化侵蚀的比例）
	使用密度（每平方米沙滩的人数）
	水质（粪便和重金属含量）
山区	侵蚀（地表侵蚀比例）
	生物多样性（主要物种数量）
	重点景点的可进入性（等候时间）
受到管理的野生动物公园	物种健康程度（繁殖成功率、物种多样性）
	使用密度（游客与猎物的比例）
	蚕食情况（影响公园的违禁行为比例）
特殊的生态景区	生态系统退化情况（种群数量和混合程度，生活区域比例和变化情况）
	景点压力（当地经营者数量）
	关键物种的旅游观赏点数量（成功的比例）
城市环境	安全（犯罪数量）
	垃圾情况（垃圾数量和处理成本）
	污染（空气污染情况）
文化景区（人造）	景区退化（修复/维修成本）
	结构性退化（酸雨、空气污染）
	安全（犯罪率）
文化遗址（传统）	潜在社会压力（旅游者和当地居民之间的平均收入之比）
	季节性景区（全年开放的商家数量）
	对抗情况（旅游者与当地居民发生冲突的事件）
小岛	外汇漏损（漏损占旅游总收入的比例）
	所有权（外资旅游企业比例）
	供水（成本、剩余供水能力）

资料来源：Manning（1996）。

注：* 这些具体生态系统指标只是建议指标，是核心指标的附属指标。

  一些研究从符合伦理原则的角度（本书第 7 章将详细介绍伦理原则方面的内容）讨论了旅游和可持续性。上述指标变量是用于监测旅游影响的，而道德准则是用于规范某些利益相关方行为的，即一种符合旅游场景的可接受的行为。关于可持续旅游的论文《绿色地平线之上》（旅游热点，1992）是这种教育形式的一个很好范例，这从上表有关可持续旅游的定义及其十条指导原则中可见一斑（见图 4.1）：

  现在和将来的旅游设施及相关基础设施的经营要在自然承载力许可

的情况下进行，这种承载力是指自然资源可再生供未来生产使用；要充分认识和理解当地居民和社会、风俗和生活方式对旅游体验所做出的特殊贡献；要认识到当地居民有平等享受旅游业所带来的经济利益的权利；而且要尊重目的地当地居民和社会的意愿。

这些道德准则只用于倡导或加强一些得体的行为，而无法量化，《旅游热点》提出的十条指导原则，如图4.1所示。

---

① 可持续地利用资源
资源（自然、社会和文化资源）的保护性和可持续性利用，是旅游业长期存在的关键。
② 减少过度消费和浪费
减少过度消费和浪费，从而避免因长期的环境破坏而造成的恢复成本，提高旅游的质量。
③ 保持多样性
保持与促进自然、社会和文化的多样性是旅游业长期可持续发展的基础，有利于保持旅游业的自我修复力。
④ 整合旅游与规划
旅游开发要纳入整个国家或地区的战略规划框架，旅游开发要经过环境影响评价，使旅游业的发展具有长期的现实可行性。
⑤ 支持当地经济
旅游业要支持当地各项经济活动，同时要考虑环境的成本/价值，要做到既支持当地经济又避免破坏环境。
⑥ 当地社会的参与
当地社会对旅游行业的全面参与不仅能在总体上使社会和环境从中获益，而且能提高旅游体验的品质。
⑦ 参考利益相关方和公众的意见
旅游行业与当地社会、组织和机构之间的沟通是相互合作解决潜在利益冲突的基础。
⑧ 培训员工
在员工培训过程中将可持续旅游与工作实际相结合，在各级旅游机构中吸收当地人就业，提高旅游产品的质量。
⑨ 负责任的旅游市场营销
在市场营销过程中给旅游者提供全面、负责任的信息，让旅游者充分了解和尊重目的地地区的自然、社会和文化环境，提高顾客满意度。
⑩ 开展调研
要利用和分析所收集到的有效数据对行业发展不断进行调研和监控，这是及时处理问题，提高目的地、旅游行业和消费者的获益程度的根本。

图4.1 可持续旅游的原则
资料来源：《旅游热点》(1992)。

第4章 可持续性（一）：当地社区的参与和收益

加拿大旅游行业协会（1995）与加拿大全国经济环境圆桌会议联合发布了一个文件，倡议各级政府与各类部门共同合作保护环境。该文件制定了可持续旅游原则，这些原则分别对旅游者、旅游行业、行业协会、住宿企业、食品企业、旅行社和旅游部门作出了相应规定。文件每个部分的规定中分别包括适当的政策和规划导则、旅游体验、目的地社区、开发、自然、文化和历史资源、自然资源保护、环境保护、市场营销、调研和教育、公共意识、行业合作和全球村等专题。

本部分值得关注的另一个出版物是欧洲自然和国家公园联合会（1993）的文件。该文件主要关于欧洲的自然景观和国家公园的可持续旅游问题，为在该地区实施可持续发展过程中碰到的挑战提供了好见解。欧洲大部分保护区位于乡间（如英格兰、威尔士、卢森堡），这些保护区与相对地广人稀的澳大利亚、新西兰、加拿大和美国相比，面临着更大的周边人口压力。欧洲还有很多大型国家公园和生态保护区，不论是乡间还是野外环境，各国的政策制定者和业者都有责任根据当地不同的环境推行可持续旅游。欧洲国家公园文件指出人们要改善自己的生活、维持就业水平、增加收入、享受文化生活并推动文化间的和谐交流，人们必须在保护环境的前提下实现上述目标，环境保护应获得政治支持，而且要通过修复性项目和直接的实际帮助来保持遗产价值。

尽管可持续旅游背后的原则从理论上看很好，但学者们对理论如何转化为实践仍存在疑问。如亨特（Hunter，1995）认为当前的可持续旅游发展方式存在很多缺陷，因为它们对旅游规划和旅游管理的要求十分宽松，与可持续发展的设计不相一致，特别是旅游业并没有很好地解决地域规模和部门间合作这两个实现可持续发展的关键问题。另外麦克白（Macbeth，1994）提请人们注意可持续旅游本质上是被动反应性的而不是主动预防性的这个事实。他指出，"资本主义发展的历史上有很多这种被动反应趋势被资本主义轻易同化，以维持其存在，从而继续保持自己的剥削地位而不是消灭这种剥削的例子"（1994：44）。麦克白认为这种现象还会出现，除非当前的资本主义形式得到彻底的改变。刘（Liu，2003）指出可持续旅游研究一直像在东拼西凑，没有连贯统一的体系，这主要是由于缺乏对旅游需求、代际公平性、旅游资源的性质等方面的关注与重视。本书作者认为要彻底改变当前研究的现状就必须从系统化和跨学科研究的视角对这个议题进行探索（见 Fennell，2003）。

麦克切尔（McKercher，1993a）认为旅游业易于丧失其可持续性，这主要是出于以下四个原因：第一，人们普遍认为旅游业不是一个依靠自然资源的行业；第二，旅游产业是"隐形"不可见的，特别是在城区；第三，旅游业的政治地位很弱，在政府中支持程度低；第四，这个行业明显缺乏领导，最终使旅游业易受其他土地使用行业的攻击。麦克切尔援引安大略省北部的资源使用的例子进行说明。这个地区的主导经济部门被人为划定为大型采掘业（伐木和采矿），旅游行业结构非常分散，这使得旅游业在当地（主要是户外用品店和住宿点）缺乏决策的政治影响力。

关于旅游与可持续性的其他批判观点还有：古道尔和凯特（Goodall & Cater，1996）断言可持续旅游可能根本无法实现，虽然各方在改善和保护环境方面做出了很多努力；布尔（Burr，1995）证实除非乡村旅游社区共同合作，否则旅游的可持续性发展是不大可能实现的；克拉克（Clarke，2002）认为没有哪种旅游是真正可持续的，因为可持续性更多地是达到一种期望状态的手段而不是结果。克拉克所传递的信息是可持续性不仅适用于生态旅游，而且适用于任何形态的旅游，包括大众旅游，重要的是看旅游是如何规划、开发和管理的（另见 Laarman & Gregersen，1994）。这也就意味着像生态旅游这样的细分市场可能是可持续的，因为它利用自然资源，能带来长期经济收益，保护环境和刺激当地社区发展，但如果管理不当也可能是不可持续的。因此把可持续旅游当成一个具体市场来看是有风险的，应该从具体地域或具体环境进行分析。

案例研究 4.1　奥地利的可持续旅游与绿色乡村

奥地利认识到风景与旅游业之间的重要关系，制定了一套可持续旅游政策，旨在整体保护和提高自然环境质量，主要政策措施有：

1. 平抑需求的季节性差异，避免旺季供求压力过大；
2. 缩减旅游业占用空间；

> 3. 保护自然风景；
> 4. 促进旅游与其他行业的合作，尤其是农业和林业；
> 5. 提高行业内的专业性；
> 6. 改变旅游者行为。
>
> 这方面最重要的项目之一是奥地利的绿色村落，由社区以可持续的方式满足不断增长的旅游需求，鼓励乡镇使用太阳能取暖，限制建筑物高度不超过三层，停车场必须距建筑物80米以外以减少噪声和废气污染，机动车道要距绿色村落至少3千米，严禁机动车从村落中穿行，指定自行车道，回收利用废品，建筑物只限建于乡镇内，杜绝邻近农场单一作物耕作，政策向保护可持续的手工艺倾斜，用天然产品建造酒店，坚持农民能在当地销售自己的农产品，使用当地自产的天然药物。据称这种理念将对当地社区和旅游业都有利。

图4.2说明可持续性不仅意味着旅游行业的某个部门（如住宿）要可持续发展，而且整个行业的各个部门要共同实现可持续发展。图示说明旅游行业十分分散，要求所有部门同时实现可持续性几乎是不可能的，因此可以说可持续旅游的目标就是让行业的各个部门实现联动协作。另外图示还说明人与自然的要素要在四个部门内共同起作用，即人要作用于自然景观使景点实现可持续性。丰特等人（Font et al., 2006）近来对这个观点进行了发展，他们发现只有旅游供应商实现可持续性，旅游运营商才能可持续。不过由于旅游运营商在整个供应链上对于旅游供应商有足够的影响力，而且由于全社会对旅游运营的责任要求更多，因此旅游运营商实际上对于推动其合作方做出改进是有抓手的。根据上述作者的观点，他们可以在整个供应链上推动相关的可持续供应与管理政策，同时可以支持供应商达成可持续的目标，而且可以选择与达到可持续标准的供应商合作。

可持续性开始影响旅游的各个方面，特别是近年来大众旅游经营者开始更多地引入真实的、非商业化的体验。用丰特等人（Font et al., 2006）的话说，就是让游客"发现文化和未被污染之地"，以此来满足市场的需求，跟上社会对可持续性的要求，使产品更有竞争力。从大众旅游的角度来看，这是一种发人深省的做法，因为未被染指之地日渐稀少（另见 Welford & Ytterhus，1998）。各目的地都在努力吸引那些"更受欢迎的游客"，让目的地更可持续（同时盈利）。卡萨–阿尔德（Kaosa-ard，2002）指出泰国国家旅游局一直在提高旅游者质量而非数量方面很有压力。泰国酒店联盟认为那些住在大酒店（用专车司机、在豪华餐厅用餐）的客人实际上就是更好的游客，因为他们在目的地花费高。相反，各种民间团体指出，最好的游客是在当地人经营的酒店住宿、在当地餐饮摊档吃饭的游客。他们的花费更深更广地渗入了当地经济。事实上，后一类游客才是更具吸引力。卡萨–阿尔德等人（Kaosa-ard *et al.*，1993）对 1200 名本国和外国游客进行调查，发现更受欢迎的游客是 40 岁左右或以上的女性人群，她们每天的花费更高，而且对文化类景区很感兴趣，因此会把更多的钱留在当地人手里。

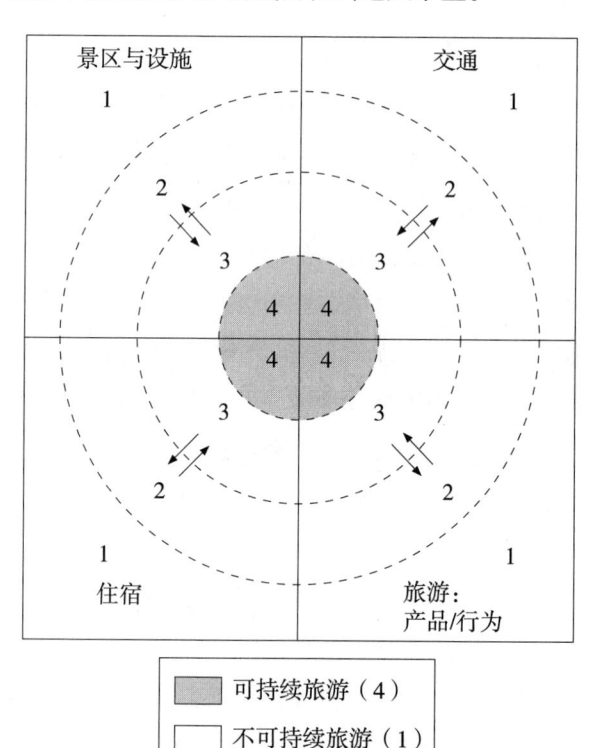

图 4.2 可持续旅游的程度

旅游与可持续性的概念化

为更好地理解和把握旅游业的可持续性，各派学者通过研究认为两者（旅游和可持续性）之间的关系是随着时间的推移而不断变化的。譬如，克拉克（Clarke，1997）认为旅游与可持续性的关系可以分为四个不同的相对独立的阶段。第一阶段是大众旅游与可持续旅游完全泾渭分明，几乎是一个概念的两极。第二种看法是大众旅游与可持续旅游之间存在一个连续的变化轴。第三种是认为大众旅游是在改善的，在向着可持续的方向转变，因此不能把大众旅游一棍子打死。第四个阶段是融合与汇聚，即所有旅游形式，不论规模大小，本质上都能做到可持续。

克拉克（Clarke，1997）所说的不同理论观念可以从图4.3中窥见一斑，该图对大众旅游与AT（替代旅游）进行了对比，图上的两个圈形象地说明了大众旅游和AT的相对规模。尽管大众旅游常受到诟病，被视为基本上是不可持续的，但近几年行业的发展和采取的各种措施正在让大众旅游越来越多地向可持续性方向转变。这些措施包括控制用电、减少寝具的清洗频度和垃圾处理（图中的箭头表示大众旅游的可持续程度正在扩大）。另一方面，图中显

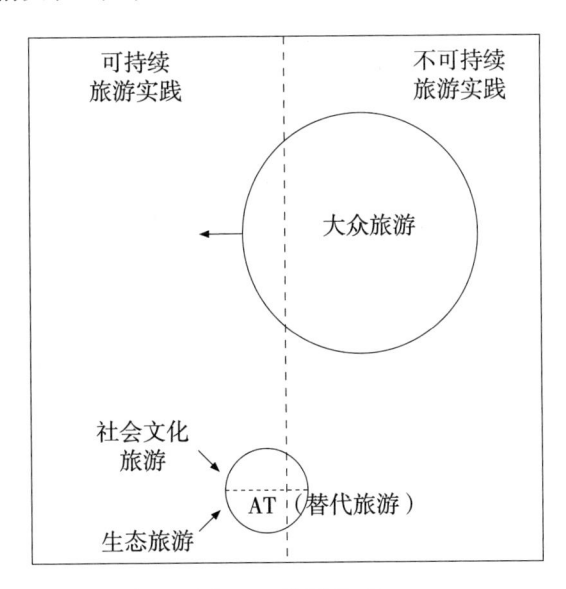

图4.3 旅游关系

资料来源：节选自 Weaver（1998），引自 Butler（1996）。

示大部分形式的替代旅游本质上（理论上）都是可持续的。根据图示，替代旅游由两类旅游形式组成，即社会文化旅游和生态旅游。社会文化旅游包括乡村游或农场游，其中大部分旅游体验基于农场环境中的文化领域。生态旅游则是指在旅游活动中社会文化类活动较少，而是更多依赖于当地自然资源，并以自然为主要活动内容或旅游动机，进而在 AT 部分与社会文化旅游区分开来。多年以来，令理论界和业界困惑的是人们认为由于难以界定社会文化旅游，导致其概念无法得到合理应用。这种概念的模糊性意味着任何一种旅游形式都可以被冠以可持续的名头，尽管有些形式并不尽然（Butler，1999），正如前文所探讨的那样。

支持当地经济与当地社区的参与

基于社区的规划与管理基准一度成为墨菲（Murphy，1985）研究旅游学的社区法。尽管墨菲的很多观点今天在很多方面仍旧像 20 世纪 80 年代一样没有过时，但这期间有大量的学者和文章不断扩充着墨菲最初的思想。用史密斯（Smith，1990a）的话说，社区发展是源于加拿大、美国和英国在大萧条时期制定的自助发展计划。社区发展的决定性特征是，它是由当地发起的、动用本地人和本地资源的、针对当地问题的解决方案。布约德（Bujold，1995：5）对社区发展的定义是"人们自发地团结起来，与当地政府一道努力改善当地经济、社会和文化环境的过程"。

旅游越来越多地被视为一种重要的社区发展工具，因为越来越多的人认识到旅游能对改善滞胀的经济做出贡献，而且可以团结当地社区成员。苏格兰设德兰群岛的经济一度依赖于北海石油的开采，但现在旅游业在维系其经济方面更靠得住（Butler & Fennell，1994）。还有芬兰的奥兰岛，当地所有旅游服务企业都是当地人拥有和经营的（Joppe，1996）。约普（Joppe）强调我们应明白传统社区发展与社区经济发展（CED）模式之间存在根本的不同之处。传统经济发展模式侧重吸引外资或新企业到当地投资（即外向型经济发展模式），CED 侧重的是小规模、绿色和社会化，即努力"帮助消费者成为生产者，用户成为供应商，雇员成为企业主"（Joppe，1996：476）的内向型发展模式，以经济自立、生态可持续、社区管控、满足个人需求的同时建设社区文化为其原则（另见 Davidson，1995）。重要的是旅游在确保社区人们生活品质方面具有何种作用。所有旅游发展战略的基础都是要认识到：

> 旅游发展要成为长期的经济战略就必须关注社会和生态，同时在发展的进程中必须保护资源。目的地社区是大部分旅游活动的经济、社会、文化和基础设施资源基础，而且资源条件也决定了当地居民的生活品质（Christensen，1995：63）。

克里斯坦森（Christensen）提出了一个社区生活品质框架，用来衡量个人和社区维度的主观和客观指标。据说旅游开发项目会改变社区成员的生活品质，并给当地造成不同程度的社会影响，这些影响既涉及个人也涉及社区，程度也有所不同。不同层级的解决方案需要考虑变化的因素，还要综合考虑相邻的群体、融合、对应的产业、政策和政府法规等方面（另见 Mabey，1994；Belasco & Stayer，1993；Campbell，2002；Lipske，1992；William，1992；Sproule，1996；White，1993）。

麦金农（MacKinnon，1995）认为各地（地方或国家政府）的策略方式可能会建立或打破当地人对生态旅游的认识。她以一些采取生态旅游开发或被认定为在从事生态旅游开发的社区为例进行说明。这些社区之一是在尤卡坦半岛上一个叫特雷斯·加兰蒂斯（Tres Garantias）的社区。有一个国际开发团队最初在这里规划了一个狩猎保护区，但当地居民发现非消费性娱乐活动比消费性活动更吸引旅游者。因此该项目被视为采用了一种自上而下的方式来运作，尽管生态旅游也给当地带去一些零星的利益。麦金农认为仅有社区内部的社会融合是不够的，还要让利益更广泛地深入当地社区，并使当地人感到他们才是主人。麦金农还用墨西哥韦拉克鲁斯市的洛斯·图斯特拉斯（Los Tuxtlas）的例子说明与当地社区的融合必须采用更草根的方式（由当地一名妇女发起的渐进式能力建设项目）。这个社区的旅游收益很快见效，在当地分配得更广泛，而且当地人能深刻地认识到本地自然资源保护的重要性，比不在本地的大开发商有更深的意识（这些大开发商的开发模式会加大当地的贫富差距）。

德雷克（Drake，1991）另举一例说明社区如何合作以控制生态旅游开发计划，他对于当地参与的定义是"当地社区对开发项目结果的影响力，这些项目包括生态旅游这些会对他们自身有影响的项目"（1991：132）。在这个进程中重要的是要让参与其中的当地社区成员感受到收益，同时感受到自己的社区及当地资源受到了保护。下面列出的是生态旅游项目开发过程中当地参与的模式（1991：149—155）：

- 第一阶段：确定当地参与项目的角色与作用。评估当地人能如何通过效率、提高项目有效性、受益人能力建设和项目成本分摊来帮助项目达成既定目标。
- 第二阶段：选择调研团队。团队成员要由多学科专家组成，包括精通社会科学的人和媒体人。
- 第三阶段：组织初步调研。根据现有文件和其他与调研相关的文献研究当地社区的政治、经济和社会环境。对于以下内容的识别和评估是非常重要的：需求、当地主要领袖、媒体、社区对项目的投入程度、跨部门的参与、土地的传统使用、对项目感兴趣的人及感兴趣的原因、妇女的作用、项目的管理者和资金来源、土地所有权与文化价值观。
- 第四阶段：确定当地参与水平。当地参与度从低到高呈连续区间排列，除确定参与水平外，还要确定参与的时点。如果本国政府不支持当地政府，需要寻求中间机构（如非政府组织NGO）的帮助，推动当地的参与。
- 第五阶段：确定适当的参与机制。根据当地参与程度、现存机构的性质（如政府、NGO、民间团体）和当地人的特点（他们是否蛮横）确定适当的参与机制。这种机制包括信息的分享与顾问咨询，一般是采用建立民众顾问委员会的形式，由当地居民选出各个群体的代表参与项目的讨论。委员会要对项目的目标和执行或其他项目相关事宜提出建议。
- 第六阶段：发起对话与教育活动。利用媒体在本阶段非常重要，可借此通过提高公众意识来建立共识。在这个阶段要利用当地社区的关键性代表人物。生态旅游团队要向当地社区解释项目的目标，以及项目将如何影响社区，对当地的价值，以及根据项目经验可能会带来的威胁和益处。在介绍时可以利用各种音像手段进行演示和强调以上要点，要组织研讨会或公开大会向大家说明项目的优势与问题。
- 第七阶段：集体决策。这是让调研结果、信息和当地居民达成协同的关键阶段。生态旅游项目团队把调研结果向当地社区展示，同时提出行动计划，社区成员对行动计划提出自己的看法，或者组织论坛，让调研团队与当地居民进行讨论，最后就项目的影响达成统一意见。
- 第八阶段：制订行动计划和实施方案。在这个阶段，调研团队与社区共同制订行动计划，针对已知问题实施解决方案。如果社区成员认为需要提升当地居民的生活水平，调查团队应通过协议价或市场价从当地居民手中购买农产品。也可以设立多个工作岗位让当地人就业，如纪念品商店、研究岗位、公园管理岗位以及其他相关私营装备企业。此具体行动计划必须纳入项目的整体计划。
- 第九阶段：监控与评估。这部分工作经常被忽略，但实际上监控与评估应该在很长一段时间内定期进行。评估的重点在于确定项目初期设定的目标是否已经达成。

加罗德（Garrod，2003）近来对德雷克的模型进行了一些细微的调整，如加罗德认为第一阶段应该重点强调如何鼓励当地民众参与，而且这种做法应该是贯穿整个项目的各个阶段的。

如果开发商承认当地社区是由多个群体组成，不同的群体有不同的利益诉求，那么社区开发的动议将更容易为当地人所接受。尤洛斯基（Jurowski，1996）也持同样的观点，他认为由于旅游业的影响不会完全均衡地落到所有居民的头上，而且每个居民的价值观也不同，开发商要对此有所认知才能使项目进展顺畅。

尤洛斯基认为首先要找到的特殊群体是"恋家居民"。这些人可能是当地的常住居民，或者是因其社会、物质利益而非常喜欢这个社区的老人。对这些人来说，他们希望对社区的形式和功能有一定的控制力和影响力。旅游开发商可以通过吸纳当地居民参与规划，开发的项目强调当地遗址或历史文化主题，向当地居民证明项目能给社区带来社会和生态利益几个方面获得这个群体对项目的认可和支持。

第二类人尤洛斯基将其称为"资源使用者",如垂钓者和其他休闲娱乐活动的参与者。他们虽然在旅游经济影响方面具有两面性,但他们是开发商可以争取的群体。开发商可以通过组织一系列相关兴趣活动(如自行车赛),保护他们的活动区域,分配一部分旅游收益用于他们需要的设施和服务的开发等方式争取这个群体的支持。

尤洛夫斯基提到的最后一个群体是"环境主义者",尽管这是最可能阻止项目开发的群体,但开发商可以通过以下措施争取其支持:1. 提供完整信息说明项目会如何有利于当地的环境保护;2. 把生态教育计划列入开发计划中;3. 鼓励环境主义者参与到项目开发中;4. 鼓励当地居民给旅游者开设教育培训活动。项目开发要反映当地社区的利益,从而有助于鼓励当地志愿者参与,使冲突得以缓和。这项研究很有意思,因为它指出住在同一个社区的人也是不一样的。这与很多旅游研究不同,因为大部分旅游研究都只把当地社区视为一个统一的整体(另见 Weaver & Wishard-Lambert,1996)。

案例研究 4.2 生态旅游和帝王蝶

北美每年一次的动物大迁徙活动包括美洲帝王蝶的迁徙。每年数百万只帝王蝶从加拿大或美国出发,飞越 8000 千米,到达墨西哥横断新火山带的 15 个越冬地之一去过冬。这 15 个越冬地面积都很小,加起来不超过 50 英亩。这个地区以冷杉树著称,湿润、挡风,有足够的花蜜,是适合于它们生存的栖息地。在那里,它们会停留约五个月,然后再继续向北迁徙。帝王蝶大迁徙过程中最令人惊异的是没有任何一只帝王蝶能够活着飞个来回。哈尔彭(Halpern,1998)曾指出那些来自墨西哥的蝴蝶和返回的蝴蝶之间会间隔三到四代。哈尔彭指出 8 月份在纽约出生的帝王蝶飞到墨西哥过冬,然后于次年 3 月份开始向北飞,最后在得克萨斯到佛罗里达的海岸上产卵后死掉。在佛罗里达出生的帝王蝶会继续向北飞,依旧是一路上边交配边产卵,它们的后代亦是如此。到了 8 月,另一只与上一年夏天在纽约出生的帝王蝶相隔 4 代的帝王蝶将在纽约羽化成蝶,再一次踏上迁徙之路。帝王蝶就这样周而复始地重复着这个伟大的迁徙周期,到达它从未去过的墨西哥境内的那一小块地方。

第4章 可持续性（一）：当地社区的参与和收益

这种现象的形成历程在科学界仍是个谜，但这其中的人类因素则没有那么了不起。巴尔金（Barkin，2000）在其书中认为建立专门的生物圈保护区保护帝王蝶不受人的侵扰（该保护区是在1976年美国《国家地理杂志》发表了厄克特（Urquhart）写的一篇关于帝王蝶迁徙的文章之后建立）会对当地社区有很严重的影响。可惜的是，世界野生动物基金委托负责建立保护区的非政府组织在建立保护区问题上没有与当地社区协商，在建立保护区时并没有给当地居民任何补偿，而这些居民失去了保护区内的资源就完全没有了生活来源。当地虽然建设了一些旅游接待设施，但远不足以接待每年25万的游客量（1998—1999年的数字），即是其10年前的10倍。

不仅当地人失去了对自己土地的控制，而且生态旅游所带来的收益只集中在少数人手中。由于缺少工作机会，很多当地人不得不离开家庭到很远的墨西哥城（三小时的车程）去做一些低薪的工作以养家糊口。还有一些人原本靠伐木为生，现在他们被迫重操旧业，成为非法盗伐者。阿里德吉斯（Aridjis，2000）和哈尔彭（Halpern，1998）注意到就连那些保护区的负责人也参与了非法盗伐，这主要是由于当地腐败盛行。有些人有意在树上刻画很深的刻痕，促使这些树木死亡，使他们能够"合法"地砍伐树木。另外，由于有人拿利润丰富的伐木许可权换取政治庇护，一些保护区的存在已经受到了严重的威胁。

尽管有人认为生态旅游是解决这种问题的少数几种方法之一（如通过开发小型旅舍，让妇女和儿童卖纪念品），但也有些人并不那么乐观。哈尔彭指出这种方式是不现实的，由于缺乏合理的规划，当地缺少基础设施来接待越来越多的旅游者，当地也没有考虑到众多旅游者所带来的影响（道路退化、垃圾、水污染等），而且尚没有法规限制旅游者的数量，就像以前限制伐木一样。另外当地的导游和旅游者似乎都非常缺乏环保教育。哈尔彭指出一个所谓的美国"博物学家"就曾想跨越铁丝护围近距离地观赏蝴蝶，于是他给了导游8美元后就拉开了护围。在接近蝴蝶时，旅游者践踏了保护区新播种的一片地，造成一些嫩苗死亡。

巴尔金认为要解决这个问题就必须打破贫穷和环境退化的怪圈，他指出生态旅游可以为当地人带来机会，但这只能作为其他土地使用活动的一种补充。对此他提出了以下建议：
- 政府必须承认当地人的主导权和从帝王蝶获益的权利，并提供培训、技术支持和资源。
- 要有必要的机制来确保传统的粮食生产得以维持下去。
- 要考虑在当地开展可持续旅游活动的适合性，尽管墨西哥政府不太可能认可这种乡村旅游发展形式。
- 开发地热资源，使之服务于农业、娱乐和医疗保健目的（温泉水疗）。
- 通过开发文化旅游和当地生物多样性的其他资源，平抑旅游的季节性差异。
- 让旅游业的收益能惠及大多数人，而不是只把持在少数人手中。
- 改变现行的旅游政策，因为现行政策不仅坐视环境被破坏，而且由于其大量漏洞加剧了社会两极分化。
- 将旅游业与地区发展相结合，使当地经济能平衡发展。

这种情况与墨西哥特雷斯·加兰蒂斯的情况非常相似，后者由于进行自上而下的强制生态旅游开发，给当地人带来了灾难性的影响。这再次说明控制是发展符合道德规范的生态旅游业的关键要素。社区在使少数人受益的旅游业开展之前处于一种平衡稳定的状态。这些地区的旅游开发和企业经营一样，要取得成功需要考虑时间、教育、控制和参与的本质等各方面要素。

原住民生态旅游

生态旅游作为原住民社区发展的一种工具，已经成为一个很受重视的话题。通常原住民生活在偏远地区，由于谋生手段非常有限，在社会和经济方面逐渐被边缘化。因为原住民与土地的关系密切，所以他们愿意也需要与土地共存。已有越来越多的文献介绍了生态旅游业对当地土著社会的积极影响的案例。如希契科克（Hitchcock，1993）就在文章中介绍了纳米比亚的半游牧民族普罗斯人（Purros）在透明公开和平等分配利益的基础上成功地开发了生态旅游。其他生态旅游方面的倡议还有：1. 旅游者必须遵守明文规定的守则（由当地人制定的）；2. 导游服务和手工艺品的价格都是定好的，以防止削价竞争；3. 设立有关活动，让旅游者了解本地区资源的使用情况。希契科克指出这种社区行动必将在欠发达国家得到推广。

我们在前面的讨论里已经说过，社区发展与管理在理论上是"以人为中心"的，但事实上出于种种原因，这种人本精神在很多情况下是非常缺乏的。蒂帕和韦尔奇（Tipa & Welch, 2006）列出了以下几点原因：1. 在这种关系中国家往往占主导地位；2. 原住民通常缺乏工具和专业能力去达成目标；3. 这个过程将原住民与正式的机构性和立法性规定联系在一起，从而剥夺其代表特殊利益群体的能力；4. 这种关系下产生的成本往往由社区承担；5. "社区"的概念往往定义得过于宽泛，而原住民往往只是几个利益团体中的一个，他们的呼声常常会被其他非原住民团体的呼声所掩盖。

印尼吉利公园（Gili Indah）对珊瑚礁的管理实践说明了一个事实，即基于社区的管理未必是管理资源的最有利方式（Satria et al., 2006）。尽管当地社区高度同质化（所有居民都来自南苏拉威西岛），一项新执行的分区政策看起来对旅游业非常有利，因其限制了渔民的捕鱼范围和财产权，结果使得渔民在自家后院被边缘化，而旅游产业对大部分区域享有管理权和排他性权利。作者引奥斯特罗姆（Ostrom, 1999）的话说明地方专制盛行的原因是：

> 不是所有自发的资源管理体系都是民主管理，或根据大多数所有者的意见进行管理，有些管理是由当地的一名领导或一些权力精英把持的，他们决策的出发点是使自己获利（Ostrom, 1999；Satria et al., 2006：113 引用）。

还有些学者认同这种观点。洛猜龙沙（Rocharungsat, 2004）分析了马来西亚、印尼和泰国的基于社区的生态旅游（CBT）中的三个利益相关群体（决策人、经营者和旅游者），得出以下结论：

> 认为社区在 CBT 都能成功的各个阶段独立执行是不现实的，即市场营销、酒店接待、保护和评估等阶段。不过如果所有利益相关方都真心希望成功实现 CBT 的可持续模式，我们必须具有共同的加强社区建设的目标（REST, 2003：10）。

关于生态旅游未必肯定会给当地社区带来利益的观点，斯庄扎（Stonza,

2007）对此做了进一步的阐释。生态旅游增加的经济收入不一定是解决方案。收入也许可以满足社区的短期需求，但无法确保这些收入能转化成更强的保护意识，甚至这些增加的收入可能被当地居民用于购买工具（鱼钩、狩猎工具等），用来进一步掠夺资源。斯庄扎和戈迪略（Stronza & Gordillo, 2008）研究了亚马逊的三个由社区介入的生态住宿项目，发现虽然这些项目带来了收入，但也不同程度地带来了问题。作者通过访谈和重点群体数据收集的研究发现社区成员之间的互惠程度在降低。卡帕威（Kapawi）生态度假村的负责人认为传统的社区集体活动次数越来越少，特别是在靠近生态酒店的地区，因为那附近的居民要去酒店上班挣工资。秘鲁的波萨达亚马逊（Posada Amazonas）生态酒店的一些员工甚至想"买断"他们的社区工作责任。基斯（Kiss, 2004）也有同样的发现，他指出尽管很多基于社区的生态旅游项目都标榜自己的成功，但实际上它们给当地的土地和资源利用模式带来的变化非常有限。这些项目虽然给当地居民的生活带来了一些改观，但长远来说仍然严重依赖外来支持。

内帕尔（Nepal, 2004）列出了加拿大不列颠哥伦比亚中部的原住民在生态旅游开发的进程中所面临的一系列局限与问题：大部分商业化生态旅游超细分市场已经饱和；对目标市场的理解非常有限；与北方其他原住民社区生态旅游产品的竞争激烈；生态旅游市场中原住民形象已经模式化。凯勒（Keller, 1987）发现加拿大西北领地的因纽特人、印第安人和有八分之一非洲裔血统族群的旅游发展已经严重受阻，因为行业的发展在区域和当地层面上都缺乏管理。凯勒认为这些居住在边远地区的人们必须具有决策控制权，应当限制旅游业发展的规模，使之与当地社会、生态和经济发展相适应（另见 Seale, 1992；McNeely, 1993）。

生态旅游发展要获得成功，原住民必须要掌控局面，尽管常遇到社会和政治力量的阻挠。南非的结构调整过程中就遇到了这样的问题，当地有很多受教育程度低和缺乏培训的非洲裔后代（Swart & Saayman, 1997），结果整个旅游体验与南非的贫困社区阶层完全没有任何交集。虽然政府发展旅游业的部分目的是改善每个南非人的生活，但斯沃特和萨伊曼（Swart & Saayman）认为只有彻底改变南非的司法结构才能让旅游惠及所有人。西北

第 4 章　可持续性（一）：当地社区的参与和收益

澳大利亚金伯利（Kimberley）地区的原住民社区对旅游业缺乏控制力就是这样一个突出的问题，因为邮轮停靠时不愿为进入部落领地和河流征得当地部落的同意，而且不尊重当地的风俗和土地管理者（Smith et al., 2009）。对决策权的控制是挪威北部萨米人遇到的问题，因为决策者把生态旅游视为解决就业和经济发展的仅有几种手段之一，用自上而下的压力迫使萨米人服从（Müller & Huuva，2009）。

对生态旅游开发的控制问题是巴拿马库纳（Kuna）印第安人和巴拿马政府争议的焦点。据查宾（Chapin, 1990）记载，20 世纪 70 年代，巴拿马政府有意与跨国公司合作在库纳人生活的地区（Carti 周边，巴拿马临加勒比海一侧）进行旅游开发："为了回报他们为旅游景点开发所做出的贡献，库纳人将得到在旅游服务行业就业的机会"（Chapin, 1990：43）。

查宾指出库纳人不愿与可行性研究小组合作，并合力将旅游业挤出该地区。当赌场开发的计划夭折后，一个经营商的船被当地人没收了，另一个人则遭受了枪击、火烧、被吊的威胁和被库纳族年轻人拳打脚踢。与此相反的是，在库纳人维持自治和控制现状的努力下，该地区现存着一些小型饭店，由库纳人经营，为可控的小规模旅游者服务，这些小饭店由库纳人合法拥有。所以说库纳人其实已经认识到了旅游业可持续发展的重要性并努力朝这个方向发展，但前提条件是：1. 他们必须对行业有控制权；2. 项目必须是小规模且可由当地管理的；3. 各利益团体之间必须能平等对话（另见 Wearing, 1994）。

除了上面提到的问题，技能的发展也是原住民为要在当今旅游业全球化进程中立足亟待解决的问题。关于这个问题，德莱西（De Lacy, 1992）分析了 20 世纪 80 年代澳大利亚的几个原住民就业计划，其中包括一些澳大利亚大学提供的技能培训课程。美属太平洋群岛也有类似的培训机会，据称对原住民生态旅游企业家的支持是实现经济可持续发展的关键所在。刘（1994）认为政府要提供资金和运作支持，另外，政府所提供培训的内容应该包括市场营销和一些商业技巧。当地参与需要与国家层面的管控结合起来，这样才能协调生态旅游发展，降低商业化运作对土著文化的影响（King & Stewart, 1996）。

第二部分　定义生态旅游的核心标准

表 4.3　对本土化敏感的生态旅游者行为准则

- 谁在经营这个项目？这个项目是土著人经营的吗？如是，这个项目是由集体经营的还是只有几个人或家庭能从中获利？
- 如果不是由土著人经营的，当地社区是否能平分利润或得到其他方面的直接利益（如培训）？是否只有少数人或家庭能从中获益？
- 尽可能多地了解当地文化和习俗。到当地土著人联合会办公室去获取从当地角度编写的介绍材料和信息。
- 未经允许不得拍照。
- 如果你想赠送礼物，应送对社区有用的礼物（如给学校送礼物），而不是那些只对个人有用的礼物。大部分土著群体都是统一的集体。
- 不要给个人小费。如果你随团旅游，每个人都可以为给社区送礼物贡献力量。
- 要了解哪里是人家和花园的边界，未经许可绝对不要入内或拍照。
- 随身携带净水药片，不要仅仅依赖于煮开水，因为那样做需要燃烧木材，会进一步破坏森林。
- 将从当地获得的东西单独打包，并使用可生物降解的肥皂。
- 尊重你周围的人。
- 不要做一些你不会兑现或无法兑现的承诺，如给当地人寄照片之类的话。
- 未经允许不得采摘植物或植物果实。
- 穿着得体（如女人穿短装对很多文化来说是一种冒犯，即使当地人甚至可能不穿上衣）。
- 尊重当地居民的隐私和风俗。就像你希望被来客尊重一样去尊重当地人。

资料来源：Colvin（1994）。

管理问题

关于原住民和生态旅游的文献中最常见的一点是强调原住民与土地之间的紧密关系。这种关系的密切程度堪比血缘关系，是一种特殊的道德纽带，一种全面的精神层面的关系（如 Zeppel，2006）。希金斯-德比奥勒（Higgins-Desbiolles，2009）在提到这种关系时说，原住民与自然的紧密纽带可用来教育非原住民如何更好地对待自然世界。希金斯-德比奥勒认为原住民与生态旅游的关系应该被称为"文化生态旅游"更恰当，因为这里面强调了文化与土地的密切联系。另一方面的动机是帮助消除西方思维的破坏性本质，因为西方思维据说是与原住民的世界观完全相悖的。

另一个关于原住民与土地的全面精神联系的重要文献出自欣奇（Hinch，1998）。他认为不能因原住民和生态旅游都共同占据着荒野自然环境空间，就认为两者对于人与自然关系的看法是一致的。原住民旅游的定义是"原住民通过控制并以原住民文化为主要吸引物而直接参与其中的旅游活动"（Hinch，1998：121）。原住民把自己与自然界视为一体，但这种一体性是与生态旅游不同的。在欣奇所举的一个猎鲸的例子中，原住民把鲸拖上海滩，当着旅游者的面将其大卸八块。对于那些追寻和享受在未受干扰的野生环境中观赏野生动物的旅游者来说，这是很难接受的，这些旅游者甚至会参加保护鲸这样的濒危物种的各种组织。原住民的传统无法说服别人接受这种野蛮的屠杀，特别是很多游客更喜欢观鲸而不是食鲸。

持同样观点的还有巴克利（Buckley，2005），他用第一手资料说明了加拿大北极地区的生态旅游者与原住民面临的道德挑战。加拿大因纽特人会带着旅游者到独角鲸出没的海域观鲸，同时因纽特人自己会捕猎这种濒危动物，然后制成鲸制品（非生活必需品）向邮轮上的亚洲游客兜售。猎鲸是非法的，但问题是，既然旅游经营者知道这种非法捕猎仍将继续，他们是否应当停止这种观鲸旅游活动（旅游经营者雇用因纽特人其实成了他们间接的帮凶，因为必须由原住民带着游客往返鲸出没的海域）。这对生态旅游产业的直接影响就是独角鲸一发现有船靠近就消失得无影无踪。他们意识到人类捕猎的威胁，学会了躲避人类。巴克利认为加拿大政府让因纽特人保持自己的生活方式并提供船和火器之类的生活工具，所以因纽特人有义务遵守加拿大的法律，但显然事实并非如此。

金和斯图尔特（King & Stewart，1996）发现原住民介入生态旅游的主要动因之一是自然资源的退化，说明面临严重的森林退化或过度放牧等情况，生态旅游不失为一种理性的收入来源。扬格（Young，1999）发现下墨西哥（Baja Mexico）的生态旅游介入的情况更多地是随着外在原因而变化。在研究小型渔场的现状时，扬格发现当地的资源冲突是由渔业保护技术的缺乏引起的。由于鱼类数量逐年减少，人们提出通过观鲸来平衡经济利益和改善保护状况。然而，只有当作为生态旅游吸引物的鲸类资源的经济潜力为大家公认后才能提起当地人的兴趣。而且，生态旅游的收益远不如近海捕鱼，因此加剧了生态旅游与当地居民在海洋资源使用权上的冲突。欧洲北部的萨米人居住区也存在同样的问题，彼得森（Pettersson，2006）发现由于驯鹿肉价格越来越低和现代驯鹿养殖技术的采用,很多萨米人被迫放弃这种传统的营生,转而寻找新的收入来源,而新兴的旅游业是一个重要的机遇。通过这些观察,我们发现原住民参与保护是需要经济刺激的。当地人保护是为了得到回报,特别是当资源本身有重要经济意义时(见 Wells et al., 1992;Gullison et al., 2000)。这也就意味着生态旅游对于当地居民来说是次优选择,他们更不会主动自发地保护资源,分享经济利益,以及将旅游者视为不仅仅是收入渠道。

前面所说的关于对原住民保护行为和动机的质疑是一个敏感的话题。我们认为西方文明是我们过去的和当前的生态不满情况的根源,而原住民是西方生活方式的牺牲品。芬内尔(Fennell,2008)通过分析大量的文献(生物学、考古学和人类学)提出了原住民管理的提法。他发现大量研究说明了一个事实,即传统社会无力以一种可持续的方式管理资源,非原住民也一样,过度利用资源而非可持续的做法已经成为常态。克雷奇(Krech,1999)也在他关于北美印第安人的书中这样写道:

> 所有关于印第安人都是环境种族主义受害者的故事,以及所有有关他们采取各种措施保护环境的故事,其实说的是他们在掠夺资源和破坏土地(Krech,1999:227)。

洛(Low,1996)研究了186种传统文化,指出如果说传统社会对生态的影响小,那不是因为他们有保护意识,而是因为他们人口密度低、技术不发达或缺乏用资源获利的市场。这个观点启发戴蒙(Diamon,2005:9)指出,"认为过去的原住民与第一世界的现代人在本质上(不管是优于还是劣于他们)是不同的"是最大的认识上的误区。他指出我们(即人类)一直以来都很难以一种可持续的方式管理世界上的自然资源,因为我们都是经过同样路径进化过来的,在资源利用方面,各种文化各个时期其实都没有本质的不同(尽管不同的文化赋予我们各自的独特性)。

与上述有关资源管理问题讨论的一个平行观点是,韦特(Waite,1999)在分析澳大利亚旅游委员会在五个国际电视广告中以澳大利亚土著代言时指出,土著人的"另一面"和他们生活的环境(以殖民地视角呈现),被人们视为吸引国际旅游者的名片。这些广告的主题之一就是把原住民塑造成生态天使。韦特认为把原住民与现代文明割裂开是错误的,认为他们对自然界造成的影响小同样是错误的。他们大面积地烧荒开垦，导致大量植被灭绝就是一个最好的佐证。

结论

本章通过分析当地人参与和获益的一些看法，抛砖引玉地讨论了可持续性对生态旅游的重要性。如果当地人能参与生态旅游的规划、开发和管理，如果这种参与能带给他们益处，他们会有更大的热情拥抱生态旅游。这种情况还是存在的，即生态旅游项目确实有当地的参与也使当地人受益。但另一种情况是生态旅游所承诺的种种利益不一定能成为现实。布莱斯克和坎加斯（Blersch & Kangas，2013）构建的一个伯利兹百年生态旅游发展模型以年为单位，发现生态旅游带来的收益是逐年下降的，因为油价的攀升（拉高了旅行成本）及生态旅游对环境的影响。尽管采取保护措施可减缓下降趋势，但最终他们发现这个系统是不可持续的。在过去的 20 年中，伯利兹的收益是正向，但这些收益很难长期保持。这项研究对下一章的内容做了很好的铺垫，即可持续的概念既强调发展也强调保护。

概括问题：

1. 开发项目中常常忽略原住民的利益。用本章几个例子说明原住民能如何从生态旅游中获益。
2. 可持续旅游的核心指标与具体生态系统的核心指标有什么不同？
3. 什么是管理的"迷思"？
4. 为什么旅游行业的所有部门都以可持续的方式运作是很重要的？
5. 大众旅游总是不可持续的吗？你是否认同？为什么？

第5章 可持续性（二）：保护

  我们滥用土地是因为我们把土地视为属于我们的商品，当我们把土地视为自己所属的社区时，可能就会开始在爱和尊重中使用土地了。——奥尔多·利奥波德（Aldo Leopold）

  上面的引言恰当地说出了人类在如何平衡资源的利用与保护时面临的一个两难境地。从全球来看，我们很晚才认识到自身的开发行为和消费模式对资源的影响。本章对保护问题的讨论是用来描述有关资源对于社会的价值和作用的极化看法。本章接着前一章的内容继续探讨可持续性。第4章主要是从当地参与及其利益的角度讨论可持续性，本章主要探讨保护的重要性，以及自然区域和生物多样化的管理和利用等众多复杂议题。在讨论自然和自然资源时，人的要素是不可能不涉及的。本章试图从人类继续向自然界施加的压力出发，强调了在一种保护理念的发展过程中进行的一些主要考量。本章将公园和保护区作为在平衡生态一体性和旅游行业需求方面具有重要作用的环境展开讨论。

掠夺自然界

地球的恩赐

  在关于当前生态困境的历史起源的一篇有影响的论文中，怀特（White，1971）指出，人类起初是自然的一部分，但在过去的几百年间人类逐渐变成了自然和自然资源的剥削者。这一观点指出了西方基督教和资本主义一直以来把人与自然对立起来的思想观念，即所谓的"上帝的旨意是让人类利用自然为其服务"（White，1971：12）。根据历史记载，很多中世纪和文艺复兴时期的科学家都受到了这种宗教哲学的负面影响。在科学大发展的16、17世纪，一种机械的、静态的自然观的出现取代了早先被动神秘和原始的观念。这种观念推动着一种科学的发展，即人类应不断追求知识，加强与自然界的关系和对自然的控制，同时扩大人类帝国的境界，以期"重新获得人类在伊甸园时曾拥有的知识和权力"（Bowler，1993：85）。

人类希望控制自然的另一个重要因素是对未知事物的恐惧。尽管中世纪科学家已经开始揭开部分自然之谜，但他们缺乏对环境的精妙性和相互关联性的了解，使其认为郊野荒原等边远地区应被征服（Short，1991）。土地和动物被二元对立开来，文明的和野蛮的，驯化的和未被驯化的，家养的和野生的。在基督徒看来，荒野之地（森林、沼泽之类的地方）是异教徒举行其邪恶仪式的地方，为了实现宗教秩序，这些地方要被消除和净化。

大量现存的关于人与荒野关系的文献显示没有一个具体的物质或地方能真正被定为"荒野"（Nash，1982）。荒野是一种能使人产生某种感觉或情绪的概念，是人头脑中臆想的一个地方。一个地方对于某个人来说是荒野，对于另一个人来说可能就不是，正如沙里宁（Saarinen，2005）指出的那样。他举例说明了荒野在当地人和旅游者头脑中是如何不同的。这种观念在最初踏上北美土地的清教徒中尤其盛行。新移民从宗教上和道德上都要求自己花绝大部分时间用于与工作相关的活动。根据宗教教义，休闲活动是受到严格限制的。对于他们来说，荒野是他们在新世界建立长治久安的欧洲殖民地的一种障碍和挑战。

案例 5.1　苏格兰设德兰岛的自然历史旅游

　　巴特勒（Butler，1985）曾写到，1750年之前，苏格兰的高地和岛屿对于不列颠岛上其他地区的人来说一直是个未知领域，当然设德兰群岛也不例外。但设德兰群岛的地理位置特殊，它东邻斯堪的纳维亚半岛，南接不列颠岛，在文化上与两者都有一定联系。弗林（Flinn，1989）指出，1850年以前造访设德兰岛的人主要是艺术家、地理学家、博物学家、物理学家和勘测人员。1814年，沃尔特·斯科特爵士访问了设德兰并以当地为背景写了小说《海盗》。正如辛普森（Simpson，1983）所说的，斯科特的小说使该地区给读者留下了浪漫和戏剧化的深刻印象，激起了他们到该地区旅游的欲望。1832年铁器制造商兼博物学家G.C.阿特金森可能是受斯科特的影响到设德兰去旅游的。他写道："我一直对小说中所描述的独特风光、当地的居民和自然环境都有着极大的兴趣，这一方面是由于我对那里知之甚少……另一方面是由于这个地方离我们那么近。"设德兰岛的自然历史，尤其是该地区的鸟类和地貌，吸引着这些无畏的旅游者前去探险。弗林指出，到1850年，设德兰的交通有所改观。他写道："1859年，设德兰开通了定期汽船，每年夏季往来于该岛和南部的不列颠之间，另外岛上还通了公路，使旅游者更容易上岛，就连不那么坚韧和爱探险的旅游者也可方便登岛"（同上，第235页）。似乎旅游业的发展已使富于冒险和接受挑战精神的人为那些不愿忍受旅行之苦的人所取代。

保护的源起

随着人们对自然世界的改造越来越深入，法国和英国的科学家开始意识到森林面积的减少等滥用土地的做法是水土流失和土地产量减少的主要原因。这些发现推动了早期英国和英属印度的保护行动，把林地保护起来仅用于造船。这些林地被称为保护区，守林人被称为保护管理员（Pinchot，1947）。有证据显示，英国在17世纪就开始推行森林再造政策（Bowler，1993）。

在北美，保护主义的发展分为三个方面（Ortolano，1984）。第一方面，人们认为保护应指保持人与自然的一种和谐；第二方面，保护与有效利用资源应联系起来；第三方面，人们认为保护（维护）应从宗教和精神层面上去理解。最后一种有关保护的观念催生出一种哲学理念，即应保护资源不被利用而不是为了利用而保护资源（Passmore，1974）。下面将分别讨论这些观点。

和谐

在美国，前驻土耳其公使，史密森（Smithsonian）学院的主要创办者之一乔治·帕金斯·马什（George Perkins Marsh）是向美国人说明他们的行为

（商业活动与生活方式）是对环境影响巨大的一个关键人物，他曾写道：

> 地球正快速地越来越不适合其最高贵的居民居住了，这又是一个见证人类的犯罪和短视行为的时代……这时代的后果将是生产力匮乏、地表支离破碎、气候异常，它将使人类面临堕落、野蛮甚至灭种的威胁（Bowler，1993：319）。

他在1864年出版的《人与自然》（另名《人类活动所改变了的自然地理》）一书中指出，在美国的自然条件自19世纪以来已发生改变的背景下，人类对自然的影响（改造）和自然界的和谐只有通过肩负对子孙后代的社会道德责任才能实现（这个观点在80年后再度由奥尔多·利奥波德提出，为土地伦理哲学观所重新挑旺）。马什指出大公司对自然界的负面影响最显著，从政治上来讲，大公司的责任原本并不是个问题，但到世纪之交的时候情况发生了变化。罗斯福新政时期，联邦政府对这些大企业过于慷慨，给了它们很多优惠条件（地租、土地使用权等）（Hays，1959），结果导致了：1. 政府必须采取一定措施控制和管理大公司的行为；2. 要代表国家制止大公司对自然资源的破坏性开发。

当时，技术的发展、工业化、城市化、人口增长和交通设施的开发都使人感到传统的美国西部似乎就要消失了，美国跨大陆铁路的修建和美国水牛的减少更强化了这种感觉。水牛栖息地的缩小加上人们将从火车上猎杀水牛作为一种运动项目，使得美国水牛的数量急剧减少。西进精神受到了空间的限制，美国人的拓荒行为已经到达了"明显的极限"，西边被太平洋阻隔，北边到了加拿大边界，南面到了墨西哥边境。在加拿大这种西进精神仍然存在，因为北部恶劣的条件和居住环境抑制了这种拓荒的步伐。

有效利用

到了20世纪初，美国人已经懂得关心自己的资源基础了（Nash，1982），资源保护为美国人的开发划出了一条新的极限，保护资源是美国社会能持续存在并保持繁荣的一种手段。尽管这种保护主义显得过于简单（明智地利用自然资源），但在资源应如何利用方面出现了激烈的争议。

有效利用资源的观点是保护主义阵营中的反方，其代表人物是名为吉福德·平肖（Gifford Pinchot）的美国人。平肖创立了一种自然资源观，即让最多数量的资源在最长的时间内发挥最大效用（Herfindahl，1961），具体地说就是保护是指基于三个基本原则对自然资源进行直接控制（Pinchot，1910）。这三个原则是：1. 开发国土上的现有自然资源造福于现在居住在这片土地上的人；2. 避免资源浪费；3. 开发并保护资源使其造福于大多数人而不是只为少数人创造利润。

这种保护观念至少让人们意识到自然资源是有限的，企业和个人在采取有关行动时必须清醒地意识到今天对这些资源的利用可能会对将来产生影响。从这种观点来讲，保护思想在进步，正如海斯所指出的（1959：264）：

> 保护运动更深远的意义在于它把一个分散的、非技术的、组织松散、对资源的浪费和低效利用的社会转变成一个组织严密的、技术性的、集中规划的社会组织形式，这种社会能更有效地利用资源满足自己复杂的目的。

精神

与英国和欧洲的技术和工业化进程相对应的是一种比较浪漫的荒野观，它认为与过去比较和谐的时代相比，人类社会是退化了，这种观点反映在伊拉斯谟·达尔文、华兹华斯、柯勒律治和卡莱尔等人的著作中。这种浪漫主义的观点从更深层的精神层面指出不被物质社会玷污的简单生活是可以实现的，其实现的条件包括（Short，1991：1）：1. 具有重大意义的未被开发的地方；2. 这些地方由于没有受到人类的玷污，因而是纯洁的；3. 荒野是具有深层次的精神意义的；4. 对自然的征服是尊严的丧失。

北美浪漫主义哲学家先驱拉尔夫·沃尔多·爱默生受到19世纪30年代早期的英国浪漫主义诗人影响。爱默生的主要浪漫主义哲学思想是认为虽然人类是牢固根植于物质世界的，但人有能力（从精神上）"超越"物质世界，探索和追求更深层次的哲学真理。爱默生的超验主义是关于人类和自然的精神信条。爱默生认为人可以分为物质主义者和理想主义者，前者注重体验后者注重良心，物质主义者坚持事实、历史、条件和动物直觉的原则，而理想主义者则看重思想、意志和道德的力量。爱默生的主要著作《自然》（1835）

对后来的很多学者有很大的影响,包括亨利·戴维·梭罗、赫尔曼·梅尔维尔、约翰·伯勒斯、沃尔特·惠特曼和约翰·缪尔。

自然在北美社会中激发起了一小部分人立场鲜明地反对日益堕落的物欲横流的消费性社会。尽管爱默生的著作大部分是理想主义的,但超验主义运动的确为现实的美国社会的一些改变提供了理论基础,如梭罗曾倡议美国政府建立了国家级保护区以保证一些动物未来的福祉(Finch & Elder,1990)。这种倡议有些超前,直到数年后美国才真正建立起了保护区。

第二次保护浪潮(环境主义或绿色运动)出现于20世纪60年代,这主要是为了回应技术对社会的巨大的,而且日益强大的影响。蕾切尔·卡逊的《寂静的春天》一书的出版有效地唤醒人们注意社会上使用的化学品的副作用。另外,生态学及相关科学的地位的提升建立起了一种机制来评价当时出现的很多社会和生态方面的问题和弊端。鲍勒(Bowler,1993)指出大部分环境运动的积极支持者都反对整个社会经济结构,希望重返一种比较自然、简单的生活状态。环境主义中比较激进的组织/运动包括绿色和平组织、深生态学(阿恩·奈斯创立)和生态女权联系理论(该理论比深生态学更进一步地认为现代社会是以男性为中心的,而人类中女性更能反映出自然和母亲的紧密联系)。还有一些不太激进的环境主义者认为应有选择地对具有突出自然和文化意义的地区进行保护,工业化和开发应在这些保护地区以外进行。鲍勒认为这两个阵营的根本区别在于不太激进的一派(即主张建立保护区)主张尽可能对当前社会体系只做细微的改变,而激进派则希望推翻整个现行社会秩序。在全球范围内,前者更实际些,而且取得了较大的成绩。对于某些人来说,生态旅游就是这种"在现有体系内改良"的思想的延伸,它至少在概念上是力求(通过公园)根据环境主义和可持续发展(见第1章)的信条把经济和生态两个要素交织起来。

公园和保护区

"公园"的概念在文明社会中由来已久(Smith,1990a;Wright,1983)。希腊人和罗马人在指定的开放空地(agorae)上会面,中世纪的欧洲贵族将自己的私人园地开辟为打猎保留地。到了 19 世纪，英国已经没剩多少未被修饰过的开放区域了，这些"公园"的概念开始用于在乡村保留的一些户外活动场所。为了满足人们的需要，英国的一些贵族开始出租一些开放区域供英国社会各阶层人士进行夏季和冬季的娱乐活动。1835 年的《城市合作法》正式确立了公园的重要地位，该法案允许开辟城市公园以保护公众娱乐的权利。

在英国，造园运动的缘起主要是为了克服工业革命造成的城市化、污染和休闲设施的缺失等问题给英国公众带来的影响。加拿大公园的发展也出于同样的缘由。赖特（Wright, 1983 : 45）指出加拿大的城市公园的建立是为了实现一种概念而不是出于什么现实目的：

> 1850—1880 年，安大略省地方公园的建设只是加拿大模仿英国的同类理念的一个项目的延续，是贵族和特权阶层人士保护自己的环境的途径，公园的建设不是出于加拿大的需要，而是由于英国殖民者希望保留和延续在自己祖先土地上流行的价值观和观念。

1883 年，安大略省是加拿大第一个立法管理城市公园发展的省（Eagles, 1993）。这时正是要求成立公园保护区的呼声在北美高涨的时候，世界上第一个国家公园——黄石国家公园——于 1872 年成立。安大略省相关立法出台二年后的 1885 年，加拿大也成立了第一个国家公园。

公园和保护区（这个词在本章所指的是出于保护和旅游娱乐的目的由公共机构拥有的公共区域，一些区域的经营一般也由公共机构承担）对旅游者具有特殊的吸引力，因为这些地区是一个国家或地区中最有代表性的自然景区。正如约斯特（Johst, 1982）所说的，公园的到访量是促使人们把一个地区划成公园的主要因素，简单地说也就是公园和保护区往往由于这些地区被划为公园而吸引了更多的娱乐游客（尽管麦库尔并不认同这个观点）。

哈罗伊（Harroy, 1974）曾指出黄石公园解决了美国拓荒者所关切的一系列问题。首先，公园的建立是为了保护野生动物和环境，其次是满足人们的娱乐需要和科研需要。而加拿大第一个国家公园班夫的建立则主要是出于政治和经济原因，其中包括通过公园获取收入（这种收入主要是来源于园中具有治疗和娱乐双重功效的温泉）弥补跨北美大陆铁路修建费用的不足部分

（Lothian，1987）。班夫建成后异常受游人欢迎，它很快成为一个综合性户外活动场所，园中可以提供钓鱼、骑马、打猎、爬山等活动，同时园中的资源还可满足采矿、伐木等需要，另外园中还建起了一个城镇。罗林斯（Rollins，1993）在对班夫进行案例研究时指出，班夫的问题代表了加拿大公园 110 年来所面临的各种自然管理方面的问题，即利益相互冲突的各个集团就公园资源的商业性利用和非商业性利用问题相持不下。

和世界上很多国家一样，加拿大的公园经营的宗旨是一方面要保护具有特殊意义和有代表性的自然区域，另一方面是要促进公众对这种自然资源的理解、欣赏和享受，也就是说要在土地和水环境保护和娱乐开发方面不断寻找平衡。历史上，公园的保护理想一直没有得到完全的发展或足够的强调。由于保护区体系一直在发展（如图 5.1 中不断增大的圆圈所示部分），公园管理理念也越来越综合和全方位了，人们意识到公园不是生态孤岛，公园的管理必须与公园边界内外的环境条件相结合（Dearden，1991）。

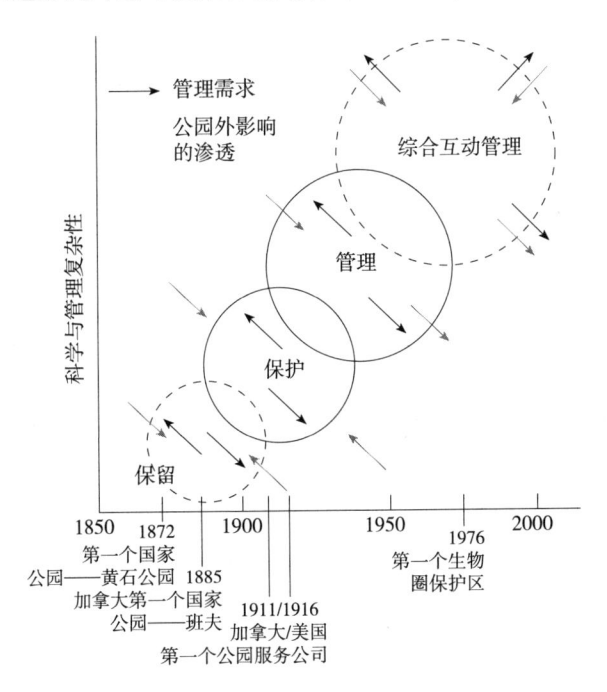

图 5.1　公园作用的发展

资料来源：Dearden & Rollins（1993）。

第二部分　定义生态旅游的核心标准

关于公园所面临的威胁和公园管理方面的争论使一些学者注意到了美国国家公园所面临的危机，这种危机产生的原因既有内因也有外因（Dearden & Rollins, 1993）。随着时间的推移和社会的变迁，公园的作用已经从单纯的娱乐转为以维持生态系统为首。1988年修正案第5章第1.2条指出保护构成生态体系的自然资源是公园的第一要务，游客对公园的使用要予以恰当的规划和管理（加拿大议会，1993）。公园区划是公园内部规划管理的重要工具。公园可根据自然资源情况和需要保护的程度，以及可以吸纳娱乐活动的承载力情况对公园进行分区。加拿大国家公园区划（加拿大环保部，1990）的理论基础如下（要更多了解关于户外娱乐区域分类的发展历史，可参阅20世纪60年代初美国户外娱乐资源评议委员会的报告）：

- 一类地区：特殊保护区。需要特殊保护的地区，这些地区中一般都有一些独特的、罕见的或濒危的物种，或是具有典型意义的自然景致。进入和使用这类地区应受到严格控制，甚至完全禁止。这类地区应杜绝机动车的进入或兴建任何人造设施。
- 二类地区：荒野区。能代表公园自然历史主题的大面积区域，这部分区域将保持其荒野原貌，允许非常有限的旅游活动和最低限度的游客服务设施存在。应限制使用人数，禁止机动车进入，管理方应尽可能使游客分散。
- 三类地区：自然环境区。自然环境保护区，把人为干预程度尽可能降到最低，可以有选择地开展一些低强度的户外活动，尽可能将相关设施控制在最低限度。最好禁止机动车进入，可以允许一些公共交通工具进入。控制私人车辆的进入，如原先有相关传统可允许私人车辆进入。
- 四类地区：户外娱乐区。在限定的区域内进行各种教育、户外娱乐性活动并提供相关设施，这些活动的安排要尊重当地自然环境以确保在方便游客的同时对环境是安全的。允许机动车进入，应与机动车禁行区分开。
- 五类地区：公园服务设施区。一些国家公园内设有城镇或游客中心，为游客提供服务和各类辅助设施，这些区域同时具有管理整个公园的职能。允许机动车进出。

罗林斯（Rollins, 1993）指出这些分区主要是根据自然资源类型划分的，没有考虑公园娱乐活动的类型和密集度。北美公园的游客管理是在一系列规划和管理框架下进行的，其中包括娱乐活动范围（ROS）、可接受的变化限度（LAC）和游客活动管理程序（VAMP），前两项应用于美国，加拿大实施的是第三种管理框架（见 Diamantis, 2004；另见 Hadwen et al., 2008）。

生态系统管理

如图 5.1 所示，公园的管理经历了几个发展阶段，这种发展演变的最好例子就是生态系统管理理念的发展，这种理论的核心思想就是要想有效地保护环境就必须首先科学地了解环境中现有各事物之间的关系。生物多样性危机、新生态理论和对政府调控措施的不满共同促成了这个理念的形成（Grumbine, 1996）。最重要的是，生物和社会系统理论是生态系统管理理论的基础，因为生态的可持续性只有通过一系列实质性的社会改变才能实现。正如弗朗西斯（Francis）所指出的，我们必须把自己视为生态系统中的一部分，而这个系统中的每个部分在时间和空间上都是相互关联的，和我们共享生态系统的各个物种都有自己的存在价值，不能以它们是否能给我们提供资源作为评判它们的标准，因为它们都是整个复杂的生态系统中的重要组成部分。

生态系统管理与公园和保护区的规划和管理有着重要的关系。加拿大环境顾问委员会（CEAC）将生态系统定义为"对保护区内及周边地区的自然地貌风景、生态流程、野生动物物种和人类活动进行的综合关联性管理"（CEAC, 1991：38）。由约翰逊和阿吉（Johnson & Agee, 1988）提出的以下定义强调要把生态流程和社会流程都包括在生态系统中，两种过程都会塑造或改变生态系统。所以说，我们不可能把生态系统中人和生物要素割裂开来，这二者是不可分割的。作为自然物种的一类，我们生活在或已经到访了这个星球上所有可以居住的地方。

> 生态系统管理指通过协调生态系统内部结构和功能，加上投入和产出，实现社会所希望达到的状态。具体地讲，它包括在一个指定的且不总是固定的地理环境内，在一个系统框架下进行一系列规划和管理活动；通过研究、公众参与和政治分析找出问题；规划开发；使用分区；活动开发（资源管理、解说）；监控；并做出评价。关联协调是成功的生态系统管理

的关键，但并不是管理的目标。生态系统管理是否成功要通过最终目标是否实现来衡量，而不是看协调的工作量大小（Johnson & Agee, 1988：7）。

奇佩尼厄克（Chipeniuk, 1988）指出从生态角度对公园进行管理并不全面，而生态系统不等于自然，这里生态系统中的一个重要组成部分缺失了，即猎人和采摘者，他们是生物链上的捕食者。奇佩尼厄克指出，出于生物和社会文化原因，这个空缺必须由人类来填补。从生物学角度讲，环境必须要回到一个更自然的状态（即人类接触以前的状态）；而从社会文化角度讲，人应回归到公园生态系统中的一个组成部分，使人类恢复到自己在自然界应处的位置。针对这一点，普雷蒂和潘贝尔特（Pretty & Pimbert, 1995：8）指出，当土著人从保护区被赶走时，所谓的保护就已经变味了。两位作者写道，"以前人们认为一些'原始的雨林'是人类尚未进入的地区，现在我们知道这些地区曾支持过一度非常繁荣的农业社会。这种关于荒野的'原始'概念是只存在于我们想象中的都市神话。"

案例 5.2 最后山湖国家野生动物保护区

萨斯喀彻温（Saskatchewan）野生动物保护区占地1013公顷，设立于1887年6月8日，是北美第一个联邦鸟类禁猎区。据加拿大野生动物服务部1995年称，在迁徙旺季，拉斯特山湖共有280种鸟类，包括5万只鹤，45万只大雁和几十万只野鸭。此外，该地区还栖息着加拿大36种脆弱的、受到威胁和濒危鸟类中的9种，包括美洲鹤和游隼。拉斯特山湖被指定为国际重要湿地，全世界共有这类重要湿地700处（截至1995年），加拿大有30余处。保护区内只允许参观，保护区周边在严格的控制下允许打猎和钓鱼等消费性活动的存在。

尽管很多像加拿大一样的发达国家在保护区管理和政策制定方面处于世界领先地位，但很多国家因为当地复杂的土地和人的问题（如前所述）还远未完善自己的公园体系。尽管加拿大在公园方面的产出很低，但公众还是倾向于拥有更多的荒野区域。里德等人（Reid et al., 1995）对不列颠哥伦比亚的1500名居民进行了调查，受访者平均愿意每年多交108到130加元的税用于把荒野区

第 5 章　可持续性（二）：保护

域扩大一倍，以及每年多交 149 到 156 加元的税把荒野区域扩大两倍。很多发展中国家在公园体系建设方面也很有责任心。例如，巴拿马、尼加拉瓜和哥斯达黎加都把国土的大部分划为公园和保护区。哥斯达黎加和巴拿马合作开发了一个国际公园——阿米斯特德（La Amistad）。马来西亚和印尼交界的地方也有一个跨境保护区，称为"婆罗洲之心"，这里保护着当地丰富的自然资源。生态旅游是这些地区的重要产业，通过对环境的认知与保护实现可持续的生活方式。希契纳等人（Hitchner et al., 2009）指出"婆罗洲之心"之类的保护区项目要获得成功需要克服很多问题，包括：保护森林和文化遗址以发展生态旅游；加强村与村之间的交流，以及导游和住宿设施之间的沟通；推广跨境徒步线路；准备接待更多的旅游者，以及生态旅游带来的收入能更公平地进行分配；改善旅游基础设施；简化跨越国境的程序；同时要保持当地人对生态旅游的控制。

一般来讲，公园的作用是与当地社会政治和经济环境相关的。不列颠（英格兰、苏格兰和威尔士）的 15 年国家公园的管理模式就与加拿大等西方国家不同。亨德森（Henderson, 1992：397）指出不列颠的保护区都是一种"人为干预的模式，公园的设计就是让人能永远在其中定居"，这可能是最非自然的一种保护区政策。不列颠的国家公园都是可以生活工作的风景区，由一个国家公园管理处负责管理（这个国家公园管理处的工作人员由政府指派，但必须征得乡村委员会的同意），管理处的主要职责是：1. 保护和提升公园内自然绿化程度；2. 促进人们的可进入性和对公园的享用；3. 确保园内的农业、林业和经济产业的发展是适度的（埃克斯穆尔国家公园，1990）。因此不列颠的国家公园里是有一定量的社会经济活动存在的，事实上整个不列颠就没有任何一片土地上是没有人类活动的（Phillips, 1985）。埃克斯穆尔国家公园是不列颠第二小的国家公园，根据 2001 年的统计结果，公园里的定居人口是 1.1 万人，每年接待游客 300 万人次，其中的旅游企业约 80% 是私人拥有的（http://www.exmoor-nationalpark.gov.uk/index/learning_about/general_information/moor_facts.htm；2006 年 11 月 24 日登录）。公园的计划中说明了在公园环境中经济开发、农业、林业、住宅、服务和设施，以及旅游业的作用，以及与公园内的活动不能相互冲突（Phillips, 1985）。根据这种理念，旅游业在国家公园中的作用非常显著，不过旅游行业的运营仍然要遵循乡村委员会和英国旅游局的相关规定（乡村委员会，1990）。

第二部分 定义生态旅游的核心标准

插图5.1 在加拿大西海岸，环保主义者与伐木工较量后保存下来的大树吸引了大量的生态旅游者

插图5.2 很多荒野地区同时具有自然和文化遗产价值。加拿大萨斯喀彻温省清水河省立公园的岩画是当地土著在几百年前刻画上去的

第5章 可持续性（二）：保护

插图 5.3　萨斯喀彻温清水河公园的荒野。该公园以独木舟和徒步著称

前面介绍的不列颠国家公园有一些特别，不符合国际保护区和国家公园联盟（IUCN）关于国家公园的第二类标准。国际上有一些现行的标准指导各国更好地控制保护区的土地和水资源。菲利普斯（Phillips，1985）认为不列颠的国家公园可以被归入 IUCN 标准的第五类（见表 5.1）。

IUCN 有效地将全球的保护区根据规划和管理模式进行分类，每一类都在保护和开发（旅游基础设施和利用水平）方面有所侧重。IUCN 所做的工作远不只对保护区进行分类，还包括建立世界生物地理区域系统，出版保护区名录，出版保护区理论论文，出版季刊《公园》，与联合国相关机构（如联合国教科文组织）合作，组织世界公园及保护区会议等国际会议，并资助一些与保护区的建立和管理有关的实地研究项目（Eidsvik，1993：280）。

除了 IUCN，还有一些其他的国际组织活跃于保护领域。1972 年的世界遗产公约（联合国教科文组织）成为具有全球价值的自然和文化遗址评价组织。这些遗址与现有保护区交织起来，尽管该系统没有对现有公园提供新的管理原则，但已成为保有这些遗址的国家的一种标志和荣誉。到 2006

年，全世界138个成员国中共有830处此类遗址（644个文化遗址、162个自然遗址和24个自然文化遗址；http://whc.unesco.org/en/list/；2006年11月24日登录）。

生物圈保护区（第九类）已成为一种克服公园环境问题的手段，这种保护观念已经受到了广泛的关注。生物圈保护区概念起源于1970年联合国教科文组织的大会，这次会议促成了"人与生物圈会议"于次年召开。第一个生物圈保护区出现于1976年。生物圈保护区的概念基于三个基本主题：发展、保护和研究。从空间上讲，这些保护区结合了三种不同的地带：1.一个核心区，这个地带要受到严格保护，使人为干扰降到最低限度；2.一个缓冲带，位于核心区周围，允许一定程度和类型的资源利用活动的存在，但不得影响到核心区；3.一个过渡带，向周边地区延伸，没有固定的边界，可以允许人们全面开发利用。生物圈保护区的建立有七条原则：1.与自然区域网络相连接；2.是227个生物地理区域的代表；3.是特殊环境的代表（如自然生物群系）；4.规模足够大，足以进行保护；5.是研究、教育和培训的基地；6.有些法律保护措施；7.与现有保护区体系融为一体。

艾德斯维克（Eidsvik，1983）指出生物圈相对于其他保护区来说是一个相对独特的概念，它的运作方式呈倒置的金字塔形，决策并不一定来自中央联邦政府，反而是出自基层并得到其他社会阶层的支持。艾德斯维克（1983：230）对这个概念的进一步描述如下：

> 这个系统可以使各个阶层都参与其中，从各自的角度进行运作……那些个人和社区不能提供的服务就是当地政府的任务了，更专业一些的服务则由省一级政府提供，最后，高度专业化的服务则应由联邦政府提供。

现实中有不少生物圈保护区概念在发达和发展中国家成功实践的例子。以加拿大为例，安大略省的长点（Long Point）生物圈保护区及相关地区就是由省、市各级政府机构和联邦政府合作管理的（Francis，1985），这些机构包括加拿大野生动物服务公司、加拿大交通部、安大略省自然资源管理局，所占用的土地包括长点公司的私营土地、市属土地、保护当局用地及其他一些私人土地拥有者的土地，整个保护区占地约33 000公顷。同样，在墨西哥，尤卡坦半岛上的圣卡安（Sian Ka'an）也是当地人努力保护这块130万英亩土地的结果。保护区成立时，同时成立的还有一个名为圣卡安之友（Amigos de Sian Ka'an）的非营利组织，其主要职责是协调私营部门和各级政府之间的关系。由于该地区靠近坎昆，过去20年中周边地区旅游业发展得很快，这对保护区来说既是机遇又是威胁。因此，与各级政府、ENGO和当地居民合作，使各方能坐在一起解决矛盾冲突，提高人们的生活质量，这对于保护区来说是至关重要的。正如圣卡安之友的执行主任说的，"如果住在保护区的居民支持一个决策，他们自然会依照规定行事，如果他们不支持这个决策，派多少士兵都阻止不了他们的行动"（Norris，1992：33）。尽管生物圈计划支持者甚众，但也有人指出这些保护区中也存在不顾当地居民利益，自上而下的保护模式（Janzen in Chase，1989）。

表 5.1　保护区管理的分类

第一类：科研保护区/严格的自然保护区
具有突出生态特征和/或具有全国性科研价值的动物或植物物种的地区，具有代表性的自然区域，生命形式或生态系统脆弱的地区，重要的生物或地区特征多样性地区，或保护基因资源的重要地区。这些地区要保护其自然形式的延续性，严格控制人为干扰。

第二类：国家公园
包括一种或几种生态系统的面积相对较大的区域，这些区域尚未被人为利用所改变过，由强有力的政府采取措施对这些地区进行控制防止被人为利用，允许游客进入，在有效管理的前提下对公园进行精神享受、教育、文化和娱乐方面的使用。

第三类：著名自然风景或标志性自然风景区
具有一种或几种国家级的重要而且独特的自然特征，这些自然特征因其独特性或稀有性而受到保护，这些区域中最好少有或没有人类活动的迹象。

第四类：自然保护区/自然管理保护区/野生动物保护区
这类地区包括几种区域，虽然这些区域都以自然保护为首要目的，但可收获或可再生资源的管理也在这些区域中起重要作用。需要对当地栖息的物种进行管理以保护种群数量及各自利益。

第五类：地貌风景或海洋风景保护区
这是一个大类，其中包括各种半自然和文化类的景观。一般来讲，这种区域可分为两种，一种是真实反映了人与土地之间互动的特殊过程所留下的结果，另一种是自然区域由人为进行管理以用于娱乐和旅游活动。

续表

第六类：资源保护区（过渡性保护单元）
一般是指面积较大，相对独立而且有少量居民的地区，这些地区面临移民和更大规模开发的压力。人们对这些地区的自然、土地使用情况或文化尚不十分了解，这些地区应维持原状，有待人们对其潜在的利用可能性及其影响做进一步研究后再做出决定。

第七类：自然生物区/人类学保护区
尚未被人类和现代技术的影响完全渗透的自然区域，或一直以来沿袭传统生活方式的居民区。这些区域的管理应重在维护当地居民的传统社会生活方式上。

第八类：多用途管理区/资源管理区
可产出木制品、水、牧场、野生动物、海产品的大面积区域，适于户外娱乐活动，区域内可能包括一些独特的、国家级的自然特征。通过区域划分或其他手段对这类区域进行规划和管理使其发展可持续。

第九类：生物圈保护区
保护全世界具有代表性的自然区域，建立全球性国家保护区网络。这个系统中包括有代表性的自然生物、社区或特殊的种群，是传统的使用方式所带来的和谐的地貌风景的典范，或是经过改造和调整使土地恢复成更自然的状态。生物圈保护区为监控环境变化提供了标准，可用于科研、教育和培训。

第十类：世界遗址区
保护世界级自然和文化特色的地区，包括在地球进化史上具有重要意义的地区，濒危动植物的生存栖息地，以及著名的考古或建筑遗址。要特别强调对这些有价值的遗址区的保护是供全世界公众共同享有，供科研和环境监测。

第十一类：国际重要湿地（拉姆萨尔）
沼泽和其他有价值的湿地，具有控制洪水、产生营养、供野生动物栖息等相关功能，管理应侧重于保护湿地和防止湿地环境受到破坏或退化。与相关国际会议组织达成协议的国家都应做到这一点。这个国际会议组织被称为拉姆萨尔（Ramsar），该组织是由一批发起国在伊朗的拉姆萨尔开会成立的，并由此得名。

资料来源：Nelson（1991）。

　　近年来保护区数量增多，很多保护区都不同程度感受到人类活动对于自然系统的压力，于是欧盟推出了《欧洲自然计划2000》。这个计划是在1979年的《鸟类目录》和1992年的《种群目录》的基础上制定的，这个计划是为刺激可持续经济发展的同时保护环境和生物多样化设计的（在认识人是自然的一个组成部分的基础上）。这个计划有非常重要的意义，因为在整个欧盟境内有250

个种群定居地，包括450种动物和500种植物都属于稀有物种或其生存正在受到威胁（Aperghis & Gaethlich，2006）。不过我们要充分认识到欧盟由众多社会、政治和经济条件不同的成员国组成，因此在生物多样性保护方面的重视程度肯定也是不同的。但作者也指出，如果没有这个计划，环境和生物多样性保护在欧盟各国的重要度肯定要比现在低得多。被列入《希腊自然计划2000》的两个保护区就是两个典型，迪亚（Dadia）森林和普罗菲提·艾利亚斯（Profitis Elias）修道院是著名的观鸟区，也是重要的生态旅游地，生态旅游为当地乡村创造了很多就业机会，居民仍然与土地关系密切，同时自然资源得到了保护。

生物多样化保护：议题和挑战

在第3章，保护是作为定义生态旅游的多个变量中的一个进行介绍的，当时我们举了一些消费性活动的例子，如枪鱼和旗鱼的垂钓，捕放措施和对动物进行电子跟踪等。这可以帮助我们对某些物种进行研究，进而更好地保护这些物种。插图5.4和5.5说明的就是这样的例子。在加拿大新布伦瑞克的圣安德鲁斯，研究绞口鲨的生物学家会把鲨鱼捕获后植入追踪装置。很多生态旅游方面的文献对这种例子都有记录，而且都支持这种做法（见 Funnel & Weaver，2005）。

插图5.4　追踪鲨鱼的装置

第二部分 定义生态旅游的核心标准

插图 5.5 给一条绞口鲨植入追踪器

这里的讨论是从不同角度，更广泛地讨论生物多样化涉及的问题与挑战。这里讨论的案例包括生物多样性损失的主要原因，如何最有效地保护土地和水资源，以及平衡外部资源保护与满足当地需求两者之间的关系。

前面提到的自然 2000 计划把重点放在维持欧洲土地上的生物多样性，这个计划的实施进程说明人们已经意识到生物多样性对维持整个地区的健康的重要性。生物学家和保护主义者把生物多样性分为三个层级：1. 生态系统，如草原和雨林；2. 动物和植物种类，据估计这个星球上有 200 万到 1 亿个物种（May，1992）；3. 基因，形成物种的个体遗传物质（Wilson，2002）。我们从几个不同层面关注生物多样性（Ehrlish & Ehrlish，1992）：直接层面，通过食物、药物和工业产品；间接层面，通过生态系统如水净化和气候规范；审美学层面，每个物种中的个体都是不可替代的财富，也是我们要通过生态旅游所珍视的；伦理层面，我们有责任保护这些物种和个体免受人类行为的危害。生态系统及其构成部分近期已经被列入企业的经营成本，即以往被视为免费享用的资源现在可以估计出其价值，预估价值在 160 亿到 540 亿美元，相当于 20 世纪 90 年代末期的全球 GNP 的 1.8 倍（Costanza *et al.*，1997）（见 Iturregui & Dutschke，2005，作者在书中指出 24 个生态体系的 60% 都已经退化了，其中包括淡水、渔业、空气和水净化，以及气候调节）。

人类导致的生物多样性损失包括物种栖息地的破坏、外来物种的入侵、污染、种群个体数量的增加或由于过度开发造成的种群个体数量的减少。拉米雷兹（Ramirez，2005）在书中介绍萨尔瓦多巴拉圣地亚哥地区人口的增长给当地自然资源带来了很大的压力：不断有人非法猎杀鬣鳞蜥、鸽子、松鼠、野鸭和兔子；非法买卖鹦鹉、鳄鱼皮、海龟蛋；旅游开发无序；居民大量砍伐森林；农耕已经造成了水土流失。

很多物种在生态系统中是起着重要作用的，例如蝙蝠。蝙蝠以往比较令人厌恶，但现在人们越来越意识到要保护蝙蝠，不仅因为其数量的锐减，更重要的是它对维持生态系统意义重大。彭尼西等人（Pennisi *et al.*，2004）指出蝙蝠可以帮助植物繁殖，它们不仅能吃掉很多的有害昆虫，而且可以通过粪便传播植物种子。蝙蝠旅游能有力地支持这个物种的保护（建造它们的窝巢和疾病防治），而且旅游能转变人们对这种动物的看法与态度。

随着人们越来越重视生物多样性保护，由此引发了关于保护方式的讨论。

近年来，传统的保护思路被视为"精神堡垒"、"围栏下的健康"或"假想保护"（见 Adams & Hulme, 2001）。这种理念源自美国的保护区管理模式，根据 1964 年的《美国荒野法》，"人类是访客而不应在荒野定居"（Siurua, 2006）。由于人会对生态系统造成各种破坏与干扰，如入侵物种领地、破坏动物寄居地、偷猎等，因此必须将人类移出。这种方式的问题是那些原本在保护区内或保护区周边生活的人会以保护为名被迫迁离原住地，他们的权利和利用当地资源的传统生活方式遭到剥夺。

显然，这种在美国和一些发达国家执行得相对较好的理念也同样受到一些批评，因为它将"动物权凌驾于人权之上"。这种做法让当地居民被迫离开自己传统的生活土地，会引起他们对保护区的敌意和仇视。尼泊尔就是这样一个例子：

> 由于某些地区被宣布为公园和保护区，当地人传统上对当地资源的一些利用的权利就被法律所禁止了。那些居住在保护区以外的居民生活来源丧失了，但又不能获得相应的补偿。他们质疑为什么他们不能再去使用那些取之不尽的自然资源，而他们的社区世世代代都是靠这些资源生活的。他们认为为了外来人的利益而限制他们对生存资源的利用是不公平的，因此他们用各种不同方式表达他们的不满……甚至肆意破坏公园财产，包括路桥、指示牌和公园界桩（Upreti, 1985：20；引自 Siurua, 2006：75）。

（另见 Hough, 1988，他认为以旅游为名限制当地人进入传统上属于他们的区域进行资源利用会破坏当地的文化和经济，会引发敌意和怨恨，造成公园财产被破坏）。

蒙古在创建新的国家公园时也遇到了问题（Maroney, 2006），尽管当地人已经具有很强的保护意识，他们对于撤出公园土地而得不到任何赔偿仍感到无法接受。政府没有做出任何努力与当地政府和牧民进行沟通与协商。马罗尼（Maroney）认为公园管理计划必须要合作制定，必须是一种多方参与的方式，而且计划中要明确当地人能如何从保护中直接获益。

精神堡垒的方式所带来的问题引发学界提出了一种新方式，即"社区保护模式"，用休鲁阿（Siurua）的话说，这种方式"让当地人参与保护计划的设计与执行，计划的首要目的是让当地人和当地社区能得到看得见的经济收益，这种收益是通过把保护与当地发展需求结合起来实现的"（Siurua，2006：76）。基于社区的保护（CBC）、基于社区的自然资源管理（CBNRM）、互动保护与开发计划（ICDPs）、合作管理（CM），这些都是指这类参与型方式或者说是自下而上的模式（见第4章）。这些模式的基础在于保护生物多样性的好方法同时保证当地人能维持基本的生活水平。但这样一来也同样产生了问题，这相当于把保护变成了一种创利企业，让它与其他产业进行竞争，如林业、渔业、矿业、传统农业等。于是有了生态旅游学界的一系列呼声，即生态旅游如果开发和管理得当，可以带来单位土地面积上更高的收益和产出（与其他资源掠夺和破坏性行业相比）（见 Fennell & Weaver，2005）。在这方面，卡阿（Kaae，2006）以泰国清迈茵他侬国家公园为例说明旅游业在这里是受欢迎的，因为它能创造就业机会（另见 Ormsby & Mannle，2006），当地人所反对的是公园禁止的一些传统活动，他们也很担心外来的旅游经营者会举报他们的这种违禁行为（另见 Carrier & MacLeod，2005，作者发现牙买加蒙特哥湾海洋公园限制当地渔民进入渔猎区，但又不给他们任何补偿。）

　　虽然上述方式有不少支持的声音，但休鲁阿指出社区保护模式也会遇到很多理论上和实际操作上的问题，因为这里面是很多不同群体、利益相关方的角力，包括当地居民、政府、产业等（第10章将进一步深入讨论）。斯皮内奇（Spinage，1998）认为这种新保护模式更像是一种政治议程，对经济回报的诉求要高于恰当的保护。斯皮内奇的研究最初设计的是要证明西方或堡垒保护方式的缺陷，后来他发现事实上关于土地最大的问题是过度开发/开采和传统知识的缺失。他认为土地已经成为原住民的伴侣：

　　　　有人会问为什么这些资源（野生动物）只在保护区里有？答案肯定是因为保护区以外由于人们的滥杀它们已经消失了……那为什么国家公园里动物的密度要高于公园外面呢（这个问题现在仍然没有解决）？因为周边的不可持续的开发，很多小型公园屈从了这种利益而被废弃（Spinage，1998：271）。

在南非，理查德斯维德（Richtersveld）国家公园不相信当地土著人（部落），认为他们不能恰当地保护自己的部落领地。长期以来的过度放牧让理查德斯维德不得不限制公园内的牧群数量，使之维持在一个当地土地可以接受的程度（Boonzaier，1996）。詹曾（Janzen）也同样观察到非洲游猎公园的类似情形，这些公园正逐渐被偷猎和周边的耕种所蚕食（另见 Lovejoy，1992）。

布里金等人（Brechin et al.，2002）提出了另一个关于生物多样性（与权力主义模式截然相反的观点，把保护与项目开发结合起来的方式）保护的有趣观点，他们认为以往的模式都没能把社会和政治因素与保护关联起来，实际上这两个因素能对促进保护起到巨大作用。他们认为生物多样性保护的六个核心要素是：人的尊严、司法、管制、可靠性、适应性和学习，以及非当地资源的影响。进而他们总结出国际保护力量的基石是：1. 保护与社会公正；2. 保护的背景；3. 关于保护的知识；4. 提升组织协调能力；5. 保护的效果与指标；6. 关于保护持续不断的对话。这个模式涉及了诸如收益、权利和环境公平性等以往模式没有考虑到的要素。下面的几个生物多样化保护和保护区的案例触及了上面所归纳的很多主题观点。

乌里希等人（Urich et al.，2001）的文章用菲律宾薄荷岛保护区的建设过程说明了当地居民财产权的重要性。保护区的设立主要是为了限制当地过度毁林、农耕和采石，由于这些传统活动受到了限制，引起了当地人的敌意，他们指责政策制定者忽视他们的权利，因为保护区的设立采用的是自上而下的方式（另见 Badalament et al.，2000，文中讨论了地中海海洋保护区的设立引发了当地居民的敌意，因为当地人普遍贫穷）。前面的案例让很多学者提出环境退化的首要驱动力是贫穷，不过近年来的研究显示富人和大规模开发背后的人才更应该对贫穷负责（Gary & Moseley，2005）。丧失权利和被限制进入土地是保护区与土著人之间争议的核心，希尔（Hill，2006）认为将群体边缘化是属于过去的事，土著人和保护区管理方必须共存，寻找合适的模式共同发展，这种模式包括共同参与和有共同认可的目标。在这方面，巴林特（Balint，2006）在其书中认为平民相关的问题与保护区内及周边的平民问题不是同样的概念。一般来说，资源使用者是众多利益相关方中的一方，有自己独立的权利和立场，有机会参与设计和改变规则，以及讨价还价，这是一种管理技巧（引自 Stern et al., 2002）。但由于保护区是政府所有的，而各州有自己的法规，当地居民在设计、改变规则和讨价还价方面的能力有限。巴林特认为如果能更细致地考虑权利、容量、管理与收入问题 CBC（基于社区的保护）会更加有效（表 5.2，另见第 10 章）。

表 5.2　保护区面临的共同问题

变量	定义	指标	互动
权利	包括财产权、传统使用权、自然资源管理相关法律法规、代表与参与权	评估关于非中心化、土地使用权和代表与参与的法律法规；评估这些权利的执行力度	提升管理与能力可以强化当地人的权利与参与度，同时推动自然资源管理权的下放
能力	个人和机构完成某项任务或总体任务的能力、知识、经验和技能	相关的教育培训程度和工作经验；评估社会和体制环境的优势	好的管理取决于适度的能力；好的管理反过来可以帮助确保能力的提升，让各方获益
管理	决策流程与机制	评估透明度、可信度、腐败的控制、社区参与和分权	好的管理对权利和能力有双向的效应，能带来收入的提高
潜在收入	通过社区参与能有效提高当地家庭从项目中的收益	每个家庭的预期收入和实际收入	扩大权利，提升能力，管理让社区的潜在收入提高

资料来源：Balint（2006）。

在一些欠发达国家（LDCs），由于政治经济形势的不稳定，保护措施常被中止（见 Hart & Hart, 2003）。海纳和什雷斯塔（Heinen & Shrestha, 2006）分析了尼泊尔过往十年的局势动荡给保护所带来的危机。问题涉及加德满都与分权诉求之间的持续纷争，整合保护发展计划被指更倚重发展而不是保护。不过作者指出，尽管存在这些问题，但尼泊尔的保护仍然是有所发展的，包括通过旅游拉动就业，以及探索新的保护模式的意愿。这种反弹意味着长期以来的政治动荡未真正危及保护。

在旅游开发方面，政府和行业脱节的问题在巴西巴伊亚非常明显，当地政府及州政府在控制开发方面缺乏机制和能力（Puppim de Oliveira, 2005），这导致了旅游开发过快和无序，到 20 世纪 90 年代，旅游开发造成了过度的环境影响。为了缓解这种负面影响，当地设立了两个保护区，一方面认可旅游开发的重要性，另一方面认识到了保护的必要性。第一个设立的保护区，根据旅游者和当地利益相关方的诉求，强化了生态旅游的发展。这种自下而上的保护区管理模式说明当地人可以有效地绕开环境风险，当然这是在当地政府决策者的帮助下实现的。第二个保护区的设立是为了防止和控制大量的旅游开发给当地环境造成的负面影响。奥利维拉（Poppim de Oliveira）指出一些外部因素，如出资方必须要先对项目有充分环境保护措施后才能注入资金。在这方面当地人有机会参与到旅游规划和开发中，发出自己的声音。PAGIS（参与方式与地理信息系统的缩写）是整合专业知识（GIS）和本土知识（PA）的一种方式。这个体系背后的核心是要更加重视当地知识和提升当地人在旅游规划中的参与度（Hasse & Milne，2005）。

案例 5.3　非洲的大猩猩旅游

　　1994年发生在卢旺达图西族（Tutsis）和胡图族（Hutus）之间的野蛮种族屠杀提醒人们如果没有对社会经济背景的理解，保护是很难实现的。文化差异使我们很难理解另一种文化，包括人们的行为动机、生活方式和道德准绳。斯坦福（Stanford，1999）指出中部非洲人民长期以来遭受众多政府更替、领土分裂、殖民强权统治和自然灾害之苦，这一切使这个地区人们的情绪暴烈，一触即发，而西方援助和旅游者更尤如火上浇油。1998年，8名旅游者在刚果被抓（其中4人从此失踪），1999年，14名旅游者在乌干达布霍莫亚（Buhomoa）生态旅游中心被绑架（其中8人被杀）。这一切都提醒人们这个地区的政治和经济的现实。大猩猩对当地经济的重要意义是显而易见的，尽管在卢旺达屠杀时期有数百万人被杀，但这期间只有5只大猩猩被杀（Stanford，1999）。

　　《经济学人》2002年5月份的报道称，自1985年首次发现偷猎者偷猎卢旺达山地大猩猩以来，当地的大猩猩只剩600只了。报道称有两只母猩猩被杀只是因为偷猎者要捕她们的孩子，一只年幼的大猩猩在黑市可以卖到125 000美元。报道指出长期以来大猩猩给当地带来了巨大的经济收益，这种形式的旅游已经成为卢旺达第三大外汇收入来源。政治局势的不稳定

第5章 可持续性（二）：保护

终止了卢旺达和刚果的大猩猩旅游，乌干达大猩猩旅游也是在当局采取了一系列措施后才有所复苏，这些措施包括控制偷猎行为，保护大猩猩的栖息地，将20%的步行进入许可证发放给当地农民，使用各种基金增加乌干达政府的野生动物保护预算。在上述几个国家中旅行社都投入了相当大的资金发展这种旅游，但除非政府积极推行保护政策增强旅游者和旅行社的信心，这个地区是不可能真正创造利润的。

国际大猩猩保护计划（IGCP）的制定就是为了保护山地大猩猩及其栖息地。山地大猩猩只生活在卢旺达西北部、乌干达西南部和刚果民主共和国东部的非洲山区里。在这些地区的大猩猩主要有两个聚居群落，一个是在乌干达的布恩迪（Bwindi）国家公园，另一个生活在由三个公园（乌干达姆加新加大猩猩国家公园、卢旺达火山国家公园和刚果的维龙加国家公园）组成的生态一体区内。这项保护计划是由三个组织联合发起的，这三个组织是非洲野生动物基金会、世界野生动物联合会以及这三个国家的各保护区当局。IGCP的职责主要是监测和保护大猩猩、培训员工、向政府提出政策和政策实施建议。他们还帮助保护大猩猩的栖息地，除了偷猎外，栖息地因当地人口剧增而面临着缩小的危险，这是另一个威胁大猩猩生存的重要因素。

造访一个大猩猩家庭约1小时的费用是280美元，感冒或患其他疾病的旅游者不得参与此项目。灵长类动物学家认为由于接触太多的旅游者，山地大猩猩的健康正受到威胁，他们发现旅游者可能将人类的疾病传染给大猩猩，接着再传染给大猩猩的家庭成员（研究显示自开放大猩猩旅游以来大猩猩的确面临着感染新病毒的危险），现在还不清楚野生动物群体对各类疾病的易感程度。以下规定是乌干达旅行及旅游部制定的旅游者与大猩猩接触时必须遵守的规则和程序：

- 每天最多只能有6名游客探访一个大猩猩聚居群。
- 保持低声交谈。
- 不得将垃圾留在公园内。

- 导游会告知游客哪里可以拍照，禁止使用闪光灯。
- 在出发看大猩猩之前必须洗手。
- 距离大猩猩至少5米以避免疾病的传染。
- 在观看大猩猩时旅游者必须严格保持团体活动。
- 在靠近大猩猩时不得吸烟、吃东西或喝饮料。
- 如果大猩猩发怒了，慢慢蹲下来，不要看大猩猩的眼睛，逃跑会增加危险程度。
- 绝对不要试图去触摸大猩猩。
- 如果大猩猩烦躁不安，一小时的旅游可能提前结束。
- 造访大猩猩结束后，一直要压低声音直到离开大猩猩家庭200米以外。

可惜的是根据布特尼斯基（Butynski，1998）的观察，很多上述规则往往得不到遵守，其中包括：

- 尽管专家们强烈反对，但每日造访大猩猩的旅游人数的官方统计是6到8人，实际上可能高达10人。
- 所有大猩猩旅游项目都没有经过风险评估、影响评估和项目评价。
- 旅游者和导游经常贿赂公园员工让他们违反规定。导游得到的好处是旅游结束后能得到较高的小费，导游可以将其中一部分作为回扣给公园员工。
- 造访大猩猩的时间超过一小时。
- 允许生病的旅游者加入旅游团并去造访未开放旅游的大猩猩群。
- 在政治的权力斗争和短期经济利益影响下保护一直处于弱势地位。

另外，他指出缺乏对大猩猩旅游的全面统计数据也是造成如此严重的违规行为的原因之一，而关于旅游者在多大程度上影响了大猩猩的行为、生态、健康和生存方面的信息是这方面管理的基础。大猩猩旅游的可持续性是值得怀疑的，因为在需要做的事情和最重要的利益团体（政府和非政府组织）愿意和能够做的事情之间存在很大差距。大猩猩旅游的持续发展意味着保护应优先于经济繁荣，要进行更多的调研，加强执法力度，以及

> 对保护事业注入更多的资金。旅游业可能直接受到战争的影响，而战争却可能对保护事业有益。共同的保护目标（如保护大猩猩）往往迫使存在分歧的各方进行合作。用 IGCP 主席阿内特·兰茹维（Annette Lanjouw）的话说（Snell, 2001），和平不是保护的前提条件。阿内特·兰茹维称尽管她在战争地区工作，但她认为保护事业能促进地区稳定。
>
> 相关网站：
> http://www.fauna-flora.org/around_the_world/africa/gorilla.htm
> http://abcnews.go.com/sections/science/DailyNews/gorillas990305.html

私人保护区

20 世纪 70 年代后生态旅游的发展刺激了对荒野地区的需求，但在很多地区，除了由公共土地机构管理的国家公园外，其他保护区往往无力提供足够的设施有效经营生态旅游项目（如徒步游道路、住宿设施、解说牌等），在这种情况下偷猎等非法行动就会乘虚而入，削弱了生态旅游行业继续发展的能力。伊格尔斯（Eagles，1995）指出私人保护区在提供生态旅游服务方面起到了自己的作用，既是公园又能比较灵活地支持新的娱乐形式，成为收入来源。如果这类公园数量不断增加，而游客人数不断减少，这类公园的未来也令人担忧。

拓展生态旅游发展空间的一种方法就是私人保护区的开发，虽然这种开发可能很容易导致过度开发，但至少是发展生态旅游的一种选择。在南非和得克萨斯等地区已经存在着大量私人保护区。在南非，迪克（Dieke，2001）指出旅游业主要是基于消费性活动的，主要是运动性狩猎、商业性捕猎和谋生性打猎。由于资源不断减少，当地开始限制第三类打猎活动，这使有权打猎的群体和无权打猎的群体之间关系非常紧张，同时也有必要控制在私人土地上的打猎活动。这些私人土地大部分都属于经济上比较富有的一批特权阶层，其中有些人将生态旅游项目结合到自己保护区的经营中去，以平衡自己土地上存在的不同的土地使用方式（迪克指出历史上将野生动物资源的使用

第二部分　定义生态旅游的核心标准

从农民手中剥离的行为造成了作为生态旅游基础的资源使用权再分配的结果。在这种历史造成的不公平局面中，追逐经济效益是这种决策过程的主要出发点）。

兰霍尔兹和布兰登（Langholz & Brandon，2001）将私人保护区定义为不由政府机构拥有的土地，面积应超过20公顷，土地基本保持原始自然风貌。这在生态旅游研究领域很少被涉及，但这方面有限的研究为我们提供了重要信息。如，根据艾德曼（Alderman）记载，1992年的一项调查表明发展私人保护区的动机可以分为追求利润、保护当地繁衍的生物以及供科研用。艾德曼指出很多私人保护区都企图综合开发生态旅游、林业等采掘业、教育和农业，正如前面所提及的南非的情况。艾德曼调查的私人保护区中，开发旅游业的只占25%。

世界上最值得关注的一个用于生态旅游的私人保护区是哥斯达黎加蒙特韦尔德云雾（Monteverde Cloud）森林保护区。这块土地最初是由美国贵格会教徒（Quakers）在20世纪50年代保护起来的，他们为了保护这片森林不被人所侵犯而买下了这片1200公顷的土地。起初这个保护区是为了保留足够多的土地让佃农在上面放养奶牛，后来生物学家和其他保护主义者认识到了这片土地的生物价值，迫于他们的压力，保护区内的强制保护带后来有所扩大。霍尼（Honey，1999）指出旅游业最初对于保护区并不重要，直到20世纪70年代都是如此。1974年该保护区只接待了471个游客，1980年接待人数攀升至3257人，1985年再度增加到11 762人，1992年增至49 580人，这种增长幅度正好与20世纪80年代到90年代初生态旅游快速增长的趋势相吻合。通过各保护组织资助的土地购买行动，该保护区面积已达10 522公顷，其中包括了八个生态带。兰霍尔兹和拉斯索伊（Langholz & Lassoie，2002）估计仅哥斯达黎加一国就有私人保护区250个，总面积63 832英亩（另见Langholz et al.，2000）。表5.3（引自Langholz & Lassoie，2001）列出了私人保护区的类型及各自的所有权结构和管理目标，这些类型包括在本章前面所提到的IUCN的保护区类型中。

第5章 可持续性（二）：保护

表 5.3 私人保护区的类型

类型	管理目标	示例
正式公园（Ⅰ类）	在正式认证的国家保护区体系内保护自然，必须是通过法律或行政法规公开明确的	哥斯达黎加保护区系统中有超过24个法定"私人野生动物保护区"
项目参与（Ⅱ类）	参与正式、志愿、奖励项目，促进私人领地内的生物多样化保护	南非自然遗产计划中有150个这样的保护区，总占地面积216 332英亩，大部分都是私人拥有的
生态旅游保护区（Ⅲ类）	保护与旅游的结合，旅游是主要收入源	秘鲁塔博帕塔丛林住宿区
生物站（Ⅳ类）	保护与科考结合，保护区是户外实验室	厄瓜多尔哈图·萨差（Jatun Sacha）生物站保护了2000英亩的土地用于雨林研究、大学的野外课程和旅游
混合保护区（Ⅴ类）	保护自然是土地多元化使用政策的一部分，其他使用还包括农业、林业或畜牧业，保护区可以保护河水流域	委内瑞拉的哈托皮尼罗保护区占地8万英亩，是生物多样性保护、自然旅游目的地和牧场的综合体
农夫拥有的林地（Ⅵ类）	在自家领地保护水和其他资源，一般是非正式公园，面积在20英亩以下，不开放旅游，是最不正式的私人保护区	从土地拥有面积上来讲，这是最大一类保护区，但知名的甚少，全世界大约有成千上万个这样的保护区
个人静休区（Ⅶ类）	保护自然区域用于个人或家庭静休，一般是城市居民拥有的或家族继承的乡村土地，不依靠保护获取收入	纽约州的阿迪朗达克州立公园中有60%的部分是私人产业，很多都是城市居民拥有作为其第二住宅的地方
非政府组织保护区（Ⅷ类）	当地、国家或国际非营利性保护组织的自然保护区，这类组织包括土地基金会和协会	全世界的在校儿童都在为哥斯达黎加的蒙特韦尔德云雾保护区募捐
狩猎保护区（Ⅸ类）	保护自然区域用于维持野生动物数量，供应娱乐性打猎或肉制品，或两者兼顾，包括一些狩猎俱乐部拥有的牧场	南非有超过9000处游猎牧场保护区，总占地面积约800万英亩，同时也支持非游猎生物多样性保护
企业保护区（Ⅹ类）	营利性机构保护自然作为一种积极公关的工具，通常是法院裁定或保护道德压力的结果	发展中国家有很多这种例子，这些保护区由大型跨国企业（如林业企业）拥有

资料来源：Langholz & Lassoie（2001）。

克鲁格（Krug，2002）研究了南非的私人保护区，发现至少有1400万英亩的私人土地属于这十类私人保护区，这个面积相当于半个英国。克鲁格发现私人保护区体系在不断扩张，而且属于一个自给自足的经济模式，对于纳税人来说几乎是零成本的，而国家管理的保护区则面临着规模扩大和预算吃紧的矛盾（见Saayman & Saayman，2006，书中提及南非的保护区预算在逐年下降）。南非现在也出现了一种合约公园，即国家公园建在私人领地上，这样国家就不必花费大量的费用去购买广阔的公园土地（Reid，2001）。这类公园的特点是合作管理，公园由一个管理委员会管理，委员会成员由土地拥有者和公园管理当局民主选出。里德（Reid）认为这种公园的管理正规化有助于提升公园的管理水平，双方的共同责任能减少公园与当地人之间的摩擦。澳大利亚也显示出了对私人保护区的兴趣，这体现在澳大利亚国家保护区系统项目中。菲吉斯（Figgis，2004）发现私人机构和NGO可以2：1的资金换土地比例竞标保护区管理权，这样能有效降低短期的管理成本。长期成本需要由双方共担，双方责任需要用合同或其他法律文件规范和约束，并按照IUCN的分类模式进行管理（见Buckley，2004）。

大型农场、牧场或站点内的私人土地也可以通过生态旅游的开展为生物多样性保护做出贡献。莫斯克瓦（Moskwa，2010）指出，在澳大利亚，一些牧场主把生态旅游视为保护手段：首先，它能带来额外的收入用于补贴生态恢复的成本；其次，生态旅游能让旅游者认识到牧场存在的价值。这两点非常重要，因为澳大利亚的大部分受欢迎的保护区都在牧区内。与这个研究异曲同工的还有芬内尔和韦弗（Fennell & Weaver，1997）对加拿大萨斯喀彻温省农场度假产业的研究，后者发现生态旅游能为农场家庭补贴收入，同时教育旅游者和农场主，让他们认识到自然资源的价值。后面的章节中我们将详细介绍生态旅游的教育要素。

结论

人在环境中的作用以及由此带来的现实和哲学上的问题将是个持续的话题，而保护区是展现人与自然关系的最具体的例子。保护区的各利益相关方

第 5 章 可持续性（二）：保护

仍将继续寻求更新的方式去平衡人对这个世界的利用与保护，强调人的价值的同时不以牺牲其他生命形式为代价，解决人类不断侵犯地球上最脆弱和敏感地区的问题。生物多样性保护和生态系统的管理原则能帮助我们更清醒地认识人在自然界中的地位。当然，这些原则和科学信息必须在适当的哲学思路和实践路径的背景下去解读，这让我们在管理保护区的同时能更融洽地与必须生活在这片土地上的人共处。

概括问题：

1. 讨论现存的各种关于保护和使用的观点，以及它们的分歧与统一。说出一些历史上的代表人物及他们的主要观点。
2. 讨论公园管理是如何随着时间的推移演变的。公园面临的内部和外部危机是什么？这对公园管理来说意味着什么？
3. 为什么公园地带是如此重要？这对人类对公园和保护区的利用意味着什么？
4. 公共保护区与私人保护区的区别是什么？为什么说私人保护区在一些国家是生态旅游更好的选择？
5. 什么是生物多样性？生态旅游如何能为生物多样性保护做出贡献？

第6章 学习

我记得1992年在里约热内卢参加的一次会议上，人们在讨论学习的价值是生态旅游的一部分，其中一个代表说："是学习让生态旅游与众不同。"他的意思是在自然历史景点的学习是生态旅游整体体验的基础，没有学习就谈不上体验，这里面的学习包括服务商提供的信息与知识，也包括生态旅游者对这些知识的主动学习。但是问题来了，这种学习是指学习如何成为阿拉斯加的一个登山者吗？是指学习如何进入一座印尼寺庙吗？这一切取决于生态旅游是如何定义的。

本章开始先讨论生态旅游经营者与导游，因为这是生态旅游体验的主要供应者。本章还讨论了讲解员、标识和观景平台，以及学习的不同类型。这方面的讨论的重点在于学习是具有现场价值的：生态旅游者在现场可能改变或不改变自己的态度和行为，但回到家以后又会恢复到自己的传统行为模式中。本章最后还深入讨论了生态住宿，之所以把这部分内容放在这里是因为这是另一种教育生态旅游者的方式，通过更可持续的设计和实践对生态旅游者进行教育。

我选择"学习"这个词而不是"教育"来命名这一章，因为学习是个更宽泛的词。教育通常是指知识的传递（通过教师或向导向学生或旅游者传递），知识是通过外部资源获得。学习是个持续的过程，我们"每天都能学到些新东西"。加拉瓦（Garavan，1997）认为学习是个概念伞，其中包括各种通过教育和培训等获得知识的渠道。这意味着培训与"干中学"有关，教育则更多地等同于"经过思考的学习"（1997：42）。生态旅游包括教育，主要是导游和讲解员把知识传递给生态旅游者，但生态旅游者还包括更广义的学习。这种学习包括正式的和非正式的，它引发了一种对目的地学习的过程，包括其他人的口口相传，关于目的地的导游书、小册子、相关报道、生态住宿环境和个人的观察。

经营者与导游

旅行社被定义为一个关于某个地方的企业的业主或经营者（Metelka，1990：110）。生态旅游的经营者在生态旅游体验中是占有中心地位的。希金斯（Higgins，1996）指出生态旅游的基础是以下几类企业的存在：1. 出境自然旅行社，位于工业化国家的大城市中；2. 入境自然旅行社，集中于非工业化国家，在一个国家内提供服务；3. 目的地当地自然旅游企业，包括饭店、餐厅、生态住宿设施、纪念品店、导游等。希金斯指出，出境游旅行社在这里起了最主要的作用，它们把客户与世界各地的目的地（特别是那些非工业化国家）联系起来。在对美国 82 家自然旅行社进行调查后，希金斯发现这类旅行社的数量在 1970 年到 1994 年间增长了 820%（从 7 家增长到 83 家）。希金斯还发现这些自然旅行社的客户数量从 25 到 15 000 之间不等，平均客户量为 1674 个，其中 35 家旅行社在 1986 年的客户数超过 1000，最大的 5 家旅行社的业务占了市场总量的 40%。英格拉姆和德斯特（Ingram & Durst，1989）发现生态旅游公司的客户数量一般在 20 到 3000 之间，只有 3 家的客户数量超过 1000。客户的基础主要是那些"户外爱好者、退休夫妇或学生，男女比例平均，大部分 30 岁以上，经常以散客形式在夏季末旅行"（1989：12）。这些公司平均在行业的经营历史是七年。

在其他研究中，伊格尔斯和温德（Eagles & Wind，1994）用内容分析法对 50 个国家的 347 个由导游带领的生态旅游团进行了分析，这些旅游团主要是来自加拿大的。他们发现导游与旅游团游客的比例是 1∶13。这个调查结果与文献资源中关于户外娱乐活动的导游与游客的比例相近，如徒步游的导游与游客的比例是 1∶12（Ford & Blanchard，1993；另见 Hendee et al.，1990；Hammitt & Cole，1987）。伊（Yee，1992）在对 24 家北美生态旅游旅行社进行调查后发现，大部分旅行社（63%）的行业经验是2—15年，17%有15—20年的经营历史，其中很多声称自己从生态旅游这个词诞生之前就在实际经营生态旅游了。92%的受访者遵循一定的道德规范，38%在行前进行道德灌输，29%称将道德规范印在给游客的信息包中；13%称有专门关于道德规范的视频或幻灯片，还有33%称以讲座的形式对游客进行道德教育。伊（Yee）的研究还涉及受过培训的讲解员和自然学家，他发现75%的旅行社聘用"生态学家、自然学家或其他专家带队讲解"（1992：11）。

研究人员还分析了生态旅游旅行社宣传或自称的对环境友善程度（Weiler，1993）。在这方面的探索性研究发现40%的旅行社宣传自己是对环境友善的，66%的旅行社自认为它们的旅游产品对环境有益或非常有益（只有一家旅行社称自己的产品对环境有害或非常有害），70%的旅行社在旅游团中对旅游者进行影响教育，而只有7%的旅行社称它们组织的旅游通过清理别人留下的垃圾等行为改善了环境。吕克（Lück，2002a）对德国两家最大的经营大众旅游的旅行社TUI和LTU进行了研究，发现它们也都有自己控制对目的地影响的措施。LTU的马尔代夫产品号召旅游者在目的地捡拾无机垃圾放入生态垃圾袋带回德国处理。吕克发现经过六年的实践，80%的游客都参与了这项活动，共捡回了30万袋垃圾，约400吨的垃圾被运离目的地。

鉴于生态旅游体验的本质，旅行社和资源管理者被迫进行更密切的合作，根据摩尔和卡特（Moore & Carter，1993）的调查，两者之间的关系其实并不融洽。这项调查中，研究人员访问了澳大利亚的16家自然旅游旅行社，发现从旅行社的角度看，资源管理人员并不理解他们的业务，包括他们追求利润的动机、营销相关成本、经营成本、拉动旅游者的需求以及对偏远地区的基本基础设施要求。相应地，旅行社还对这些管理者存在一些担忧，包括这些管理者缺乏保护的道德，不能给游客提供恰当的信息，不知道如何控制游客，也不了解资源的脆弱性。两个阵营之间存在一定的理念上的差异，这也部分地说明了为什么生态旅游需要在坚实的哲学基础上发展与实践，正如前所阐述的。让利润超越其他价值观是一种不健康的关系，相关利益各方不可能有同等的热情去追求商业利益，因为他们各自的价值观不同。

关于户外娱乐和探险旅游导游方面的文献相对来说比生态旅游相关方面的资料要多。尽管相关资料非常有限，现实中参加生态旅游活动的人对导游的作用都有着共同的认识，即一个好的导游对生态旅游活动的整体体验的价值是不可低估的。顾名思义，生态旅游导游是"受雇用或自愿对付费或不付费的旅游者根据生态旅游和翻译原则提供向导服务，向他们介绍一个地区或景点的自然和/或文化意义"（Black et al., 2000：3；另见 Black et al., 2001）。这是一些掌握一定技巧、能有效组织安排旅行并进行讲解的人。普利斯特（Priest, 1990）指出导游需要具备一定的能力，包括硬性和软性能力以及应变能力，其中硬性能力指一些具体可见的技能，包括技术技巧能力（如划船或登山能力）、安全技能（如先进的野外急救技术）和环境能力（如以最小的影响搭建帐篷的能力）。软性能力包括组织能力（如计划、准备和实施能力）、讲解能力（如讲解如何用桨）和活跃气氛的能力（如促使整个团队更有效率）。应变能力指决断能力、处理问题的能力、根据经验做出判断的能力以及决定在什么时候选择什么样的领导方式（如民主，让团体成员做部分决定；独断，在紧急情况下起带头作用；权力下放，让团体代表负责）的能力。

生态旅游者是很有辨别能力的群体，他们可能会对环境问题表现得很有见解和活跃，导游和其他一线员工必须全面了解自然历史以及其他与当地环境政策和物种地貌保护措施有关的问题（见 Mitchell, 1992）。韦勒和戴维斯（Weiler & Davis, 1993）对自然旅游领队的作用做了一项调查，结果发现旅游团领队的主要作用依次为（5分制，5分为最重要）：组织者（均值＝4.6），团体领导者（4.5），环境讲解员（4.3），激励者（4.2），教育者（4.0）和娱乐者（3.4）。关于领队的描述，韦勒和戴维斯这样写道：

> 他/她必须是一个组织者，一个团体领导者，一个教师，甚至是一个演员。在自然旅游业中，领队必须负责保持环境质量，激励游客在旅游过程中以对环境负责任的行为方式行事，并对环境进行讲解促使人们把目光放远并改变自己的行为（Weiler & Davis, 1993：97）。

最近，韦勒和哈姆（Weiler & Ham, 2001）发现，在可以说是当今世界上生态旅游最发达的国家澳大利亚，尚没有一套行业法规规定生态旅导游的权利、工作条件、报酬等。虽然最近出台了生态导游证书认证计划（一个由澳大利亚生态旅游协会创办的、自愿性、行业性证书认证计划），但这个计划并没有对上述问题做出全面的阐述，只是证明导游具备各方面的能力。这个计划并不对导游进行培训，只是对他们的能力、知识、行为和态度进行评价（Crabtree & Black，年份不详），旨在在从业人员中选择优秀者并提倡这种行为。表 6.1 列出了生态导游计划中关于旅游业不同利益团体从旅游业中获得的利益。

表 6.1　生态导游计划的收效

对自然和生态旅游导游的利益
1. 一个得到承认的行业资质。
2. 提高导游服务的机会，成为真正的自然/生态旅游导游。
3. 具备一定的竞争优势并从这种优势中得到回报，如找到一份更好的工作。
4. 获得相关知识，并能以很低的成本获得培训资料或进入相关网络。

对自然和生态旅游经营者的利益
5. 找到并聘用合格导游的一种便捷方法。
6. 找到企业内部的培训差距或需求。
7. 提高导游服务水平可以减少对环境和文化的负面影响，提高顾客满意度。

对自然和生态旅游消费者的利益
8. 在导游服务方面有保障，能确保生态旅游体验是安全的、对文化敏感的而且是环境可持续性的。

对保护区管理者的利益
9. 好的导游服务可以减少对环境的负面影响。
10. 导游作为一个好的示范可以确保他们的行为不会破坏环境/文化。
11. 在解说方面有了一切实可行的框架标准。

对环境的利益
12. 导游所提供的恰当的讲解能激发起客人和工作地员工减少负面影响的行为和提高保护意识。

资料来源：Crabtree & Black，年份不详。

布莱克和哈姆（Black & Ham，2005）曾批判地评价了这个生态导游计划是基于考证模式，把导游视为一种职业对其进行认证和整体水平提升的。作者用六种方法对六个群体进行研究，发现在制定导游计划时需要考虑五个核心原则：1. 了解这个计划的需求；2. 确保关键利益方有自己的代表参与；

3. 制订清晰明确的项目目标的同时确定计划的所有权；4. 获得足够的资金支持；5. 制定项目设计与实施的时间表（另见 Fennell，2002b）。

克里斯蒂和梅森（Christie & Mason）开始了对导游培训的研究，他们指出尽管大部分培训是强调知识传递的能力，但导游培训绝不仅限于此。导游不仅仅在传递知识也在改变他人的态度和价值观，进而改变他人的行为模式，不论对方是生态旅游者还是传统旅游者。作者对此做了如下阐述：

> 基于能力的导游培训课程很少会触及较大的哲学问题，其实这是本论文关于转变型旅游的核心。任何教育经历（包括旅游体验）都会带来人的一些变化，这种变化可能非常细微，如接受了一些新的事实或对其他人的生活有了一点新的认识。从另一方面讲，这种变化也可能是颠覆了一些传统模式和理念，或从一个新的视角去看世界。因此……可以说……导游在转变型旅游方面具有其作用（Christie & Mason，2003：9；Mason & Christie，2003：28）。

上述文章的一个重点是批判地反映现实，这是一种选择而不是必须的。写报道、传记、案例研究、危机事件、思维写作、小团体讨论和角色扮演都能让旅游者（生态旅游者）用自己的方式去看世界，并自己确定这种看法是否正确。

巴西巴伊亚普拉亚福特村（Praia do Forte）的巴西海龟保护计划采取了一个比较创新的导游计划，即迷你导游计划，用一年的时间培训10—14岁的孩子做导游。这些孩子除了能获得一定的收入外，还能深入地学习关于海洋环境的知识。这个计划获得了整个社区的支持，并让孩子具有更高的环境觉悟，同时也激发了他们进一步开展这方面的学习和研究的兴趣（Pegas et al.，2012）。

不过一个简单的事实是，导游培训计划的实施是需要费用的。布莱克和金（Black & King，2002）在瓦努阿图发现，当地的导游培训课程是由外国援助支撑的，因为当地没有这方面的公共资金。另一个悲惨的事实是，生态旅游常会把经济影响集中到少数几个欠发达国（LDCs），导游是生态旅游能直接惠及当地居民的一种方式。哈姆和韦勒（Ham & Weiler，2000）就导游培训如何能帮助欠发达国家通过生态旅游行业实现可持续发展问题提出了六条原则（另见 Weiler & Ham，2002，在研究巴拿马、巴塔哥尼亚和加拉帕哥斯群岛时用这六个阶段说明的可持续导游）：

1. 应由接待国自主进行培训，培训项目的所有权应留在接待国。
2. 培训内容和方法应包括什么是生态旅游导游的最佳行为模式和成人培训教材，这些培训材料要根据当地和受训人的需要编写。
3. 要对培训进行系统的评估，并对评估得出的经验教训加以记录并推广。
4. 培训应适合偏远和乡村地区居民的程度，并在安排上（地点、时间和费用）让他们有可能参加。
5. 多方面筹集资金，使导游培训能独立经济核算，这是一种重要的可持续发展战略。
6. 培训及相关的国内培训教师是确保生态旅游能惠及接待国经济的基础。

导游通常有很多顶帽子，在马达加斯加，导游要负责公园内外的工作。奥姆斯比和曼勒（Ormsby & Mannle，2006）发现导游对于提高当地社区的保护意识能起到重要作用，特别是对于那些住在保护区附近或以外地区的人。达勒斯（Dahles，2002）指出，印尼在转型方面取得了长足的进步，印尼政府以旅游为媒介进行国家宣传，而规范导游是保持国家形象的基础，用导游的专业度展现这个国家包容的文化与多元文化的高度统一。

尽管旅行社和导游一般促进的都是生态旅游的现场体验，服务提供商还可能包括"户外用品商店"。这些店面与户外娱乐活动的关联度非常高，这些商家有时也会提供探险（如打猎和钓鱼）之类的旅游体验服务。这类基于自然的特殊兴趣旅游也要纳入整个行业体系，它们给旅游者提供设备和专业服务。户外用品店指"那些提供人们参加户外活动体验所必备装备的商家"（Dahles，2002：111）。蒂姆斯（Tims，1996）发现户外运动发源于早期的探险家，他们给人们提供一种服务让人们去对抗和征服自然。近年来，户外运动已经发展演变成为一个职业活动，其向导需要经过美国户外职业导游机构（PGI）的认证。PGI 提供荒野遗址、内陆腹地的向导和讲解员培训，另外也培训户外用品店店主。PGI 的宗旨是"为户外行业找到自然讲解员和教育资源并提升他们的水平，让户外向导和导游为公众提供最高品质的体验"（2002：177）。

解说

　　讲解员通常是指在公园和保护区内工作的人（讲解文化或生态历史），巴罗（Barrow, 1994）给讲解员进行了更具体的描述，他指出安排讲解员是出于以下三种主要的规划考虑：1. 城镇和乡村；2. 市场营销；3. 教育。在第一类规划安排下的讲解员要介绍恰当的土地使用理念和方法，保护非常有价值的土地不被开发，开放公众参观，并建立起有效的土地与资源的纽带。市场营销方面的讲解则需要了解各类使用者团体的特殊需求，这种讲解往往是以产品为重，而必须绕开景区的其他需要（如资源保护的需要）。最后一种讲解方式是采用教学理论了解人们如何学习以及要教他们什么东西。这第三点是最常被生态旅游理论和实践所运用的。

　　导游要真正有效，就必须运用他们在培训中所学到的技巧去进行知识（事实、趣闻逸事等）的交流，这些知识是关于目的地和景点的，交流的目的是对生态旅游者的行为和态度产生正面的影响。库奥（Kuo, 2002）写到，信息的解说能起到如下作用：1. 向游客传递友好和欢迎，如标牌；2. 一般信息引导游客快捷安全地抵达目的地；3. 给游客指出不同可选择的路径以便分流游客；4. 对于拥挤和排队时长做出说明，让游客能更好地规划自己的行程；5. 关于当地自然、文化、历史特征的说明信息；6. 规范游客的行为举止（见 Burgoon et al., 1994, 作者指出解说系统需要由四个构成部分：信息发送者、媒介、信息内容和接收者）。

　　为了有效管理，解说规划人员必须重视解说在教育、行为和情感方面的作用。韦韦尔卡（Veverka）用以下考古遗址的例子说明讲解三种目标之间的关系：

> 教育目标是指让游客理解一些基本信息，如"大部分游客要能了解保护考古遗址的三个原因"。不过管理者通过讲解要达到的真正或最重要的目的是防止游人在考古遗址捡陶片之类的"纪念品"，因此行为目标可能是："所有游客不得移动任何现场物品并把它们带回家"。讲解员的情感目标是让游客了解这些物品保持其旧位置的价值，并让他们感到不去移动这些物品是做了件好事，所以说这方面的目标可能是："大部分游客会感到有责任不去碰那些地下发掘出的物品"（Veverka, 1994: 18）。行为目标是指解说员通过解说希望游客能采取适当的举动，而情感目标

是解说员要努力让游客在行为举止得当的情况下从内心对现场的价值有更深的理解，也就是说要让那些适当的行为成为他们发自内心的举动。韦韦尔卡指出同样的理念也是现在的广告商常用的，他们让你觉得自己真的需要某种产品，结果导致的行为反应就是真的去购买这种产品。

在澳大利亚大堡礁海洋公园（GBRMPA）这样的地方，解说系统在教育和保护方面起到了重要的作用（Weiler & Davis，1993）。霍金斯（Hockings，1994）发现像大堡礁这样的景点，由于规模太大，员工与游客的互动程度不可能很高，在这种情况下旅游者就需要依靠旅行社去获取更多的信息。作者访问了170家旅行社，其中72%的受访者表示他们的产品中有提供解说的服务。大堡礁一日游、潜水和帆船的运营者提供解说服务的比例更高，钓鱼项目的经营者提供解说服务的比例较低。比较惊人的发现是56%的提供解说服务的员工没有相关的正式资格证，只有4%是正式持证的。这说明与这类活动（包括观景飞机、钓鱼、露营、大堡礁一日游、海上飞机、潜水等活动）有关的相应培训的缺乏，这种情况在不同规模和类型的经营者中普遍存在。霍金斯（Hockings）指出经营者大多更依赖于自己的经验给客人解说。

吕克（Lück，2003）对生态旅游项目的解说系统进行了总体研究，发现与海豚共泳的生态旅游者能得到相对较好的解说服务，但他们需要的更多，更多的信息，关注更广泛的环境问题。海厄姆和凯尔（Higham & Carr，2002）发现生态旅游者的经验会影响他们的环境价值观和行为。海厄姆和凯尔认为环境教育是生态旅游的基础特征，也是它与其他基于自然的旅游（NBT）的最主要区别。

阿姆斯特朗和韦勒（Armstrong & Weiler，2002）调查了澳大利亚维多利亚公园系统内的导游传递保护信息的类别与频度，同时调查了游客对这些信息的接受度。调查发现在公园游览过程中环境保护信息的提供量和宣讲时间都非常少（这些信息包括游客影响最小化、遗址的价值与意义、旅行社的影响和个人的保护行为）。调查还发现尽管有一定数量的信息在传递，但很多游客一天下来真正有印象的信息只有两条，这说明信息传递的内容和形式都存在问题。保护区的解说设计中最重要的还不是密度和利用的媒介（如高密度展示和低密度展示），而是活动和解说目标，后者才能真正影响游客的环境态度。西澳大利亚的两个项目（树顶漫步和企鹅岛）采用了不同程度的解

第 6 章 学习

说密度，休斯和莫里森-桑德斯（Hughes & Morrison-Saunders，2005：175）得出的研究结论是"要传递强有力的信息就必须让信息主题与活动特征结合"。高密度的消费性户外娱乐活动（如保护起来为人类服务）在生态环境中被置于优先地位，这会给人带来负面的感觉，因此如何管理非常重要。

插图 6.1/6.2　有经验的外语讲解员是生态旅游体验的中心

143

科尔（Kohl，2005）对解说方式持批判态度，因为大部分保护和游客管理计划都不成体系。《保护措施伙伴》（2004）中的"保护行为的公开标准"据说是比较适合保护区的迭代。一般的项目管理循环路径是提出概念、规划、实施、分析、调整、沟通和迭代。科尔用这个模型去分析游客在公园里的影响，公园之外的当地影响控制，解说作为广义的环境教育计划的一部分，以及解说在游客募资方面的作用。尽管指导解说实践的标准（指行业规范）是比较新的（在科尔的例子中并非如此），围绕这个流程的战略规划法则久已存在了（见 Fennell，2002b；另见本书第 11 章）。

标识与平台

公园及保护区的一个重要解说形式是标识与观景平台。休斯和莫里森-桑德斯（Morrison-Sanders，2002）调研了西澳大利亚树顶漫步项目（TTW）的标识，发现经营者有意弱化标识以免造成游客分神。游客调查的结果发现参加这项游览的客人对于游览途中缺少解说信息感到非常恼火。于是就有了2001年公园对于标识会如何影响游客的学习的评价研究。莫里森-桑德斯发现，在游客看来路边的解说性标识没有改进（仅重游的游客感觉到了标识的改进），但有意思的是游客确实因标识的增加感觉学到了更多的东西。

再继续说休斯和莫里森-桑德斯的研究，他们把树顶漫步（TTW，低密度标识的代表）与企鹅岛（一个高密度标识的景点）进行对比，结果发现解说的密度与对游客态度和观念的影响关联度很低，而景点本身对游客的影响比较大。例如 TTW 这个景点更偏重于自然观察，这与游客来访的审美目标及传统的资源利用与保护观念不谋而合。这就说明解说如果与游客寻求的活动类型吻合能达到事半功倍的效果。对于那些寻求美学感受和浅层体验的游客来说，太多太细节的解说不会起到太好的效果。

关于观景平台对教育生态旅游者认识作用方面的研究非常少，尽管该词的实际使用频度非常高。达弗斯和迪尔登（Duffus & Dearden，1990）指出关于观景平台的知识是非常稀缺的，但它对于野生动物旅游的作用是非常重要的。它的建设涉及场地如何使用，如何聚焦动物，以及在什么样的环境里布设这些平台。在达弗斯和迪尔登的理论框架下，海厄姆等人（Higham et al.，2008；

第6章 学习

另见 Curtin，2005）提出了关于固定和移动观景平台（这些平台一般都设置于野生动物居住、哺育、群体活动或捕食的关键地点）需要研究的一系列问题：

与场地使用者有关的主要问题：

- 断断续续到来的旅游团组会如何影响观景平台的布点？
- 观景平台会有社会承载力吗？
- 观景平台设计的哪些要素能改变其社会承载力？
- 游客（或员工）的行为会如何影响观景平台的游客体验？
- 一个平台上游客的行为会影响到其他平台吗？
- 游客的来源会影响观景台体验吗？或者反过来它会影响管理人员对动物的关注吗？
- 多个观景平台的存在会造成系统影响或不对等的社会影响吗？

与观赏动物有关的主要问题：

- 平台设计对场地使用会有什么影响？
- 这些影响如何可以消除？
- 不同类型的平台集中出现在同样的场地内而不加以认真管理是否合适？
- 移动观景平台对动物的生理和体能消耗会有什么影响？
- 移动观景平台是否在停留位置和观看动物的时长方面需要有严格的管理规范（或许可条件）？

与场地生态有关的主要问题：

- 什么是旅游者-野生动物互动中的空间-生态要素？
- 在野生动物-旅游环境中，在观赏动物的行为中什么是比较关键和重要的？
- 动物最重要的行为地点在哪里？
- 某个地方是否需要空间生态的完全保护？
- 移动观景平台对于不受关注的种群是否有影响？
- 在观景平台上喂食动物的后果是什么？
- 在观景平台上喂食动物对于受关注的和其他动物种群会有什么影响？这种与物种的互动是生态的吗？

学习的类型

在学习和环境教育方面的研究，随着生态旅游的深入也在稳步发展，不断有新的方法出现，认知层面的加深，效果和行为方面的研究也不断拓展。关于解说的最初模型是福利斯特尔（Forestell，1993）提出的，根据他对观鲸业的研究，他发现旅游者体验中有不同的认知阶段，随着观鲸旅行的深入和有关解说和信息的传递，整个认知分三个阶段：与鲸接触之前、接触时和接触后。接触之前的信息包括学习如何与鲸互动，包括地理信息和海洋环境的教育。第二个阶段是接触时，讲解员重点放在如何让参与者就自己关于动物观赏方面的问题找到答案，这些问题一般包括如何识别鲸、鲸的行为、知识和安全的确认。这个阶段的目标是"引发学习兴趣，找到个人原有知识基础与当前世界普遍观念之间的差距……以及提供有效的知识让参与者重新找到认知的平衡"（Forestell，1993：274）。最后一个阶段是接触后，参与者需要对比接触前和接触后对鲸和海洋世界的认知，从而思考更广义的环境问题（包括主动资助保护计划）。参与者也会向领队了解鲸的保护现状。福利斯特尔指出生态旅游体验会让人把非科学观察与科学事实综合起来，得到的知识不是硬数据，而是一种体验和践行。这要求讲解员对生态旅游体验的不同阶段保持敏感。导游可能更注重与环境有关的个人知识积累，而福利斯特尔认为最重要的是经过讲解方式的培训给游客提供一个讲解产品，这才能让旅游者真正从体验中获益（见 Orams，1996，关于解说的另一种模式）。

与福利斯特尔一样，很多学者强调效果（主观感受）和认知（客观知识的获取）属于不同范畴，解说对这两者的影响也是不同的。希尔等人（Hill *et al.*，2007）发现短吻鳄雨林村的环形绳道非常受生态旅游者欢迎，不论他们有没有关于当地生物多样性解说的资料。作者写道："游客对这种沉浸在新奇环境中的体验非常满意"（2007：82）。那些获得资料的游客对体验的评价普遍高于那些没有获得资料的游客，而且在旅游后的测验中，获得资料的游客得分普遍也较高。不过，尽管游客获得了新的生物多样性的知识，但生物多样性的解说并没有更侧重游客在雨林环境中的行为规范，也可能是这些旅游者的行为已经足够规范了。

沃尔特（Walter，2013）详细总结了关于生态旅游学习的各种理论，把生态旅游分为三类：野生动物旅游（软性生态旅游）、探险（硬性）生态旅游和基于社区的生态旅游（综合）。他指出这三类生态旅游中学习是不一样的。野生动物生态旅游的学习主要与行为学和自由哲学有关，改变游客注重的是内在教育的输入和外在行为的输出。如游客获得了关于野生动物的生物学和生活习性的知识，他们会更关注生物多样性保护。在探险生态旅游中的学习被称为"递进环境教育"，即"每个学习者在智力、知识层次和能力方面都是独特的，而每个人都有无限的成长空间，学习就是填补这些成长空间的过程"（2013：25）。这其中的学习内容包括野外体验、体力和精神上的挑战，解决问题的能力和团队配合。关于最后一类——基于社区的生态旅游，沃尔特指出这种学习更多关注的是人文和传统教育，以文化和原住民生活方式为中心，这种教育具有全局性、感性、精神层面和偏自然社会的特征。

科格伦和金姆（Coghlan & Kim，2012）认为提升生态觉悟的另一种解说方式是分层解说。这个流程包括综合各类解说资源互相印证地传递统一的信息。这种方式在大堡礁的应用取得了很好的效果。多资源的相互印证可以提高解说的效果，可以提升游客的理解程度。这种方法在综合景区非常适用，因为那里的游客有很多从不同渠道获得的信息。

巴兰坦和帕克（Ballantyne & Packer，2011）研究了自由选择学习体验的理论以及它在野生动物旅游中的应用。自由选择学习包括从互联网和媒体，以及动物园、水族馆、博物馆、科学中心等景点找到学习资源。学习者可以自愿选择关注或不关注这些知识来源。福克和迪尔金（Falk & Dierking，2000）发现对学习的选择是完全由学习者自己掌控的，包括学习意愿，以及何时何地学习和学习什么内容。自由选择学习是常在旅游目的地现场所应用的（如见 Ham & Weiler，2002；另见 Powell & Ham，2008 关于加拉帕哥斯群岛的案例研究）。

学习速降

一个长期困扰人们的问题是环境教育计划对于参与者效果的持续性，即生态旅游者是否会在以后的生活中运用自己所学到的东西。很多文章研究生态旅游者的态度和行为模式，鲍威尔与哈姆（Powell & Ham，2008）综合了这些研究成果。总的来说，从解说系统中获得的知识量会不断提升（尽管 Markwell，

1998，Ryan *et al.*，2000 认为知识量并没有增加），但人们对环境的态度和行为方式并没有改变（见 Tubb，2003；Wiles & Hall，2005）。韦尔福德等人（Welford *et al.*，1999）指出我们不能期望基于自然的旅游者能支持可持续性行为，因为他们主要的旅游动机是娱乐、消费和舒适（第 2 章中有讨论过）。

阿姆斯特朗与韦勒（Armstrong & Weiler，2002）在一项针对保护区旅行社的研究中发现导游传递的环境信息内容与公园游客所接受的信息是不匹配的。受访者接收到的信息数量非常少（n=35），而信息的传递数量是很大（n=108）。这些作者还发现有些类别的信息比其他类别的信息更容易被接受。关于现场影响的信息，关于保护区的作用和管理以及遗址价值的信息有更好的接受度。

关于解说对游客行为影响的研究非常少，芒罗等人（Munro *et al.*，2008）认为这归因于不同的评价方法得出不同的结果。他们发现很多解说项目的评价标准更侧重知识的获得（量化标准），但很少关注游客行为的改变。他们得出的结论是核心团体评价方式应该应用于解说系统的评价中。

巴兰坦尼等人（Ballantyne *et al.*，2011b）研究了一个所谓"速降"的效应，即随着时间推移保护行为在衰减，与初衷偏离更远。作者调查了 240 人，33% 的受访者表示他们有很强的保护环境的意愿，但只有 7% 表示他们会在旅游结束后把保护真正付诸行动。作者在四个不同的地方进行调查，结果完全一样。鲍威尔和哈姆（Powell & Ham，2008）发现去过加拉帕哥斯群岛的游客中有 70% 表示有强烈或一般的为加拉帕哥斯群岛捐款的意愿。但这种意愿未真正转化为行动。为了克服这种速降效应，巴兰坦尼与帕克（Ballantyne & Packer，2011）建议利用更多的资源，包括基于网络的学习材料，如互联网论坛、博客、播客、邮件和更多的社交媒体应用，来强化游客在现场获得的真实体验。这方面的想法和研究是有益的，有助于游客长期的行为转变，让体验能真正转变为具体的行为（Hughes *et al.*，2011）。

是旅游者错过了学习与教育吗？杰克逊（Jackson，2007）从两个维度去讨论态度，不同相关利益方对环境的态度：观鸟旅行社、一般生态旅游者、专业生态旅游者和保护组织成员。杰克逊发现所有团体在两个维度的得分都很高，但旅行社却没能真正起到传递环境保护意识和正向环境行为的作用。杰克逊的结论是如果生态旅游原则与企业的成功相冲突，企业就不愿意为了生态旅游原则牺牲企业利益。当然这可能缘于很多理由。蒂利（Tilley，1999）指出正向环境行为在小企业的实施可能会受阻，因为经济壁垒、生态无知、缺乏支持机制、缺少企业支持和较低的环境意识。马洛伊和芬内尔（Malloy & Fennel，1998a）也同样指出大部分企业的运行靠的是市场文化而不是更先进的原则。

这个讨论点被称为"变身怪医和海德先生综合征"，即人会根据所处的环境现状改变自己的态度和行为。对于大部分硬性生态旅游者来说，环境伦理已经是现状了，因此亲环境的态度和行为已经是自己的第二天性了，包括在旅行途中和旅行后。不过对于大部分其他公众而言，他们的态度和行为是受社会规范的影响和制约的（生态旅游只是生活的一个片段），他们一旦回家就会滑落回自己的常规状态，即不那么生态敏感的状态。

在这方面我们需要开展更多的研究，我很好奇地想知道，在野生动物旅游和生态旅游体验中，男性和女性有什么区别。据说女性的决策多出于感性层面，而男性多出于理性层面。另外去了解忘却的层次与量也是很有意思的，我是说在什么程度上生态旅游项目可以改变个人受教育的形式，通过正式的或非正式的渠道转变人对世界的看法（见 Cochran-Smith，2003）。这种观点会进一步形成生态旅游者认识方面的分裂和失衡，这种思维会超越讲解体验所带来的事实积累。

原住民的影响

现在讨论的是文化方面的解说。当生态旅游者到访保护区时，他们得到了学习物种及其栖息地和生态关系的机会，但斯泰富等人（Staiff et al.，2002）指出在澳大利亚保护区，人们对很多以欧洲为中心的科学名词有另外一种表述。作者认为原住民的知识在解说系统中被排除或边缘化了，至少"没有被均等地表现在全球自然科学舞台上"（Staiff et al.，2002：103）。他们发现了很多有趣的问题，关于保护区代表了谁，代表了什么，为什么以及如何代表的。如果我们真要了解一个地方的自然和文化历史，在解说内容方面我们还有很多要学习的。

如果有原住民的介入，解说将变得更加丰富，原住民与西方世界有完全不同的对自然世界的解读。策佩尔和米卢安（Zeppel & Muloin，2008）发现如果聘用原住民导游，野生动物旅游（如在动物园里观看圈养环境下的动物）的品质能得到很大的提升，而且通过标识和展示可以准确地描述原住民文化中对于野生动物的解读，包括精神层面、实用层面（食物）和美学层面（图腾和其他符号象征意义），这解读体现了动物与土地之间的关系。策佩尔和米卢安（Zeppel & Muloin，2008）关于原住民对野生动物旅游地的解说方面归纳了如下原则（表6.2）：

表6.2　土著文化对野生动物的解说系统原则

- 在野生动物景区雇用当地原住民导游/野生动物看守。
- 用当地原住民的名字命名澳大利亚的野生动物（只要能知道）。
- 找到原住民给一些澳大利亚著名动物（如袋鼠、考拉和笑翠鸟）取的名字（原住民语言）。
- 用原住民的典故和故事介绍澳大利亚的野生动物。
- 让原住民导游介绍野生动物探险的历史和近期经验。
- 认识原住民图腾与澳大利亚野生动物之间的精神纽带（不仅仅是关于野生动物"梦想时光"的故事），原住民是野生动物物种的看护人。
- 对比原住民和非原住民对澳大利亚野生动物管理的观念（即对于原住民野生动物是食物来源，而旅游者只是来观赏野生动物的）。
- 描述原住民在现代澳大利亚野生动物管理方面的参与（如动物调研、野生动物研究、濒危物种、打猎、野生动物农场）。
- 介绍关于原住民使用野生动物方面有异议的问题。
- 制定相关政策要求野生动物景点采用原住民文化解说。

资料来源：Zeppel & Muloin（2008）。

可持续设计与生态住宿

　　旅游业一直被视为给社会和生态带来可怕变化的驱动要素，有人说这种变化是积极正向的，如提升教育、提高文化自豪感、保护遗址，当然还带来经济利益（Lickorish，1991），也有人说这种变化是负面的，是以人和资源为代价的。如西班牙和土耳其旅游业的过度发展就给当地的海滩环境带来了负面影响，再如墨西哥和巴西一度失控的旅游业发展造成了大量的排污，以至于现在旅游者被告知不能在海里游泳，因为那里的海域已经被污染。在这些例子里，旅游业的发展带来了严重的负面影响，这些影响或源于当地没有相应的设施（如排污系统）或这些系统尚不足以应对高速增加的游客潮及随之而来的开发潮。

　　20世纪90年代的旅游开发模式是大型开发速度趋缓，这主要是为了适应寻求自给自足式、与世无争式度假市场的增长。芬内尔（Fennell，1989）指

第6章 学习

出大型度假区的兴起始于20世纪80年代中，包括夏威夷唯客乐（Waikoloa）31 000英亩的度假区和布里斯班和黄金海岸1200英亩的综合度假疗养区。由于大部分这种开发项目都在政治比较稳定的民主国家，很多管理集团希望进军远东的新市场（Fennell，1989；另见Ayala，1996）。

在这种大型度假区开发的大潮中，有另一种趋势是负责任的旅游和开发，响应绿色运动（来自学界、非政府组织和公众的压力），同时为了领先市场赢得竞争先机。为了顺应这种市场潮流，很多连锁酒店也采取了一些生态环保措施，如根据客人要求清洗床单、控制用电、水资源循环利用等（Andersen，1993；Wight，1995）。不过这种变化最明显的还是在一些小型住宿设施中，包括城市里的床位加早餐旅馆，乡村里的农家乐和一些偏远地区的住宿设施。

在过去的几年中，出现了一些介绍生态住宿和以可持续性为原则的生态旅游设施发展的文章，但埃普勒·伍德（Epler Wood）指出这方面有关发展的规模和重要性方面的分析仍非常模糊，他指出度假区的广告仍让人对生态旅游产生错误的理解，而"生态度假区"一词迄今为止仍没有一个准确的定义（Shundich，1996）。一份旅游行业刊物最近写道："最近又出现了一个令人诧异的生态度假区开发的例子，印度……这个国家拥有真正有意思的文化。有人已经提出了一条印度历史火车游线路"。

可持续生态旅游业的崛起始于20世纪90年代初，部分原因是美国国家公园行业出版物提出了可持续性设计原则。美国发生的两件事促成了这本书的出版，一件是1991年10月召开的国家公园研讨会，会上讨论的议题之一就是公园面临的严峻的环境压力；另一件是1991年11月维京群岛国家公园针对公园和保护区可持续性设计的相关问题发出倡议（美国内政部，1993）。后来出版的书中讨论了可持续性设计所涉及的诠释解说、自然和文化资源、场地设计、建筑设计、能源管理、供水、防止浪费和设施的经营和维护等方面。书中尤其重要的是提出了一份详尽的可持续性建筑物设计对照清单，这份清单强调要尊重场地的自然和文化各方面的相互关系。当然这并不是人们第一次试图将人类的开发与自然世界（特别是公园）结合起来，这一点可以从米勒（Miller，1976，1989）早期关于生态开发的书中得到证实。

尽管美国内政部出版的这本书主要是关于公园内建筑和设施的设计，但其中有一部分是泛指可持续性旅游开发的。在这方面作者建议借用希腊康复疗养地医疗原则,即"尊重自然自我恢复的性质。人的体验要与环境相和谐,创造机会让人的需要与生命所依托的自然系统重新联系起来"(美国内政部 1993:58)。这类设计原则提出了以下标准:

1. 对游客进行教育,让他们了解目的地的野生动物、本土文化资源、历史或自然特征;
2. 吸纳土著人介入经营和解说,增进当地人对当地传统的自豪感,促使他们愿意向游客展示当地的传统价值观和手艺;
3. 完成环境修复;
4. 为了使人对环境的影响最小化而进行研究和试点项目开发;
5. 使人得到精神和感情上的愉悦;
6. 使人得到放松和娱乐;
7. 教育游客,让他们了解当地和全球环境的珍贵价值,使他们有能力在具有充足信息的情况下做出决策。

罗塞尔等人(Russell et al., 1995:X)将生态住宿设施定义为"一种符合生态旅游原则和理念的、依托自然的旅游住宿设施"。尽管他们从教育和体验的角度强调了生态住宿设施的重要性,他们同时指出这些设施的经营理念也必须与生态敏感度密切相关。生态旅游社团(现在的国际生态旅游协会)也强调生态的重要性,社团认为这类住宿设施提倡有教育意义和参与性的体验,同时其开发和经营也要尊重当地现有的环境(Epler Wood in Shundich, 1996)。罗塞尔等人(Russell et al., 1995)列出了传统住宿设施和生态住宿设施之间的12点区别,详见表6.3。他们还进一步对生态住宿设施和以自然为依托的住宿设施进行了区别,其中后者与钓鱼、滑雪和豪华度假村有关。

表6.3 传统住宿与生态住宿

传统住宿设施	生态住宿设施
豪华	舒适,满足基本需要
一般风格	独特的风格
突出放松性	突出活动/教育性
活动以设施为基础(如高尔夫、网球)	活动以自然为基础(如远足、潜水)
飞地(一国境内的外国特色地区)开发	开发与当地环境相结合

续表

传统住宿设施	生态住宿设施
通常是酒店集团所拥有的	一般是个人所拥有的
通过提高入住率、服务水平和价格实现利润最大化	通过战略设计、恰当的位置、低容量、服务和价格实现利润最大化
高投资	中低投资规模
设施及其周边环境是主要吸引源	环境和设施是主要吸引源
美味的食物、服务和外观	良好/精心制作的食物和服务文化的影响
连锁经营	一般都独立经营
经营中很少或不存在导游和自然讲解员	导游和自然讲解员是经营的重点

资料来源：Russell et al.（1995）。

安德逊（Andersen，1993，1994）提出了一个与生态住宿设施有关的理念问题，他认为与环境道德准则相应的，生态住宿设施要想真正实现可持续性就必须采用低影响的方式进行设计，指出这种设计方法就是对传统建筑设计进行再加工。安德逊的文章在生态旅游业界传播很广，特别是他所提出的一系列设计原则，简单地说这些原则涉及组织问题（如对当地的生态敏感度是否进行过分析）、场地规划问题（如在河流和小溪处尽量减少小路的交叉口）、建筑物设计问题（如维持生态系统应在设计要求中给予强调）、能源和基础设施使用问题（如在可能的地方考虑主动或被动地利用太阳能或风能等资源）、管理问题（如提供可重复使用的设施）和评价（如住宿设施是否考虑到了老年人和残疾人的需要）。

安德逊的很多设计原则体现在他自己在哥斯达黎加太平洋沿岸的奥撒半岛开发经营的拉帕里奥斯（Lapa Rios）度假区上。这个设施有一个主住宿区和14个私密的带回廊的小别墅。这些小别墅由当地工程师建造，整个设施的建设只移植了一棵树（关于生态旅游设施的设计原则和要求方面的更深讨论另见 Hadley & Crow，1995；Gurung，1995；Wight，1995）。阿尔梅达·赞布拉诺等人（Almeyda Zambrano et al.，2010）研究了拉帕里奥斯（Lapa Rios）对社区的贡献，发现它能满足生态旅游的定义，符合经济、社会文化和生态原则。它也是当时恢复造林计划的重要贡献者，因为它从当地采购农产品，为当地人提供就业机会并对当地人进行高质量的培训和教育。哥斯达黎加的拉拉阿维斯（Rara Avis）也是一个有效的生态住宿发展模式，特别是在对旅游者提供有效的环境教育方面（Sander，2012）。

低容量和低影响的生态旅游开发自然而然地带来了一个问题：什么样的规模不能应用生态住宿模式？或者说什么情况下开发力度显得过大了？阿亚拉（Ayala，1996）曾就这个问题进行了讨论。作为一个国际生态度假区开发商，她认为生态旅游已成为大众旅游的一部分，它与海滩旅游已经不再不能相互兼容了（见第2章）。她认为有必要根据生态旅游原则（不包括那些强调硬体验的生态旅游）对大量的海水、阳光和沙滩型度假区进行重划分。阿亚拉认为生态旅游者和传统旅游者之间的分界线在长线旅游中几乎已经不存在了，两类旅游者在教育程度、家庭收入和职业构成方面的特征已经非常类似了。阿亚拉进一步指出非洲和中美洲的很多超大型连锁度假区甚至直接为保护事业提供捐助（另见Thomlinson & Getz，1996中关于生态旅游开发规模的讨论）。

案例研究6.1　格雷洛克格伦生态旅游度假区

这个最近获得通过的项目是由国家、地方、非政府机构和私营企业合作开发的一个可持续概念试验区，试验区位于马萨诸塞州的伯克郡山区。开发商希望这个地区的开发将成为世界上类似开发区的样板。这个度假区根据可持续发展的概念进行经营，提供教育、娱乐和会议相关产品。游客在这里可以享用高尔夫球场（根据奥杜邦社区关于尊重环境的高尔夫球场开发原则开发的）、自然中心（一个全年开放的环境教育设施），参加远足、北欧式滑雪、自行车、宿营、网球、游泳、骑马等娱乐活动。度假区除了有200间客房外，还有800英亩的开放式娱乐空间。开发商（格雷洛克管理集团公司）将依据以下可持续性原则进行开发：

自然资源：保持森林的完整和保护动物是格雷洛克开发决策的指导方针；项目将编录一份自然资源普查报告。

文化资源：所有文化物件（如农田、旧有道路、果园）都将受到保护并在开发区内突出标记。

能源管理：用能源表记录中心能源使用情况。

水和排污：使用节水型厕所和淋浴喷头。告知游客一些节水的指导原则和方法。

垃圾管理：除堆肥外，实施循环使用计划。

第6章 学习

插图 6.3 a. 生态屋的建设没有统一通用的风格。很多涉及生态住宿的问题是它有多"绿色"以及所有权的类型（外资和跨国集团拥有，还是当地人拥有）；b. 外资生态住宿地的一个例子，与环境相比，它显得格格不入（人工处理的草坪等）

第二部分　定义生态旅游的核心标准

对这方面的出版物进行批评并不容易，但的确有必要对与生态旅游理念和实施有关的问题保持怀疑的态度，尤其是关于生态度假区问题的文章。生态旅游通俗化是否是由认为生态旅游是大众旅游的一种形式这种观念和相关行为造成的呢？超大型生态度假区是否是将生态旅游引向大众的途径呢？这种开发是否合理呢（像阳光目的地不拒绝大众一样，热带雨林是否也可仿效呢）？从外在动机角度讲，生态旅游是否只是大企业以传统的方法赚钱的一种方法呢？在开发的表面现象背后，人们应深入了解开发的可持续特性。如最近在墨西哥由一个大型国际公司开发的一处生态住宿项目，用草和一些非本地材料设计建造了这些住宿设施，除此之外没有采取任何说明计划向旅游者介绍当地自然和文化景观及体验。这种开发只是用生态来当装饰品，却几乎没有教育和可持续的特征，而这种特征是生态旅游业中最重要的部分，正如霍金斯（Hawkins，1994）所强调的生态旅游的特征是低密度和低影响。即使设施的所有权在一个或几个人手中，当地人能染指的也很少。

罗塞尔等人（Russell et al.，1995）对全世界9个地区（伯利兹、哥斯达黎加、秘鲁、巴西、厄瓜多尔、阿拉斯加州、澳大利亚、新西兰和非洲）的28家生态住宿经营企业进行了一次国际性调查。研究发现很多此类住宿设计位于保护区内或紧邻保护区，独特的优美风景是这些住宿设施经营成功的秘诀（见第5章）。被调查的大部分生态住宿设施是小规模的，只接待约24个客人，有些亚马逊流域的住宿设施能成功地接待100人。罗塞尔等人认为虽然大部分设施都是小规模和独立经营的，但大公司的介入已越来越普遍了。他们引澳大利亚P＆O游船公司和肯尼亚希尔顿两个例子说明了这种最近出现的现象。最后，他们指出这类设施在北美很少，主要是目前的生态旅游主要依靠宿营和更舒适的娱乐性住宿设施。最近艾伯特和不列颠哥伦比亚省的市场调研（ARA咨询公司，1994）也支持上述结论。

怀特（Wight，1995）用一个模型归纳了从硬性到软性区间的住宿设施都有哪些类型（见图6.1）。硬性生态旅游至少可以部分地使用非固定的住宿类型，包括吊床和帐篷。随着固定屋顶住宿设施的增多，生态旅游越来越软性化，这些住宿设施一般是青年旅馆、饭店和度假区。这种住宿设施的软硬度空间在拉阿曼和德斯特（Laarman ＆ Durst，1987）的文章中有所体现，他们指出至少可以部分地认为生态旅游的软硬性的表现之一就是旅行的物质条件艰苦程度（见第2章）。那些准备在偏远地区长途徒步跋涉，睡帐篷或原始住宿设施，忍受糟糕的卫生条件的人可以说对硬性生态旅游体验更感兴趣。

如果将这种软硬度区间应用于北美，一个自然而然的问题是这种经营适用于消费性还是非消费性娱乐活动。这个问题在学术文献中很少提及，这对于那些努力使自己的企业适应不断变化的娱乐活动焦点的野外用品供应商和野外活动经营者来说是非常重要的，至少在加拿大是如此。正如安德逊/法斯特（Andersen/Fast，1996a：54）指出的，"野外宿营（是加拿大北部很多偏远地区的唯一住宿设施）是否适宜取决于旅游包价和参加的旅游者的特征"。

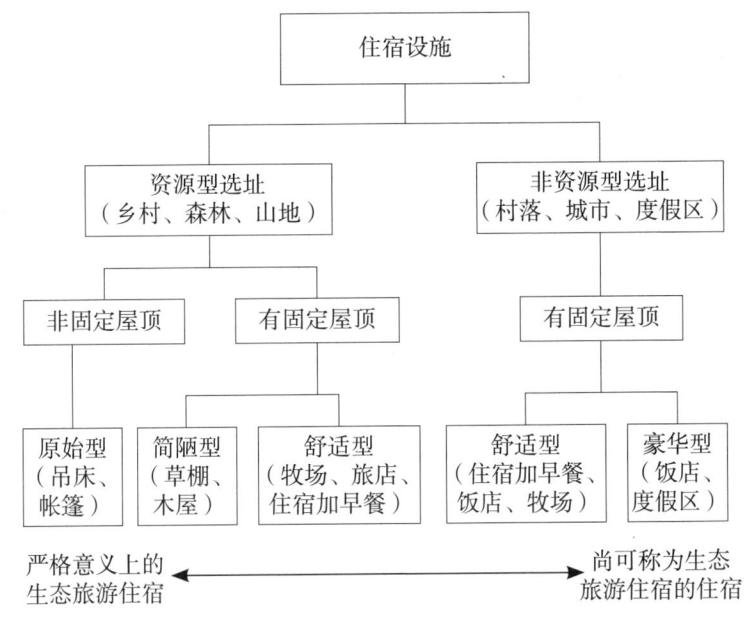

图 6.1　生态旅游住宿连续体

资料来源：Wight（1993a）。

其他关于生态住宿的研究重点放在游客的满意度和业绩的评估方面。奥斯兰和麦克科伊（Osland & Mackoy，2004）研究了墨西哥和哥斯达黎加的21处生态住宿设施，涉及的类型有：随意的、精致的、科技的和农业型生态住宿。研究用了84个业绩目标，他们发现可持续发展目标是被提及最频繁的

（尽管这个目标很难客观评判），而科技型生态住宿则更强调对生态旅游者的教育。生态住宿设施的业主和管理者则主要从经济标准上去衡量。

克万等人（Kwan et al., 2010）对伯利兹生态住宿的住客进行了人口统计学、旅游特征和旅游动机的研究。大部分游客来自美国，其次是加拿大；大部分客人的年龄在36岁到55岁之间；他们受过高等教育（这与其他关于生态旅游者的研究结论一致）；大部分有全职工作或已经退休；约有五分之一的受访者家庭收入超过14万美元。到伯利兹的游客一般逗留8—11天，在一个生态住宿设施一般住3—4晚。他们主要的旅游动机是学习和探索自然或探索新的国家及其文化。业绩打分明显高于重要性得分，其中得分最高的业绩表现分值来自以下五个方面：

- 友善的员工；
- 风景；
- 物有所值；
- 干净得体；
- 环境或景观的品质。

在重要性方面得分最高的五个方面是：

- 友善的员工；
- 风景；
- 环境或景观的品质；
- 干净得体；
- 员工提供高效的服务。

住宿设施的业绩表现水平的评判主要来自热情和个性化的服务、环境条件，这是顾客评出的最重要元素。

纳尔逊（Nelson, 2010）发现生态认证的住宿设施一般都推广节能措施，包括提供信息，并说明这种做法的目的。纳尔逊认为只有少量的住宿设施向游客进行节能教育。其中的一个问题是游客对于解释节能保护的说明中的用词不明白。例如一家住宿设施说自己每年节电48万千瓦，但这其实并没有什么对比的基础。纳尔逊的一个主要结论是生态住宿是有能力把自己的生态旅游观念传递出去，并让游客看到自己的这种观念是优于传统理念的，包括看得见的环保措施和看不到的节能和气候的变化。

关于生态住宿营销方面问题的两个研究我们将在后面进行讨论（见第9章）。莱和谢弗（Lai & Shafer，2005）用内容分析法研究了拉美和加勒比地区的生态住宿网上信息。第一个主要发现是线上有大量的不同产品可满足生态旅游者的各方面需求。这说明市场的多元化，市场所提供的活动包括从硬性的生态旅游到大众相对能普遍接受的活动。莱和谢弗的第二个发现是大部分生态住宿的营销方面都只是部分地与生态旅游原则相符，虽然可持续性和惠及当地人这两方面生态住宿做得很好，但大部分设施缺失对教育的重视。

多诺霍和尼达姆（Donohoe & Needham，2008，见第1章）的研究也得出了类似的结论。他们用生态旅游的六个主要原则（基于自然、保护、环境教育、可持续、利益分配、道德和责任）去衡量加拿大的25个生态住宿设施，发现40%的设施缺失三个原则，8%只符合六条中的一条。作者得出的结论是真正的生态旅游或生态旅游的理念一直存在争议，这主要是由于这个概念长期以来被市场错误地使用。生态旅游与大众旅游之间的边界越来越模糊了，这是很危险的（见第2章，特别是夏普利在这方面的论述）。

最后，相关文章指出生态度假村最终也只是住宿设施，不是游客到访某地的目的。ARA咨询公司（1994）把住宿排在自然环境和野生动物观赏（首要的）的后面，属于与体验相关的次级活动。关于这一点，怀特（1995）指出住宿是整体生态旅游体验的支撑者之一，旅游者首先选择体验，然后才会选择住宿。包价旅游产品控制了游客的目的地体验，包括住宿的选择，这限制了生态旅游者对住宿的选择，这也直指生态旅游的真实含义。格雷尼尔等人（Grenier et al.，1993，9）指出"一个人的生态旅游梦可能成为另一个人的旅游噩梦"。

志愿者生态旅游

在第2章，夏普利（Sharpley，2006）认为并不存在一个独立的生态旅游市场，因为生态旅游者的行为与大众旅游者区别不大，他们也是花大量的钱希望获得放松和娱乐的体验（见Fennell，2006），而"也不要奢望旅游者能有动力去为旅游工作"（Sharpley，2006：17）。但有一个旅游者群体是有意选择为生态旅游工作的，这些志愿生态旅游者或研究生态旅游者或墨绿生态旅游者（他们如此自称）希望与科考人员一起工作，如帮助保护濒危物种或帮助一些动物移居到自然地带，这部分讨论与第5章相关。这样做的主要动机是无私利他精神，提升旅游地的环境质量是主要目标。志愿旅游者是生态旅游的一个重要的子群体，有很多机构和组织依赖这些志愿生态旅游者去完成不计其数的社会文化和生态任务。在网上简单浏览一下就能发现很多例子。国际生态旅游协会在哥斯达黎加倡导海龟保护计划（TIES，2012）。美国著名脱口秀主持人奥普拉·温弗里（Oprah Winfrey）希望那些去大峡谷的人能收集那里关于海狸、草种和灌木的资料。这方面甚至还出了专门的指导手册。布洛多斯基（Brodowsky，2010）与国家野生动物联合会一起列出了300多个机构，这些机构都有计划把生态旅游者放到一些他们能（用Oprah.com的话说）"做好事并能感觉非常好"的地方。这方面的学者和文献也很多（见Gray & Campbell，2007；Coghlan & Fennell，2009）。

英国的华莱西亚（Wallacea）机构是一个在全世界进行科学研究和基于社区项目的组织，其项目遍及印尼、洪都拉斯、南非、莫桑比克、秘鲁、古巴、埃及、马达加斯加、圭亚那、墨西哥和危地马拉。加利和克利夫顿（Galley & Glifton，2004）针对印尼苏拉威西岛志愿旅游者的研究显示，这些人都非常年轻（20岁出头），大部分是女性、单身、受过良好教育，主要的动机与研究有关，而且对生态旅游的基础原则有很高程度的理解（另见Weiler & Richins，1995）。

拉坦等人（Rattan et al.，2012）研究了泰国清迈大象自然公园（ENP）里一个大象保育项目（帮助那些在旅游或其他人类活动中受伤和生病的大象）的200名参与者，希望了解志愿旅游者在ENP中对其他游客的影响。研究结果显示参与者（非志愿旅游者）提高了他们的环境保护意识（通过对比参与前和参与后的一些指标得分），如被问及诸如"志愿者旅游是保护的一个重要组成部分""我希望成为ENP的志愿者""我回家以后也希望成为动物保护组织的志愿者"等问题时，参与后这些问题的得分都非常高。ENP志愿者旅游模式有效地提高了游客的保护意识，同时也让旅游者看到了志愿者精神的重要性（另见Nolan & Rotherham，2012，他们研究了志愿消费者的利他主义和自我兴趣方面的观点,以及他们对志愿者、生产者和体验者之间关系的理解)。

结论

包含环境教育的学习是区分生态旅游者和其他旅游者的核心标准。简单地说,生态旅游者就是那些对学习目的地自然和自然资源有兴趣的人。这一点非常重要,因为它打开了通往保护自然和文化资产的门,问题是学习能在多大程度上转化成亲环境的行为,包括在目的地的和长期的行为,即日常行为模式和生活方式的转变。研究发现这种转变并不持久,至少部分生态旅游者(很可能是大部分)态度和行为的转变仅局限于当时的情境中。下一章将从道德的层面分析这种态度和行为的重要性,这最后的核心标准可能是定义生态旅游业本质的最重要标准。

概括问题

1. 学习与教育有什么区别?
2. 哪个国家成功运用了生态指南项目?这个项目涉及哪些要素?
3. 好的解说系统有什么特征?
4. 解释学习速降的概念。
5. 生态住宿有很多类型和规模,为什么说有些生态住宿跨界成为合法或真实的生态住宿设施?哪些不是?
6. 说明志愿生态旅游者如何能获得一种与传统生态旅游者完全不同的体验。

第7章 道德要求

> 先有食物，再谈道德。——布莱希特（Brecht）

用上面这句话，布莱希特点出了当今世界上很多地方生态旅游所面临的两难境地。从这句话人们不禁想到马斯洛（1954）提出的需求层次理论，即人们只有在首先满足了低层次需求（生理需求，如食品、住宿和安全）后才能转向追求高层次的需求（休闲、自尊和自我实现）。马斯洛的模型说明人们的行为能反映出人的双重性，徘徊在真理和个人需求与利益之间。这也就是为什么人们到现在还沿用刀耕火种的农耕方式，为什么政府不愿在石油以外寻求其他形式的能源，为什么旅游经营者总倾向于把更多人送到他们想去的环境脆弱的地方去。这种行为有两种主要的动机，一种是要生存，要养家糊口，另一种是不惜一切代价追求经济的繁荣。

本章将生态旅游放在道德要求的背景下进行讨论，这是生态旅游理论与实践所必需的要素。这不仅仅是远大的理想，更是人类本性的基础，这个话题不是所有旅游学者都熟悉的。利他主义理论说明了为什么我们既是自私的又是合作的，而将这个理论应用于旅游就能很好解释为什么我们面临那么多的伦理道德问题。本章的重点是定义道德并归纳迄今为止旅游研究中触及的道德问题。

道德是天性

在过去的2500年里，道德一直是文明教育和相关文章的核心主题，因为我们从本质上讲是有道德的。生物学家指出现代智人经过长期的演化成为现代

第7章 道德要求

人类，与低等动物的本质区别是：1. 能想到行为的结果；2. 能依据价值观做出判断；3. 能从不同的行为路径中做出选择（Ehrlich，2000）。数千年以来，我们生活在小的、稳定的、独立的社区中，我们在这里相互认识、相互合作和尔虞我诈，这种相处让我们具有了同情心、信任、感激、忠诚、负罪感、羞耻心、愤怒和满足等情感，这是我们生存的特色之一。随着时间的推移，形成了心理系统，这个系统规范了个人的利他主义和欺骗（Trivers，1971），被称为"交互利他主义"（见 Fennell，2006a，2006b），这也被视为人类道德能力的基础（Mayr，1998）。虽然道德能力是个生理功能，但这种能力的产品则具有文化功能。

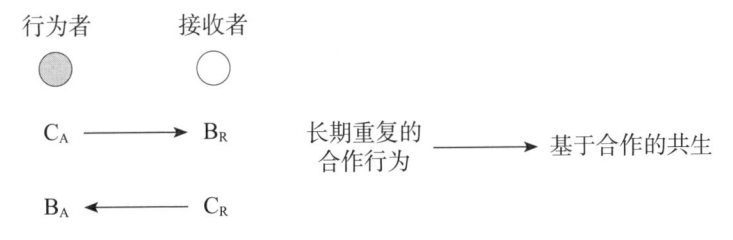

图 7.1 交互利他主义

注：行为者付出成本（C_A），给接收者带来利益（B_R），之后接收者选择利他主义行为弥补行为者的成本（C_R），于是行为得到了利益（B_A）。这样的循环降低了欺骗的动机，同时也提高了合作意愿。

资料来源：Fennell（2006a）。

交互利他主义是个人基于成本和收益互动的一个体系，在这里一个人的利他行为（Barash，1982：389，对利他主义的定义是"降低行为者本人的舒适度但能提高接收者舒适度的行为"）是期待他人（接收者）有同样的回报，如此循环往复让所有人都获益（图 7.1）。如前所述，这种各团体间的动态循环以往是基于比较小型的、稳定的、相互依存的社区，那时的环境是相对可预测和不变的。那种环境中，人们都相互了解，人们在不停地相互检验看谁在合作，谁在欺骗。这个体系成百上千年以来一直运行得很好。但是问题是，我们在进化的时钟里用非常短的时间从石器时代进化到了太空时代，面对"现代化的挑战，我们的思维直觉与我们还是赤裸野人时没有太大的变化"（Fulgosi，2006：A22）。因此，我们生活在一个充满科技、创意和变革的世界，但我们的头脑仍然停留在另一个相对固化和利他主义的世界里（Hayek，

1944/1994）。

交互利他主义解释了我们过去的进化情况，这与当今的旅游业有什么关系呢？芬内尔（Fennell，2006a）指出，由于旅游基本是短期的主客互动（如5天的度假包价），没有足够的时间交换各自所需的利益和成本的情况下合作关系是无法形成的。由于没有足够的时间形成合作，于是欺骗就占据了主导（如旅行社敲诈游客），这么做的基础是相信服务提供者永远不会与某个旅游者再发生什么互动。芬内尔认为同样的问题也会出现在度假村和目的地，这是一个整体欺骗效应（即在服务提供商发展的过程中欺骗是一种常态）。

前面说的是基础人性，这是超越广义的社会、经济和政治对道德的解释，而这在我们努力解决困扰旅游业问题的时候缺失了。简单地说，限制旅游业发展的问题是可以解释得通的，这在很大程度上归因于人的本性。普兹卡拉斯基（Przeclawski，1996：236）在谈及这一点时说，"除非我们了解了人、人性，否则我们是无法解释旅游的"；威勒（Wheeler，2004）也有同样的表述：

> 如果我们相信旅游业是世界上最大的产业，我们就要记住这个世界主要是由贪婪、吝啬、自私自利所驱动的。"有还希望更多、这里面有我什么事、现实思维"，这些都是内在本质的我们。这会驱动旅游业，就跟它驱动一切事物一样……因此当我们谈论旅游业时，我们必须先审视自己，然后再说社会。但我们这样做了吗？

旅游是一种自我表达，是我们数千年来进化的结果。在法律出现以前，甚至在政治、商业尚不兴盛的原始社会里，稀缺资源的交换既使双方获益，更能维持联盟的时间（至少是愿望如此）以对抗战争。成本-利益的计算是人类行为的核心——也是旅游企业和旅游互动的核心。重要的是尽管我们走自私自利的路径而不是利他主义路径，我们也同样倾向于遵循道德规范行事——其实，这种平衡让我们成为人类，正如米奇利（Midgley，1994：9）关于自由和限制的描述：

> 如果自由和道德是密切关联的……可能这是一个互为驳论的事实，即自由的前提是我们必须受到一些限制（公平、坦诚、节俭等）。我们的自由就是带给我们这些头痛问题的根源，这种令人困扰的思考旨在从

对立的目标中找出优先的选择。通过对这种冲突的认识，化解从一极转向另一极的冲动，像火山喷发的岩浆，我们确实有了很多的麻烦，但我们也更有能力退后一步，少进行一些项目，给一些更重要的事情让路。这就是为什么我们需要道德。

根据这些知识，芬内尔和马洛伊（Fennell & Malloy, 2007）指出道德（特别是他们书中所说的道德）就是我们是谁这个核心的外延。削弱道德或者为了利润挤压旅游中的道德，为了行使自由而对抗限制——这是把双刃剑。

伦理

尽管伦理有很多定义方式，但基本意思都是关于人类善的和正确的思想行为的（Hoffman et al., 2001）。伦理一直被看作是一门理论应用学科，这类哲学的实用化是自20世纪70年代中在堪萨斯大学召开了第一届关于商业道德的会议以来出现在商业类文献中的一种现象（Bowie, 1986）。这方面的研究集中在如何处理与商业相关的不道德行为，包括滥权和地方、地区、国家和国际的各级商业丑闻（Sims, 1991）。应用道德对商业和社会一视同仁，将两者作为一个整体，其中涉及了多个与人类的福利和发展有关的重要领域，包括商业、法律和医疗职业、生物圈和环境以及与之相关的旅游业（见图9.1）。学术界一直对人类的道德本质方面的理论进行着不断的争论，也正是这方面的理论被应用于处罚现实中超越道德准则的行为。伦理和其他学科一样在应用于社会时存在一些极端，这主要与理论如何帮助应用和应用如何驱动理论有关。福克斯和迪马科（Fox & DeMarco, 1986）对这种两难境地进行了如下描述：

> 在应用领域工作的人不可能等着理论来为他们提供指导，而理论也不可能特别领先于实际，哲学家要根据对当前情况和相关现实问题及其所体现出的原则进行调查了解才能构架起自己的理论（Fox & DeMarco, 1986: 17）。

辛格（Singer, 1986: 284）也强调应用伦理学对这个领域有更重要的影响，而理论伦理学也只有能解决应用伦理的问题才显得更有价值。

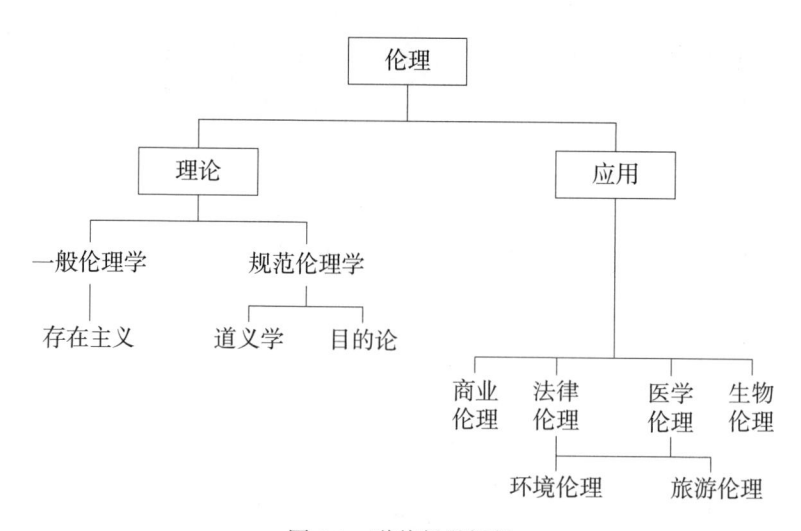

```
                            伦理
                    ┌────────┴────────┐
                   理论                应用
            ┌──────┴──────┐
         一般伦理学      规范伦理学
            │         ┌────┴────┐
         存在主义     道义学    目的论
                          ┌──────┬──────┬──────┐
                        商业    法律    医学    生物
                        伦理    伦理    伦理    伦理
                              ┌────┴────┐
                            环境伦理   旅游伦理
```

图 7.2 道德哲学框架

资料来源：节选自 Honderich（1995）。

从理论上讲，研究强调一般伦理学（存在主义）和规范伦理学（道义学和目的论），其中后者主要针对企业、机构等单位的行为。相对地，存在主义则突出个人主义思维，重点放在对人类生活的主观和个人看法方面。存在主义关注的是从人的本质去理解人类的存在。图安（Tuan，1971）用地理的例子进行说明，他认为地理学家以两种方式与世界接触：普遍规律研究（环境主义）和符号研究（存在主义）。环境主义的研究对象是物质世界，存在主义研究的是人的精神世界。环境主义学者的目标是寻找普遍规律，发现世界的意义和秩序，而存在主义学者力图"通过人与自然的关系发现人与世界的联系"及其中的意义（Tuan，1971：185）（下面将更具体地介绍道义学、目的论和存在主义等伦理理论与旅游业之间的关系）。

伦理与旅游：研究……依然太少

李（Lea，1993）指出旅游研究中对伦理的关注可以索骥到社会学文献（人与人之间的互动）和最近关于自然世界的道德（人与环境的互动）。那些旅游接待压力最重的地区也是极力反对旅游的地区，一次旅游会议上的夏威夷代表说的下面这段话是对这种情绪的最直白表述："我们不想要旅游，我

第7章 道德要求

们不需要你们,我们不想降格成为仆人和舞者。这是一种文化卖淫。我在夏威夷不想看到你们中的任何一个人。世界上没有无辜的旅游者"(Pfafflin,1987:578)。尽管这是一个旅游业社会影响的例子,但其本质是一个社会伦理问题。我们提醒大家注意这个问题的性质是由于我们认识到这其中存在不公平。就夏威夷而言,旅游业是夏威夷的经济支柱,有些人认为这个行业给当地带来了文化错位。显然这种情绪在夏威夷并不是主流,尤其不能代表那些已经从旅游业中获利的人的想法。获益者往往是支持旅游业存在的。

德沙(D'Sa,1999)在讨论这些关系时指出来自北方的投资人统治着第三世界目的地的旅游发展,他们把当地精英作为小投资人,并通过他们获取当地的土地和资源,而真正的当地人只能捡些残羹剩饭。旅游业线性的、机械式的思维使得其产出与道德完全不相关(Stark,2002)。旅游的道德行为是否可接受取决于旅游者、经营者和当地居民的行动,相互之间的感觉以及他们对资源的态度。这可以从芬内尔和普兹卡拉斯基(Fennell & Przeclawski,2003)对这种互动关系的剖析略见一斑。研究人员认为只有保持各利益团体之间的平衡,旅游业才能确保某些团体(如旅游者和当地居民)的利益不会被其他利益团体(如政府或行业)所左右或误解。显然,这些团体之间的互动(如上面所列举的)是交织着无数正面和负面影响的(案例研究7.1所列的两个例子可以说明这一点)。

案例7.1 伦理问题:经营者、当地居民和旅游者

最近到墨西哥尤卡坦半岛丛林的一次旅行中,我们的旅游团在前往著名的玛雅遗址以前先被带到了一个农民的家里。在农场中,旅行社的人很高兴地向我们展示了被圈养在农场里的四头美洲豹,这四头豹子被围在围栏中,用铁链子锁着。旅行社带我们看这个的理由是我们此行在森林中是看不到美洲豹的,他们知道这种景观对生态旅游者来说是很有价值的,而只有以这种形式才能保证我们看到这种猛兽。显然,动物对于旅行社来说毫无意义,我们团中的一个人用一句话回敬了旅行社的人,他说宁可看书上的美洲豹图片也不愿在这种情况下看到这些动物。

第二个例子是关于生态旅游环境中的当地人。约十年前,我们在哥斯达黎加参加一次生态旅游。我们都很高兴地远距离观看绿海龟,突然一个

第二部分 定义生态旅游的核心标准

> 当地人出现并跳到了海龟背上。这个当地人对海龟的实用主义价值观在当时的哥斯达黎加人中很有代表性，只是这种价值观显然与生态旅游者的观念格格不入。海龟和海龟蛋是当地价格很高的食物，尽管当地有很多告示说明个人消费海龟蛋是违法的（由于海龟的数量在急剧减少），但人们仍然对此置若罔闻（见插图7.1和7.2）。

关于李提出的环境道德构成要素的文献非常多，而且这些文章对旅游学者非常有用。梅尔（Myer，1980）指出，大部分人都关心一些物种消失的问题，其实更亟待解决的是人口和污染等问题。同样，埃利奥特（Elliot，1991）也指出环境伦理是以人为中心提出的。这种以人为中心的伦理理论指出道德的评判是以是否会影响到人类为标准，从生态全局角度讲，应更重视生物圈和地球的主要生态系统，植物、动物、岩石等事物都对维持生态系统整体起到了各自的作用。其他介于其中的伦理观念还包括动物中心伦理（重视每一个物种的每一个个体）、生命中心伦理（重视所有事物的价值，但这些事物的价值不一定完全一样）和强调所有生命和非生命体的本质价值的伦理观。

插图7.1 美洲豹被一天24小时锁住成为一个生态旅游景点

第 7 章 道德要求

插图 7.2 海龟产卵的季节，旅游者和当地居民都必须非常小心不去打扰母龟，包括给它们足够的空间

在关于人类在地球上所处地位的讨论中有两种主要观点。一种是人类中心论，这种观点主导着"西方的"世界观，另一种是生物中心论，这是一种少数派的观点，是一种主张和谐的世界观（见第 5 章中关于保护和环境主义的内容）。人类中心论的观点认为只能以人的价值观去看待自然，因此由人类来确定自然在人类社会中的形式和作用。相对地，生物中心论认为生物圈中的所有物种都平等地拥有存在的权利，即它们都具有自己固有的价值，是平等的（Devall & Sessions，1985）。在公园和保护区方面，斯温纳顿·菲利普森（Swinnertonin Philipson，1995）指出，世界上的资源管理者和其他决策者都各有自己关于公园环境管理的观点，这些观点可能相互之间存在很大差异，甚至是对立的。这些观点包括保留、保护和掠夺性开发，显示了同样的一个词使用起来有完全不同的意义（图 7.3）。那些持保护主义观点的管理者更倾向于生物中心理论，尽可能不去干预自然，更重视自然资源，会负责任地利用资源，并只接待少量的旅游者。

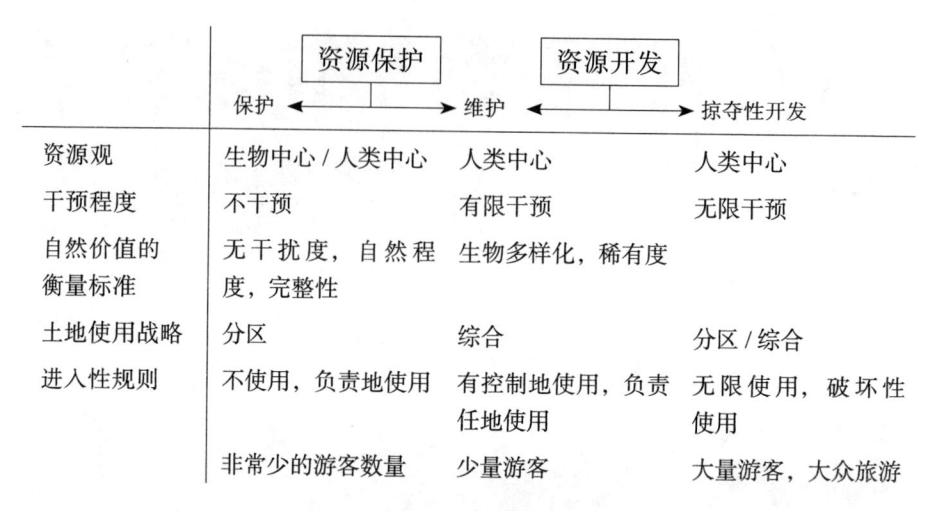

	资源保护 ←——————→ 维护	资源开发 ←——————→ 掠夺性开发
	保护	
资源观	生物中心/人类中心	人类中心 人类中心
干预程度	不干预	有限干预 无限干预
自然价值的衡量标准	无干扰度，自然程度，完整性	生物多样化，稀有度
土地使用战略	分区	综合 分区/综合
进入性规则	不使用，负责地使用	有控制地使用，负责任地使用 无限使用，破坏性使用
	非常少的游客数量	少量游客 大量游客，大众旅游

图 7.3 资源保护与开发的特征

资料来源：Philipsen（1995）。

菲利普森（Philipsen，1995）认为公众的感情总是偏向于具有环境导向的事物。通过对大量文献的引述（Dunlap & Heffernan，1975；Pinhey & Grimes，1979；van Liere & Noe，1981），菲利普森认为人们对旅游的选择反映了环境在他们价值观中的重要性。厄里（Urry，1992）指出旅游者对大众旅游现象的"凝视"已经在通过绿色旅游反映出来的浪漫目光下渐渐显得黯淡无光了。普恩（Poon，1993）根据这种改变的价值观引入了"新旅游"的概念。约曼等人（Yeoman et al.，2006）指出现在世界上没有哪个市场没有受"道德消费"观念的影响。这些学者对道德消费的定义是"购买动机不仅仅是受价格、质量和机会的刺激，而且被消费者头脑里固有的哲学观念所左右"（Yeoman et al.，2006：184）。威登（Weeden，2001）在研究特殊兴趣旅游经营者时发现消费者对于以更道德的方式度假很感兴趣。不过如何进行道德营销和服务供应还需要进一步探讨。由于以往的旅游很少强调道德，所以人们仍然遵循和沿用以往约定俗成的行为标准，不论之前的标准是否道德（Fleckenstein & Huebsch，1999；Burns，1999）。

迄今为止，旅游伦理方面研究的基础仍非常薄弱（D'Amore，1993；

Payne & Dimanche，1996），但从可持续发展的角度讲，伦理的声音已经出现在旅游业的公共、私营和非营利性部门中。休斯（Hughes，1995）指出，迄今为止，可持续性研究仍停留在技术、理论和科学的领域，尚未涉及伦理领域，而伦理是这种较新的、较全面的发展观的基础。

以往旅游伦理的倡导部门是饭店管理行业，这主要是由于饭店接待业与服务和商业都有着密切联系（Wheeler，1994）。这方面的研究促成了国际旅游与服务质量和伦理机构（IIQUEST）的成立，该机构的主要职责是将伦理与社区关系、性骚扰、客人权利等问题联系了起来（见 Hall，1993）。不过，1992年召开的里约地球研讨会才是将伦理推入旅游研究领域（特别是道德规范研究）的主要动力，会上所有与会代表都签署了《21世纪议程》，热诺（Genot，1995）将这份文件的第30章节的内容概括如下：

> 包括跨国公司在内的企业和行业都应尽量采纳和实施对环境最有利的行为准则，如国际商会的可持续性发展公约和化学行业责任倡议（Genot，1995：166）。

最近开始出现了一些关于旅游和伦理问题的文章，这也许是由于这方面的研究是个空白，也许是旅游研究自然发展到了这一步。这些研究反映了旅游研究人员及时地对旅游研究领域中关于企业、社会和环境方面的更深层次的哲学问题进行了探讨。这些文章中既有关于生态旅游和道德问题的一般性讨论（Duenkel & Scott，1994；Kutay，1989），也提出了一些关于生态旅游和伦理的具体建议（Karwacki & Boyd，1995；Wight，1993a），还有关于旅游伦理决策对第三世界国家人民生活质量的影响和生态旅游行业的伦理与市场营销问题的探讨（Wight，1993b）。

在一篇关于伦理和旅游业的论文中，赫兹曼（Hultsman，1995）在伦理和旅游研究的理论框架基础上提出了"简单公正"旅游的概念，这个概念不仅指以公正、高尚和适当的方式行事，同时还指出一个事实，即旅游"仅是"或"只是"一件"小事情"。关于后者，赫兹曼强调指出旅游业已成为越来越重要的一个经济事物而不是体验，而这就使旅游丧失了其最根本的本质，即从体验中获得愉悦。他指出"如果旅游发展到了服务供应商首先把它当作一种业务，其次才把它当作一种体验时，这就已经不是'简单公正'的旅游了,旅游已变成了行业了"(1995:561)。赫兹曼在他论文的结论部分建议伦理问题应被编入旅游教科书中,同时,像很多其他学者一样,他进一步指出我们应关注旅游服务行业缺乏职业化的问题。特赖布(Tribe,2002),约曼(Yaman, 2003)和贾马尔(Jamal, 2004)也都强调要把道德纳入旅游研究的议程中。

在其他相关研究中,厄普丘奇和鲁兰(Upchurch & Ruhland, 1995:37)提出利用现有伦理研究成果解释饭店接待业中的一些问题,他们所利用的标准伦理理论包括利己主义("个人会追求自己个人利益的最大化")、仁爱("在公平和没有偏见的基础上采取行动,这种行动是遵照无偏向分配和使好处最大化的原则")和道义(即"认为决策应以规则为基础的理论,行动的结果应能体验规则的优越性")。研究人员对密苏里州住宿设施经营者进行了打分式问卷调查,调查的内容是与三种伦理理论相关的测评问题。调查结果发现仁爱是在答卷中最常被涉及的伦理氛围类型(研究人员称这与相关文章的论点一致),因此仁爱代表了企业对顾客的一种社会倾向的责任。

这种社会责任要素也在其他关于伦理和旅游业的论文中得到了讨论,瓦勒(Walle, 1995)指出弗里德曼和戴维斯的文章中的商业伦理理论中存在着二元结构,弗里德曼学派认为企业的做法就是力求创造利润,遵从社会法则(法律除外)并不是企业领导人的责任,而另一方面,戴维斯学派则提出企业行为应对社会更负责任,只有通过创造出正面的公众影响才能为企业创造更大的利润,防止政府的介入和干预(表7.1)。瓦勒认为旅游业由于其行业的独特性,不能完全照搬主流商业社会强调企业和顾客(如制造业)的普遍原则,他提出的观点是:

> 旅游业不是一个普通行业,它对环境、社会和文化体系有着特殊的影响,这种影响需要全面、多角度地去分析。但当前的商业道德并不能提供这种全面的视角。商业道德一直强调企业及其顾客,而对第三方(外部问题)的影响往往被忽视(Walle, 1995:226)。

瓦勒(Walle, 1995)力图将社会义务、责任和反馈概念化,并说明这些概念将如何能解决旅游业的独特问题(表7.2)。

第7章 道德要求

表 7.1　伦理导向：一种比较

	社会要求 No.1（弗里德曼）	社会责任 No.2（戴维斯）	社会反应 （No.2 的扩展）
总体观点	法律和营利性	对当前社会问题负责	考虑并采取措施针对未来社会和/或环境问题
选择	除利润外只考虑合法性问题	对社会问题负责的决策，解决不当使用问题	基于对未来需求和/或社会问题（即使这些问题并未对公司造成影响）的考虑而做出决策
战略评价标准	战略是否合法？战略是否能带来足够的利润？	企业对现存的突出问题是否有责任？	针对并设法解决未来的问题，即使这个问题并不是由企业直接造成的

资料来源：Walle（1995）。

表 7.2　旅游业的特殊伦理问题

旅游业的角度	社会要求 No.1（弗里德曼）	社会责任 No.2（戴维斯）	社会反应 （No.2 的扩展）
进步是不可避免或本身是有利益的	由于"进步"并没有一个全球公认的概念，我们在制定战略/策略时不能过分依赖于这种进步	旅游业有责任促进与当地环境和文化相适应的发展，而这种发展不一定与"进步"的概念相适应	由于"进步"必然会带来文化和环境的改变，旅游业应采取适当的战略弱化这方面的影响
旅游业可能会毁于自己的行业压力	旅游业所带来的变化可能会使这个行业萎缩，要设法避免这种潜在的可能性	旅游业会对人和环境造成负面影响和压力，要避免这种情况的发生	出于现实和道德原因，旅游业都应对这种对环境和当地人带来的影响做出反应
必须在所实施的战略中考虑所有利益相关团体的需要	政府法规和贷款条件要求旅游企业考虑所有利益相关方的需要	旅游业应对行业所影响到的各利益团体的需求负责	行业考虑到对各方面未来的影响，并预先采取措施预防

资料来源：Walle（1995）。

第二部分 定义生态旅游的核心标准

具体到关于生态旅游方面的研究，芬内尔和马洛伊（Fennell & Malloy, 1995）将一般伦理学（存在主义）和规范伦理学（道义论和目的论）结合起来，讨论他们各自对生态旅游道德决策的贡献。他们指出这偏离了传统的道德决策方式，是调和了超伦理学和规范伦理学的方式。

存在主义认为一个行动的对与错是取决于行动者个人的自由意愿、责任和真实情绪（Guignon, 1986）。存在主义或真诚行为所强调的既不是结果也不是手段，而是满足个人意识到的自我需要并准备为个人的行为负责。也就是说一个人可以自由地选择自己的行为方式，只要他愿意为自己行为的一切结果负责。道义论是一种道德方式，它指出一种行为的对错是基于规范或行为原则或义务或权利或美德（Mackie, 1977）。这种方式说明行为是基于意义或基于意向的。道义论或正确行为法则告诉我们，行为是可以遵循一些规范和原则的，即我们的"职责"已经明确了，我们"应该"遵照行事。相反，目的论或良好行为法是另一种道德方式，它认为一种行为的对错完全基于行为的结果（Brody, 1983），因此这是一种结果导向的理论。从这个意义上讲，相关利益方可以不必拘泥于过去的传统或教条，可以选择一种与社会和文化变迁同步的方式行事。

芬内尔和马洛伊进一步指出虽然三种理论（存在主义、道义论和目的论）有着截然不同的视角，利益团体或希望做出综合性道德决策的决策者可采用任何一种理论实现良性的、正确的和反映真实意愿的道德行为。另外芬内尔和马洛伊还指出人们的决策实际上并不会完全依赖于一种道德形式，他们认为旅游业的机构和道德决策模式更像一个三角结构（图7.5）。对于生态旅游来说这意味着两件事：

首先，个人要有自己的道德标准，这种标准可以使人在复杂的情况下做出评价和解决问题，这既是出于规范的要求也是个人的自我要求。这样可以使很多潜在道德意识变得更显而易见，不论这种结果是出于道义、目的还是存在主义的观念。这个模型会产生的第二种结果是，它指出不要对生态旅游者的行为进行全面的研究，而要应对生态旅游行业总体的道德行为进行更综合的考察和发展（Fennell & Malloy, 1995: 178）。

第 7 章 道德要求

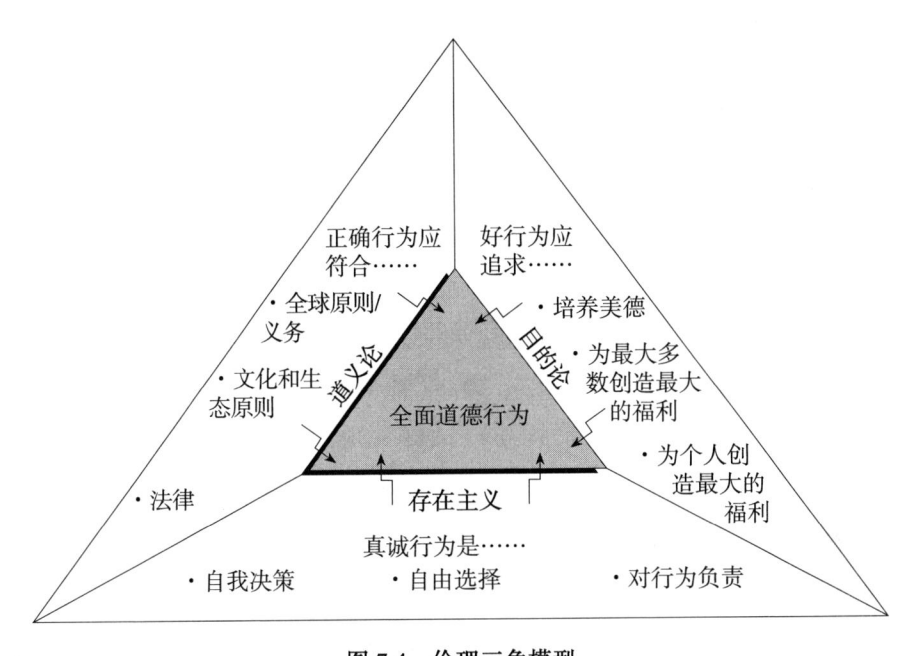

图 7.4 伦理三角模型

资料来源：Fennell & Malloy（1995）。

图中文字：
- 正确行为应符合……
- 好行为应追求……
- 道义论
  - 全球原则/义务
  - 文化和生态原则
  - 法律
- 目的论
  - 培养美德
  - 为最大多数创造最大的福利
  - 为个人创造最大的福利
- 全面道德行为
- 存在主义
- 真诚行为是……
  - 自我决策
  - 自由选择
  - 对行为负责

马洛伊和芬内尔（Malloy & Fennell, 1998a）在另一篇关于组织文化的研究文章中试图根据沙因（Schein, 1985）和科尔伯格（Kohlberg, 1981, 1984）的研究对生态旅游行业的道德和非道德工作环境加以区别（图 9.7）。沙因指出文化为一个组织的哪些行为是可以接受的设定了标准，个人会屈从于社会化了的组织的规范和价值观。科尔伯格的文章确定了三阶段帮助我们理解一个社会中道德的发展演变过程，这三个阶段分别是：先传统的（人们为了回避惩罚、获得外来奖励、寻求愉悦和很少考虑社会规范和生态原则的行为）、传统的（人们的行为遵守社会规范，得到社会的认可）和后传统的（人的行为不是受外部力量影响而是为了社区的福祉，或者更广义地是为了人类和地球的福祉）。马洛伊和芬内尔（Malloy & Fennell, 1998a）将这三个阶段用于生态旅游业并得出如下解释：1. 市场生态旅游文化；2. 社会官僚生态旅游文化；3. 原则性生态旅游文化。两人指出生态旅游业应努力达到最后一个阶段，在这个阶段，需求不仅是经济和社会方面的，而且社会生态方面的变化也将反映生态和社会总体的目标需求。各个阶段的转化受宏观政府程序（如控制旅游业影响的发展政策)、文化程序(如企业内部的提升是根据个人对社会和生态负责任的行为)和技术程序影响(如生态旅游导游的认证)。在这里马洛伊和芬内尔引用了两个其他学者的研究成果。罗丝(Ross,2003)指出组织文化和道德行为可以通过信任和交流实现。最后,霍尔登(Holden,2003)提出了生态旅游的市场文化思维,指出服务供应商往往更看重利用自然获得短期利益。

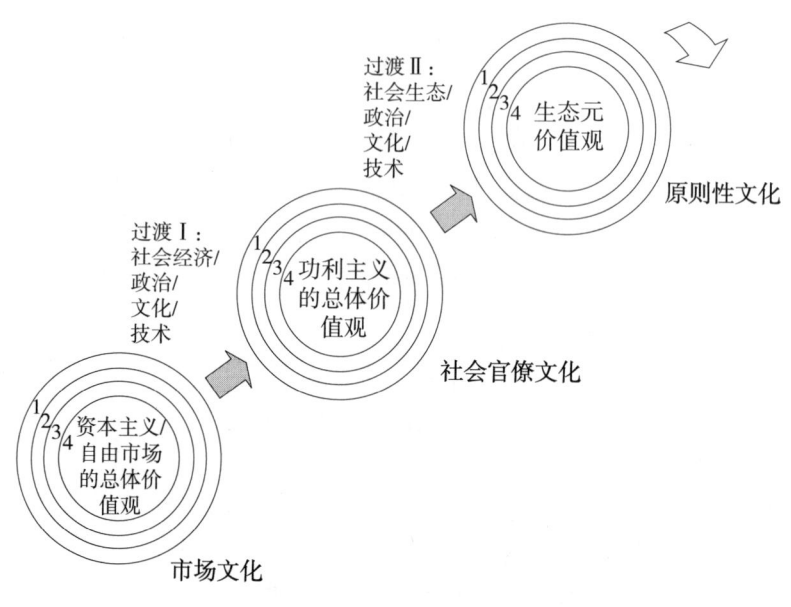

图 7.5 生态旅游组织文化中的道德发展

注:1.生态旅游组织形式;
　　2.生态旅游组织内的个人行为模式;
　　3.生态旅游组织的价值观和信念;
　　4.生态旅游组织的基本假定前提。
资料来源:Malloy & Fennell(1998a)。

近年来关于生态旅游和道德的研究更多采用了实证研究法。有些学者认为生态旅游应该依存在以道德理论为基础的各项原则之上(Blamey,2001;Orams,1995)。诺瓦奇克和斯梅尔采用芬内尔(Fennell,2001)提出的生态旅游经营者的相关指标对亚马逊的秘鲁人进行研究。这些指标涉及一般道德(如尊重动物和植物),当地居民(如生态旅游企业的所有权与当地人的参与),环境教育(如现场对旅游者的教育水平),经营者职业化(如对当地的知识),对保护的贡献(如移走垃圾等实际的贡献)以及住宿和交通(如使用当地人经营的酒店)。根据从最低到最高5分制的评分体系,调查结果发现生态旅游者认为服务供应商的道德水准最高,基本上所有受访者都打了4分以上(一般道德,M=4.67,SD=0.44,是六个指标中得分最高的)。进一步分析后,作者发现年龄较大的旅游者打的分更高一些,而随着生态旅游团规模的扩大,生态旅游经营者的道德得分呈下降趋势(见第2章结尾部分的讨论)。

旅游业道德需求的讨论在关于负责任旅游的话题中也有涉及,这方面的研究和实践在过去一直稳步发展(见 Miller,2001;Hudson & Miller,2005)。关于负责的旅游,南极的大使计划是其中的一个例子。波顿(Burton,2000:6)引马赫等人(Maher et al.,2003)的观点指出"大使计划"是指"保护南极大陆,有第一手体验经历并珍视保护行为"。马赫等人引用生态旅游/遗址旅游顾问委员会(1997:7)关于旅游的阐述如下:

> "大使计划"通过独特的南极和次南极大陆的自然历史提升人们的保护意识,让远征队员在走访历史遗址的同时讨论南极大陆所面临的保护问题。

马赫等人指出,大使几乎与"守护员"和"支持者"同义,但是从对南极地区的预期、现场体验、行为和回忆的角度来看它究竟有何内涵却不明确。和波顿前面的观点一样,作者认为这是一种价值观念,但在现实中大使计划如何转化为对南极大陆的保护行为仍是不确定的。这只是一个人们在当地能引起共鸣的词,还是能让游客真正意识到南极所面临的特殊问题,并能让游客在可持续的道路上走下去。

研究人员也开始研究旅游和生态旅游中的公平问题,性别不公也成为了一个道德问题,这是因劳动分工形成的男权社会所独有的问题。赖默尔和沃尔特(Reimer & Walter,2013)在研究哥伦比亚西南部的男女就业情况时发现工作中的性别差异和分工是存在的:男性一般从事导游、财务、管理员、巡视员、司机、垃圾倾倒员、建筑工人和邮差的工作;而女性一般从事保洁、洗衣和厨师的工作。从这个意义上讲,生态旅游会强化传统的性别分工,即女性会更多从事从属于男性的工作。

公平问题把发达国家的生态问题转嫁给了生活在发展中国家的人身上

(Pellow et al., 2001)，污染就是一个例子。美国和加拿大把自己的垃圾和工业废料通过水路和航空运往南方（发展中）国家进行处理。不公平和种族歧视等问题日渐成为南北关系的最核心问题。甚至在发达国家之间也存在垃圾处理等方面的公平性问题。这方面的问题在旅游研究中很少涉及，但这一切都归结于权力和一部分人对另一部分的统治（Fennell，2006b）。

李和贾马尔（Lee & Jamal，2008）在广义的环境公平问题上提出了一个核心概念，并据此提出了旅游业中的公平问题（表7.3）。作者指出很多环境公平问题与旅游业是密切相关的，如水资源的过度利用、空气污染、毁林、危害公共健康、娱乐场所的分布与数量、自然产品的私有化和可进入性、当地人的迁移，以及源于自然资源的经济利益在各相关利益方的分配等。这些道德问题将在第8章关于旅游业的影响中进一步讨论。

表7.3 环境公正的主要概念

核心概念	定义
环境公正	"公正地对待所有与环境法律法规及政策的制定、实施和执行相关的人，不论种族、肤色、国籍或收入"（Liu，2001：11；US EPA，2007）。
环境公平	"环境风险由所有群体共担，我们的相关政策也必须规范所有群体"（USEPA，1992：2）。 一个难懂的政治思想用一个简单的定义表述出来。 假定"没有具体的成果和原因，把这留给一个分析家来确定环境风险分配和人口分配之间的关系"（Liu，2001：13）。
环境种族主义	"任何会造成基于种族和肤色的，个人、群体或社区之间的差异的不同政策、行为或指导原则"（Bullard1996，497）。
环境歧视	环境政策执行的有意和无意的结果，特别是针对个人、社区、少数民族或种族、女性和低收入群体的不公正的影响。

资料来源：节选自 Lee & Jamal（2008）。

道德规范

一些前沿出版物的当前讨论主题是关于旅游行业的道德行为规范问题。不列颠哥伦比亚工商业发展部（1991：21）将道德规范定义为"是一套统治特定群体在追求自己利益时的行为的指导原则"。从企业角度讲，这些原则

第7章 道德要求

是"企业要传达给员工的信息并希望借此来规范和影响员工的行为,使他们的行为达到企业所期望的层次"(Stevens,1994:64)。在旅游业中,这种规范已超出了行业的范畴,而是要让当地居民、政府和旅游者都遵守这种规范。在过去的几年中,很多组织(包括政府、非政府组织和行业)都制定了这类规范,具体可参见梅森和莫福思(Mason & Mowforth,1995,1996)的著述和联合国环境署的《行业与环境》文件(1995)。其中英格兰的《乡村规范》是这种规范的一个例子,也是最早的规范之一(见图7.6)。

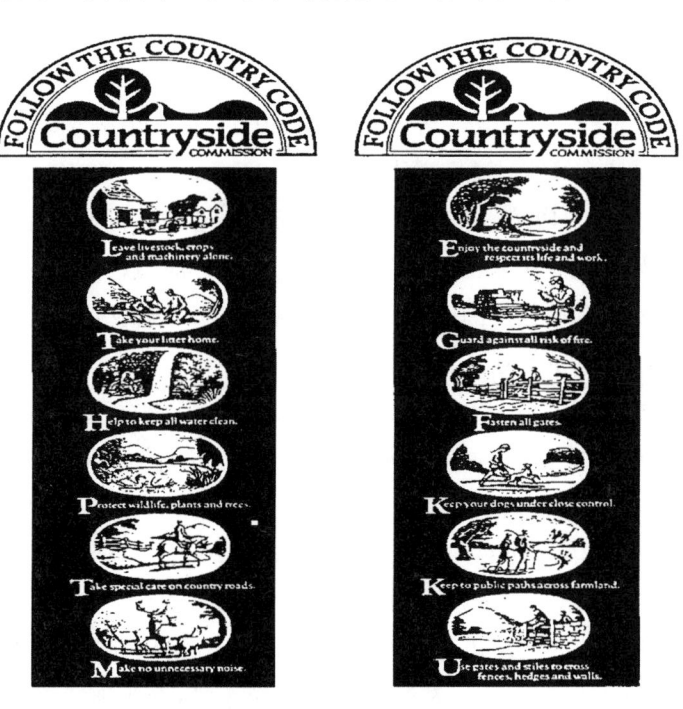

图7.6 乡村规范
资料来源:Mason & Mowforth(1995)。

斯卡斯等人(Scace et al.,1992)将规范分为两大类:道德规范和行为规范。他们认为道德规范主要强调理念和价值观,而行为规范则用于规范具体情况下的具体行为。如道德规范的原则之一是"尊重脆弱的地球",而行为规范则可能规定哪些企业行为是可以接受的,是符合企业对顾客的承诺的。不过这种二分法可能会给人造成误解,认为行为规范可以不顾及价值观,其实尽管行为规范应根据具体情况做出关于具体行为的规定，但正如本章前面关于企业和道德的内容所说的，这些规定应有合适的道德基础。尽管行为准则要根据具体情况制定，但总体必须符合基本的道德原则，这些道德原则在前面已经讨论过了（Fennell & Malloy，2007）。

佩恩和迪芒什（Payne & Dimanche，1996；1997）在谈到旅游行业和道德之间的联系时指出道德规范应反映出一系列重要的价值观，包括公正、关联性、能力和用途，这些价值观应反映在以下几方面：1. 旅游行业必须认识到行业的基础是有限的资源和环境，可持续经济发展要求对增长进行限制；2. 旅游行业必须认识到这个行业是以社区为依托的，要更多地考虑旅游开发所造成的社会文化代价；3. 旅游行业必须认识到这是一个服务导向型的行业，必须在对待员工和顾客时遵守道德规范。

热诺（Genot，1995）进一步强调指出旅游行业建立行为规范的必要性包括：良好的环境就意味着良好的商业前景，意味着能满足消费者的需求，能统一行业的形象和确保产品的质量。热诺认为以下原则应是所有道德规范的核心：环境承诺、负责任、相关性规划、重视环境的管理、决策者之间的合作和提高公众意识。不少出版物、旅游经营者以及其他相关团体的道德规范行为确实反映了上述核心原则（见 Dowling，1992；生态旅游社团，1993），还有一些是针对一些特定地区，如北极（Mason，1994，1997b），还有专门针对观鲸等具体活动的（Garrod & Fennell，2004；Gjerdalen & Williams，2000），还有对比东西方旅游开发模式的（Theerapappisit，2003）。

马洛伊和芬内尔（Malloy & Fennell，1998b）指出有必要重视这些规范的形式和内涵。马洛伊和芬内尔对40个规范（414条原则）的内容进行了分析，找出了这些规范是由谁制定的、为谁制定的、所指导的旅游类型、规范的导向、所传达的情绪信息以及规范的重点。将上述变量与两种伦理理念（道义学和目的论）进行对比，同时确定规划是否与地方（包括地方、地区和国家）或全球（指世界性规范）条件有关。道义学（或者说正确的行为）通过制定规则指导我们的行为，其基本原则是认为我们的"义务"是为我们设置的，我们"应该"遵守。如旅行社应遵守当地根据环境和文化惯例制定的企业政策。一个道义学规范的例子是：规定海豹群栖息地的边界，不得进入这个区域，听从领队的安排。而目的论是单纯根据行为结果指出哪些行为是正确的，哪些是错误的一种道德方式（Brody，1983）。由于这种伦理观侧重行为的结果，因此是结果型伦理观。从这个意义上讲，利益团体可以不必遵守传统或以往的教条，他们可以选择与社会文化环境的变化相适应的行为方式。一个目的论规范的例子可以是：非请不得进入研究站大楼。研究正在进行中，任何干扰都可能影响到科学家的研究数据结果（行动的后果是用楷体字突出的部分）。图7.7是这项针对414条原则进行逐条研究所使用的方法。

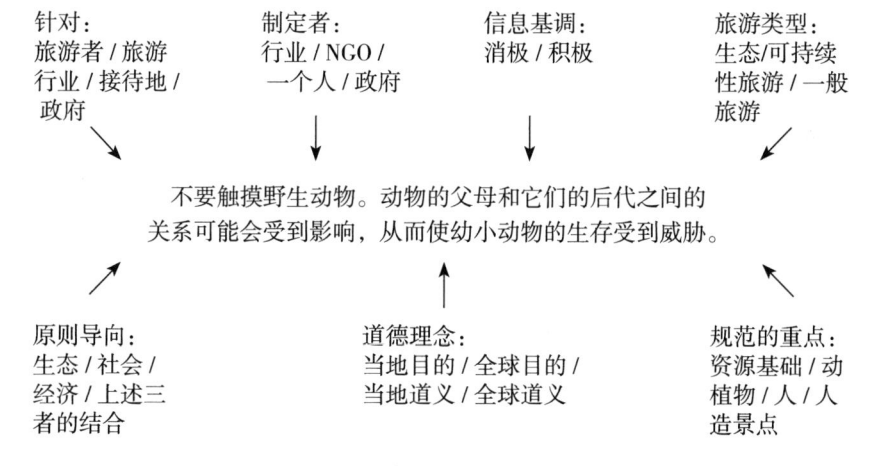

```
针对：            制定者：         信息基调：      旅游类型：
旅游者/旅游       行业/NGO/       消极/积极       生态/可持续
行业/接待地/      一个人/政府                     性旅游/一般
政府                                              旅游
    ↓                ↓                ↓              ↓
        不要触摸野生动物。动物的父母和它们的后代之间的
        关系可能会受到影响，从而使幼小动物的生存受到威胁。
    ↑                ↑                              ↑
原则导向：         道德理念：                    规范的重点：
生态/社会/        当地目的/全球目的/            资源基础/动
经济/上述三       当地道义/全球道义             植物/人/人
者的结合                                        造景点
```

图7.7　南极道德规范示例

资料来源：Malloy & Fennell（1998b）。

这个研究发现，约77%的原则是属于道义学性质的，马洛伊和芬内尔（Malloy & Fennell）指出这些原则没能告诉决策者（如旅游者）为什么要遵守某项规范，因为制定规范的人认为向旅游者或其他利益团体解释结果（即目的论范畴）是没有必要的。进一步研究发现这类规范大部分是由协会（非政府组织）制定的，是针对旅游者的；这些规范中的大部分是关于生态的，而不是关于社会或经济问题的；约85%的叙述是正面的；这些规范的重点在于人或资源基础。马洛伊和芬内尔认为有必要在道德规范领域做进一步的研究，了解规范的深层次哲学思想，并建议在制定规范时增加更多的目的论观点（即如果不遵守规范，这种行为的结果会是什么），规范的制定应旨在促

第二部分 定义生态旅游的核心标准

使人们对规范有更好的理解，从而使规范能真正影响到人们的行为，使之发生改变。

巴塔查里亚等人（Bhattacharya et al., 2006）在印度博帕尔范维哈尔（Van Vihar）国家公园对那里的生态旅游者的行为转变进行研究（另见第6章关于学习和行为转变的内容）。巴塔查里亚等人发现约60%的生态旅游者不知道公园的行为准则，只有10%的游客大概知道基本的公园行为准则。与低认知度相应的是约有26%的游客不愿意接受公园的任何指南说明。这项研究说明这些游客虽然非常积极地参与自然和野生动物旅游，却对规范其行为的道德原则知之甚少，即使知道也拒绝遵照执行（见Adams et al., 2001，作者指出准则的制定和执行比提升准则的认知度更重要）。希拉凯亚（Sirakaya）和乌伊萨尔（Sirakaya & Uysal）研究了道德规范与生态旅游者行为的统一性，发现监督和威慑对样本个体遵守规范起不到太大的作用，相反，教育倒是能起到一定的作用。作者指出政策制定者要在设计规范时考虑到各种差别，规范要发到所有相关业者手里。瓦耶等人（Waayer et al., 2006）发现生态旅游者在与野生动物互动时并不总是抱怨规范的。作者发现旅游者虽然了解海龟筑巢时游客需要遵循的规范，但仍有77%的受访者不遵守规范，其中51%的违规者实实在在地影响了筑巢的海龟。这些违规行为包括打着火把照海龟，在靠近海龟三米以内移动，不按规定始终在海龟身后行动等。

斯特朗和莫利斯（Strong & Morris, 2010）研究了英国拉姆齐岛周边的灰海豹的案例。根据当地道德规范，人类的行为要尽可能少地打扰到灰海豹，包括船只行驶的范围和行驶的速度，以及当地经营者对资源的管理。

要让经营者和旅游者都遵守道德规范就必须让相关群体介入规范的制定过程中，而不是外来的其他群体（如政府）来制定规范，如果涉及的相关群体参与了规范的制定他们就会真正执行（见本章关于南极的案例研究）。索里切等人（Sorice et al., 2006）指出佛罗里达州北部与海牛共泳的项目中就有很多强迫的问题、水质问题、对动物的骚扰和拥挤问题，教育在这里限制了政府的努力。这个例子证实了很多学者感觉到的非规范法可能比规范法更适合旅游业（见Fennell & Malloy, 2007，关于旅游道德规范的深度讨论；另见Rivera, 2004，作者在研究哥斯达黎加可持续旅游认证项目时发现项目以外的措施比项目本身更能激发游客自发的环境保护行为，通过政府监控的体制压力和旅游行业相关的执行力也能引起较高的环境行为）的事实。

尽管使用道德规范已被旅游业普遍接受，但显然这个领域并未被彻底研究过。威勒（Wheeller）在一次批评性概括生态旅游时就认为这种规范的使用并未真正起到作用，他指出到现在为止围绕生态旅游和可持续旅游的迷雾尚未被拨开，而这些规则仅仅是：

> 没完没了的可笑的道德规范：针对旅行者的道德规范；针对旅游者、政府和旅游企业的道德规范。对所有人的规范，或者说更像所有人的可待因……但谁真正相信这些规范是有效的呢？我已经对"我们正在监督进展"之类的老生常谈感到厌烦了。事实上真的有什么进展吗？如果有，真的有监督吗？也许我漏说了，其实答案本身就在规范里（Wheeller, 1994：651）。

案例研究 7.2　南极的生态旅游

面积为 1360 万平方千米的南极地区是地球上现存最大的野生动物活动区，整个地区表面由 2.1 千米厚的冰盖覆盖着。虽然没有人长期居住在那里，但该地区每年夏天都有来自 18 个国家的 37 名科学家在那里从事研究工作。由于南极独特的地理位置和国际知名度，还没有一个国家在南极的任何地方拥有主权。该地区受 1959 年确定的《南极公约体系》（1961 年生效）管辖，该协议负责对南极资源进行保护、研究和管理，并对这些资源的利用进行管理。关于旅游，协议的第 VIII-9/1975 条建议规定"旅游业是对该地区的一种自然开发，需要加以控制"（Heap, 1990，引自 Bauer & Dowling, 2003）。

在研究以游船为基础的极地旅游时，格雷尼尔（Grenier, 1998）指出，1957—1958 年，阿根廷"世界尽头灯塔号"（Les Eclaireurs）是第一艘载游客到南极半岛的（从南极大陆向南美洲方向伸出的 1600 千米的狭长地带）邮轮。当年共有阿根廷和智利的四艘游船运送了 500 名游客到那里。不过一般认为拉尔斯-埃里克·林德布拉德（Lars-Eric Lindblad）是组织到南极的国际生态旅游团的第一人，他自 1996 年开始包租阿根廷游船组织从纽约到南极的生态旅游。到20世纪90年代末，共有84 173名游客乘船到访过南极，而仅1999/2000一年南极地区就接待了14 623名游客，是南极开放旅游以来接待人次最多的一年（Bauer & Dowling，2003）。乘游船旅游至今仍是南极地区的主要旅游形式，游船运送的游客约占南极游客总接待量的90%。

大部分到南极半岛的旅游者是从阿根廷乌斯怀亚、智利蓬塔阿雷纳斯或福克兰群岛的斯坦利港出发的，从南北大陆到南极需要约两天时间。游船一般可搭载35到400名乘客不等，不同的游船到南极地区的日程安排各不相同。如果旅游线路超过南极半岛范围就需要使用破冰船。到南极的罗斯岛海域旅游的人一般从霍巴特、塔斯马尼亚、因弗卡吉尔、新西兰或新西兰的基督城出发。这些游客一般在12月底到次年的2月底之间到南极旅游，其中1月中旬到2月中旬据说是观赏野生动物的最佳时间。这些旅游行程的生态旅游活动一般包括观看企鹅（有些游船上备有直升机载游客前往一些企鹅栖息地）、鲸、海豹和海鸟，游览历史景观、科学考察站和捕鲸站，以及欣赏南极独有的壮观风景。旅游者一般上岸逗留约2个小时，四处走走并拍摄野生动物的照片。

由于南极协议中缺少关于旅游业的规定，通过拉尔斯–埃里克·林德布拉德的努力，旅游经营者自发地制定了针对经营者和旅游者的道德规范。林德布拉德还发起了游船经营商联合会，被称为国际南极旅行社协会（IAATO），以帮助管理这些道德规范准则（Stonehouse，2001）。由海洋探险（Marine Expeditions）公司分发的《南极游客规范》中包括以下条款：

- 不得在脆弱的苔藓和草地上留下脚印。
- 不得在船上或陆地上丢弃塑料或不可降解的垃圾。
- 不得侵犯海豹、企鹅或海鸟的领地空间。
- 距离海鸟、企鹅的最短距离是5米，距离海豹的最近距离是18米。
- 在路上动物有优先通过权。
- 留在动物群的边缘，不得穿行动物群。
- 如果需要的话必须退让。

第7章 道德要求

- 绝不能触摸动物。
- 不得干扰保护区或科学考察。
- 不得带走纪念品。

除了这些原则外，格雷尼尔（Grenier, 1998: 186）还列出了他在极地旅游多年所看到的违反道德规范的行为，其中包括：

- 一个音乐家在南极举办他的"南极洲首次笛子音乐会"，结果吓走了一群企鹅。
- 乘客收集石头、羽毛和骨头作纪念品。
- 一名乘客为了更好地抓拍企鹅向企鹅脚上扔石头。
- 游客触摸企鹅。
- 一名旅游者不顾劝阻径直走进企鹅群，声言他"已经花了钱，应得到以他的方式获得乐趣的权利"。企鹅被吓跑了，剩下了一些小企鹅暴露于严酷的冰天雪地中。
- 一名船长站在一头海豹旁边让人给他拍照。
- 一名极地司机在一次日落后出车前饮酒。
- 一名船员骚扰一只濒临死亡的、被父母遗弃的小企鹅。

戴维斯（Davis, 1998）指出在这类野外环境中是很难对人进行管理的，因为没有一个国家对这里拥有主权，同时不同的文化对野外管理都有自己的理解。旅游者一直希望在这块大陆上开发更多的设施，如厕所、住宿设施、邮局、纪念品商店，并开展一些其他活动，如潜水、滑雪和宿营。戴维斯认为应规定哪些活动是可以接受的，而不是禁止一切活动。

霍尔和沃特斯（Hall & Wouters, 1995）发现由于南极洲只有2%的土地不被冰雪覆盖，人和野生动物都在竞争这部分土地，野生动物用这部分土地来孵化下一代。而旅游旺季恰巧也是动物的孵化季节。人类的不断骚扰会造成动物行为方式的改变，迁出栖息地，并且会带去新细菌，潜在地造成动物和植物中的疾病的传播。如1997年，一种禽类病毒被科学家或旅游者带到南极大陆，感染了南极的企鹅。问题不是给南极造成的影响类型，而是谁造成了这种影响。坦利（Tangley, 1988）指出虽然科学家们担心旅游业的影响，但保护主义者认为正是科学考察危及了脆弱的南极环境。这个问题引起了双方关于责任和影响的一场激烈的争论，科学家极力渲染日益增加的南极旅游者会给那片大陆所带来的威胁。

和加拉帕戈斯群岛一样，南极洲的确是世界上主要的生态旅游热点地区之一。如果管理当地的生态旅游是一个非常关键的问题，关于南极的案例研究也可以为世界其他旅游地区的管理提供有益的借鉴。在分析这个地区的问题时，人们不禁想到人类的旅游足迹遍及地球每个角落的问题。有些人（如南极的科学家们）认为旅游者到南极洲是完全无目的的，也有些人则指出作为人，我们有权到任何地方去观察和体验新发现的土地。随着时间的推移，旅游业将继续向世界上最原始的地区扩展，这个问题将变得更加突出。这些地区开发旅游业的一个理由就是支持当地社区已经衰落的经济。南极洲可能是世界上唯一不存在这个问题的地方。

相关网站：

http://sedac.ciesin.org/pidb/texts/antarctic.treaty.protocol.1991.html

http://astro.uchicago.edu/cara/vtour/

http://www.lonelyplanet.com/destinations/antarctica/antarctica/facts.htm

认证与证书

在过去的几年中人们越来越重视旅行社及其产品的相关证书和认证问题（这两个词常被视为同义词）。证书和认证计划是行业的职业技能教育的基础。莫里森等人（Morrison *et al.*, 1992）曾在书中对重视程度越来越高的证书和认证问题进行了讨论，他们对北美现有的认证系统进行考察，其中包括持证旅行顾问、持证饭店管理者（这是两个历史最久的认证系统）、持证旅游职业人士、持证会议职业人士、持证饭店销售经理、持证节庆经理、持证奖励旅游经理、持证旅游市场营销经理和持证展览经理。世界贸易组织（Dankers, 2003）对证书的定义是通过第三方对某个产品、流程或服务进行认证，确认符合一定标准并颁书面证书的流程；认证是能通过一个官方正规机构进行评估和颁发正式证书的项目。

第7章 道德要求

莫里森等人（Morrison et al., 1992）指出证书针对的是职业人士，而认证针对的是课程或培训机构。莫里森等人的研究得出的一个有趣的结果是证书课程已经逐渐取代了大学课程，成为旅游行业中的获得专业知识和职业化的一种手段。他们提醒人们，虽然以后证书会越来越重要，但不能取代旅游专业方面的学位。另外，由于大学教育有较好的旅游学理论基础，它们也可以提供证书培训课程供毕业生选择。除了旅游业，相关认证还涉及一些其他学科。如斯卡雷特和阿德尔曼（Scalet & Adelman, 1995）就曾讨论过渔业和野生动物专业认证的利与弊，西尔弗曼（Silverman, 1992）探讨过环境健康学科本科课程的认证问题。

在探险娱乐圈内有一个重要的讨论话题是关于认证某些探险体验，包括这些项目的质量、职业行为和风险管理（Gass & Williamson, 1995）。这些证书都是围绕着领队和导游的，发证机构包括美国山地导游协会和野外教育协会，另外美国宿营协会和自然娱乐及公园协会根据各自的需要有自己的认证培训课程。相关研究发现认证的支持率明显高于证书，因为认证能确保企业有较高的职业可信度而对经营者个人才能的依赖程度较低（见 Cockrell & Detzel, 1985；Bassin et al., 1992）。美国国家认证程序最近的修改将这些研究结果考虑了进去，这个认证程序侧重由体验教育协会（AEE, 1993）提供的探险娱乐项目，这类项目的内容包括探险娱乐的技术（硬性的）技能，还有一些与项目体验有关的教育和道德要素。这份文件系统地评价了这个领域内的各方面的运作，包括道德、风险管理、员工素质、交通和技术技能。如在关于河流漂流活动的环境方面的规定，第43.B.01条指出：

> 员工必须熟悉漂流的经营现场情况。说明：要先期进行一次现场考察了解当地的条件以及教育/医疗的可行性，当地条件包括是否有合适的出发区以及能否进入安全的交通地段（AEE, 1993: 82）。

加斯和威廉姆森（Gass & Williamson, 1995: 25）指出这个国家项目保留了以下认证程序：

1. 自评估和备案阶段：经营者必须将自己的行程安排与AEE的行程安排指导原则进行对照。
2. 评审阶段：会有一个两到四人的小组走访经营者并进行访谈了解，检查设备，必要的话观察活动过程。在评审过程中小组会用一种标准卡对活动的各个要素进行评审，看这些要素是"通过"、"不通过"或"待改进"，如果某些活动与整个项目无关则不予评议。

3. 后续阶段：评审结果将提交给项目认证委员会，由委员会向 AEE 执行委员会提出建议，并由执行委员会确定项目是否能通过认证。

关于认证的思路，加斯和威廉姆森（Gass & Williamson，1995：23）归纳出以下几点：1. 认证使探险旅游项目既有标准可循，同时又可以根据标准灵活设计活动安排；2. 认证对探险旅游项目的安排进行系统的检查并将这些活动分别归类；3. 认证能通过内部和外部的审查促使项目组织者不断改进活动安排；4. 认证能向客户、代理商和资源管理者保证旅游项目具有明确的界定范围和适合的目标，而且活动条件标准能保持前后一致，能合理地满足他们的要求。

如第 3 章所介绍的，生态旅游与探险娱乐/旅游有一些共同之处，这些共同之处多指活动所发生的环境而不是活动安排本身。环境（如热带雨林）具有一定程度的风险，而其他较传统的旅游形式则不能提供类似的体验。生态旅游作为一种探险程度较低的旅游形式能在探险娱乐和旅游之间架起桥梁。但与户外娱乐业相比，特别是与户外导游和领队相比，旅游业在这方面落后很多，作为探险娱乐活动的一种，生态旅游的活动安排将成为其未来发展的一个关键问题（另见第 11 章）。

最近，关于生态旅游领域的证书和认证问题的讨论颇多，这与该行业的探险性质有关。韦尔林（Wearing，1995：34）指出生态旅游的职业化和认证作为对这个发展前途无限的行业的控制手段之一，将继续成为行业规范和控制方面的前沿问题。他认为认证是提高旅游行业标准，同时确保高质量的、有市场竞争力的服务和活动安排的一个机会。韦尔林指出生态旅游认证的利与弊：

认证的好处

1. 生态旅游者可以了解组织者将教给他们什么，用什么方法才能更好地保证安全。
2. 生态旅游经营者得到承认和认可的一种方式，这可以提高他们的社会地位。

3. 生态旅游导游的雇主能知道什么是可接受的行业标准。
4. 政府可以确切地知道新经营者已经了解了一些基本的经营准则。

认证的缺点

1. 每个人都需要由专家提供服务的想法会造成生态旅游者、经营者、接待社区和自然环境之间的相互依赖关系和一种社会距离。
2. 生态旅游经营者的评价标准应是他们的贡献，而不是他们的个人特点对个性化的人与自然环境关系的影响。
3. 职业化趋于理性，强调事实、客观数据和程序，这可能使生态旅游活动丧失其构思过程中的直觉和灵感。
4. 商品化会使生态旅游经营者将自然和文化环境视为实现某种目的的手段，从而与自然世界异化，也就不能激发起生态旅游者的热情或提高环境意识。
5. 生态旅游者失去了他们所期望得到的个性自由，会觉得他们必须照经营者说的行事，这会降低生态旅游的体验效果。
6. 用硬性规定的结构框架去评价生态旅游经营者会限制他们的发展。

韦尔林要说明的是，虽然认证能降低风险、提高标准和经营者地位，但这种做法却有可能限制生态旅游行业的创新，提高进入门槛。因此，一个突出的问题是生态旅游行业在多大程度上愿意牺牲标准以保证创新性和可进入性。这是一个需要时间和对经营者的教育来解决的问题。另外，从规范上来讲，经营者是否能遵守认证程序不仅取决于行业总体的认识也依赖于每个经营者的态度。如果强行实施，时间会证明经营者会对这种强制实施的反应。不过也许随着时间的推移认证可能会被接受，成为一种正常适当的企业行为。

现行认证程序的一个例子是澳大利亚国家生态旅游认证计划（现被称为自然和生态旅游认证计划），是供企业（如经营者）上报的一个标准化的程序。目前，如果经营者符合计划的基本标准就可以获得核心层次认证，不过系统鼓励经营者实施比核心标准更高的标准以取得领先水平认证。这个计划对生态旅游的认证有八个基本标准（Chester，1997：9）：

1. 强调个人对自然区域的体验能使人们对自然加深理解和更加欣赏自然；

2. 结合每一次体验机会加深对自然区域的了解；
3. 代表最好的生态可持续旅游行为；
4. 为自然区域保护事业做出贡献；
5. 对当地社区不断做出贡献；
6. 对不同的文化（尤其是土著文化）进行解说；
7. 不断满足顾客的需求；
8. 市场营销信息准确，使人们对所宣传的内容产生现实的期望。

在澳大利亚，20世纪90年代中期生态旅游认证的思想很受支持（McArthur，1997），这种支持集中反映在1996年自然和生态旅游认证计划（NEAP）的国家级会议上。想通过认证的经营者（包括住宿企业、旅行社和景点）要首先提交申请（须由三个推荐者提名），然后要缴纳一次性的申请费和年费。表7.4反映的是这个系统的收费结构。澳大利亚认证制度的一个主要特点是计划实施的层次和方式。有四种方法可以监督每个申请者：1. 申请人所提交的申请材料是否真实；2. 顾客的反馈；3. 推荐人（是任意选择的旅行社）的反馈；4. 随机检查。

表 7.4　生态旅游认证费

（单位：澳元）

根据年营业额确定的收费标准	每年0—10万营业额	10—25万	25—100万	100—300万	300万以上
生态旅游认证文件费（每个文件）					
会员	75	75	75	75	75
非会员	175	175	175	175	175
申请费（只有第1年交）	75	100	175	250	400
年费	100	150	300	500	750
第1年总费用					
会员	250	325	550	825	1225
非会员	350	425	650	925	1325

资料来源：McArthur（1997）。

NEAP最近做出的改变是将自然旅游纳入认证体系，使澳大利亚大量的自然旅游经营者可以获得认证。这些以自然为依托，面向可持续发展的经营

第 7 章　道德要求

者虽然不符合澳大利亚对生态旅游的严格界定，但可以通过 NEAP 的认证成为更负责任的经营者。NEAP 所做的其他积极努力是指出经营项目而不是经营者更应获得认证。这意味着一个经营者可能经营着很多项目，但其中只有一两个符合认证条件。这就摆脱了对具体经营者认证的方式，因为经营者的认证未必能代表它所经营的所有生态旅游项目都是很理想的。雨林联盟是一个领先的全球认证机构，也被称为可持续旅游管理者委员会（STSC），这个机构从无数的各级分支机构处汲取养分，不断提升可持续旅游认证计划。总体来说，STSC 将会成为提升可持续旅游证书计划的主要认证机构（见 Font et al., 2003；雨林联盟 2008, http://www.certificationnetwork.org/?id=council）。

最近的研究指出证书和认证是两个不平等的概念，其中认证是更高水平的代表，它可以包括很多可以获得证书的行为内容。霍尼和罗蒙（Honey & Rome, 2001）指出一个证书只能证明持证者的资质，他们指出证书的认证主要可以通过两种方式：1. 根据流程认证环境管理系统，主要包括环境监测和环境影响评估；2. 用环境、社会文化和经济标准或指标对业绩结果进行认证的方式。由于这方面的很多概念对于旅游业来说都是新的，因此有必要对业内人士比较陌生的一些基本术语进行定义解释（另见 Font & Buckley, 2001；Issaverdis, 2001）。部分术语解释如下（全部节选自 Hoeny & Rome, 2001）：

- 环境管理系统（EMS）：EMS 是整体管理系统中的一部分，它包括用于确定和实施环境政策所需的组织结构、责任、行动、程序、流程和资源。一个环境管理系统包括环境影响评估、环境监测和战略环境评估等工具。
- 监测：指根据一定的标准对一个单位（公司、产品、项目、个人、目的地等）的行为进行的一种系统的、有文字记录的、定期的客观评价。
- 指标：在一个行业内根据一系列行业标准或"最佳标准"将企业的业绩和流程与标准进行比对。
- 最优行为：指旅游经营者在某个领域内实现的质量最好、最佳或极优的行为。这种说法常见于评奖和证书认定计划中，这和在学术研究领域在某个班级中找出优等生或尖子生一样。当然"最优"是针对一定背景情况而言的，没有评价标准的话这个词就不可能恰当地使用（如 Issaverdis，2001 指出最优行为与指标几乎没有什么差异）。
- 生态标签：指一个产品或一种服务被打上某种生态标签的计划，打上这种标签的前提是这种产品或服务的环境影响是"可接受的"，影响的可接受水平要根据一定的环境标准对总体影响进行评估后才能确定（另见 Font & Buckley，2001）。
- 生态旅游证书：针对生态旅游业中的企业、服务和产品的计划，重点针对个人或具体某个地方的企业，根据当地条件制定相关标准，大部分或全部根据业绩表现进行认证（巴克利在文章中指出旅游业的生态证书在国际贸易中是一种生态标签）。2002 年 5 月在加拿大魁北克召开的世界生态旅游研讨会强调了这些认证计划对生态旅游的重要意义，会上很多研究人员和组织共同对这些计划进行讨论。正如巴克利（Buckley，2002）所指出的，由于认证机构越来越多（近 100 个），认证和证书已经被政治化了，现在最重要的是对这些认证和证书计划进行统一控制。巴克利指出，21 世纪绿色地球和澳大利亚生态旅游协会借世界生态旅游研讨会的平台起草了国际生态旅游标准证书的认证标准，巴克利认为这个标准是澳大利亚 NEAP 流程通过 21 世纪绿色地球在世界上其他国家的推广。这个举动引起了人们对其他类似计划的关注。针对这类计划的探讨主要集中在这类认证计划是否值得花那么大力气去推广实施。巴克利指出，这些计划不如公园内的法律、准则之类的政府法规来得有效。目前，这些计划仍由政治势力控制，仍然前途未卜，关于这些计划的实用性以及相关术语和范畴的讨论仍在延续。

贾马尔等人（Jamal et al., 2006）对生态旅游认证持悲观态度，他们认为这种针对生态旅游的计划不可能完全公正，因为很难用体系化的现代方法去评估任何一种具体事物，因为这些体系是在"强化权力机制而不是调整这个机制"（2006：168；参见第 6 章）。证书已经日益成为一种商品而不是要带给参与者福利和民主，而后者才是生态旅游应该追求的。芬内尔（Fennell, 2006b：212—213）在 2002 年的魁北克生态旅游研讨会上关于这种机制的阐述是：

我们需要这样的会议去管控政府机构和非政府组织，这些机构拥有

第 7 章 道德要求

最高的声誉和权力,但它们压制的是独立的自由演说和学术精神,强调的是政策迷信。这些团体有基本相似的组织架构,但往往被组织以外的思潮所威胁。但组织外的这种架构真空往往能抑制这些组织的错误走向,让它们有能力在组织需求和真实需求之间找到平衡和妥协点……魁北克会议就是要约束这些组织和计划,找到更充足的证据支持或证伪我们的观点。

萨西达兰等人(Sasidharan et al., 2002)发现欠发达国家(LDCs)有潜力制定国际认可的旅游生态标签计划,这有助于让它们走上环境意识发展和管理的道路。这背后的驱动力是对生态旅游企业的定位和欠发达国家捕捉高消费的西方游客市场。通过对各种现有计划的分析,对现有相关知识的归纳,作者发现企业会面临以下几方面的挑战:1. 各国的生态标签因不同的生态、社会和经济资源条件而有差异;2. 没有事实证明生态标签真正能提升环境质量;3. 环境教育不能刺激对环境负责任的购买行为;4. 生态旅游者不能正向回应生态标签计划(这些计划本来是旨在向他们进行营销的);5. 环境敏感运营的高成本加上生态标签计划的高成本会拉高服务商的产品价格;6. 更高的价格会让一些生态旅游者对贴上生态标签的产品退避三舍,反而给那些没有生态标签的产品创造了机会;7. 与生态标签项目创建和运行有关的各相关利益方的利益可能会产生冲突,特别是与逐利的企业经营者利益相悖;8. 加入这个计划的企业还需要进行相关技术的投资,在这种情况下要保护企业的利润空间,它们很难再延续产品的高水准。根据前面列出的问题,作者指出这可能会"造就一些大型、跨国旅游企业,成为环保市场上的先驱",他们相对于发展中国家的小企业具有更大的竞争优势(Sasidharan et al., 2002:171—172)。生态标签计划看起来更侧重于强化权力结构(Jamal et al., 2006)和达成机构目标(Fennell, 2006b)而不是满足欠发达国家的真正需求。

生态标签给消费者提供了可靠的信息,说明他们所使用的产品和服务是把环境影响控制为最低,这可能会影响到消费者的购买决策。企业希望通过这种方式赢得潜在购买者的信任(Piper & Yeo, 2011)。这是企业在提供产品和服务时采用的一种营销策略。皮珀与约(Piper & Yeo, 2011)指出全世界约有 340 个这样的计划,其中有 40 个是与旅游业相关的。

尽管生态标签和认证计划已经执行了一段时间，但旅游者对这些计划的认知度非常低。普哈卡和西卡迈基（Puhakka & Siikamaki，2012）调查了芬兰奥兰卡潘国家公园的 273 名游客（相同的研究见 Fairweather et al.，2005），发现游客对生态标签的认知度非常低，但尽管游客对这些计划知之甚少，他们大部分人都对这种计划持积极欢迎的态度。旅游者希望了解更多关于生态标签和认证的信息。

动物伦理

本章前面已经提到了动物中心道德是环境道德的几个形态之一（Elliot，1991），但这个研究领域以往一直很少有人关注，直到最近情况才略有转变。这方面的研究不仅不受重视，而且这个话题本身就一直充满争议。例如，有些学者认为动物园是一种可以接受的生态旅游形式（见 Mason，2000；Curtin，2004），但有些研究者指出动物园的娱乐功能要强于教育和保护（Ryan & Saward，2005；另见 Cater，2010）。另外，关于狩猎和垂钓是否属于生态旅游（见第一部分），以及狗拉雪橇是否属于生态旅游仍存在争议。很多案例证明消费性地使用动物不符合生态旅游的理念（见第 3 章中关于旗鱼的案例）。

事实上，已经有很多动物伦理理论可以用来武装这些相关的讨论，如芬内尔和谢泼德（Fennell & Sheppard，2011）用实用主义理论分析了 2010 年温哥华冬奥会以后的狗拉雪橇的活动。2011 年 1 月底，新闻曝出了咆哮犬之旅大批屠杀 56 头雪橇犬的消息。这些狗的杀手（用枪和刀屠杀）因给狗造成了不必要的痛苦被判罚金 1500 美元。芬内尔和谢泼德认为这种屠狗行为在道德上是错误的，因为：1. 这种行为弊大于利；2. 狗显露出的恐惧和失望说明它们是有清醒意识的。

同样的话题常涉及动物的福利，上述事件后没多久，不列颠哥伦比亚（BC）省政府组织了一支队伍研究制定雪橇犬行为的新标准（BC 省政府，2011a）。该团队成员包括政府人员、兽医、动物福利科学家、雪橇犬旅游经营者、雪橇犬驯养员协会成员和 BC 省防止残害动物协会成员（SPCA）。到 2011 年年中，《防止残害动物法》有了更新，对于违法者最高可处以 75 000

第7章 道德要求

美元的罚金和 24 个月的监禁（BC 省政府，2011b）。加拿大第一个雪橇犬行为准则于 2012 年 1 月 30 日出台（BC 省政府，2012），其中条款涉及雪橇犬的健康、福利、营养、居住、育种、运输和安乐死。关于安乐死的章节是这样表述的：

- 不得以控制数量和移居为由对雪橇犬执行安乐死，除非各种移居办法都已经试过无效。
- 安乐死必须由一名健全人执行，以确保死亡非常快速而不会引起不必要的痛苦。
- 用火器执行安乐死必须遵守《用火器对家养动物执行安乐死准则》，除非其他方式能确保更快速地致死且不带来不必要的痛苦。

澳大利亚费沙岛的生态中心理论是另一个例子，当地一个 9 岁男孩被野狗袭击致死，这引发人们重新评估政策应该如何管理旅游者与野狗之间的互动。伯恩斯等人（Burns et al., 2011）用费沙岛的例子说明必须要把生态中心伦理与野狗和非消费野生动物旅游的管理结合起来。生态中心理论的一个观点是"不能把人权置于非人物种权利之上，非人物种与人类拥有同样的生存繁衍的权利"（2011：182）。另外，特伦布莱（Tremblay, 2008）从生态旅游的动机和对动物福利、居住地的可持续性的影响研究野生动物生态旅游的管理。

关于动物园、狩猎和垂钓是否属于生态旅游，芬内尔（Fennell, 2013b）指出动物园及其他消费类旅游活动不能被归入生态旅游。尽管旅游者通过这些活动接近了动物，但动物园是把动物囚禁起来，强行让它们脱离其原本的生活方式。动物园和狩猎、垂钓等活动之所以还能被接受是因为生态旅游理论中没有一定的原则说明旅游可以如何利用动物。芬内尔提出了如下一个原则希望能把这种学术讨论再推进一步。他认为生态旅游业应该：

拒绝任何支持动物捕杀和囚禁的行为，或任何引起动物痛苦去取悦人类的行径。

生态旅游的互动要把动物利益放在高于人类利益的位置上，包括遇见自由生活的动物，动物可以自由决定如何与人类打交道（Fennell, 2013b）。

结论

在生态旅游领域（至少是在学术圈内），很多人的一种担忧是缺少实证性资料数据，以致很多人称生态旅游是被塑造成一种更负责任的旅游类型的。生态旅游真的比其他旅游形式更绿色吗？生态旅游者比其他类型的旅游者更讲道德吗？生态旅游者的价值观和态度是什么？多尔尼恰尔（Dolnicar, 2010）对这些问题部分地做了解答，他发现在预测旅游者的亲环境行为中有两个尺度标准是最重要的——环境友善的感性道德和收入。多尔尼恰尔等人（Dolnicar et al., 2008）在相关研究中得出结论，生态旅游者一般都有较高的收入而且比其他旅游者更关注自然环境。也就是说这些人被生态旅游所吸引，不仅是因为他们负担得起更高的旅游费用，更因为他们在道德定位和行为模式上更环保。多尔尼恰尔（Dolnicar, 2010）指出这对旅游业的意义是，决策者应该采取需求导向的模式发展可持续旅游，特别是公园和保护区的开发，通过针对定向的市场开发保护自然世界。

通过对价值观的分析可以比较好地将生态旅游者与其他类型的旅游者区分开来。传统的分析方法是利用社会科学领域的分析方法，包括罗克奇（Rokeach）的价值观调查、价值观和生活方式尺度及价值尺度清单（见 Madrigal & Kahle, 1994；Kahle et al., 1986）。马德里加尔（Madrigal, 1995）指出，由于价值观在一个人的认识构成中占有中心地位，因此个人价值观尺度是人类行为的有效预测手段。新环境观念（NEP）尺度在衡量人对自然世界的和谐和主宰的观念方面起到了一定的作用（Jurowski et al., 1995），这种尺度可能有助于区分一个目的地中的生态旅游者和大众旅游者。在商业类文献中，赖登巴赫和罗宾（Reidenbach & Robin, 1988, 1990）提出了一个多层面道德尺度（MES），可以用以在道义论、目的论、公正性和相对论等伦理理论方面确定研究对象的道德差异。芬内尔和马洛伊（Fennell & Malloy, 1997）利用这种尺度评价经营者，结果发现生态旅游经营者比其他类型的旅游（钓鱼、游船、探险和高尔夫）经营者有略高的道德水准。他们的调查是让受访者回答关于三种旅游情景的问题，这项研究结果至少从经营者角度证实生态旅游确实比旅游行业的其他部门更讲道德。

第7章 道德要求

概括问题：

1. 道德理论与实践有什么不同？为什么它们如此重要？
2. 为什么人们不愿意更主动地去了解道德对生态旅游业的好处？
3. 义务论和目的论的道德规范有什么区别？哪个更好？为什么？
4. 什么是道德三角模型？
5. 最古老的关于旅游和户外娱乐的道德规范是什么？
6. 如何区别认证和证书？它们对于提升这个领域的职业化水平有什么贡献？
7. 澳大利亚认证计划最近是如何改变自然旅游的？这对于澳大利亚的生态旅游有哪些积极和消极的影响？

第三部分

生态旅游的重要议题

本书最后一部分包括与生态旅游相关的几个主要议题，首先是生态旅游的社会文化和生态影响。任何一种旅游形式，包括生态旅游，都会产生影响，因此管理这种影响，使之最小化就变得非常重要。生态旅游旅行距离长，而且追求较为原始的生活方式，因此使得影响问题比较突出。旅行的人越多，问题越大，这个事实让人不禁要问生态旅游真能有道德和负责任吗？

在本部分第9章，我们继续讨论当地人参与和获益的问题，但从生态旅游的经济影响和营销角度去阐述。我们从具体公园案例的收入漏损和乘数效应来讨论生态旅游的价值，及其相对于其他土地利用形式来探讨其优劣所在。在此新版书中，我们还引入了去营销化手段的部分内容，即阻止人们购买产品（如公园和保护区的游览）以达到维持社会文化和生态和谐的目的。

第10章重点讲生态旅游的开发、管理和政策。由于旅游业存在很多利益相关方，包括当地居民、旅游产业、政府、保护区等，必须小心管理这个复杂的关系网，通过合作努力让各方都能实际获益。这一章节讨论了各种环境管理模式并以相关案例加以说明。不同的管理模式有不同的侧重和作用，都是为了解决参与各方共同关注的问题。

第11章关于如何制定有效的生态旅游发展计划，给业者（和学者）提供了一个指南。准确的定义能带来好的政策，好的政策又能造就好的规划。生态旅游项目要经得住生态旅游者的检验，只有生态旅游各方（政策制定者、学者、业者和旅游者）的诉求达成统一，生态旅游才能真正在理论和实践中

第三部分 生态旅游的重要议题

存在下去。任何项目都要经历规划、实施和评估的过程，生态旅游的项目规划要特别强调项目的社会、生态和经济目标并重。

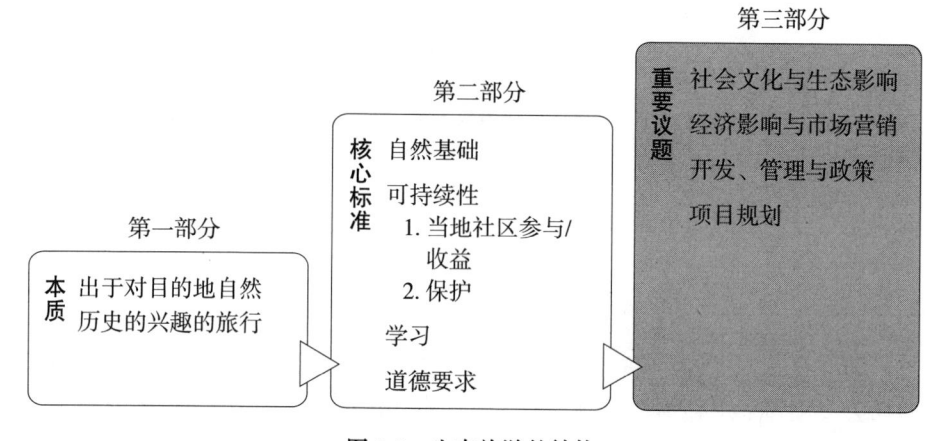

第三部分
重要议题
- 社会文化与生态影响
- 经济影响与市场营销
- 开发、管理与政策
- 项目规划

第二部分
核心标准
- 自然基础
- 可持续性
  1. 当地社区参与/收益
  2. 保护
- 学习
- 道德要求

第一部分
本质 出于对目的地自然历史的兴趣的旅行

图 8.0 生态旅游的结构

第8章 生态旅游对社会文化和生态的影响

旅游研究的一个中心话题一直是旅游业的社会、生态和经济影响。社会影响研究包括分析产业如何影响当地人的生活方式，生态影响研究主要分析产业如何改变当地自然环境和地区地貌。这些研究可能与旅游业的经济研究相互冲突，因为后者要证明的是产业在各个层级带来收入的能力。由于影响研究的相关文献非常多，我们在这里不会对这个领域的研究进行概述，而是把重点放在生态影响、承载力和社会影响这几个核心话题上。生态旅游的经济影响和市场营销将在下一章进行阐述。

旅游业的社会影响

分析旅游业对当地居民及其环境影响的一个最好的社会学理论框架是由多克西（Doxey，1975）提出来的，他指出随着旅游业的发展及其在当地经济所占的比例日益扩大，当地居民对旅游的态度会发生变化。多克西认为当地居民对旅游业态度的转变可分为四个阶段：

1. **热情**：欢迎旅游者，但旅游业发展缺乏控制和规划。
2. **冷漠**：视旅游者为平常人，旅游者与当地居民的接触变得更正规和商业化。对旅游业的规划更多地是关注旅游产品的营销。
3. **厌烦**：随着旅游业的发展经历停滞阶段，当地居民开始对旅游业的某些方面产生疑虑。规划人员增加基础设施而不是限制旅游的增长。
4. **怨恨**：公开表现出对旅游者和旅游业的不耐烦。规划是一种补救手段，加大促销力度以挽回目的地的声誉。

旅游业中已有无数个地区的例子可以印证这个情绪周期（另见 Butler，1980 及本章后面的内容）。举其中一个例子，百慕大的面积仅约 21 平方英里，1980 年的旅游接待量却是当地人口（约 60 万人）的十余倍，这种游客和当地人的比例已经引起一些社会矛盾了（如 Doxey 所指出的）。尽管游客的激增肯定会带来经济收益，但接待国为吸引这些旅游收入所放弃的东西却无法简单地用经济指标衡量。当然也有例外，加勒比海地区最有活力的地方碰巧是旅游业最发达的地方（Chodos, 1997：174）。20 世纪 70 年代初伯利兹的黑人民权领袖埃文·海德（Evan Hyde）所说的经常被引用的一句话"旅游业是淫荡的（whorism）"，反映了人们常常提及的旅游业会带来主人与客人之间的冲突问题。

旅游业对传统价值观的一个显著影响就是示范效应（Britton, 1977；Hope, 1980；Mathieson & Wall, 1982），这种示范效应会改变当地的消费模式，当地消费者会模仿旅游者，而当地居民看到的只是旅游者的一个侧面，这个侧面并非能真实反映旅游者在本国所体现的价值观（如消费模式）。在旅游者进入一个地区以前，这个地区几乎不需要任何进口商品，对于发展中世界的目的地居民而言，这些商品仍显得高不可及（Rivers, 1973）。商业化和商品化进程最终会侵蚀产品的本地特征，正如布里顿（Britton, 1977）所指出的：

> 为了更容易为大众所接受从而使大众旅游产品更好销售，文化的表现形式被粗俗化了。民间艺术被稀释了，当地人对这些艺术形式的兴趣在减弱。听着金属乐队在演奏托尼·奥兰多（Tony Orlando）的曲子，旅游者的预期就得到满足了（每隔一天进行的民间艺术表演是以德语解说的）（Britton, 1977：272）。

格斯林（Gössling, 2002）指出，在桑给巴尔，当地的年轻人热衷于西方生活方式，包括喝啤酒、戴墨镜和穿洋服。旅游者的生活方式在桑给巴尔成为时尚，人们宽容甚至期待旅游者的与众不同（如裸泳），当地人纷纷摒弃传统去效仿旅游者。在这方面人们对生态旅游者的批评超越了它给当地带来的好处。西藏申扎县的居民非常担心生态旅游的发展会破坏当地自然环境和民间传统及文化（Tang et al., 2012）。瑞安等人（Ryan et al., 2000）发现一种文化消费主义在背后驱动生态旅游文化，生态旅游体验中享乐主义而不是学习占据主导地位。

这种文化的分裂表现在目的地的各个层面上，最突出的表现包括卖淫问题、犯罪问题，本地语言退化，国际化的口音变得时髦起来；传统的退化，或完全被遗忘或为了迎合旅游者而做出改变；改变了当地的音乐和其他艺术形式；食品的形式变得越来越国际化；建筑形式；服饰；家庭关系的变化（如年轻的孩子在机场帮助拉行李能挣的钱比他们的父母还多）；甚至有时还包括宗教方面的改变。要想了解旅游对当地社会的潜在影响，瑞安（1991：164）曾列出了一系列的关键指标用于评价这方面的影响：

1. 旅游者数量；
2. 旅游者类型；
3. 旅游发展阶段；
4. 旅游客源地和旅游接待地之间的经济发展差异；
5. 旅游客源地和旅游接待地之间的文化差异；
6. 区域的地理面积，这一点决定了旅游人口密度；
7. 旅游从业人员中的外来移民比例；
8. 入境旅游者购买物业的程度；
9. 当地人对饭店和旅游设施所有权的保有程度；
10. 政府机构的态度；
11. 接待国的信仰及其影响力；
12. 对技术、社会和经济变化的开放程度；
13. 采取何种政策分流旅游者；
14. 旅游目的地营销和目的地所树立的形象；
15. 接待国社会的一体性；
16. 旅游目的地的可进入性；
17. 艺术和民俗活动的原创性以及这些传统的本质。

要恢复文化弹性，主客双方都必须对对方的生活方式保持敏感。斯庄扎（Stronza, 2001）发现我们需要去理解旅游者和当地居民之间的深层次关系，这是一种以旅游为本质的跨文化互动。大部分社会文化影响研究的都是旅游者对当地居民的影响，但斯庄扎发现也有些研究发现当地居民是比旅游者还强势的，如当地人常戏弄旅游者，认为他们是"忽视当地条件而且显得可笑、易骗、另类而且容易被利用的一群人"（Howell，1994：152，引自 Stronza，2001：273）。无独有偶，芬内尔（Fennell，2006）认为交互利他主义的理论和成本-收益关系模式在主客关系中是不存在的（见第7章）。关于这种互动关系，卡里尔和麦克劳德（Carrier & MacLeod，2005）从"生态旅游泡沫"的角度去讨论生态旅游的社会文化背景，类似的观点还有科恩（Cohen，1972）的环境泡沫理论。生态旅游泡沫是指生态旅游者与目的地的互动（把生态旅游作为一种商品进行购买）忽视了把这种旅游变为现实的这个过程的社会关系。作者指出一位环保主义者称自己在漫步南极时非常小心不去影响当地脆弱的植被，但旅游者是盲目的，他们忽略了自己被送到南极和被接回北半球的过程（下面会深入讨论）。

不幸的现实是，作为可持续旅游的一个支柱，人们对社会文化层面的研究确实很少（Robinson，1999），但其实它会直接影响我们的经济和环境观念。社会文化要素研究已经变得支离破碎了，因为有太多文章仅研究旅游者的动机和行为，却忽略了较为被动的旅游产业（Chambers，1999，引自 Stronza，2001）。边远地区的可持续性也常被忽视，因为它已经成为了一种意识形态工具被支持者所利用，通常被外部机构所利用，以自己的可持续标准去控制资源（Cohen，2002）。撒曼（Thaman，2002）认为，可持续性必须根植于某个群体的社会文化价值体系内，外部团体以外来模式的介入只能加剧双方目标和价值的冲突。

另一个不幸的现实是只有在自然条件非常有限的情况下人们才会想到可持续性。纽埃岛（1998年人口约1900人）就是这样一个例子，当地由于海滩品质不佳，加上地理位置偏远，上岛成本极高（见 Orams，2002，文章讨论了汤加观鲸产业的存在与当地地理位置的与世隔绝有密切关系）。1998年纽埃岛接待游客1729人，周边诸岛的竞争让这个岛无法从旅游业中获得更大的利益（De Haas，2002）。德哈斯（De Haas）也指出，如果完全满足或超过这个岛的旅游接待承载力，这个岛的真实性、语言文化和风俗很快就会丧失，因为旅游造成的社会文化改变是不具有恢复力的。

随着生态旅游继续多样化，并指向更多的未开发地区和文化，这种旅游形式很可能会触发多克西所指的情绪周期。加勒比海地区旅游业的发展模式留给我们的教训是旅游业必须考虑如何平衡行业的规划开发与当地居民需求之间的关系。布里顿（Britton，1977）认为小规模旅游、使用当地建筑形式、进行旅游区划、实现缓步增长、使用当地产品、旅游企业以合资为主以及市场多样化等措施都有助于将加勒比海地区从都市占领中解脱出来。根据这些知识和经验，我们已经看到旅游的一些转变以期能恢复一些地区的传统文化。霍斯珀斯（Hospers，2003）指出撒丁岛已从日渐远离工业化的大众旅游转向发展小规模、自下而上的生态旅游和文化旅游，让当地人能回归自己农耕的传统和文化的传统。二战以后自上而下的工业化进程和旅游业的发展给当地带来了新能源也开发出了很多新的旅游产品，之后的转变也是对这种变化的一种反思。

生态影响

人们最关注旅游业的生态影响是在20世纪60年代和70年代（Pearce，1985），当时人们逐渐认识到旅游业有逐渐改变或彻底改变目的地的力量。早在20世纪60年代，《国家地理杂志》（Cerruti，1964）就曾质疑阿卡普尔科（Acapulco）是否已开发过度，同时奈龙（Naylon，1967）也在西班牙旅游规划中提出巴利阿里群岛和科斯塔·布拉瓦（Costa Brava）所接待的旅游客流过度集中，应通过开发一些尚未开发的地区分流旅游者以减轻上述两地的接待压力。波洛克（Pollock）曾写到，尽管旅游对坦桑尼亚经济起到了越来越重要的作用，但"坦桑尼亚本国和国际社会都认为很有必要对野生动物狩猎区进行保护，这既是出于生态、旅游、发展农场和牧场的利益，也是出于道德、美学和哲学的需要"（Pollock，1971：147）。还有些学者提出旅游业对城市和地区环境的影响问题，如哈林顿（Harrington，1971）指出在伦敦，饭店无度的开发已经危及这个城市里人们的生活质量，琼斯（Jones，1972）认为戈佐岛（Gozo）的旅游开发和保护之间的冲突是这方面的一个经典例子,克里坦顿(Crittendon,1975)更指出旅游业在把世界上很多自然美景变为黄金的同时也埋下了自我毁灭的种子。

自20世纪70年代中巴道斯基(Budowski,1976)、克里彭多夫(Krippendorf,1977)和科恩(Cohen,1978)等人发表关于旅游业和环境问题的著述以来,环境问题作为旅游研究领域中的一个敏感话题而受到了广泛的关注。巴道斯基认为旅游与环境保护之间的关系存在三种"状态":冲突、共存和共生。他认为旅游的扩张对其所依托的资源产生影响是不可避免的,因此他认为当前两者的关系是从共存向冲突发展。克里彭多夫是最早提出规划的重要性的学者之一,他提出使旅游流和旅游投资分散是减小环境影响的一种手段。科恩则对当时关于旅游业和环境关系的文章(包括学术文章和非学术文章)进行了回顾,他特别强调出于改善环境目的的开发与盲目无度和破坏性的现代旅游开发之间是有区别的。

关于旅游业的生态影响方面的研究大部分出现于20世纪80年代初,克里彭多夫(Krippendorf,1982)的文章在这方面开了先河,就像巴道斯基一样,克里彭多夫认识到资源基础是旅游业的原材料,不恰当地或过度地使用这些原材料会使它们贬值。克里彭多夫以滑雪坡、度假村、宿营地和旅游房车停车场,以及机场停机坪的开发为例,说明如果一个地区开发到完全能实现某种功能,则该地区的环境的用途就永远限定了。特拉维斯(Travis,1982)在其文章的相关文献介绍部分指出虽然有大量的旅游研究都把重点放在旅游业的经济收益方面,但也有相当一部分研究的题目与旅游业的负面影响有关,这些负面影响包括污染、拥堵、遗址资源破坏、土地使用方面的损失、生态系统方面的影响、失去动植物物种以及城市化进程。科波克(Coppock,1982)就同样的话题介绍了旅游业对英国的自然保护所产生的影响,其中包括栖息物种的减少、对土壤和植被的破坏、火险隐患、污染以及对动植物生存环境的侵扰。20世纪80年代以来,已经出版了不少关于旅游业的开发和影响问题的书籍,其中包括皮尔斯的《旅游业开发》(Pearce,1991)以及马西森和沃尔(Mathieson & Wall)的著作,这些书籍都是有关旅游业的经济、社会和生态影响的(1982)。

20世纪80年代,随着社会上出现了大量旅游与保护之间关系的事例信息,生态影响方面的旅游研究数量越来越多,人们意识到需要了解如何才能克服旅游业的负面影响。罗默里尔(Romeril,1985)在《国际环境研究杂志》的一次特刊上曾指出,关注旅游业的环境影响已经成为全球自然资源保护大趋势中的一部分,这个全球趋势是由1972年联合国人居环境会议、1980年的世界保护战略、布兰特(Brandt)委员会报告(1980)以及1980年的世界旅游马尼拉宣言所共同倡导的。罗默里尔写道:

> 对旅游资源无度的利用会导致这些资源的退化,甚至被破坏。不应过分偏重旅游者的满意度,而不关注旅游区人口的社会及经济得益,更不能忽视旅游对环境和自然资源,以及历史文化遗址的影响,因为这些资源是旅游业存在的基础。所有旅游资源都是人类遗产的一部分(引自Romeril,1985:216)。

在同一刊物上,皮尔斯(Pearce,1985)归纳了环境压力影响研究的框架。环境压力影响研究是由1981年的经济合作发展大会提出的,包括压力活动和这些活动所造成的压力,以及对这些压力的环境反应和人文反应。皮尔斯举出了四个例子,分别是永久性环境重建、产生垃圾、旅游活动和对人口变化的影响,用上述研究框架对这四个例子进行了分析,详见表8.1。重要的是要了解造成目的地接待压力过大的主要因素,以新西兰皇后镇的旅游化问题为例(Page & Thorn,2002)。皇后镇由于游客过多造成拥挤和过度开发,给当地带来了很大的压力,因此麦克劳克林(McLaughlin,1995:90,引自Page & Thorn,2002:235)建议:

> 皇后镇作为一个旅游度假地是如此成功,以致让自己处于危境,会逐渐丧失自己作为城镇的功能,而且使其著称于世的土地景区也会被破坏……其实不是改变本身让当地居民担忧,而是变化的规模、速度和开发的地点。

(另见Pupim de Oliveira,2003,书中以表格形式列出了很多旅游给环境带来的剧变;以及OK2006,书中列出了28个影响变量用于评估生态旅游对森林造成的压力。)

第三部分　生态旅游的重要议题

表 8.1　旅游和环境压力的研究框架

压力活动	压力	初级反应：环境	次级反应：人
1. 永久性环境重建 （a）主要建设活动 　•城市扩张 　•交通网络 　•旅游设施 　•船坞、滑雪升降梯、防鲨网 （b）土地使用的改变 　•娱乐区土地的扩张	当地环境的重建 •建筑环境的扩张 •占用土地进行初级产品生产	物种栖息地的改变 生物种群数量的改变 人类健康和福利的改变 视觉效果的改变	个人——对美学价值的影响 总体衡量 •改善环境的花费 •保护管理的花费 •设立野生动物保护区和国家公园 •控制娱乐区的进入人数
2. 产生的垃圾废物 　•城市化 　•交通	污染压力 •辐射 •污水排放 •固体垃圾倾倒 •噪声（地面交通、飞机）	环境载体质量的改变 •空气 •水 •土壤 生物机体健康状况 人的健康状况	个人防范措施 当地居民 •空调 •废物循环处理 •抵制旅游，对旅游者的态度发生变化 •对环境态度的变化 •旅游收入下降 总体防范措施 •处理旅游者及其相关设施所排放的废物的花费 •清洁河水和海滩
3. 旅游者活动 　•滑雪 　•散步 　•打猎 　•骑自行车 　•采集	踩踏土壤和植被 对物种的打扰和破坏	栖息种群的改变 生物种群数量的改变	总体防范措施 •管理保护区的花费 •设立野生动物保护区和国家公园 •控制娱乐区的进入人数

续表

压力活动	压力	初级反应：环境	次级反应：人
4. 对人口变化的影响 人口增长	人口密度（季节性）	拥挤 对自然资源的需求 · 土地和水 · 能源	个人 · 对过度拥挤和环境的态度 集体 · 支持增长的服务设施，如供水、用电等

资料来源：Pearce（1985）。

沙克尔福（Shackleford，1985）对旅游业生态问题方面的研究做了比较完整的概括，他在回顾旅游业与环境问题的发展时指出，国际官方旅游组织联盟（IUOTO，世界旅游组织的前身）自20世纪50年代初起就开始从环境的角度看待旅游发展，这方面的职能主要由旅游开发委员会承担。自1954年以来，遗址保护一直是该组织议事日程上的重要一项。IUOTO在其第15届年会上提出倡议，呼吁世界各国政府遵守和实施1960年的决议案：

> 大会认为自然是国家或世界旅游遗产中最崇高的和不可改变的构成要素，而且将继续成为旅游遗产中的基本构成要素。大会相信现在是处理危及自然的各种问题的时候了……大会决定并建议所有IUOTO成员国警惕破坏旅游自然资源的行为（Shackleford，1985：260）。

20世纪80年代旅游业环境影响研究的其他例子还有芬内尔和麦克莱伦（Farrell & McLellan，1987）的著作，以及英斯基普（Inskeep，1987）在《旅游研究纪事》的一期特刊上的文章。他们的研究表明规划和政策是实现更生态的未来旅游发展战略的关键要素（关于政策问题的更多内容见第6章）。如英斯基普（Inskeep，1987）曾指出，确定旅游地承载力是规划和旅游设施设计的重要先决条件，旅游地承载力概念是姆利纳里奇（Mlinaric，1985）在对地中海地区的旅游业进行研究时提出的。

直到20世纪80年代（包括整个80年代），从生态角度研究旅游业的理论模型少得可怜。正如盖兹（Getz，1986）所说的，在40多个旅游理论模型中只有三个与生态有关，这三个模型分别是：沃尔和赖特（Wall & Wright，

1977）提出的一个综合模型；前面提到的经合发展组织提出的模型；以及墨菲（Murphy，1983）提出的一个特殊模型，把旅游业（当地居民、行业和旅游者）比作生态系统中的捕猎者和猎物之间的互动关系。尽管盖兹的文章写于几年以前，但道林（Dowling，1993）指出旅游发展研究模式中很少有出自环境学科的情况并没有多大改观。芬内尔和巴特勒曾指出，事实上生态问题大多是由社会学家提出来的，关于旅游对生态具体有什么影响的问题上不存在很多不确定性。他们提请人们注意的另一个事实是，几乎尚没有自然学科方面的研究论文出现在旅游学术杂志上帮助人们掌握旅游影响这个两难问题。这个现实造成了旅游影响多是人们估计的，而不是具体可控的（另见 McKercher，1933b）。

纽瑟姆等人（Newsome，2002）的书很好地扩充了旅游业环境影响方面的文库，该书的作者将影响分为几种类型，并分析了每一类影响的来源和所涉及的地区。书中所提及的影响来源包括在步行小径上的踩踏（对植被、微生物和土壤的影响）、建筑物设施和宿营地（宿营和篝火使用的木料）以及水滨影响（包括河岸、湖滨和水库四周、海岸地区和珊瑚礁）。该书强调从地理学角度来处理这些影响，即设定特殊的生态区，包括山区、岩洞、北极高山环境、热带雨林和干旱环境。另外，特赖布等人（Tribe et al.，2000）根据以下判断条件对一系列娱乐活动的正面和负面影响进行了阐述。这些判断条件有：栖息地的改变或消失、物种的改变或消失、原始性、环境污染、土壤的改变或破坏、噪声污染、冲突、能源或水的利用、当地社区以及收入与花费之比。韦弗和劳顿（Weaver & Lawton，2007）认为大量的关于生态旅游的生态影响的书都重点在研究生态旅游业对野生动物的影响，如生态旅游如何与野生动物保持适当的距离，其实同样的影响也会给植物造成压力，下面就用几个例子来说明这种影响。

一直以来的问题是生态旅游理应是更生态的行为，但事实上它跟大众旅游一样会有长途飞行，需要耗费大量的燃油去实现自己的享乐目的。从这个意义上讲，格斯林（Gössling，2000）认为生态旅游不像其宣传标榜的那样属于低影响和非消费性的活动，旅游相关的燃油耗费会造成有害影响。对于那些依赖于长线飞行的欠发达国家（LDCs）尤其如此。格斯林指出，一次为期两周的到欠发达国家的度假，当地油耗（地面交通、烹饪、清洁、制冷、供暖等）约占24%，而其余76%用于空中交通，这些油耗的90%会对全球

第8章 生态旅游对社会文化和生态的影响

变暖产生影响（氧化氮排放）。莱恩斯和德雷奇（Lynes & Dredge, 2006）认为围绕航空业，有四个环境问题是比较关键的：废气排放、噪音排放、拥挤和垃圾。这种负面影响促使航空公司启用更严格的环境管理系统，这样才能重建公众信心（重新获得更大的市场份额）。因此，只有航空公司能证明自己比其他交通方式更环保，生态旅游才能为更多的人接受。

近年来人们研究了更新的方式来评价承载力和生态旅游的影响，阿拉姆（Alam, 2012）通过评估旅游者在英国的三处林地旅游时的碳排放量对生态旅游影响进行评估。作者分析了游客的实际碳排放量和可接受的最大游客数量（MAVN），生态旅游者人数如果超过 MAVN 则意味着不可持续和生态旅游碳排放浓度高。根据这个分析模型，阿拉姆发现新森林是不可持续和碳排放浓度高的目的地，昆克兰（Cwmcarn）比较脆弱，库德布赖尼（Coed Y Brenin）是可持续的。二氧化碳的排放量是生态旅游面临的一个棘手问题，反对者认为生态旅游企业作为可持续企业必须随时注意控制生态旅游者的飞行距离和人数，使之稳定在一个可持续的范围内。

浮潜是一种非消费性的旅游形式，而且能给当地社区带来经济收益，但也常被视为对生态有破坏作用（Hawkins et al., 1999）。巴达拉曼蒂等人（Badalamenti et al., 2000）在研究地中海海洋保护区时发现浮潜者的活动和船只对深海是有影响的。为了量化这种影响，沃尔特斯和萨姆韦斯（Walters & Samways, 2001）通过 15 个小时的观察，目睹了 129 次意外、38 次有意（不包括稳定身体）和 55 次与稳定身体有关（如抓住海里的东西以保持在水里的稳定）的人与海洋生物的接触。大部分意外接触是由于人的肢体运动（73.6%）引起的，包括膝盖、手或肘，这种接触只有 1.6%，没有造成明显的破坏。从水下是能感觉到潜水者是没有经验的、有经验的还是非常有经验的。研究发现通过浮潜前的讲解让潜水者具有环境意识并有意控制自己的水下活动是有助于减少浮潜对珊瑚礁的破坏程度的。通过研究，作者认为如果能有效地控制和管理潜水者与海洋生物的接触和破坏程度，珊瑚礁海域是可以在接待更多的游客同时保持可持续性的。

普里斯金（Priskin, 2003）通过对澳大利亚的一系列基于自然的旅游活动（游泳、泛舟、垂钓、潜水、冲浪、冲沙、四驱越野、露营、丛林徒步、骑马和观光）的研究发现，尽管旅游者知道自己的这些活动会对环境产生影响，但他们自认为的影响程度要低于研究者（Priskin）认为它们会带来的影响。另外，参与活动者（如垂钓和四驱车越野）相对于不参与活动的人，自己参与的活动的影响度普遍较低。根据这个调研结果，普里斯金认为要通过加强教育让参与活动的人了解基于自然的旅游活动对环境的影响，以此来减轻这种环境影响（另见 Daigle et al.，2002，关于野生动物观赏者和猎人对于各自活动的不同看法的综述）。尼奥潘和塔帕（Nyaupane & Thapa，2004）发现尼泊尔的安纳普尔纳峰保护区的生态旅游者与传统旅游者对正面和负面影响方面的看法有很大的差异。尽管生态旅游者好像理论上应该是负面影响最小、给当地人带来利益最大的群体，但作者发现当地居民觉得生态旅游比一般旅游给当地带来的负面影响更大。准确地说，生态旅游被认为会让负面影响最小化，但经济收益未必是最大化的，而传统的基于自然的旅游可能会带来环境的负面影响，但同时也能给当地带来更多收益。这些研究说明更好地了解生态旅游的精神实质和行为影响是非常重要的（Powell & Ham，2008）。

巴特等人（Barter et al.，2008）在研究企鹅岛上的澳大利亚鹈鹕时发现鹈鹕繁殖期研究人员的三种不同程度的接触会带来鹈鹕不同程度的行为改变，这三种接触程度包括：1. 接触前的行为；2. 助飞距离；3. 接触后的行为。作者发现企鹅的探出也会改变鹈鹕的行为。作者建议人类要尽量远离鹈鹕，至少在助飞距离以外，特别是在繁殖期这种敏感时期。

伯格等人（Burger et al.，1995）在新泽西研究生态旅游者对当地鸟类的影响时发现鸟类的行为会因为人的闯入而改变，而生态旅游者可能在全年的任何时候去打扰鸟类。作者认为这是因为生态旅游者对鸟类的饲育、过冬、迁徙行为都感兴趣，因此他们的行为可能会打断孵化、惊吓鸟妈妈和鸟爸爸、打翻鸟巢、干扰觅食、惊扰猎物、迫使鸟类迁居离开它们传统的栖息地（如海滩、森林和开阔地）、践踏植被和过度使用步道。伯格等人认为生态旅游者和鸟是可以共存的，但前提是必须严格管理资源，同时认真研究和观测每个种群的习性。他们建议采取如下措施（Burger et al.，1995：64）：1. 反应距离，鸟能看到闯入者并做出反应的距离；2. 奔逃距离，鸟实际离开窝巢的距离；3. 接近距离，人可以接近鸟但又不惊扰鸟的距离；4. 忍受距离，人进入鸟的视线但又不惊扰鸟的距离。

在大堡礁世界遗产区，侏儒小须鲸的过度好奇令人担忧。芒戈等人（Mangott et al., 2011）研究了小须鲸与旅游业之间的关系，发现小须鲸有意靠近旅游者和船只，尽管这对旅游者很有吸引力，但过分的亲近也会带来问题。如果不小心，船可能会搁浅，旅游者人身可能会受到伤害甚至是死亡。这方面的管理选择有几种：1. 禁止；2. 规定开放的时间和区域；3. 规范活动和教育。作者比较推荐第二种管理方式。

澳大利亚菲利浦海湾的澳大利亚宽吻海豚的保护也令人担忧。豪斯等人（Howes et al., 2012）研究了提康德罗加湾海豚保育区的保育效果，这个区域的设立是为了把海豚迁移到这里保护起来，防止海豚受到人类活动的压力，包括旅游活动。但作者发现有104家企业在经营与海豚共泳项目时违反关于与海豚靠近的最小距离规定，甚至在保育区也不能谨慎处理与海豚的关系与距离。作者的建议包括迁走所有保育区的海豚或者对违规者以违法处理，以此来保护海豚。

海厄姆和本德尔（Higham & Bejder, 2008）指出西澳鲨鱼湾的海豚不像其他海域的海豚那样容易成功交配，原因是受到当地太多科考和旅游船的侵扰，尽管这种行为在当地已经管理得非常严格了。针对这个问题，环境部经过与各利益相关方的讨论，决定减少观海豚许可证的发放数量，暂停在这个地区的科研活动。海厄姆和本德尔认为这是旅游商业模式的转变，旨在获得行业的更长期可持续的发展。

尽管有大量的文献研究负面影响并提出调整建议，但政策制定者和学者们都必须认识到这种影响是一个长期持续的过程，不是什么具体事件引起的突变，而是随着社会和生态的发展轨迹变迁的。下面关于承载力的说明也从侧面印证了这个观点。

承载力

越来越多的研究人员和业者都已认识到消费性社会中存在着越来越多各式各样的问题。一个企业要时刻对不同的用户团体（非娱乐性和娱乐性用户，其中娱乐性用户中又包括消费性的和非消费性的）的背景和不同的需求保持高度的敏感。随着时间的推移，管理人员已经意识到对公共和私人土地的合理的规划和开发是保护资源基础和满足相关各方的需要的最好办法。在关于承载力方面的文献中，这个话题已得到了广泛深入的探讨。

承载力并不是什么新概念。巴特勒等人（Butler et al., 1992）指出人们对自己过度使用狩猎区和其他可再生资源的担心已经由来已久了，有16世纪的诗为证：

但现在这项运动已经被搞糟了，

为什么？

鱼在减少，

因为渔夫太多了。

从严格的生态意义上讲，每个物种都保持着生死数量之间的平衡，以及生态系统中猎手-猎物的食物链关系，而正是人类的操纵和侵犯打破了这种平衡。一般来讲，承载力的概念可以根据以下四个相互关联的要素简单地进行定义：1.对某种事物的使用量；2.在某个特定的环境下；3.经过一段时间；4.并没有使其适用性衰减。

在20世纪60年代初，这个概念被用于衡量娱乐活动对生态系统的侵扰程度（Lucas, 1964；Wagar, 1964）。但很快人们发现，对生态影响的理解是取决于人的价值观的，如下文所述：

研究……最初认为娱乐性土地的承载力可以从生态意义上确定一个地区的退化程度。但很快就有人提出资源观点本身就是从人的价值观出发的（Wagar, 1964: 23）。

一般来讲，环境影响可以通过分析生态状况进行客观评价。在户外娱乐活动类文章中，一种很有价值的"影响"判断方法是看环境是否出现了人们所不期望的改变（Hammitt & Cole, 1987）。人们关注的焦点是娱乐活动对其所利用资源影响的类型、数量和程度。以一个宿营地为例，只有接待量极大时才会造成严重的环境影响。宿营地生态的显著变化包括土地板结（如植物根茎暴露和水土流失），植被的变化（如植物的死亡或树枝被砍下来当薪柴，以及踩坏幼苗），野生动物的变化（如栖息地的改变，以及动物受到骚扰），以及水环境的改变（如人们的垃圾和化学品污染水域）。不过，宿营地最严重的影响发生在开发利用的最初几年中,随着时间的推移,营地的土地变得越来越硬,影响程度也随之减弱(见图 8.1)。这些资源说明在确保现有宿营地(指直接使用的区域)尽量减少对资源的破坏的同时,不应再开发新的宿营地了。

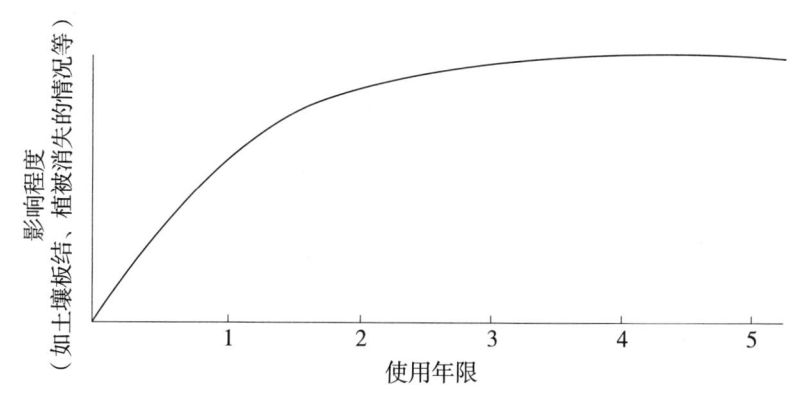

图 8.1　对休闲场地的影响
资料来源：Hammitt & Cole(1987)。

　　从社会学角度看,承载力是个动态而且难以测量的指标。对于某种资源来说,什么程度是使用的极限,这是一个很复杂的问题。由于资源本质上是一个主观范畴,不同的使用会对资源有不同的需求和期望,因此资源对不同使用者团体(如乘汽艇者和乘木筏的人)的承受程度是不同的,即使在同一个团体中资源对不同个人的承受程度也是有差异的(团体内承受力),这使问题更加复杂。以乘木筏漂流的人为例,这个娱乐活动团体中的每一个人都有不同的体验预期,其中包括遭遇其他乘木筏团体(或其他类型使用者)的可能性、使用的密集程度(单位面积内的使用者数量)以及对于拥挤的看法(出现这种情况时的反应),这一切在不同的时间、地点,不同的人会有不同的表现。

　　研究人员和管理人员一直认为娱乐管理的目标是使用户满意度最大化(Lucas & Stankey,1974)。尽管在这一点上很少有争议,但过去的研究都没能说明使用水平和游客满意度之间的关系,而这对于资源管理来说是很有必要的。谢尔比和希伯莱因(Shelby & Heberlein,1986)通过使用程度和遭遇者数量这两个指标对美国西部的乘排筏漂流者、乘独木舟漂流者、乘橡皮艇漂流者、垂钓者、猎鹿者和捕猎大雁者进行了调查,了解游客心目中的拥挤程度与满意度之间的关系。使用程度是估计有多少人在使用资源的客观标准，遭遇者数量的统计是由一名研究人员随团体行动并记下沿途共遇到了多少团体以外的人，或询问团体中的人他们共遇到了多少团体以外的人。作者要证明的研究假设是：

1. 随着使用程度和遭遇人数的增加，在游客心中该地区的拥挤程度在增加。
2. 随着使用程度和遭遇人数的增加，游客的满意度会下降。

研究结果证实，使用程度越高（使用某一资源的人数）不一定让人觉得更拥挤，但在遭遇人数和感觉上的拥挤程度之间有很强的相关性。在所有调查的活动中（乘排筏漂流者除外），如果遭遇的人越多他们就会感到越拥挤，因为他们实际遇到的人比同时使用整个地区的人数对他们的影响更大。拥挤意味着人太多，但使用水平和遭遇人数不能完全解释拥挤的感觉（见 Musa et al., 2004，关于尼泊尔萨加玛塔峰［珠穆朗玛峰的尼泊尔语名］国家公园在发展可持续旅游时面临的拥挤问题；另见 Singh & Mishra, 2004，关于喜马拉雅山脉马纳里生态旅游的描述）。这个地区的旅游在过去的 30 年中已经下降了 270%，这主要是由于当地缺乏好的规划造成了环境恶化。

插图 8.1　野外生存者应明智地利用自然界现有的宿营地

第 8 章　生态旅游对社会文化和生态的影响

插图 8.2　公园使用者对环境的影响有很多形式

谢尔比和希伯莱因（Shelby & Heberlein）采用使用程度和遭遇人数两个变量来了解随着使用程度的增加，游客的满意度是否会下降，研究结果显示不论使用程度高低，参与活动的人的满意程度都没有受影响，即在低使用程度中的游客并不比在高使用程度中的游客感到更满意。谢尔比和希伯莱因（Shelby & Heberlein，1986）、皮特和楚贝（Pitt & Zube，1987）、斯坦切与麦库尔（Stankey & McCool，1984）以及格雷费等人（Graefe *et al*.，1984）指出满意度和感觉上的拥挤程度之间很弱的相关性主要是由于一系列名义上或观念上的原因。对于两者缺乏相关性的解释是：

- 自我选择。人们选择他们喜欢的娱乐活动，避开那些他们不喜欢的。不论使用程度如何，满意度都会比较高，因为人们选择的体验都是他们非常喜欢的。
- 产品迁移。使用者可能会改变他们对所选择娱乐体验的定义以适应遭遇人数水平，结果是虽然遭遇人数增加，但他们仍然是满意的。此外，遭遇人数本身可能也促使人们改变对自己体验状态的定义（徒步游客

插图 8.3/8.4　不要打扰植物和动物，应让它们自由共存

如果在荒野遇到了很多人，他们可能会改变对自己体验的定义）。
- 转移。对高密度人群非常敏感的人可能已经离开了研究人员所研究的环境，转而到使用密度较低的地区去了，取而代之的是对高密度人群不那么敏感的人。
- 影响满意度的要素很多。满意度是一个宽泛的心理学范畴，同一区域中其他人的存在只是影响满意度的众多因素中的一个。
- 理性化。参与娱乐活动的人会在最坏的情况下寻找乐趣，把注意力集中到一些积极的环境因素中去而弱化令人不快的因素的影响。尽管人们会抱怨在同一条河上漂流的人太多了，但他们仍能享受整个漂流的体验，因为他们已学会忽视人太多这一负面因素。
- 活动的影响。不同的活动和行为使每个人对与其他人接触的反应和态度存在差别。一个徒步游客可能会容忍与其他行人接触，却极不能容忍离开道路的车辆。对一个地区的某一种类型的利用对另一个类型的利用者的影响程度取决于游客的社会属性以及他们用来评价某种行为是否恰当的个人原则。
- 满意度的概念和衡量指标可能不合适。从概念上讲，体验的多层面特征会弱化某一层面因素与总体满意度之间的相关性。已有研究发现人们对自己的体验可能同时既满意又不满意。格雷费等人（Graefe et al., 1984b）在研究中发现有71%的游客在荒野地区娱乐时对他们的旅行感到满意，但同时又有41%的人称他们在旅途中至少对一件事感到不满。

以上七点说明衡量每个人对拥挤的看法以及拥挤对满意度的影响是很困难的。参加娱乐活动的人可以通过产品迁移、适应环境、使体验理性化或干脆从这个地区转移出去几种方式调整自己的不满情绪。每个人的社会背景和个人信条又使每一个人对一个地方的评价都是独特的。如果加上使用者满意度的调查标准不恰当，这一切都可能使管理人员错误地认为他们已了解了人与资源之间的关系，而其实他们根本不了解。

承载力是一种快捷、方便而且经济的保护区管理模式，但它的问题是它必须限制使用。法瑞尔和马里恩（Farrell & Marion, 2002）指出这种方法的缺点是不能：1. 最小化游客的影响；2. 考虑影响背后的多重因素；3. 实现差异管理；4. 形成站得住脚的立场；5. 区别技术信息与价值判断；6. 鼓励公众参与；7. 在管理中考虑当地资源的利用（另见 Hovinen，1981；Wall，1982；Stankey & McCool，1984；Haywood，1986；O'Reilly，1986）。巴特勒等人（Butler et al.，1992）在对相关文献进行全面回顾后指出承载力的概念有必要与相应的管理理论相结合。一个地区使用量的极限并不存在一个想象的数字，不同的自然和文化区域有不同的承载能力。事实上，很多研究证实在了解不同类型使用者的需求基础上制定规则是有益的管理方式，这种方法就是要针对具体使用者团体告知他们合理使用资源的条件以及有关的个人行为会造成什么样的影响和后果。这样可以让自然资源管理人员获得足够的信息（定性的和量化的信息）并根据这些信息制定相应的管理标准（Shelby & Vaske，1991）。举个例子说明，一个公园没有必要限定周末的入园人数不得超过 413 人。当然，仍然有很多公园和保护区限制进入人数，但重要的是公园管理人员要了解游客的期望值、满意程度或不满程度以及各类活动参与者的拥挤程度（如摩托艇乘客可以忍受对资源更多地利用，而乘独木舟的人则认为摩托艇的出现对他们的体验是不利的；当然反之未必成立）。

因此，对一个地区服务和设施的管理是一项重要工作，公园管理人员必须对游人排长龙现象持包容态度，这不仅是从自然资源角度讲的（如对植物的踩踏和垃圾问题），而且也是从游客角度讲，需要规范游人可以在什么地方做什么事。皮特和楚贝（Pitt & Zube，1987）指出，一旦资源管理人员认为有必要实施某种形式的娱乐使用限制，就应该考虑做以下三件事：

- 现场管理法。现场管理法强调通过改善环境的生态承载力来适应其使用情况，这包括地表处理（土壤管理），活动场地的土地硬化，还包括疏导客人，让游客去使用自我恢复能力较强的环境。另外可以通过吸引资金去开发一些利用率较低的地区，分流过度使用地区的游客。
- 公开管理法。公开管理法的目标是直接规范使用者的行为，它有几种形式：1. 空间和/或时间使用分区（减少不可相互兼容的用途之间的冲突，如越野滑雪和雪地摩托）；2. 限制使用密度（通过关闭某些路径减少使用者数量）；3. 限制活动或推行使用规则。

第8章 生态旅游对社会文化和生态的影响

- 信息和教育计划。这是可以替代强硬的公开管理法的另一种方法：1. 让使用者了解娱乐资源和当前的使用程度；2. 让使用者对他们的行为可能给环境造成的潜在影响更敏感；3. 让管理人员和使用者有机会交换关于使用者需求和管理活动的信息（如在入口处或在使用频度较高的游览线路处分发小册子）。

规范游客行为是娱乐区经常需要处理的管理问题（Frost & McCool，1988），这些规范往往不仅是禁止乱丢垃圾、禁止饮酒、禁止噪音等，而且明确指出在某些地区旅游者不能做什么，旅游者能去哪些地方，以及在一个地区同时能容纳的旅游者人数的限制（公开管理法）。因此，一个旅游者如果想保持一定程度的自我空间，他/她可能会觉得这种严格的控制有点过分，减少了活动的可选择机会（更多关于规则的内容详见第10章）。

在研究冰河国家公园时，景区看守人员有责任管理游客和保护濒危的秃鹰（每年秋季会有很多游客前来观看和给野生秃鹰喂食）。园内的禁令包括禁止游人进入秃鹰密集区，禁止机动车进入和停靠，近距离观鹰的地方只能在一座桥上和一个隐蔽处，而且观察时必须由一名自然学家陪同（此人在进行解说的同时向游人分发小册子）。研究的目的是了解游客对当前禁令的反应如何，以及对这些禁令的觉悟程度等因素会如何影响游客的反应。研究人员发现88%的游客称他们了解公园的禁令，而且几乎有90%的人觉得这种禁令是有必要的，只有3%认为没有必要。在了解公园禁令的游客中，56%认为这些禁令对他们的体验没有明显的影响，约32%认为禁令有助于他们的体验，另有12%的人觉得禁令降低了他们的体验质量。调查显示，和保护秃鹰有关的禁令几乎得到了游客的一致支持，包括封闭秃鹰活动区和减少对秃鹰的负面影响。只有4%的游客认为有机会观赏秃鹰比保护秃鹰更重要。

这项研究说明游客已经预期到会有一定程度的社会控制。研究人员认为游客一般是能接受管理的，而且会认为规范有助于提高某些方面的体验质量，如获得自然知识（Frost & McCool，1988）。那些认为禁令是不可接受的游客最终会转向其他景点。另外，当游客了解到封闭区域的位置以及为什么要封闭这些区域时，他们对公园的特征印象会更加深刻，这个事实说明了解说的安排是规范游客行为的一个有力辅助手段（关于解说方面的更多内容见第6章）。

巴特勒曲线

在旅游文献中最值得注意的一个使用承载力概念的理论是由巴特勒（Butler，1980）提出的旅游区生命周期的概念（图 8.2）。

这个理论的基本前提是游客人数增长到一定程度后，由于目的地承载力的限制，游客人数会下降。这个理论认为，随着时间的推移，目的地基本上都呈现出一种统一的演变过程，即从最初的发现发展到成熟和停滞，随着行业结构的变化，目的地已经可以容纳更多的游客和更多相互竞争的度假区。这项研究的意义在于规划者和管理者要注意目的地内的一切生态环境质量下降的迹象，因为这种下降将最终使目的地失去吸引力，使目的地开发变得毫无意义。这是把旅游对目的地的社会、生态和经济影响概念化的一个典范。

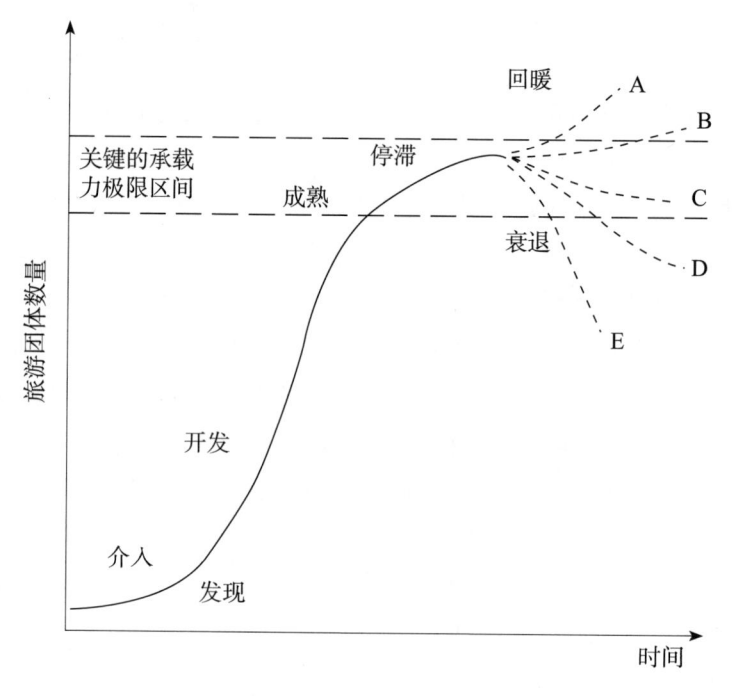

图 8.2　旅游区生命周期
资料来源：引自 Butler（1980）。

近年来的研究中有很多都是用一些目的地发展的具体案例数据来证实这个理论，特别是一些岛屿环境（Meyer-Arendt，1985；Cooper & Jackson，

1989；Debbage，1990；Weaver，1990）。用生命周期理论可以勾勒出承载力极限，了解旅游目的地的社会和环境是否被"使用过度"，当然在应用这个理论以前应首先确定这些区域的使用性质和特征。

厄瓜多尔的加拉帕戈斯群岛是利用承载力控制旅游影响、限制每年入岛游客人数的例子之一。加拉帕戈斯群岛的问题是虽然当局限制入岛游客人数，但实际入岛人数每年都在增长，而且超过当局的限量，因为旅游业的经济利益是这个发展中国家解决经济问题的一个出路，尽管研究人员不断提出这块在全球来讲是极为宝贵的资源将由于政府无力有效地控制入岛旅游人数而受到威胁。德格鲁特（De Groot，1983）和肯金顿（Kenchington，1989）提请人们注意以下事实：1. 汽船的运力不足以有效控制入岛旅游者的数量；2. 官方定的每个小岛的旅游者人数不得超过90人的限制常常被忽视；3. 旅游者的数量仍然在增长，尽管应该得到控制，但旅游者人数一直没能得到很好的控制。这些研究人员指出，旅游者人数是由机场的运力控制而不是公园的管理和规划人员根据生态系统的敏感度提出的数量进行控制的，这是不恰当的。即使在一个著名的、具有很高生态意义的地区，过度使用和游客管理问题仍然存在。华莱士（Wallace，1993）认为私人部门的增长严重影响了加拉帕戈斯群岛的管理。公园管理当局觉得很难推行可接受的使用程度、实施区划和分流游客，这主要是由于公园缺少人手以及一些政治因素，这一切使公园管理者觉得他们不可能真正管理公园（见案例研究8.1）。

案例研究8.1　加拉帕戈斯群岛的生态旅游

加拉帕戈斯群岛位于南美西海岸以外1000千米处，跨越厄瓜多尔，群岛由120个岛屿组成，这里可能是世界上最有吸引力的生态旅游目的地。群岛的知名度主要来自其著名的历史。1831—1836年，英国博物学家查尔斯·达尔文乘贝格尔号到这里进行了他具有划时代意义的旅行。达尔文和阿尔弗雷德·拉塞尔·华莱士（世界另一边，马来群岛的科学家）几乎同时提出了自然选择的理论。达尔文在加拉帕戈斯群岛上的观察，特别是对不同种类的燕雀的观察触发了他提出这个理论的灵感。由于达尔文的旅行使加拉帕戈斯群岛具有特殊的国际意义，1935年该群岛被指定为野生动物保护区，但保护区的落实直到多年以后才真正实现（1959年，即《物种起源》发表100年以后）。20年后，1979年该群岛被联合国教科文组织定为世界遗产地，1986年又建起了一个海洋公园。整个20世纪60年代后期、70年代和80年代，旅游业在加拉帕戈斯群岛逐渐兴起，岛上的主要旅游形式是当地国际上日益盛行的生态旅游，一直到研究人员开始提请人们注意这个地区的旅游业会对当地环境造成严重影响。

德格鲁特（De Groot, 1983）是第一个在学术文章中谈到加拉帕戈斯群岛旅游业的负面影响的人。在他当导游的两年间，他通过观察觉得加拉帕戈斯群岛的双导游系统效率非常低。他认为受到良好教育的、会讲外语而且懂自然科学的导游是很有价值的，而那些培训要求不高、不必讲外语的辅助导游往往很不守规矩。20世纪80年代末，肯金顿（Kenchington, 1989）注意到该群岛的旅游者人数几乎每五年就增长一倍，而厄瓜多尔政府鼓励这种增长。为了追求旅游业带来的经济利益，政府不愿为这种增长设定任何限制。这使得加拉帕戈斯群岛上两类旅游同时发展：一类是非常强调自然和自然资源的旅游（生态旅游）；另一类是组织无序、缺乏规范管理、私人经营的旅游，这类旅游丝毫不尊重当地的生物多样化环境（大众旅游）。后一种形式的旅游对岛上的自然环境带来了尤其严重的压力。

社会经济因素是岛上旅游业迅速增长的主要原因，由于厄瓜多尔有40%的人处于贫困状态，加拉帕戈斯群岛成了厄瓜多尔人的金矿，结果生态旅游成了该国增长最快的产业。1997年加拉帕戈斯群岛的旅游收入几乎占到了岛上居民收入的80%。1991年加拉帕戈斯群岛的旅游业收入约为3200万美元，这个数字到1996年猛增到了6000万美元。加拉帕戈斯群岛开放旅游者任意进入的做法已经引发了问题，价格竞争使得经济收入又流回到外国公司口袋里，而不是留在当地居民那里。主要由外国公司经营的游船业赚取了当地旅游业的主要利润，但给当地经济带来的乘数效应却很低。另外，生态旅游的从业人员要求有较高的职业水平，如前面所说的自然科学导游要求导游必须能讲两到三种语言，而且要专修自然史的。厄瓜多尔很难留住这样的人才，结果只能靠外国员工来满足这方面的人力需求。这些问题加上当地两个机场的修建共同造成了旅游人数不断增长的现状（去年共接待旅游者约 8 万人），只有旅游者的不断增加才能使这些新投资收回成本，而已有很多专家指出群岛的承载力只能接待当前旅游者数量的一半。

很多学者注意到旅游业已经给当地环境造成了一系列问题：信天翁、海狮和海龟在吞食塑料袋（把这些塑料袋当成水母了），大量采摘黑珊瑚当作纪念品，所有的岛屿上和洞穴中都垃圾成堆，打着捕捞并放生的保护伞开展钓鱼活动，非当地物种的引进，对鸟类筑巢地的不断骚扰，一些步行小径的退化和过度使用。霍尼（Honey，1999）还注意到群岛上的人口增长率为 10%，而且这些人都集中在群岛 3% 的土地上，由于当地人普遍不关心岛上的自然历史，而对新基础设施的需求越来越突出。霍尼（Honey，1999）和阿特伍德（Atwood，1984）都指出岛上最突出的问题是非本土物种的引进对当地动植物造成的直接和间接的影响，由于这些物种没有天敌（海岛难题），1984 年阿特伍德指出当地用于控制这些动物（野猪、老鼠、山羊、驴、狗和猫）每年就要花去 72 000 美元。

有些学者注意到该地区发生了一件令人欣慰的事——为了长期保护群岛并使之能长期创利，当地政府、非政府组织、旅游和其他行业的代表们共同制定了加拉帕戈斯群岛特别保护法。霍尼（Honey，1999）称这部法案是为了稳定当地居民和支持当地土著居民的利益的，法案限定了新增移民不得超过 2%，将扩大保护区面积，将保护带延伸到海里，禁止对某些鱼类进行产业化捕捞。虽然这部法案并没有涉及旅游业，但限制了旅游基础设施的开发（但没有限制入岛旅游人数）；法案明确指出当地居民有权介入旅游业并强调了学校里环境教育的重要性。公园的门票是 100 美元，是世界上最贵的公园之一，这些门票收入加上一些保护基金的捐赠都共同用于落实公园的很多计划。另外，最近当地 20 家大型旅游船运公司中有 5 家取得了在加拉帕戈斯群岛区域内运送乘客的资格证，这是"精明航行者"计划给当地带来的另一个可喜的变化。"精明航行者"计划是雨林联盟和一家厄瓜多尔公司（保护开发公司，CCD）成立的一家合资机构倡导的一个志愿计划，该计划以减轻生态系统影响为标准对旅游集团进行评估，其中对船的评估标准包括污水排放、燃料、停泊处和尽可能少地引入外来物种等几个指标。

在经历了相当长一段时期的旅游及其他土地使用方面的无序状态后，加拉帕戈斯群岛终于开始采取一定的政策措施规划自己的未来，当然这一切能否成功还有待观察。

加拉帕戈斯群岛生态旅游网站：

http://www.columbia.edu/cu/sipa/PUBS/SLANT/FALL98/p26.html

http://www.ecotourism.org/observer/062001/certification.asp

http://www.american.edu/TED/CALAPAG.HTM

http://www.rainforest-alliance.org/news/archives/releases/sv-tours.html

马尔代夫的旅游压力可以用固体垃圾（自然承载力）、水质（环境承载力）和旅游者的态度（心理承载力）来衡量（Brown *et al.*, 1997）。作者通过对几个旅游度假区的旅游者和官员的访问了解到旅游环境的退化与高速增长的游客数量有关。政府对此的回应是扩建设施和通过不同区域的开发分流游客，但这并没有减缓环境退化的速度，因为游客数量已经超过了整个地区的承载力。

巴特勒模型是一个一般性理论，基本上可以适用于任何旅游区。该模型的重大意义在于，旅游资源在很多情况下都要经历快速发展和衰落的周期，就像一般意义上的商品一样。我们在前面已经讨论了可持续旅游和替代旅游（见第1章），现在应该重新构架巴特勒的模型，即假设在发展可持续旅游的情况下理想的曲线是什么样的，图8.3试图做的就是这件事，即在考虑经济、社会和生态要素重要性的前提下确定生态旅游目的地合理的、长期的承载力水平。这个模型说明目的地会在结合资源基础和当地居民利益的情况下对经济、社会和生态的需求做出反应。模型刻意把游客接待水平放在低于可接受的使用水平以下，从长期来讲，使用水平会缓步增长的，而这种增长将与环境可以接受的增长幅度相一致。价格机制在此可以确保企业实现可接受的财务收益。

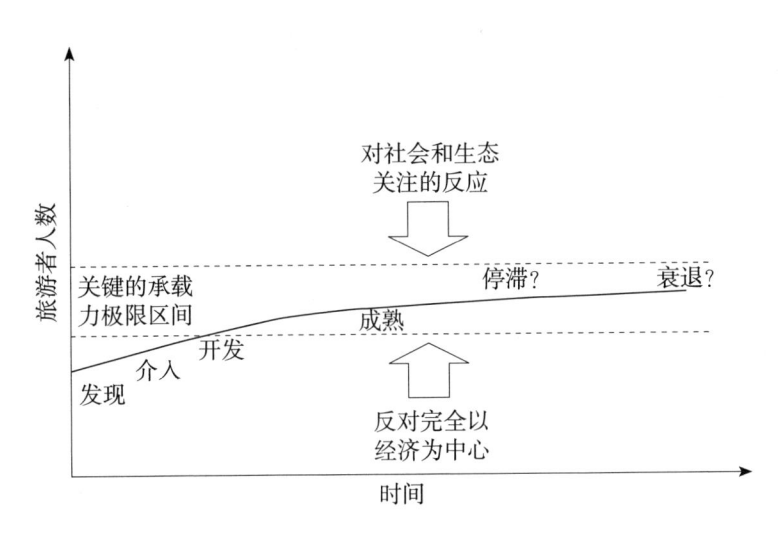

第 8 章 生态旅游对社会文化和生态的影响

图 8.3 可持续生态旅游变化周期?

规划与管理框架

承载力概念的一个合理的落实表现就是制定出一系列的行动规划和管理框架，同时满足旅游者的偏好又考虑到公园和保护区的环境。这种框架的最终目标是保护资源基础，同时确保人可以在管理得当的环境中享受娱乐体验。这方面的模型包括娱乐机会区间（ROS）、可接受变化极限（LAC）、游客影响管理（VIM）程序和游客活动管理程序（VAMP）（关于这些模型的详细描述见 Payne & Graham, 1993）。

尽管这些模型在户外娱乐管理应用方面取得了一定的成功，但研究人员只是最近才开始逐渐接受这些模型，这主要是由于这些模型最初并不是针对旅游业而设计的。鉴于这种情况，巴特勒和沃德布鲁克（Butler & Waldbrook, 1991）结合 ROS 建立了旅游机会区间，将可进入性、旅游基础设施、社会互动以及一些其他因素结合到旅游开发和规划中去。最近这个模型被发展成为生态机会区间，即 ECOS（Boyd & Butler, 1996）。这个模型将可进入性、其他资源相关的活动、景点、现有基础设施、社会互动、知识技能水平和游客对影响的接受程度结合到生态旅游景点规划和管理中去。相应地，哈罗尤（Harroun, 1994）应用 VIM（Loomis & Graefe, 1992）和 LAC 对发展中国家旅游的生态影响进行分析。所有这

227

些模型都是为了促使决策者在发展旅游业之前先确立一个可以接受的管理框架。法瑞尔和马里恩（Farrell & Marion，2002）制定了保护区游客影响管理（PAVIM）模型并将此模型应用于智利、哥斯达黎加、伯利兹和墨西哥的案例分析。虽然这个模型的讨论超出了本书的研究范围，但仍将基本理念总结如下：

> 影响分析和评价方法，主要是从成本效应和及时管理游客影响方面入手，另外在决策中考虑当地资源的需求和管理能力。它是游客影响问题的一种快速有效的管理方法，是类选法的一种，如果必要也可用于找出管理机会和预防游客影响，可以与现有承载力模型结合使用（Farrell & Marion，2002：46）。

道林（Dowling，1993）提出的以环境为依托的旅游业（EBT）的规划框架是一个专为旅游业所设计的模型（而不是为户外娱乐等产业设计的模型）。这个框架以环境规范为基础，认为只有加强旅游开发和环境保护之间的关系才可能实现可持续性旅游的规划。这个模型认为只有认识并联系以下三个方面才可能发展与环境相兼容的旅游业，这三个方面分别是：1. 突出的特色，包括对旅游业有贡献的有价值的环境；2. 重要区域、环境和旅游之间存在竞争关系，甚至可能会发生冲突；3. 兼容性活动，指能为环境和社会所兼容的户外娱乐活动。EBT规划框架包括五个阶段和十个流程（图8.4）。

一般来讲，模型的目标阶段是很重要的。在这个阶段，通过与政府、当地居民和旅游者的座谈要确定研究参数。在确定目标时要考虑现行影响研究区域的政策，与旅游业有关的使用和供给之间的关系。在第二阶段要对环境要素（非生物的、生物的和文化的特征）和旅游资源（景点、可进入性和服务）进行评估，将评估结果结合到现场规划提纲中去。在第三阶段要对重要特征、关键区域和兼容性活动进行评价，以及相互之间的关系进行评价，最终形成一个旅游业和环境要素相互重叠的总体数据资料。在第四阶段要找出与重要特征、关键区域和兼容性活动相匹配的地带分区（如教堂、自然保护区、户外娱乐区和旅游开发区），还有地带交结点、腹地和项目前期确定的走廊地带。这个阶段的最终产品是一张标出环境单元和各类分区的地图。在

第8章 生态旅游对社会文化和生态的影响

最后阶段要提出地区的管理规划，这个规划还需要与资源管理人员讨论，这有助于旅游-环境规划的实施，同时还要提交其他土地使用方面的规划修订案。道林提出的这个框架的独到之处在于它以环境为基础，在规划中结合了旅游者和当地居民的意见，并致力于旅游与环境的兼容，事实上这是目前唯一一个可持续旅游规划模型。

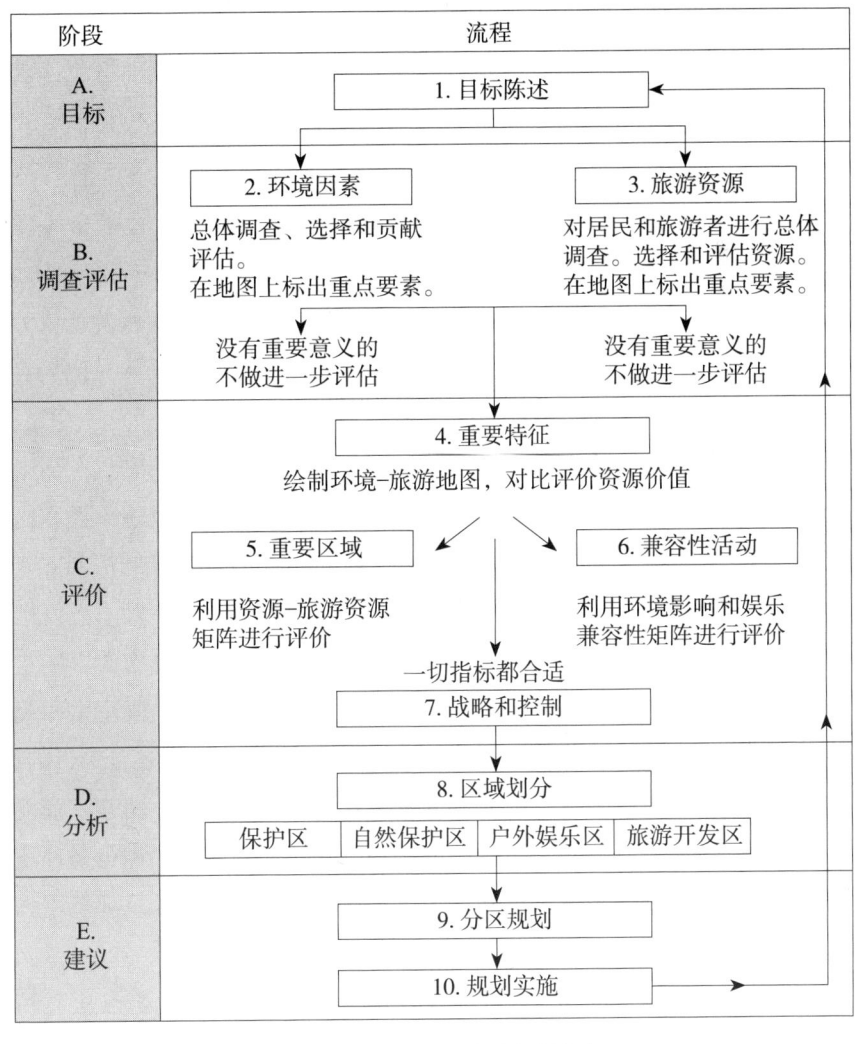

阶段	流程
A. 目标	1. 目标陈述
B. 调查评估	2. 环境因素：总体调查、选择和贡献评估。在地图上标出重点要素。没有重要意义的不做进一步评估。 3. 旅游资源：对居民和旅游者进行总体调查。选择和评估资源。在地图上标出重点要素。没有重要意义的不做进一步评估。
C. 评价	4. 重要特征：绘制环境-旅游地图，对比评价资源价值 5. 重要区域：利用资源-旅游资源矩阵进行评价 6. 兼容性活动：利用环境影响和娱乐兼容性矩阵进行评价 一切指标都合适 7. 战略和控制
D. 分析	8. 区域划分：保护区 | 自然保护区 | 户外娱乐区 | 旅游开发区
E. 建议	9. 分区规划 10. 规划实施

图 8.4　基于环境的旅游规划框架

资料来源：Dowling（1993）。

生态影响评估

前面已经谈到 20 世纪 90 年代旅游-环境研究方面有了很多积极的进展，这些进展有助于我们理解旅游业会如何影响自然界的完整统一。旅游影响方面的研究突出反映在一些案例研究上，这些研究文章可以在旅游和非旅游的杂志上找到（如 Barnwell & Thomas, 1995; Farr & Rogers, 1994; León & González, 1995; Price & Firaq, 1996）。另一个研究兴趣点在于将旅游影响量化后进行评价。

古德温（Goodwin, 1995）写到，由于相对于目的地当地居民而言，旅游者是更大的资源消费群体，因此在进行任何新的旅游开发以前都要认真地进行环境评估，并将使用过度的情况记录归档。卡瓦尼斯和匹赞姆（Kavallinis & Pizam, 1994）曾在希腊米克诺斯岛进行调研，了解旅游者、企业和当地居民认为谁应对旅游业对环境的影响负责时发现，旅游者认为企业和当地居民应对这种影响负责而不是旅游者自己，当地居民认为他们自己而不是其他两者更应对生态影响负责。

研究人员认为公园和保护区需要更明确的游客影响指标。巴克利（Buckley, 2003）指出很多指标对季节更替、较长期趋势、极端事件和内部模式等因素是敏感的，这些指标要指出保护的价值是否优先于利用，并有能力区别哪些影响是源于旅游者，哪些影响是源于其他影响源。为了更好地理解和控制旅游开发的影响，环境影响评估（EIA）常被用于对旅游影响进行定性和定量的评估（Green & Hunter, 1992）。尽管 EIA 在土地使用和规划方面的应用已经被谈论了很多年，但它真正应用于旅游开发中还是最近的事。一般来讲，EIA 的作用是找出不能用货币形式来衡量的影响，使开发商能更有效地利用资源，开发出长期可持续的产品。另外，社区的福利也是环境影响评估中的重要一项，现在有趋势认为应把社区福利看作是满足环境中人的需要的一个过程而不仅仅是人造和自然环境的一种功能。

米切尔（Mitchell, 1989）认为鉴于研究人员对研究现场的社会和生态状况以及系统理论的基础知识（如因果关系）有限，EIA 在现实操作中常常不成功。他强调这种知识对研究是非常有价值的。在收集"硬"数据

第8章 生态旅游对社会文化和生态的影响

前应先收集一些"软"数据或非量化资料，这些数据对后面的 EIA 量化数据的收集有指导作用（Green & Hunter，1992）。研究人员强调数据收集方法的重要性，如德菲尔法（专家法）可以使研究人员了解旅游业发展可能会触及的利益集团对旅游发展的主观态度（德菲尔法指对某个问题进行多轮调查，并不断将调查结果送交专家评议，最终取专家的一致意见）。一般参与德菲尔法调研的人包括各领域的专家，如规划人员、旅游官员、学者、工程师、环境官员等，还有当地居民及其他利益相关方的代表。格林（Green）和亨特（Hunter）认为只有收集好了这些信息后才能正式进行环境影响评估，这样做使利益相关各方都有机会帮助规划人员认识到旅游发展过程可能出现的影响。

案例研究 8.2 墨西哥玛雅腹地的命运

塞瓦略斯-拉斯库赖因（Ceballos-Lascuráin，1996b）曾对比研究墨西哥尤卡坦半岛东南部的金塔纳罗奥州南部和北部的旅游发展情况。北部以坎肯为主，自20世纪70年代以来超大型项目相继建成，每年吸引超过200万游客。旅游业对当地社会和生态环境的影响非常突出，由于污水排放不当造成了海滩和潟湖的严重污染，当地只有少数人从旅游业中获得了大量的利润，而大多数人失去了赖以为生的传统行业。

塞瓦略斯-拉斯库赖因通过对比发现金塔纳罗奥州的南部虽然没有海滩支持那种阳光、海水和沙滩式的旅游，但该地区最近开始规划开发可持续的生态旅游（包括考古旅游）。不过，达尔塔比特和皮-苏涅尔（Daltabuit & Pi-Sunyer，1990）对附近的恰帕斯（传统玛雅文化腹地的一部分）的旅游开发现状却做了另一番描述。以考古遗址中心科巴（Cobá）为例，达尔塔比特和皮-苏涅尔指出当地人的土地被无条件地征用进行旅游开发，而且他们被告知他们的意见对于旅游开发进程毫无意义。两位学者提请国际社会注意，那里的旅游并不是一股保护文化遗产的积极力量（与建议进一步开发玛雅地区的旅游业有关），当地的现实是真正起作用的是政治和经济要素，而这种自上而下的决策结果往往与当地人的真正需要背道而驰。

结论

旅游研究成功地指出了旅游行业所造成的一系列社会和生态问题。这方面的研究让更多机构愿意花更大力气去保护文化和生态环境，使自己所在的地区成为世界上最受欢迎的生态旅游目的地。英国脑库未来研究中心（CFS）指出生态旅游者应该像中彩票一样赢取前往大堡礁、雅典、佛罗里达大沼泽国家公园和克罗地亚斑点海岸等目的地游览权（Sulaiman，2006）。由于这些目的地受商业的负面影响正在退化，唯一现实的保护措施就是限制游客数量或者宣布完全禁游。CFS 指出澳大利亚大堡礁饱受游客过多和全球变暖导致的海平面上升的影响，但同时旅游行业官员和一些相关科学家却声称大堡礁得到了妥善保护，不会受旅游业的影响。事实上，靠大堡礁生存的 800 多个旅游企业自称是大堡礁的最大保护者，它们定期与海洋公园的官员们监控游客影响。大堡礁每年接待约 200 万游客，带来 50 亿澳元收入。从商业的角度看，维持这个地区的旅游业发展是合情合理的。因此，尽管有必要限制对自然和文化资产的消费，但理论上说起来容易，执行起来势必会有很大阻力，因为这些资源与太多人的生存相关，各地区和各国的经济开发机构也会首先保护自己的商业利益。

概括问题：

1. 讨论旅游业对目的地社区的社会结构的转变会有哪些方面的影响。
2. 什么是承载力？社会承载力和生态承载力如何既独立又相关？
3. 分别举出现场管理、开放管理和教育管理的例子。
4. 巴特勒的旅游区旅游发展生命周期理论有什么意义？为什么说承载力是这个模型的一个重要方面。
5. 什么是规划管理框架？为什么这些框架比传统的承载力法在管理自然区域中人的影响方面更有效？

第9章 生态旅游市场营销对经济的影响

本章将通过一系列案例和文献研究成果对生态旅游和经济进行讨论,重点在预测全球经济对生态旅游的影响。本章会讨论漏损和乘数效应,公园的收入和土地的经济价值。在营销部分将分析市场营销对生态旅游发展的作用,并重点指出这方面的研究要对现在和未来的市场如何做出准确的预测。最后部分是介绍新技术是如何实现远程管理市场,以及技术是如何推动非营销化进程的,这个进程会劝阻人们购买产品。公园和保护区用这种技巧可以减轻旅游业对公园造成的过度接待的压力。

生态旅游经济

在回顾关于生态旅游业对经济的影响方面的文献时,我们的感觉是生态旅游的扩张速度要比旅游业总体的发展速度快(见 Lindberg,1991;McIntosh,1992;Hawkins in Giannecchini,1993;Luhrman,1997)。全世界生态旅游增长了20%(Frangialli,1997)。当然,也有人对此持怀疑态度(Horneman & Beeston in Tisdell,1995),认为具体分析每一个地区的生态旅游增长比估计生态旅游的总体增长要更合理一些。詹纳(Jenner)和史密斯(引自 Goodwin,1996)估计1980年全球生态旅游业共创造产值40亿美元,1985年增至50亿美元,到1989年达100亿美元。同时他们预测到1995年生态旅游创造的价值将增至250亿美元,到2000年将达500亿美元。蒂贝茨(Tibbetts,1995—1996)指出在旅游业每年收入的2万亿美元中有175亿美元是来自生态旅游的。更贴近现实的数字是世界旅游组织近来宣称生态旅游占到全球旅游业的2%—4%〔WTO(2002)在纽约国际生态旅游年的发起仪式(在线):http://www.world-tourism.org/newsroom/Releases/more_releases/january2002/launch〕。这个数字说明人们已经将生态旅游的经济影响独立出来看待了。难以将生态旅游的经济影响进行量化的一个主要原因是生态旅游本身的界定不清(Hawkins in Giannecchini,1993)。

当地货币的流通

在当地、地区和国家级旅游开发机构的眼中,发展旅游业最重要的原因是它可带来经济收益,但各地区的旅游创收和将收入保留在本地经济中的能力并不一致。简单地说,虽然旅游业能给当地经济带来外汇收入,但这些钱能否保留在当地经济中还取决于一系列因素。在评估经济影响时,经济学者必须了解乘数效应以及相关的漏损概念。

一般来说,随着旅游者的进入会有新的货币注入当地经济,这些钱经过几次转手造成累计的经济收益大于最初旅游者花费的额度。具体地说,旅游业的直接收入或第一轮收入是指旅游者的花费扣除税和支付到境外的利润和工资以及购买进口产品的支出后的余额(Getz,1990)。第二轮收入是指这些扣除漏损后的钱在当地经济中不断流通而带来的间接收入或诱发收入,当然在这个环节中也会有不同程度的漏损。布尔(Bull,1991)指出旅游收入的国民经济乘数可能会有很大差异,从加拿大的2.5到百慕大和巴哈马的0.8,往往欠发达国家,特别是一些岛国经济的旅游收入乘数较低,这主是要是由于漏损现象非常严重。多米尼加的例子可以说明外资对一个小型发展中国家经济的影响(Patterson *et al.*,2004)。1990年,多米尼加的乘数是2.1,高于大部分加勒比国家,但十年以后,2000年该国的乘数下降到1.45。作者认为其中的主要原因是多米尼加的很多设施是外资拥有的。类似的例子还有芬兰东部的库赫莫市,这里基于自然的旅游(NBT)的收入漏损率是48%,这主要是由于当地收入构成中零售业(如超市和加油站)占比较高,而住宿和自然文化娱乐体验消费占比较低(Rinne & Saastamoinen,2005)。即使在发达国家中的一些小城镇和乡村,乘数往往也很低(在0.25左右)。在加勒

第9章 生态旅游市场营销对经济的影响

比，平均漏损率是60%—70%，甚至可能更高，因为很多外资企业会定期将利润转回企业主所在国（Moreno，2005）。阿拉斯加的游船业是当地旅游发展的重要支柱，但几乎全部邮轮都是外资拥有的，也会导致极高的收入漏损（Seidl *et al.*，2006；另见Johnson，2006）。

图9.1 进口引致漏损
资料来源：Goodwin（1995）。

这种漏损形式被称为进口替代，对于生态旅游和可持续旅游来讲是个重要的概念，因为已经有不少事实证明，特别是在欠发达国家（LDC）由于旅游企业的管理权和控制权都在外来者或跨国公司手中而阻碍了旅游业的健康发展。饭店、租车公司、餐厅和航空公司，所有这些旅游行业中最赚钱的企业往往都是由目的地以外的公司所拥有，而目的地又依赖于这些企业来输出自己的旅游产品。

当然，合理的规划和管理也可以让漏损得到更好的管控，基于当地资源的可持续旅游发展可能是一种途径。莫雷诺（Moreno，2005）在研究伯利兹和洪都拉斯的海岸生态旅游时发现，如果外资企业主长期定居在业务所在地并选择在当地消费掉自己的收益，漏损就会有所减少。

收入和公园

　　旅游业一直是个私营部门，其经营活动是将市场机会资本化，并以取得利润为目的。但这里存在一个冲突，即这些利润驱动的企业所依赖的供给往往不能适应于市场原则。公园和保护区作为公共部门是生态旅游行业的基础。萨伊曼和萨伊曼（Saayman & Saayman, 2006）根据南非克鲁格国家公园的游客消费模型预计平均每个游客在公园内消费4400兰特（约合598美元），其中一半是用于住宿，其花费从多到少依次为：食品、交通、餐厅、饮料、娱乐、门票、其他、服装鞋帽、纪念品和珠宝、卫生用品、药品、电话传真和互联网、烟草制品。公园是否应像企业一样经营而不依靠公共资金是一个很多地方一直存在争议的问题（私营和公共管理理念之争）。传统上，公园的管理不像私营部门那样受市场原则的约束。虽然人们一般都承认生态旅游对保护区具有积极的经济影响（如保护区内外的直接就业、使当地经济多元化、获得外汇收入，以及改善交通和通信系统等基础设施条件），但也存在消极面，包括生态旅游需求不足，需要基金扶持；生态旅游可能无法为当地带来就业机会；由于生态旅游常以小国和发展中地区为目的地，旅游漏损可能会很高；另外人们从经济方面和社会方面可能很难接受公园收费的现实。

　　前面的讨论都指向一个现实，也就是公园和保护区当今普遍面临的问题，即如何获得资金维持其正常运营，甚至在很多国家如何使这些保护区生存下去。历史上，很多公园管理机构都有各种资金来源渠道支撑公园的运行和公园的各项服务，包括提供高质量的活动和基础设施。谢尔曼和迪克森（Sherman & Dixon, 1991）列出了从自然旅游获得收入的五种主要途径：

1. 使用费：一般来讲，公众是愿意付费的，近年来公园还出现了双轨或多轨制收费，即对当地居民和外国人按不同标准收费。
2. 出让费：如果政府拥有公园，会向为旅游者提供商品和服务（如导游服务和食品）的私营公司收费。
3. 专利收入：纪念品和T恤衫是重要的收入来源，公园管理机构的相当一部分收入是来自这个方面。
4. 税收：消费税、饭店税和机场税等。
5. 捐款：公园会鼓励旅游者捐款以解决一些当地的问题（缺少资源或资

金保护濒危物种）或帮助管理保护区。例如，观鸟是一种很受欢迎的生态旅游形式，有学者认为通过观鸟节等节庆活动，观鸟也为欠发达国家的保护提供了捐款。塞克斯哥鲁（Sekercioglu, 2002）指出英国的观鸟博览会在2000年为古巴的鸟类栖息地保护筹集了19万美元的捐款。

奈杜和亚当莫维兹（Naidoo & Adamowicz, 2005）发现乌干达公园因生态旅游门票收入增长了10倍（见 Maille & Mendelsohn, 1993; Moran, 1994; Menkhaus & Lober, 1996），而且研究结果建议公园门票可以上涨8—30倍。瓦尔普尔等人（Walpole et al., 2001）研究了印尼的科莫多国家公园后发现，生态旅游者愿意付当前门票的10倍进入公园。哥斯达黎加的蒙特韦尔德（Monteverde Cloud）云雾森林保护区的门票问题曾被广泛地讨论。艾尔沃德等人（Aylward et al., 1996）发现20世纪70年代初，所有地区的游客都要付约合2.3美元的门票费进入保护区。随着保护区游客量的增长，1995年保护区执行了新的门票政策，即哥斯达黎加学生门票1美元，哥斯达黎加居民门票1.5美元，外国学生门票4美元，外国散客8美元，外国包价团体客人16美元。这种收费体系让这个私人保护区渐渐能够在经济上自给自足。但这种阶梯式门票模式有时也被禁止。科恩（Cohen, 2002）在一次大会上分享了一篇文章，西非国家的孩子们从来没有机会看到这片土地上著名的神兽，因为这些动物都被圈在游猎保护区内，当地居民是没钱进入这些保护区的。阶梯式票价也不能解决这个问题，科恩指出这会打破可持续均衡，因为这种制度只能限制旅游者的数量。

蔡斯等人（Chase et al., 1998）对哥斯达黎加的三个最著名的公园——海滩公园（Manuel Antonio）、波阿斯火山（Volcán Poás）和伊拉苏火山（Volcán Irazú）——的游客进行抽样调查，了解他们的需求弹性。作者发现由于公园的景观非常相近而且高度可替代（如两个火山公园），因此如果某个公园门票涨价，游客就会大量向另一个公园流动，因此公园要想减少游客或提高经济收入可以采取提高票价的办法。但对于海滩公园，火山公园的票价变化对它就没有任何作用了，因此公园管理者就必须或提高本公园的票价或让其他海滩公园降价。

不过，提斯德尔（Tisdell，1995）指出以收费方式资助生态旅游开发有其局限性，比如偏远地区的公园可能根本没有几个人到访。其他可能获得收入的方法还包括让游客从公园办公室购买入园许可权，要求旅行社支付游客费用（很多目的地都是这样做的），或在停车场和铁路中转站设立售票机（这种方法在加拿大的太平洋圈国家公司实施得非常成功）。拉阿曼和格雷格森（Laarman & Gregersen，1996）以及斯蒂尔（Steele，1995）都提出定价在提高生态旅游的效益和可持续性方能起到很大的作用，但公共政策并没有在这方面给予足够的重视。这些学者指出，定价目标、定价战略和收费目录都是使用者付费原则的体验，公共土地不能免费进入这一点现在看起来已经非常正常了，这方面的收入可以支付公园管理的成本，甚至还可以赚钱。虽然公共部门经营的自然区域不一定以"利润"为目标，但社区机构和私营机构经营的自然区域是需要利润的。拉阿曼和格雷格森提出了以自然为依托的旅游的收费政策的一些指导原则，如表 9.1 所示。

表 9.1　NBT 收费政策的指导原则

原则	理念
门票收入作为一种补充，不能代替公园的总体收入来源。	即使是游客很多的地方，门票收入也很难完全负担支出，特别是固定资产成本。高度依赖门票收入可能会造成游客可选择的活动范围缩小，以及开放的景区面积减少的结果。门票收入的年度波动使之成为一种不很稳定的收入来源。
至少一部分门票收入作为专款保留用于创收的景点。	列为专款能鼓励公园管理方更有效地定价和销售门票。如果游客知道自己的门票钱直接用于自己的游览地时他们会更愿意花钱买门票。
根据每个景点的具体情况制定收费标准。	国家应对具体的收费目标和价格政策制订指导原则，但各自然类景点的管理目标和游客结构都是不同的，因此地方上应能灵活掌握收费类型和收费标准。
不是所有景点都适合收费的。	在游客人数少而管理成本高的地方，收门票在经济上并不合算。
可靠的财务和管理人员才能更好地保证收费系统的运行。	关于收费的管理决策要根据不同自然类旅游景点和活动具体的收入和支出情况而定。

资料来源：Laarman & Gregersen（1996）。

拉阿曼和格雷格森（Laarman & Gregersen，1996）认为价格目标可能是多重的，而管理层要根据公园的资源情况、公园员工的需求和游客的需求不断调整定价，这对管理层来说是个挑战。表9.1中的指导原则包括了门票收费和总体收入之间的关系，某些景点的门票问题以及门票收入的管理和财务问题。有些公园体制是由各个公园收费后上交再进行统一财务安排，这样做的好处是门票收入可以资助整个公园体系，但不利的地方是那些业绩好的公园（或是由于管理得力或仅仅是由于自然来客偏多）却不能直接花自己赚到的钱，这种费用管理方式会打消业绩好的公园的积极性，而使那些业绩差的公园不思进取，永远依靠其他公园的收入。

斯蒂尔（Steele，1995）指出那种开放生态旅游区自由进入的政策会导致经济上和生态上的低效率。经济上的低效率主要指如果景区允许免费进入，景区就失去了创收机会。公园管理机构还要考虑到某些季节会需求过剩，而且有些季节则空无一人，公园需求额外的成本去处理拥挤问题（拥挤成本指减少旅游者需求量而带来的单个旅游者利润的下降，从而提高了边际成本）。生态方面的低效率包括根据承载力分析旅游者总量和考虑每个旅游者所造成的破坏。斯蒂尔指出，通过适当地在空间和时间上分流旅游者，有些公园能有效地增加游客总量，同时又控制了旅游者对环境的影响。另外斯蒂尔还指出土地管理者对于价格控制和流量控制（限制使用者数量，这往往比价格控制更常用）的选择也很重要。斯蒂尔认为使用差异流量和层次定价是有效的提高收入的方法（见蒙特韦尔德的例子），对外国人收取比当地人更高的门票费用。加拉帕戈斯群岛是个经常被引用的例子，那里对外国旅游者收取相当于100美元的门票费用，而对当地旅游者所售门票的价格相对较低。

麦克法兰和博克索尔（McFarlane & Boxall，1996）写到，从历史上看，很多公共野生动物保护机构都通过发放打猎和钓鱼许可证和税收渠道获得资金。不过由于很多消费性户外娱乐活动（如打猎）的需求在下降，保护预算和资金来源都在缩减。根据麦克法兰和博克索尔对787名观鸟者的调查，这些人都很愿意以不同的方式支持保护事业，比较投入和有经验的观鸟者会帮助找出野生动物管理方面的问题并参加各类机构组织的现场考察活动，不太专业的观鸟者愿意通过改善自己后院的鸟类栖息环境和以捐款方式支持保护事业。这项研究说明保护机构必须推出创新和多样化的节目安排以吸引这些爱鸟人的兴趣，从而获得他们的支持。

土地的价值

土地规划者和开发者必须清醒地认识到目的地越来越需要那些可以为当地带来价值增值的企业（McIntosh, 1992; Theophile, 1995）而不是带走价值。20世纪50年代、60年代，甚至70年代的很多大型旅游开发项目都是以经济目标为主要开发动机的，而现在此类项目的实施往往都会考虑到生态和社会文化影响——这对于生态旅游尤为重要。

关于环境价值，穆纳辛格（Munasinghe, 1994）为了找出生态自然的经济价值，曾将使用的和未被使用的环境进行对比，指出资源的总体经济价值（TEV）是基于其使用价值（UV）和不使用价值（NUV）的，两者的具体分类见图9.2。图中包括选择价值（为了将资源保留到将来使用一个人所愿意支付的价值）、遗产价值（人们知道其他人将在未来使用这些资源获益的价值）以及现存价值（对资产的心理定价），穆纳辛格提请人们注意这三种价值都很难界定。由此可见，分析人员有必要采用一些非市场定价的方法对这些价值进行评估（Munasinghe, 1994；另见 De Lacy & Lockwood, 1992），这些方法包括旅行成本法和偶然估价法。

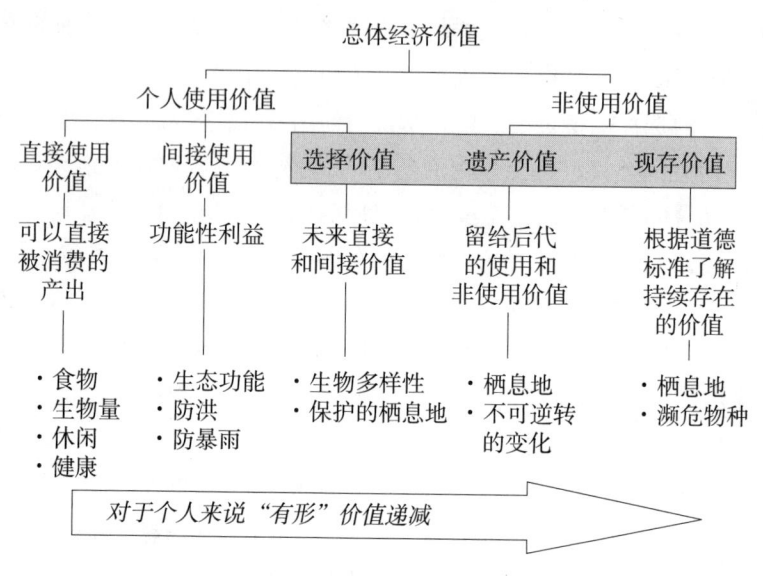

```
                      总体经济价值
              ┌────────────┴────────────┐
         个人使用价值                  非使用价值
        ┌─────┴─────┐          ┌────────┼────────┐
     直接使用      间接使用      选择价值   遗产价值   现存价值
       价值         价值
     可以直接     功能性利益    未来直接    留给后代   根据道德
     被消费的                  和间接价值  的使用和   标准了解
       产出                               非使用价值  持续存在
                                                    的价值
     ·食物        ·生态功能    ·生物多样性  ·栖息地    ·栖息地
     ·生物量      ·防洪        ·保护的栖息地 ·不可逆转  ·濒危物种
     ·休闲        ·防暴雨                   的变化
     ·健康

        ══════════ 对于个人来说"有形"价值递减 ══════════▶
```

图 9.2　环境资产的经济价值分类

资料来源：Munasinghe(1994)。

曼克豪斯和洛伯（Menkhaus & Lober，1996）曾对到访哥斯达黎加的美国游客进行抽样调查，并利用旅行成本法估计生态旅游对哥斯达黎加热带雨林的价值。两人认为这种估价方法是"通过观察游客到一个地区的旅行开销估计生态旅游对于保护区的价值"（出处同上，第2页）。估计的结果被用于帮助决策者确定门票价格、选择土地使用方式等。使用这种估价法的原因是有些产品是不能很有效地进行估价的，如公园不能仅以门票进行估价，而使用这种方法的人认为个人可能愿意支付更多的钱来体验这种产品。生态旅游类产品对于保护区的价值是用消费者附加值来衡量的。曼克豪斯和洛伯的调查结果显示消费者附加值为1150美元，即平均每个人每年对哥斯达黎加保护区的生态旅游的价值估价为上述金额。据此两人估计哥斯达黎加雨林每年的生态旅游价值为6800万美元，这个结果是将上述人均附加值乘以美国到访哥斯达黎加进行生态旅游的总游客人数得出的。

埃切维里亚等人（Echeverría et al.，1995）用偶然估价法对哥斯达黎加的蒙特韦尔德云林保护区进行估价。这种估价方法又称为直接估价法或调查估价法，即"直接询问被调查者愿意支付多少钱用于资源的某些改进或增加项目"（Smith，1990b：249）。以这种形式可以了解为了保护栖息地游客的支付意愿情况。埃切维里亚等人（1995）运用这种非市场估价方法对蒙特韦尔德的游客进行调查，结果发现，基本上外国人都愿意支付118美元用于保护蒙特韦尔德之类的保护区，这个数字相当于不列颠哥伦比亚省的居民为了扩大省内保护区面积而愿意支付的金额。

汤森和迪吉科（Tongson & Dygico，2004）的研究进一步说明了游客和研究人员的支付对于公园的收益有非常重要的意义，特别是在公园面临政府支出和外资援助减少的时候。菲律宾苏禄海的图巴塔哈群礁国家海洋公园常年面临着资金问题，作者研究了公园实行针对外国人和本地潜水者的双轨收费制。根据对239名潜水者的调查发现，人们平均愿意支付41.11美元去潜水。潜水季潜水的收费是：本地人25美元，外国人50美元，平均每年的潜水收入可以补充每年公园运营核心成本的40%，流动成本的28%。作者的结论认为收费是直接把大众与保护关联起来的途径，收费既可以带来收入还可以作为杠杆去控制客流量和流向及在公园内的活动。

在评价公园和保护区之类的地区（及这些地区的旅游业）时，必须认识到商业理念与保护理念之间存在一定程度的灰色区域。利润和保护往往被迫结伴而行，凯里（Carey in Giannecchini, 1993）将这种关系比作包办的婚姻，而不是出于爱情的结合。正如詹内奇尼（Giannecchini）所说的：

> 他们（旅游行业）习惯于以快速盈利为目标，这与长期的保护目标直接相冲突。这并不意味着旅游行业和保护主义之间的唯一且主要的关系就是相互对立。但这确实意味着所有值得称道的、重视环境的政策和目标要与行业相结合都必须能顺带着能满足利润的需求。因此，如果旅游行业要成为生态旅游开发的主要开发方，他们就必须长期关注环境（Giannecchini, 1993：430）。

要证明生态旅游的价值优于其他土地利用方式，最关键的就是要证明资源的经济价值。研究人员通过对比不同土地利用方式的办法去证明生态旅游是一种有效的土地利用形式。萨里宁（Saarinen, 2005）用芬兰北部荒野的例子说明其他产业（如林业和驯鹿畜牧业）都不能像旅游业一样支撑当地经济。塞里奥-希尔瓦（Serio-Silva, 2006）用墨西哥岛屿的例子说明生态旅游比其他传统产业更具有经济优势。一个家庭把土地出租出去用于畜牧业的年收入大概是450美元，而如果经营船只带旅游者去看猴子平均一年的收入是1482.8美元。旅游业不仅能给家庭带来更高的收益，而且经营者不必为了生计离开家庭去游牧。韦斯顿和思雷舍（Western & Thresher, 1973）认为在安波塞利（Amboseli），旅游业远比农业更环保，而每公顷土地的收益也更高。麦克尼利（McNeely, 1988）曾对非洲安波塞利国家公园的每种动物的经济价值进行了估计，据他称每头狮子每年价值2.7万美元，每头大象每年价值61万美元，这些动物的价值远远大于猎杀它们所获得的价值。

还有些学者记录了一些物种存在的自身价值和其存在对公园的价值。奈杜和亚当莫维兹（Naidoo & Adamowicz, 2005）发现一个公园里的鸟类数量是公园吸引游客量的一个正向指标，即保护区里的鸟越多，能吸引的游客人数越多。对于生态旅游和保护来说，这意味着，种群越多，保护区通过生态旅游获得的收入越多。物种的数量通常能反映出栖息地的规模（见MacArther & Wilson, 1963; Diamond, 1975），因此鸟的数量越多说明保护区的面积越大。物种数量能证明保护区的荒野地域面积（从数量上看），同时也说明原始林地保护的时间（从品质上看），只有这样才能在单位面积上吸引较大密度的物种繁衍（Naidoo & Adamowicz, 2005）。凯尔和门德尔松（Carr & Mendelsohn, 2003）一致认为大型保护区和珊瑚礁之类的特殊保护区具有很高的经济价值。

这些数据指向一个结论：动物要为自己的生存买单，即野生动物必须有存在的实用价值。驱动这个论点的主要目的是：首先，公园从生态旅游方面获得的收入能帮助当地脱贫，而且能弥补当地人因不能捕猎这些野生动物而遭受的损失；其次，野生动物带来的收入能用于保护。很多国资的保护区和公园往往无法有效从政府获得足够的资金，而生态旅游的收入就是有益的补充（Infield, 2002）。

这种分析形式使人们觉得把野生动物当成了某种商品进行估价。如果土地已被用于某种用途，而生态旅游是作为一种新的用途引进的话，这种偏重经济价值的估价是有其合理性的。凯勒（Kellert, 1987）认为这种把野生动物当成一种商品或一种实用物品的态度从 1900 年到 1975 年在美国社会已经越来越不受欢迎了。但凯勒也指出这种态度的转变只出现在了社会的某些部分中，那些年纪大的、住在农村的、处于社会经济下层的、靠资源依赖性职业为生的人仍持有对野生动物不利的看法，让这些人接受新的观点是很困难的。虽然凯勒没有明说，但人们可以看出他的研究暗示着城市化、教育和财富对帮助人们形成对野生动物更积极的态度是有影响的。生态旅游的参加者一直被认为是比"一般旅游者"（如第 2 章所介绍的）更富有而且受过更好的教育。根据凯勒的文章，这些人更有可能欣赏野生动物。那些在最不发达国家（指那些在特权集团以外的国家）的生态旅游体验的提供者必须"确信为了野生动物而进行土地管理最终会使土地更令人满意、感到有吸引力和令人欣慰"（Kellert, 1987: 228）。

理论与现实不动产

经济学家认为生态旅游概念曲高和寡，如生物多样性保护、低影响、鼓励保护土地、刺激社区经济发展等，因为我们不能完全理解和控制所有相关成本和收益，因此我们必须考虑这种市场交易的效率。艾萨克斯（Isaacs，2000）在书中写到，生态旅游业事实上也产生一些负面的成本，而这是我们在市场运营上常忽略的。这些成本包括对某个地区生态的破坏（如对动物的骚扰和栖息地的入侵），尽管这些活动的初衷是保护。艾萨克斯认为这些外部成本很难内部消化，因为经济学理论告诉我们尽量去忽略外部因素，因此从经济学上讲以牺牲第三方的代价满足自我利益是理性的。艾萨克斯认为长期来讲，可以通过三个渠道削减生态旅游的负面成本，包括：政府执行与管理、私营生态旅游企业主和垄断及道德劝诫。

政府执行与管理

如前所述，政府通常被视为保护环境质量的最有力机构，因为环境质量事关公众利益（见 Geist, 1994），但是政府需要协调各方的目标，而这些目标有时是相互冲突的，因此政府推动生态旅游的进程可能会遇到各种阻力。效率低下的政治行为就是其中一个担忧，而且资源可能被用于其他目的（如道路）而非保护。其他的问题还有职务腐败造成生态旅游收益的资金被滥用，保护野生动物的规定执行起来有难度和成本高，结果政府出于一些利益的驱使盲目吸引超大量的游客或在资源利用方面达成某些妥协。另外，政府机构可能在理解生态旅游原则方面有困难，更别说执行了。最后，土地产权和资源的分配也可能会导致政府的某些倾向性对生态旅游不利。可以说政府对生态旅游的帮助和不利点几乎是同样多的。

私人生态旅游企业主：垄断竞争

由于政府管理有上述官僚和低效等弊端，艾萨克斯（Isaacs, 2000）指出现在有越来越多的国家将环境资产转交给市场调控。私营机构虽然能提供比较好的服务，但是否能很好地平衡经济收益和生态旅游目标是值得商榷的，大部分私营机构都会更看重前者。艾萨克斯注意到了以下几点：1. 完全竞争（即基于有形产品在完全竞争的市场里是没有经济利润的）；2. 利润最大化（即市场由一家垄断销售完全独有的产品）。这两个模型都不适用于生态旅游业绩的评价。比较适合的评价模型是垄断竞争，即略有差异的产品在寡头垄断市场上销售，市场上有少量的供应商，进入市场没有明显的壁垒（Isaacs，2000：65）。起初，由于产品有差异性和市场营销吸引顾客购买，带来高回报，继而成功的经营会吸引其他提供类似产品的供应商进入市场，最初进入市场的供应商因竞争而利润降低。这个模式就是哥斯达黎加的市场现状，最初的大棚之旅经营者（在雨林的平台上修大棚）很快就发现竞争越来越激烈，因为很多商家都发现这样可以挣钱（另见 Shepherd，2002，作者记录了万人泰国攀牙湾的生态旅游步入歧途的历程。由于最初的海之舟公司面临着 11 家公司的竞争，所有这些竞争对手的品质和价格都远低于海之舟公司）。艾萨克斯通过观察发现每个目的地都有自己的独特之处（如大峡谷）让自己在生态旅游市场上保持一种独特性而形成垄断的基础，而这也限制了市场的准入度。艾萨克斯认为关键在于生态旅游者在多大程度上认可这种差异，比如哥斯达黎加的雨林和委内瑞拉的雨林的差异，如果认识程度不深，这两个目的地就是同一个生态旅游市场上的竞争对手。

艾萨克斯指出，由于竞争而导致企业利润下降，这时企业可以做两件事——提高利润空间或提升需求量，但两者都有悖于生态旅游的信条原则。为了降低成本，企业可能会在污染和垃圾处理方面减少投入，或者服务商有意避开一些由第三方提供的服务（如减少使用保护区周边社区的服务）。为了提高需求，服务商会提供更广泛的服务吸引更大的市场，或者提高现有项目的接待容量，这样发展下去的结果就是同质化的大众旅游（大量的游客，环境学习意识很低），在生态敏感区域组织自然相关活动（见第 3 章）。

道德劝诫

艾萨克斯（Isaacs，2000）的最终结论是道德劝诫，即让参与者自觉自愿地减少对环境的侵占行为，保护生态和社会文化资源。他发现让主要的生态旅游服务供应商把利润放在第二位，把社会福利放在第一位是可能的。但是这种情况只能是常规中的一些例外，即使他们能努力以利他主义的原则经营自己的企业，其他后来者也会颠覆这个原则，仍然以利润最大化为首要目标。经济学理论认为任何企业都不可能负担过度成本而导致自己破产。在激烈的竞争环境中，经济学就是关于效率最大化的理论。对于旅游者来说，艾萨克斯认为这些个人会更喜欢为了追求自己的利益或兴趣"破坏规则，不按规定的路线走，有意或无意地造成破坏"（2000：67）（见第 7 章）。

艾萨克斯上述的理论基础可以帮助我们更好地理解平衡生态旅游的利润和其他目标（保护和社区福利）之间关系时所面临的挑战。这种平衡被很多学者进行了深入的探讨，这些讨论涉及很多不同的环境。在澳大利亚，观鲸和观海龟这类野生动物旅游给当地社区带来的收益不仅足以支撑当地的生态旅游发展，也可以用于这些物种的保护（Wilson & Tisdell，2003）。温克勒（Winkler，2006）关于经济利益和保护之间的关联关系有一套比较复杂的分析，他针对开放土地和野生动物的利用建立了一个生态经济模型，用以分析以生态旅游为基础的保护与开发综合项目（ICDPs）是否能在强化保护（野生动物及其栖息地）的同时提高当地社区的福利。尽管生态旅游的初衷是保护，但结果往往由于信息的不对称（如缺乏对动物行为模式与路线的了解）与初衷背道而驰。温克勒发现如果当地居民从生态旅游中的获利提高了，野生动物及其栖息地的保护也会得到加强。不过由于生态旅游的收入往往不足以支撑保护的投入，生态旅游的收入要与土地使用税和种植业补助竞争。温克勒发现政府会补贴农业和土地使用税以达到保护目的，而生态旅游收入是这个税收和补贴系统的基础，最终的目的是提高整个社区的收入。这个模型与巴雷和阿尔切赛（Barret & Arcese，1998）的文章相互印证，后者认为 ICDPs 完全基于野生动物的利用是不可持续的。

案例研究 9.1　澳大利亚宁格鲁的鲸鲨

托佩尔科和迪尔登（Topelko & Dearden，2005）发现每年被捕杀、误捕和因其他人为因素致死的鲨鱼数量超过 1 亿头。其实这种引起人们恐惧并常被中伤的物种是非常有魅力的。托佩尔科和迪尔登指出每年有超过 50 万名潜水者跟鲨鱼共泳，给他们喂食和拍照，说明人们对待鲨鱼的态度正在转变。由于这个种群正日益受到更严峻的威胁，鲨鱼传统的价值正逐渐被教育价值所取代，进而也引起了人们对鲨鱼价值的重新认识，同时也刺激了这方面生态旅游的发展（Fennell，2012c）。托佩尔科和迪尔登（Topelko & Dearden，2005）指出必须制定强调鲨鱼保护的新旅游战略，这个计划的最大的挑战据说是

第9章 生态旅游市场营销对经济的影响

缺乏经济刺激来让人们减少捕鲨。在捕鲨仍然盛行的国家亟需政府干预。

鲨鱼中的一种——鲸鲨，近年来受到生态旅游的追捧，特别是在澳大利亚。琼斯等人（Jones et al.，2009）发现鲸鲨旅游市场的核心是国际游客（占到40.2%），其次是澳大利亚游客，年龄在35岁以上（25.1%），其中14.9%是跨洲游客。尽管观鲸游客的逗留天数比其他游客短，但花费比其他游客高，其中很多观鲸鲨游客仅为观鲸鲨而来，他们被称为"热衷人士"，他们在同等时间内的花费比其他游客高出21.6%。2006年，仅在西澳的宁格鲁（Ningaloo）地区，观鲸鲨游客的花费就高达600万澳元。

鲸鲨旅游太受欢迎了，以至于经营者不得不制定一套道德规范（Mau，2008），其中的标准包括：

- 潜水者与鲸鲨的比例是10∶1
- 潜水者必须距离鲸鲨尾部4米以上，距离头部和身体3米以上
- 船只不得靠近鲸鲨30米以内
- 在鲸鲨海域的250米范围内船的时速不得超过8节

有些研究人员针对宁格鲁的鲸鲨业做了一个可持续评估模型（Rodger et al.，2011），主要从三个部分进行评估：首先是提高行业自身的可持续性，第二是建立审计体系并作为野生动物旅游运营的执照发放的程序之一，第三是设立以可持续为目的的野生动物旅游海域。一些关键的生态和环境指标包括种群、濒危程度、种群迁徙动态、种群平均年龄、已知行为、种群内个体数量、饮食和生活习性等。还涉及一些社会评估标准，包括活动类型、可进入性、与野生动物互动的频度、对于重点种群接触的指导原则和规范、导游的培训与解说系统。这个框架有助于找出问题关注点与知识之间的差距。

ICDPs的一个问题是国际捐助。国际捐助者常把矛头指向ICDPs，他们认为私营部门完全不在当地社区这种"浪漫主义"范畴之内（Riedmiller，2001），把小企业排除在外的做法看似反映了社区的真正相关利益。里德米勒（Riedmiller）在研究桑给巴尔的琼碧岛珊瑚公园的私人投资时发现，这些私人小业主包括渔夫、拾贝者和海带种植者，他们对当地保护管理能起到积

极作用，而且也能激发起这个群体深刻认识保护的重要性。确保土地所有权的稳定不仅有益于企业，也有益于可持续的环境政策。

克罗什斯·梅迪纳（Kroshus Medina, 2005）通过研究伯利兹的生态旅游利益相关方发现，当地人更喜欢在生态旅游业中从事个体，而不愿意做拿工资的打工者（即他们选择做小业主而不是雇员），因为前者比后者收益更高。但是由于当地人的企业管理知识和金融资源都非常有限，无法与跨国企业竞争。旺德（Wunder, 2000）研究了亚马逊地区厄瓜多尔的库亚贝诺（Cuyabeno）野生动物保护区的雇用状况，希望了解旅游参与和收入，以及收入刺激和保护之间的相互关系。旺德假定自主经营的生态旅游企业比依附挂靠在外部大旅行社的经营者对当地收入的贡献更大。然而旺德发现事实上前者的个人收入并没有后者的工资收入高，这与很多非政府组织（NGOs）和学者的观点完全背离。依靠自主经营模式可能会导致社区不现实的预期并误导投资。旺德还发现保护和环境意识实际上是因旅游业的发展而得到提升的，旅游行为会刺激当地"从传统资源利用中获得新的理性认识"（Wunder, 2000: 477）。这个观点得到了利德-威廉姆斯（Leader-Williams, 2002: 1801）的支持，他写道：

> 如果当地人通过参与基于自然的旅游或其他可持续性的活动获得明显的收入，他们会自然地把生活方式转向可持续的资源利用模式。但是，如果旅游和其他形式的资源利用不能给当地社区带来生活的改善，他们将继续投入到不保护环境甚至是危害环境的活动中去，如投入到与野生动物保护相冲突的家畜养殖业。

在评价利用生物多样性保护获得的收入资助基于社区的生态旅游项目时，基斯（Kiss, 2004）指出那些生态旅游项目和保护区并不像山地大猩猩或树顶漫步那么有魅力，因此它们带来的收入不足以成为刺激人们形成主动去保护的动机。这种区域面临着很大的土地利用和生物资源的压力。经常是当一个自然栖息地向旅游者开放时，人们操纵野生动物服务于旅游，事实上打破了这个地区环境和野生动物的完整性和回复性，而生态旅游区需要不仅满足社区的利益，更要满足保护的需求（Kiss, 2004）（另见 Stronza, 2007，他指出仅靠生态旅游的经济刺激不一定能引起保护行为，可能是收入越高人们

第 9 章 生态旅游市场营销对经济的影响

越有钱去购买工具进一步掠夺资源）。

前面的论述与辛哈等人（Sinha et al., 2012）的观点不谋而合。辛哈等人研究了生态旅游对印度中部坎哈虎保护的影响，发现旅游业对当地人的雇用程度很低，对当地家庭的收入影响也很小。被调查的七个村子里的居民（占整个保护区 150 个村落总人口的 0.71%）只有 19% 介入了旅游行业，其中有两个村子（距离保护区 6—8 千米）完全没有居民介入旅游业。距离保护区入口比较近的村子从旅游业中获利的比例比较高，种姓阶层较高的人从旅游业中的获益也要高于社会经济地位较低的阶层。这种不均现象主要源于当地居民在政府中的话语权很弱。事实上经济收入是在生态旅游项目推进与否的进程中起着决定性作用的。社区要知道自己是否能从这种项目中直接或间接地获利，如果社区成员发现自己没能从生态旅游的利益中分得一杯羹，他们的反应可能是群起抵制社区的管理（Taylor et al., 2003；Vincent & Thompson, 2002）。

基于市场的环境问题解决方案

在澳大利亚，一家名为地球庇护所（ESL）的公司力图改变人们在生物多样性保护方面的传统思维模式，指出传统的公共保护模式要让位给私营企业（Sydee & Beder, 2006）。这个观点的产生源于 20 世纪 80 年代盛行的新自由政策的发展，要求更少的政府干预，更多的私有化、市场、产权和个人主义。自 1985 年以来，ESL 作为一家上市公司，一直致力于向世界证明，将保护与市场相结合是拯救濒危物种的最有效途径。他们所谓"不讲空话"或"基于常识"的保护方式包括购买栖息地、在保护区内野化家畜、让动物（特别是濒危动物）重返天性。出于这种目的，ESL 在全澳大利亚境内购买各种地形的保护区，保护澳大利亚的 100 种濒危物种。这笔巨大的资金来源于多个渠道，包括生态旅游的经营、餐饮的销售、住宿设施和礼品店的经营、当地植物育种销售，以及出租场地承办婚礼、会议、培训项目、摄影和摄像等项目，以及提供关于围栏建造和家畜野化方面的咨询服务，还包括恢复野生动物的野性使之重新回到自然方面的服务，还有一部分资金来自捐助（Sydee & Bedel, 2006：88）。西代和比德尔（Sydee & Bedel）认为这种现代保护方式把管理主义放到了决策前沿，这里"保护"等同于资源高效的专业化管理。这是由人类中心说推动的，而不是生态中心说和伦理推动的。

但是由消费主义、利润和经济增长驱动的保护模式似乎有什么地方不对劲。如果我们把这种模式放在更广义的可持续发展的努力中来看，那会带来一系列的问题。西代和比德尔在这方面的长篇的论述，我们归纳为以下几点：

1. 如果濒危物种放在私人土地里，可能会造成针对其他物种和生态系统的垄断。
2. 私人保护区可能会缩小荒野区域的面积，提高进入保护区的门票价格，造成不健康的全球环境资产——可能形成"对公共土地的圈占"。
3. 利用共同遗产生产"自然商品"的问题，ESL 把澳大利亚面向自己的国民推广和销售。
4. 澳大利亚自然遗产的设计、安排位置、相关活动设置等决策完全没有社区和公众的参与，除非拥有者自愿吸纳这方面人士进入企业的股东会。
5. 与上述第 4 点相关的是，在关于某些物种及其栖息地的决策中缺乏本地知识和相关的专业经验。
6. 利润是核心指挥棒，指向更多的销售，保护的初衷可能会妥协。保护是永久的事业而不是市场的一时兴起。

原则上，ESL 的倡议是有创新性的，因为这种做法能去除很多束缚保护的官僚问题，但事实是，保护的前提是有稳定和长期的规划（Beder，1996）。

另一个创新的例子是加拿大安大略省中部的哈利伯顿（Haliburton）可持续森林（HSF）长期稳定的规划。从网站（http：//www.halifburtonforest.com/cons.htm）上我们可以看到这是一片 6 万英亩的私人林地，这片林地的长期可持续的资源利用与保护和短期的商业运营实现了完美的平衡。经过 40 年，这片林地从几近荒废到现在繁荣的、多功能运营的林地，经济上和环境上都长期可稳定可持续，而且给周边乡村和社区都带来益处，包括提供就业和给企业、员工及周边公众带来收益。企业的创新本质使之成为加拿大第一个被誉为"可持续森林"的林地，这个称号的获得必须经过国际林业保护委员会（FSC）的一系列严格条件的筛选。

HSF 的独特之处是它有一个百年计划，通过逐渐地淘汰较弱的树种增植

第 9 章　生态旅游市场营销对经济的影响

基因较强的树种让林地最终成为一个健康的生态系统。为了实现这个目标，HSF 已向一些非消费类和消费类的活动开放，以便让林地能从经济上自给自足。这些活动包括野生动物观赏、独木舟游、潜水艇游、狼中心（一片 15 英亩的封闭土地，里面养了一些狼）、天文馆、山地自行车、垂钓、打猎、雪地摩托、狗拉雪橇、户外教育、承接大型活动以及一个生态屋设施（后来在一次龙卷风中被吹走）。

经济收益无疑是 ESL 的最主要驱动力，但 HSF 这个百年计划更进了一步。这些活动是为了维持林地的经济可持续性，但这些活动不会影响林地实现其主要目的，让林地恢复到健康状态。雪地摩托和独木舟的数量是严格限制的，这是为了让参与者的体验最优化。

市场营销

马奥尼（Mahoney，1988）曾指出旅游市场营销与其他产品的市场营销有三点根本区别：1. 旅游是一个服务性行业，旅游服务是不可见的，很难做到质量控制和对体验做出评价；2. 不能把产品送到顾客面前，顾客必须旅行到产品或资源地；3. 人们在旅游过程中往往游览多个地方，参加不止一项活动，并使用多处设施。因此同一地区的旅游相关企业需要合作并形成包价，进而共同促销。当然，市场营销必须着眼于现实的满足生态旅游者的期望值，包括提供完整的信息和对旅游者需求给予反馈和回应（Cutas et al., 2011）。

和传统旅游市场一样，生态旅游领域的市场营销研究也越来越多。英格拉姆和德斯特（Ingram & Durst，1987）是最早从事这方面研究的学者，他们通过对发展中国家的自然类旅游市场营销方面的相关文献的研究出版了一本专门介绍发展中国家自然旅游促销的专著（Durst & Ingram，1988）。根据研究他们得出结论，有必要提高发展中国家旅游办事机构的运作效率。他们发现，虽然市场营销在发展中国家已经很普遍了，但这些国家并没有对它们的自然景观进行有力的促销，这将使它们错失瓜分生态旅游市场的机会。

赖伊尔和格拉斯（Ryel & Grasse，1991）指出生态旅游的有效市场营销有两个重要基础——旅游景点（包括生物多样性、独特的地貌和历史文化遗产）和支持行业的旅游基础设施。在具备了这两项基础的前提下，相关机构就可以采取各种必要的市场营销手段吸引旅游者了。两名作者暗示吸引或针对"正确的"客户群体营销是十分重要的，其中包括"天生的"生态旅游者（性格中有一种先天的自然和自然旅游偏好）和"后天形成的"的生态旅游者，后者是指那些具有一定的需求潜力的人。这些人原本不熟悉生态旅游这种形式，但有效的营销是可以吸引这部分人的。赖伊尔和格拉斯（Ryel & Grasse）指出生态旅游产品营销的基本步骤包括：1. 找准目标市场群体的特征；2. 进行适当的广告宣传；3. 认真组织广告信息；4. 确定一份邮寄名单。

澳大利亚国家旅游办公室为了更好地了解生态旅游者并设计能更有效地针对他们的生态旅游产品，对生态旅游者进行了市场调查（澳大利亚联邦，1997）。调查过程中，在全国范围内进行了一系列生态旅游重点团体（包括现实和潜在的生态旅游者）访谈。调查发现生态旅游者追求的是：1. 风景优美的自然景点/区；2. 以小规模的团体形式远离人群活动；3. 与环境一定程度地互动；4. 和有共同爱好的人进行交流（另见 Fennell & Eagles, 1990）；5. 了解一些信息，学习一些知识；6. 娱乐和享受。调查进一步将生态旅游市场分为以下三个主要细分市场（另见第2章中关于生态旅游者的讨论）：

1. 冲动型：主要是离开主要旅游目的地的自然风光一日游客，这些人都在主要目的地当地预定这种包价旅游，既有国内旅游者也有国际旅游者，这些旅游团的活动水平差异很大。
2. 活动型：主要是中青年职业人士，一般事先预定包价，以国内旅游者为主，当然如果进行有效的国际市场营销、基础设施建设和适销产品开发，国际市场是有增长潜力的。
3. 个性化：一般是年长的职业人士（或退休的），他们希望旅行社能把他们照顾得很好，这部分以国际旅游者为主，他们在到达澳大利亚以前已预订过夜生态旅游（澳大利亚联邦，1997：4—5）。

1994年，加拿大的艾伯塔和不列颠哥伦比亚省出版了一份市场综合调研报告（ARA咨询公司，1994）。报告的主要内容是评估上述两省的生态旅游当前和未来的需求情况。报告收集了各方面的相关信息，包括关于生态旅游方面的文献概述，旅行社的一次行业调查，对加拿大和美国七大城市的一次

第9章 生态旅游市场营销对经济的影响

一般性消费者调查。在报告中,生态旅游被定义为"旅游者到乡村去获得自然、探险和文化体验的度假活动"(1—5),并将文化旅游、探险旅游和生态旅游视为同义词。研究的主要结论之一是"生态旅游市场日益扩大的趋势是无疑的,它已不再局限于具有专业技术狂热追求探险体验的人了,不包括那些要求旅游活动有设备支持的、服务含量高而对专业技术水平要求低的人"(6—1)。这个发现当然与研究所使用的研究方法有关。报告得出的其他结果还包括:一般消费者群体中,77%称他们进行过生态旅游度假,其余23%表示对生态旅游有兴趣。这使得研究人员得出结论,被调查的七个城市的普通消费者中,生态旅游的现实市场在160万到320万人之间,潜在市场约为1320万人。在加拿大最美、最自然的两个省份中,旅游者更愿意在旅行中获得自然、探险或文化体验的结果是意料之中的。当然这种体验可能既包括真正的生态旅游旅行也包括到维多利亚市的一次巴士旅行。

这个例子说明,研究人员和业者在使用生态旅游市场规模和范围时必须非常谨慎。以往的研究结论认为生态旅游只是整个旅游业中的很小一部分,当然这个部分在不断成长,但对生态旅游的分类和定义也影响了统计结果,很多研究往往图方便而不去真正了解生态旅游及其分类。研究假定,除了文化旅游和探险旅游,有经验和没经验的生态旅游者是统一的一类。关于这一点,怀特(Wight, 1996)以北美的生态旅游者为例指出:

> 由于客户名单是自愿填写的,我们无法知道生态旅游企业所提供的名单有多大的代表性,我们也不能确定所有被调查者的确都是生态旅游者,不过我们所选取的样本中肯定有相当大的一部分是有经验的北美生态旅游者(Wight, 1996:3)。

在上述例子中,最软性的生态旅游(或者说文化和探险旅游)与最硬性的生态旅游被列在一个群体中了,这个群体中的旅游者的态度、动机和追求可能有天壤之别。这种模糊性主要是由于"有经验的生态旅游"样本是根据旅行社提供包价活动抽取而导致的。一系列包价活动中,徒步游名列第一位,其次是排筏漂流、独木舟漂流、自行车游、乘亚划子、骑马,再次是观赏野生动物。这些活动以技术型活动为主,自然学习型活动比较少(见第2章中关于与探险旅游进行对比的讨论)。最后的结果发现水上活动比较重要,而且对于有经验的生态旅游者来说尤其重要（这一点很显然，因为旅行社所提供的包价活动就是以这类生态旅游活动为主）；几乎所有年龄段的成人都对生态旅游感兴趣；而且对生态旅游有兴趣的群体已经扩展到了受教育程度较低的人群中。

研究结果的综合程度显然与所使用的方法有关。"生态旅游"一词被超范围使用了，或者说旅游行业为了吸引更大的市场份额而滥用了这个词（见Goodwin, 1995），这种滥用直接降低了生态旅游的市场层次。如汤普森（Thompson, 1995）曾写到乘豪华邮轮旅游、潜水和乘直升机到好莱坞观光的旅游都被纳入了生态旅游的范围。显然，上述例子中的生态旅游已经被扭曲、重新包装和"大众化"了，生态旅游与一般旅游形式之间的界限被模糊化了。如果旅游行业采取这种方法开展生态旅游，如果要以传统的行业标准衡量生态旅游是否成功的话，生态旅游最初存在的意义就被抵消了。对生态旅游的误解是近年来TRINET（以夏威夷为基地的一个国际性旅游研究电脑网络）上的一个争论焦点。如艾弗森（Iverson, 1997）曾写道：

> 当我在新西兰凯库拉（Kaikoura）寻找"与海豚共潜"的机会时，一份打着生态标签的、光鲜的小册子吸引了我。房东听说了我的兴趣所在后向我推荐了另一家公司，这家公司的老板就是"从本地起家"的。当我看到这个老板和他拖车后的潜水工具时曾一度怀疑自己是否做出了正确的选择。我度过了一段愉快的时光。后来我发现那个印有光鲜小册子的公司正和保护部门惹麻烦，因为公司超量经营，会一次组织24人潜水，而其经营限量是12人，而且会一次把这24人中的一半一起放入水中。

瑞安（Ryan, 1997）针对这段描述对新西兰这方面的经营结构进行了了解，他指出西新兰有两类生态旅游经营者：一类是打着光鲜幌子的假生态旅游经营者；另一类是小规模的经营者，他们会比较乐于接受经营规模数量的限制。接着这个话题，奥珀曼（Oppermann, 1997）认为有相当多的旅游者被打上了生态旅游标签（与本书观点一致），研究人员在使用较宽泛的生态旅游定义时需比较谨慎。为了避免对生态旅游"业"的误解，梅森（Mason, 1997）指出以自律为基础的体系是值得怀疑的，而且很难应对违反规则的行为，他更愿意看到在自由市场条件下通过制定政策和实施监督防止经营者不规范的经营行为的现象出现。这个问题对于很多市场营销人员、经营者和机构来说已经非常严重了，以至于他们拒绝使用生态旅游的标签，因为它的形象太差了，而且生态旅游对不同的人来说意味着截然不同的事实（Preece et al., 1995）。

最近的一项研究说明营销并不总能支撑生态旅游的核心标准。科尔和贺文贾德（Kur & Hvenegaard, 2012）分析了温哥华岛上62家观鲸游经营企业的营销战略，通过这些企业的小册子内容研究这些企业是如何实践生态旅游的三大原则的（教育、可持续性和基于自然）。研究发现这些册子在推广活动的自然元素和教育方面做得很好，但缺乏环境和经济可持续性的相关内容。具体地说，这些册子在支持保护项目方面可以做得更好。

选择合适的生态旅游品牌和标识也是件很有挑战的事，特别是需要平衡各利益相关方的需求。澳大利亚的热带湿地管理局（WTMA）制订了一个行动计划，为此土著社区代表、旅游业界和WTMA的代表共同召集会议，旨在提升热带湿地世界遗址区的公众认知度。研究发现世界遗址地的认知度很高，但品牌标识的认知度较低。会议决定启用新的品牌标识，新标识图案中有一只青蛙、一片叶子和文字"世界遗产澳大利亚热带雨林"（用以取代由一片叶子和一只食火鸡组成的标识），新标识被认为更独特和更有地区代表性。土著人希望标识能由土著艺术家设计，这样能更有土著文化特色；一些WTMA员工认为去掉食火鸡不合适，因为这是当地标志性的稀有物种，他们对原有标识形象仍然很有感情。这个标识确立的过程说明在众多群体中达成一致永远不会是一个简单过程。

对于开发和促销生态旅游产品的地区来说，还有一个问题是生态旅游似乎并不能保证克服一个地区旅游业的机能阻碍。旅游决策者和规划者可能过分相信管理顾问的乐观预测，他们常自然地相信自己的区域在竞争激烈的全球生态旅游市场上是有竞争力的。加拿大目前就存在这个问题，一些在旅游业规模上无法与某些省份比拟的省（由于地理和自然特征的不足）对生态旅游持一种无条件的乐观态度。生态旅游在这些地区存在是没有问题的，但这些地区要对生态旅游的发展能否成功保持现实的态度。这个行业的规模和范围与需求有关，当然，只要当地有相关资源，这并不妨碍这些地区开发一些有创意的活动内容吸引生态旅游者。

举个例子说明，萨斯喀彻温省与加拿大工业局最近资助了一项研究，了解该省的生态旅游市场潜力（Anderson/Fast，1996a，1996b）。研究关于萨斯喀彻温省作为生态旅游目的地的潜力问题，为旅行社行业（指正在经营探险、文化、自然和生态旅游的公司）提供了有价值的信息资料。调查的问题之一是让被调查业内企业在该省可能提供的 9 个生态旅游包价中进行选择。只有一个包价是有 50% 以上的被调查企业认为它们可以向顾客销售的。该省最著名的生态旅游吸引物是大量的鸟类栖息和迁徙，但"萨斯喀彻温省观鸟游"的包价只有 43% 的旅行社觉得有吸引力，有 48% 的企业觉得这个产品可卖。认为这个产品缺乏吸引力的原因包括"不适销对路"、"太贵"和"不能令人惊喜"。其他调查结果显示缺乏信息和对萨斯喀彻温省生态旅游产品的需求较低是该省发展生态旅游所面临的主要障碍。

一份关于夏威夷生态旅游发展机会的报告（旅游政策研究中心，1994）对夏威夷的生态旅游发展潜力进行了研究，夏威夷面临着世界上很多已经发展得很好的生态旅游目的地的竞争（如拉美、非洲和亚洲）。报告认为夏威夷发展生态旅游的主要障碍如下（ii，iii）：

1. 自然特征：夏威夷与大陆隔绝，面积有限，自然环境脆弱，如果自然资源使用过度都可能造成不可逆转的环境破坏。
2. 文化和当地人的生活方式：夏威夷当地人问题和社区保护价值已经成为土地使用决策过程中的敏感问题。
3. 海外的竞争力：夏威夷面临着很多已经很成熟的生态旅游目的地的竞争，包括中南美洲、非洲、亚洲和太平洋沿岸国家，还包括加勒比海地区、墨西哥、加拉帕戈斯群岛和南太平洋诸岛等在内的海岛目的地。
4. 对大众旅游经济的依赖：相对于夏威夷的大众旅游业，生态旅游对夏威夷经济的贡献有限，因此生态旅游只能作为夏威夷旅游业的一种补充而不能替代现有的大众旅游。
5. 公众形象：作为一个生态旅游目的地，夏威夷必须改变自己以阳光、沙滩和帆船为代表的形象，而这种形象已经深入人心，很难把这些转变为受户外活动者欢迎的回归自然的形象。

6. 私营部门的投资：由于生态旅游的低回报/高风险性质，愿意投入的企业和资金有限，而由于地价很高，相应的固定成本（如保险）较高。
7. 公共政策因素：目前还没有专门针对生态旅游问题的政策，这种现状不利于生态旅游资源的开发和维护。

这些障碍很好地概括了夏威夷如果规划和发展生态旅游将可能遇到的问题。其他地区在开发生态旅游产品时也应持同样谨慎的态度。如果使用不恰当的研究方法选择发展生态旅游的话，这种生态旅游的发展可能是以其他相关但并不那么对生态敏感的旅游形式为基础的。

营销人员一般都要遵循一定的规划行事以确保能实现企业的营销目标，提供顾客需要的各类旅游产品。洛夫洛克和温伯格（Lovelock & Weinberg，1984）在图 9.3 中列出了营销计划的制订过程。第一个阶段是确定要优先实现的目标，接着要根据目标确定市场范围。这个阶段完成后就要研究分析市场的行为、需求、特征。一旦市场被细分，企业要制定出有针对性的营销战略。接下来就是实施和效果的监控，以及随时对计划进行调整。

插图 9.1　在加拿大新斯科舍（Nova Scotia）的布雷顿角岛（Cape Breton），马克斯船长是最受欢迎的观鲸船长，也是最成功的一位船长

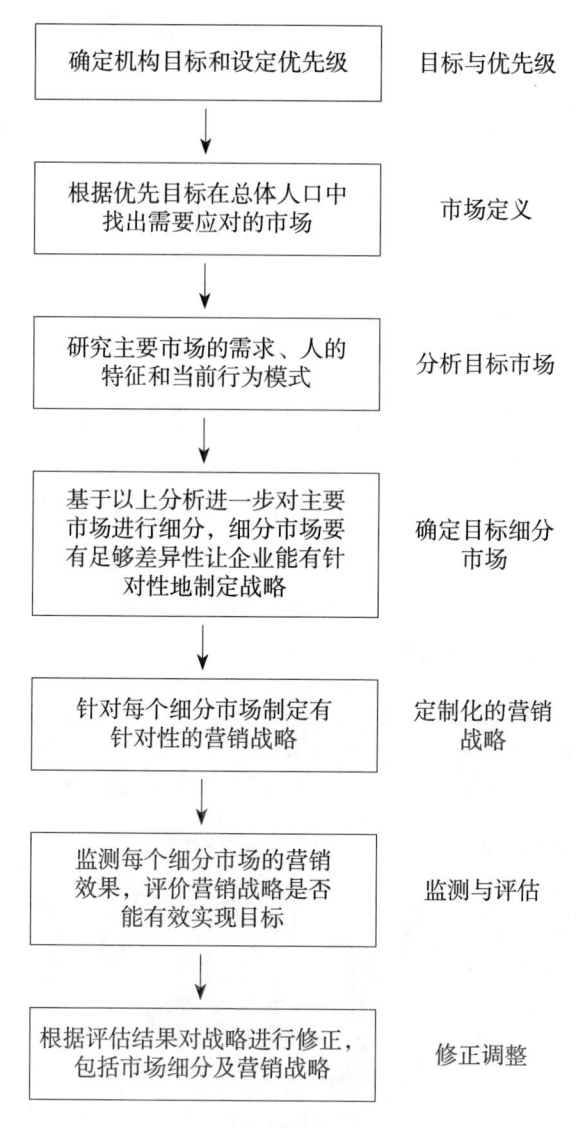

```
┌─────────────────────────┐
│ 确定机构目标和设定优先级 │     目标与优先级
└────────────┬────────────┘
             ▼
┌─────────────────────────┐
│ 根据优先目标在总体人口中 │     市场定义
│    找出需要应对的市场    │
└────────────┬────────────┘
             ▼
┌─────────────────────────┐
│ 研究主要市场的需求、人的 │     分析目标市场
│    特征和当前行为模式    │
└────────────┬────────────┘
             ▼
┌─────────────────────────┐
│ 基于以上分析进一步对主要 │
│ 市场进行细分，细分市场要 │     确定目标细分
│ 有足够差异性让企业能有针 │         市场
│     对性地制定战略       │
└────────────┬────────────┘
             ▼
┌─────────────────────────┐
│   针对每个细分市场制定有 │     定制化的营销
│     针对性的营销战略     │         战略
└────────────┬────────────┘
             ▼
┌─────────────────────────┐
│  监测每个细分市场的营销  │
│  效果，评价营销战略是否  │     监测与评估
│     能有效实现目标       │
└────────────┬────────────┘
             ▼
┌─────────────────────────┐
│ 根据评估结果对战略进行修正，│   修正调整
│  包括市场细分及营销战略   │
└─────────────────────────┘
```

图 9.3　通过市场定位实现机构目标的流程

资料来源：Lovelock & Weinberg（1984）。

旅游产品的市场营销是基于市场细分的，如图 9.3 所示。在这方面韦弗和劳顿（Weaver & Lawton，2007）指出人们在营销的核心要素方面（如促销和广告）关注得较少。旅游企业没有资源去服务于整个市场，因为旅游市场实在太大了（包括国内和国际旅游），因此企业必须根据自己的产品特色针对具体的市场需求进行销售。目标市场营销可以从以下四个主要方面进行（见 Dolnicar，2002，关于旅游业市场细分的利弊讨论；另见第 2 章关于生态旅游者的讨论）：

1. **地域特征，基于空间**：瑞安等人（Ryan et al.，2000）指出每个人对生态旅游的"空间"看法都不一样，有些人把空间理解为其字面意思不带有任何动机，仅仅是"在那里"，而有些人则把在那里与其背后的动机联系起来，如动物、植物或文化的吸引力。

2. **人口结构特征，基于年龄、性别、宗教、种族等**：陶等人（Tao et al.，2004）发现北美和台湾的生态旅游者在很多方面存在差异，其中一个主要差异是台湾生态旅游者比较年轻（而且收入相对较低），其中的一个主要原因是台湾的生态旅游者大部分是男性而且基本上都是大学刚毕业的学生。作者指出这是由于台湾生态旅游的发展是源于年青一代人对自然和户外运动的热爱。这个观点在克斯泰特等人（Kerstetter et al.，2004）的书中得到了印证。

3. **收益特征，包括旅游者寻求的收益和要规避的成本分析**：帕拉西奥和麦库尔（Palacio & McCool，1997）用利益细分理论去区分到访伯利兹的旅游者。利益细分的定义是"以人们在消费指定商品过程中获得的利益为基础动机，发现真实的市场细分"（1987：236）。作者在伯利兹对 206 人进行了调查，从 18 个具体收益方面了解游客的收获，调查结果显示游客可以分为四类："自然逃避者"、"生态旅游者"、"舒适自然旅游者"和"被动游戏者"。样本中的 18% 是生态旅游者，其中 59% 是女性，41% 是男性，在伯利兹的平均逗留时长是 6.5 天。这个群体在收益偏好中选择逃离、了解自然和通过参加活动改善健康状况三项的比例高于其他群体，但活动的参与水平与其他三组人差不多。基比舒（Kibicho，2006）也用利益细分理论去分析肯尼亚安波塞利国家公园的游客差异。在 131 个样本中，58% 是男性，91% 是大学以上学历，大部分年龄在 36—45 岁。根据调查结果，这些游客可以分为三类："环境主义者"、"什么都想要的旅游者"和"独立个体旅游者"。继而作者根据他们对环境的态度将其进一步分为"生态中心"和"人类中心"两组，基比舒发现偏"生态中心"的游客更欢迎公园的保护措施，而"人类中心"的游客则更希望公园能开放更多的自由观赏点。

4. **心理特征，基于个人的生活方式、态度、价值观和性格**：西尔弗伯格等人（Silverberg *et al.*, 1996）对美国东南部的334名基于自然的旅游者的动机进行调查（教育/历史、露营、社交、放松、观赏自然、获得信息）。作者发现从心理研究角度，市场营销人员能更好地理解基于自然的旅游者。布莱米和布雷斯韦特（Blamey & Braithwaite, 1997）用社会价值细分法对澳大利亚的潜在生态旅游市场进行分析（另见Mayo, 1975, 指出单纯用人口结构无法有效地细分市场）。研究发现，价值观是相对稳定、多元和可预知的。作者使用社会价值存量中的社会目标作为评价标准，对全球和社区的活动进行评判。根据对澳大利亚登记选民中的1680个样本进行分析，分出了四组潜在生态旅游者："忠诚的绿色"代表最小的一个群体，相信政府的荒野管理能力，认为所有公民有旅游义务为荒野维护买单，虔诚地相信环保、社会合作和公平；"二元论者"在平衡经济发展和环境保护方面的新方式比较开通，相信产业会比政府做出更正确的事；"道德相对论者"在保护环境方面有比较绝对的立场，不像绿色组那样支持政府，但完全对立的是最后一组——"自由主义者"。这最后一组是不太可能循环利用资源和最不支持社会福利的。作者得出的结论是潜在生态旅游市场中的个体不一定都对环境问题那么敏感和投入，这有点类似生态旅游中的活动形式从软到硬的过渡。作者还发现尽管潜在市场没那么复杂，但通过采用新的生态旅游规则，这个市场是具有学习了解自然世界的意愿的。布莱米和布雷斯韦特还发现对于机构采取的环保措施几乎没有任何反对的声音。最后，他们还发现环境应如何管理（如是否收取门票费）是存在争议的，持不同的哲学/政治倾向性的群体有各自不同的看法。

克斯泰特等人（Kerstetter *et al.*, 2004）根据台湾湿地海岸生态旅游者的动机和行为模式进行了分类编组。他们研究的一个主要发现是，台湾的生态旅游者到访自然景区的主要动机是保健（见上述第2点，人口结构特征）。作者注意到这个动机在非亚洲人的生态旅游动机研究中往往根本不存在，这让他们得出结论认为我们应该更注重跨文化背景的研究，而不是简单地把全世界的生态旅游者作为一个整体来分析其特征。从对环境负责的行为的角度看，作者根据研究结果把旅游者分为三类：有经验的旅游者、学习型旅游者和生态旅游者。生态旅游者的群体中个体的回答混合了教育和与自然界相关的整体体验；相对于生态旅游者而言，有经验的旅游者反映出比较少的对环境负责任的行为，而且不太愿意接受政策约束，较少购买环保产品，较少关注保护当地环境质量或帮助他人了解湿地。

斯沃布鲁克和霍纳（Swarbrooke & Horner，1999）提出根据旅游者对环境的不同态度把旅游者进行"绿度"分类，并依此对他们的消费行为进行研究。可以从以下三个方面对旅游者的环境投入程度进行划分：1. 旅游中的环境问题的意识/知识；2. 对环境的一般态度；3. 在生活中，旅游以外的其他方面的承诺，如就业。大部分人可以被划归为"一点都不绿色"的范畴，因为他们对绿色环保问题关注度非常低，很少会因为环境问题做出任何牺牲。另一个极端是"深绿"群体，这仅代表极少数旅游者，这个群体对相关问题有深度的兴趣，会在生活中针对这些他们认为非常重要的环境问题（与社会一道）做出重大牺牲。这类旅游者可能会因为某个饭店的环保管理做得差而封杀这家饭店，或者愿意自己付费旅行去做志愿者，为社区或环保项目工作。

需求与旅游产品和市场之间的关系是密不可分的，因此克里彭多夫（Krippendorf，1987）认为未来的旅游营销人员必须对旅游人口构成的变迁非常敏感。他指出，由于旅游者生活方式、经济状况和人口结构的变化，"市场正从容易被操控、不抱怨的'老式旅游者'向成熟、挑剔和洒脱的'新旅游者'转变"（1987：175）。几年过去，这个趋势已经非常明显地显现了。

市场营销的挑战

西尔万和麦克迪尔（Silva & McDill，2004）归纳了生态旅游企业走向成功所面临的主要阻力，认为很多生态旅游服务提供商在旅游行业中都很业余，他们只是把自己的兴趣爱好转化成了自己的事业。尽管他们追求梦想的精神非常可嘉，但问题是他们在实现梦想的过程中缺乏太多的专业知识了，包括如何寻求资金、足够的管理技能，以及对他们所面临的市场的深入了解。西尔万和麦克迪尔（Silva & McDill，2004）指出，由于很多生态旅游企业都在公共空间内经营，这需要程度比较高的合作，包括与其他企业（旅游企业与非旅游企业）及当地社区。这常会引发问题，因为当地人常会给生态旅游企业设置障碍，可能引发冲突的原因包括当地的传统，当地设施的数量和品质，以及人们对新企业和旅游者的态度。政府可以帮助生态旅游部门，但如果缺乏好的政策显然也于事无补。西尔万和麦克迪尔（Silva & McDill，2004）认为影响生态旅游企业获得成功的主要障碍包括以下四个方面：1. 企业，包括管理、营销、法务和财务等企业运营要素；2. 代理商，包括项目、营销、分支机构和设立标准；3. 当地社区，包括主吸引源（如林地）、基础设施（如住宿和餐饮点）和当地人的态度；4. 网络，包括与生态旅游有关的各类合作关系（如政府和旅游组织）。

无独有偶，弗斯特纳（Forstner，2004）也指出基于社区的旅游（CBT）企业在乡村地区常面临市场不稳定的问题，这是源于缺乏专业的产品知识、企业管理技能和相关资源。与之相伴的还有不合适的基础设施和政治势力对政策的影响力。为了解决这些问题，人们常会用到一些中介即外部力量，才能让产品得以更有效地营销。弗斯特纳发现这种中介可以分为四类，包括私人中介、协会、公共机构和非营利组织，下表详细分析了每一类中介的优劣所在。弗斯特纳的结论是：基于社区的旅游要想获得成功必须使用至少一种中介的帮助，实现利润最大化。

表 9.2 营销中介的优势与劣势

中介	优势	劣势
私人企业	拥有市场信息与旅游市场营销的专业知识 推广产品品质 能投资当地旅游基础设施 可以帮助企业进入具有很高价值的市场 有分销渠道 可以进入国际市场 可以为其他社区项目提供资金支持	对除旅游以外的推广缺乏兴趣和专业度 主要兴趣点在 CBT，市场成功率更高 在社区层面扩大容量的进展迟缓 用当地服务商的风险会抑制积极性 缺乏与当地社区的合作 可能会利用不均衡的势力

续表

中介	优势	劣势
CBT 协会	能加强 CBT 企业与个人之间的交流 可能把个人产品组合起来提高成功概率 联合促销与营销 更能吸引资金 给产品设计提出建议 提供培训机会 与私人部门建立联系 在全国层面提倡对 CBT 的兴趣	缺乏足够的企业管理/营销技能 缺乏财力的可持续性 直接介入国际市场的能力有限 面临的现实困难是如何平等地对待会员 可能受成员之间意见冲突的困扰
公共部门	改善当地基础设施 提供有利的政策环境 鼓励私人部门的介入 利用国家旅游局的营销机构 可以把 CBT 与国家旅游产品结合起来 有能力把 CBT 与更广义的扶贫项目结合起来	对小规模的旅游运营缺乏兴趣 CBT 政策执行常不到位 缺乏拉动 CBT 发展的能力 很难整合不同的公共部门与机构 政治利益可能会颠覆 CBT 的初衷
非营利机构	与当地社区合作比较专业 可以扩展当地社区的容量 有信息和资源进入一些特定细分市场 可以在社区与私人部门谈判时提出建议 可以让旅游企业更负责和提升当地社区的兴趣 可以找到和开发其他谋生之道 可以强化弱势群体的作用	缺乏足够的企业管理和营销技能 缺乏旅游产品开发的专业性 由于外部资金有限能提供的支持也有限 价值观可能与 CBT 企业的商业利益冲突 NGO 的利益可能与当地社区利益冲突

资料来源：Forstner（2004：510—511）。

新市场营销技术

互联网直接影响了旅游分销系统，让越来越多的消费者直接接触到了供应商。对于供应商来说，航空公司在这方面的动力是通过直客销售节省中间环节的成本（代理和信用卡的佣金）。如果机票成本是 300 美元，通过中间商分销后，航空公司实际上拿不到全部的 300 美元，而通过直客销售就可以拿到全部的 300 美元（Gratzera et al.，2006）。根据世界旅游组织商业委员会的报告，到 2010 年全球四分之一的旅游购买是在网上进行的。消费者在旅游消费选择方面越来越主动了，根据劳和黄（Law & Wong，2003）的一项香港在线旅游消费者调查显示，22.5%的受访者会访问一家以上的旅游网站，6.54%的受访者也是实际的在线购买者。

在得克萨斯州，经济压力和变化的经济形式迫使农民努力开辟更多的收入来源来弥补农业收入的不足，而基于自然的旅游（NBT）是一项重要的非农业收入来源（Skadberg et al., 2005）。非农业对于靠近城市的农场来说尤其重要，这些农场可以就近转化为IT基础设施或服务行业。跟得州一样，南非有很多中小企业，甚至是小微企业，充分利用IT技术来克服空间距离给乡村带来的发展障碍（Bourgouin，2002）。IT技术对于乡村旅游发展来说太重要了，甚至可以说是目前应对激烈的市场竞争的最重要的市场营销工具。尽管互联网对乡村和城市服务供应商来说都是同等重要的，但是生态旅游业对如何用互联网进行营销方面的专业知识仍非常缺乏。

莱和谢弗（Lai & Shafer，2005）用生态住宿的数据库分析了其中14个国家35家运营商的在线市场营销行为。结果发现大部分在线营销信息只是部分地与生态旅游原则保持一致，例如不到一半的生态住宿能让住客有机会进行生物多样性观察。因此作者得出结论："总体来说，大部分运营商都无法有效将必要的生态旅游要素向受众在线推广，从而达到影响他们的预期、态度和行为的目的"（2005：156）。吕克（Lück，2002b）发现这个行业的很多企业只是利用了生态旅游这个词而没有实际上对企业经营方式做任何改变，即利用这个概念的市场号召力提升流量，而企业运营模式和流程毫无改变。多尔希等人（Dorsey et al., 2004）也观察到了同样的现象，作者发现：1. 生态旅游广告往往与可持续性原则不一致；2. 欠发达国家的旅游商品化已经从印刷品广告波及互联网广告。如果生态旅游运营商力图把生态旅游市场资本化，他们不仅必须学习如何更有效地推广自己的产品，而且要在实践中有实质性的改变（即言行一致），这样他们才能真正重新定位产品，正宗的生态友好产品（Diamantis & Ladkin，1999；另见Donohoe & Needham，2006）。

反向营销

近期的生态旅游文献更多地注重于反向营销，即努力抑制对某个产品的需求（见表9.3）。这个策略不是要破坏或削减对产品的需求，而是通过提高价格抑制人们对产品的兴趣。对于生态旅游来说，这样做是由于旅游给某个地区的自然和文化带来了太多令人无法接受的改变。如有些公园太受欢迎了就意味着人们对这些地区的景点和资源需求量太大了，其中一个例子就是澳大利亚的蓝山国家公园。于是就迫切需要抑制需求。阿姆斯特朗和克恩（Armstrong & Kern，2011）指出有一些方法可以抑制公园和保护区的生态和社会影响。表9.3就从营销的4P（产品、地点、价格和促销）方面全面地介绍了这些方法。

阿姆斯特朗和克恩介绍的其他方法还包括限制某些活动的时长、关闭公园的部分区域、设立限制牌或不推广某些区域或某些活动体验。

表9.3　旅游业弱化营销的措施与保护区管理的探讨

营销组合要素	反向营销方法
产品	不鼓励某些设施的开设以减少那些"不受欢迎"市场的需求量
	不对某些步道进行维护，只鼓励有经验的徒步者进入
	提供安全的野生动物观赏区从而实现游客的分流
	限制某些活动，只季节性开放或完全不开放
	限制某些区域的进入，使之更可操控
分销（地点）	根据承载力限制游客进入的时限
	引入预订或预约系统
	引入许可或发证授权系统
	根据社会和生物承载力，采用游客分流措施，推行"先到先得"的原则
	限制露营地和住宿设施的数量
	限制游客总量
	限制团队规模
	采用"公园满员"策略引导游客向其他目的地流动
	允许某些活动在监控下运行，或只授权一些受过恰当教育的人经营这些活动
	让一些脆弱地区更难进入
	同时推广一些不太脆弱的地区
价格	收费或涨价（包括门票、停车费和露营费）
	不打折
	采用区别定价制（如果不能涨价则在某些时段涨价）
	采用排队系统延长排队时间从而提高体验的机会成本

续表

营销组合要素	反向营销方法
逆促销	停止对某些产品/服务的推广（在某些市场）
	宣传与某些产品/服务相关的限制政策
	警告游客某些活动是被严令禁止的
	宣传某些目的地是禁入的或很难到达的
	通过不同的促销模式或信息披露程度抑制那些不受欢迎市场的需求
	教育媒体和记者要有得体的环境行为
	在小册子中推广得体的行为/弱化环境影响
	强调如果太多的人太频繁地造访会造成环境的退化

资料来源：Armstrong & Kern（2011）。

结论

本章完整地分析了生态旅游经济和市场营销。政策制定者已越来越重视生态旅游，因为他们看到了生态旅游资源（如野生动物）的价值，及其对经济发展的意义。当地居民也因发现生态旅游能比其他土地利用方式带来更多的收益而越来越热情地拥抱这个行业。当然这方面也会遇到问题与挑战，特别是当收入无法弥补野生动物保护的投入时，当地人可能会以其他方式利用野生动物维持生计。本章还讨论了生态旅游营销的重要性。营销的关键是要保护生态系统和社会体系的完整统一性不受生态旅游活动的影响。因此营销必须同时反映消费者的需求和行业的需求，而很多经营者为了自己的利益常曲解生态旅游。

概括问题

1. 旅游的替代形式如生态旅游是如何减少一种经济体的漏损的？
2. 以哥斯达黎加的云林保护区为例说明差别收费制度应如何应用于这类地区？
3. 请说明经济学家是如何使用旅行成本法和偶然评估法的？这些方法为什么如此重要？
4. 有些地区鼓吹"野生动物买单了，所以它们留下来了"，请说明这意味着什么？说明生态旅游会如何帮助某些物种的保护？
5. 列出生态旅游市场细分的方法。

第 10 章　开发、管理与政策

人们如果不了解开发、管理与政策，也就无法完全理解生态旅游的复杂性。通过对发展指标和欠发达国家（LDCs）的开发的讨论，本章将重点分析在环境管理方面的一些新的研究成果，包括生态旅游内部和其他领域的新进展。本章根据格拉斯贝根（Glasbergen，1998）归纳的不同环境管理方法框架对相关文献资料进行了梳理，介绍了不同的研究主题和案例研究，涉及伙伴合作、社区发展和社会资本。合作是一个关键话题，是很多各类互动的基础要素。政策协调生态旅游发展与当地人和环境需求方面起到了越来越关键的作用。本章列出了一系列的生态旅游政策制定的参与者，介绍了政策框架，以及如何恰当实施生态旅游政策的相关问题及要素。

发展理论

> 我坐在一个人的背上，压得他透不过气来，强迫他背着我，而同时我让自己和其他人都相信我很同情他而且希望尽一切可能来减轻他的负担，却唯独不肯从他的背上下来。——托尔斯泰

发展理论探索的是富国和穷国之间的经济和心理联系。两者之间常在对自然资源和资金的利用上发生价值观的冲突。旅游业是世界经济中力图化解和平抑这种存在于核心大国和边远小国之间的不平等的一个部门，并以这种方式弥合资源拥有者和资源缺乏者之间的裂痕。沃格勒和德苏扎（Vogeler & DeSouza，1980）认为这种差异总让人想起被扭曲的人性和怪诞的民俗，欠发

达国家就像无力自我保护的孩子，它们几乎没有能力做任何决定。附属国家在19世纪90年代末以前都不被看作经济实体，19世纪90年代末出现了对附属国家人民的一种新的、"崇高"的责任感（鼓励英属非洲加入现金经济）。这所谓的崇高的背后是对附属国人民的野蛮和伪善的看法，认为外部力量有责任为了全世界的利益开发附属国的资源。有人认为争夺海外领地就是出于这样的战略考虑，也有人认为那仅仅是出于经济利益（Brookfield，1975）。

关于如何量化地评价发展，以往的研究提出了各种方式，包括饭店床位数、人们每天摄入的卡路里、每天摄入的动物蛋白质、农业人口比例、食品占总出口的比例、出口经济、婴儿死亡率、死亡率和人均援助额。但这些评价方式大部分都遭到过批评，因为每个国家的社会文化、环境和经济情况都不一样。如对食品的要求是一种文化现象，人们的日常饮食习惯是经过无数代人沿袭下来的，区分北美人和东南亚人每天的卡路里摄入量毫无意义，因为他们的生理需求差异很大（见Mountjoy，1971）。

资源也被用于衡量一个国家的发展状况，资源富饶被认为是发展程度的指标之一。但芒乔伊（Mountjoy，1971）指出虽然巴西资源丰富而丹麦资源贫乏，人们仍普遍认为丹麦比巴西发达。因此发达程度并不取决于潜在的物质而是取决于现有的物质丰富程度。瑞士是这方面的另一个例子，那里宁愿用资本去换取自然资源的捐助。布鲁克菲尔德（Brookfield，1975）指出发展的进程是资本主义国家将生产范围拓展到新领域的过程，而这种发展是通过在国际范围内加剧对欠发达国家（LDC）的资源掠夺实现的。布鲁克菲尔德认为在工业和贸易上最激进的国家（如英国）就能获得最大的利益。亚当·斯密的自由市场经济理论真正释放了成长的枷锁，直接导向了生产最大化。

近年来关于发展理论出现了一种挑战传统经济发展理论基础的观念，新观念强调穷人的基本需求，并更关注基层百姓的发展状况。除非在战略制定和实施过程中考虑环境的可持续性，否则欠发达国家的状况是不可能有任何改观的（Barbier，1987）。布鲁克菲尔德（Brookfield，1975）强调指出：对发展的研究直接与研究人类对环境的利用情况相关，这方面的研究为关于人与环境的动态关系方面的各种理论提供了依据。

芒乔伊（Mountjoy，1971）指出衡量发展的最重要因素是人，包括人的数量、年龄、进取心、创造力、知识和牺牲精神。决定发展的不是人的反应本身（他们是被动的）而是利用人的方式。并不是所有国家都像西方国家那样关注创造发明。技术落后的国家会在自己的社会结构范围内单一利用土地，而西方社会则是利用所有环境要素（出处同上）。最近国际上关于全球气候变暖会危及地球未来这一问题的讨论中尤其突出这一点。欠发达国家强烈指责工业化发达国家产生的大量污染物（如氧化氮和二氧化硫的排放）直接引起了全球气候变暖和臭氧层空洞。

欠发达国家（LDCs）的旅游业

跟大部分旅游文献一样，生态旅游文献的案例研究也以欠发达国家的案例为主（Weaver & Lawton, 2007）。这其中的一个主要原因是生态旅游是拉动这些低收入社区经济发展的重要潜在动力。另外，这些国家的不发达现状也使这些地区对发达世界的游客更有吸引力（Duffy, 2006b）。

欠发达国家由于历史上受殖民统治，因此也被称为附属国。纵观旅游文献，我们会发现跨国集团的发展模式中普遍体现出对不发达国家旅游业的兴趣。欠发达国家的依附性是由历史造成的，历史上的殖民统治改变了欠发达国家内部的经济和社会结构（Britton, 1982）。这种依附性的形成过程不是源自于欠发达国家自身的经济，而是屈从于海外旅游者和新的外国公司投资的需要。如每当一个潜在旅游目的地被发现时（由于当地独特的生物自然或文化条件），跨国公司的介入就开始增加。外国公司对一个旅游目的地国家的形象有着巨大的影响，这种影响是通过开发和促销造成的，这一切都影响了旅游者对目的地国形象、饭店住宿、景点和其他旅游服务设施的认识。

对欠发达国家旅游部门的控制主要体现在外国公司对航空公司和饭店的所有权上，而这些公司对目的地地区的控制往往远不止这么简单。这些国家不发达的经济使当地的农产品和制造业生产者不能为国际豪华标准的旅游服务设施提供高质量的产品供应，这就造成了对进口产品的严重依赖，而这些进口产品是用于旅游设施的建设和经营的。另外，如温彭尼（Winpenny, 1982）指出的，欠发达国家旅游设施的中高层管理人员通常都是外国人，下文所描述的情景就是这样一个例子：

> 在加勒比海的一个岛上，从飞机到饭店，旅游者可能会经过由加拿

大建造的候机楼，驶过加拿大援建的公路，当然这一切投资都是为了迎接大批的加拿大旅游者。到达饭店后，你可能得到了一份朗姆宾治饮品，这是你在整个旅游中第一次接触到为数不多的当地产品。你的第一餐饭中，可选的菜单可能是在多伦多、芝加哥或迈阿密设计的，你所选用的食物是从大半个北美引进的，都是你非常熟悉、单调、乏味的食物配上点当地风景（Hills & Lundgren, 1977: 257）。

问题是谁拥有并控制着这个旅游包价中的各个要素？根据调查（亚太经济社会委员会，1978: 40），从一个由外国航空公司、当地饭店和其他团队服务构成的旅游包价中，目的地国平均只能得到在客源销售的整个包价零售价的40%—45%。如果航空公司和饭店都是由外国公司拥有的，则目的地国只能拿到包价的20%—25%（见第9章中关于经济漏损的讨论）。尽管数量有限，但任何可能赚取外汇的可能性都是有诱惑力的，因为发展的循环是持续的。大众旅游甚至更符合这方面的需要。古巴就是这样，该国努力与国际酒店集团促成合资企业，使当地旅游资源资本化，这可能也是加勒比地区旅游的未来方向（Winson, 2006）。

尽管拉约特（Rajotte, 1980）认为比起其他行业，旅游业对热带岛屿的环境破坏程度相对较低，但旅游业的影响仍然非常突出。这些影响往往是全球性的，但对海岛环境的影响更集中、更严重，因而更能引起人们的关注（以往有很多关于附属国和发展方面的研究都与海岛环境有关）。生态多样性往往因规模而显得尤为重要。加勒比民族国家由于面积小，当地动植物的生存尤其脆弱。年复一年，这些国家接待的旅游者人数都大大超过了岛上的居民，这使旅游对这些海岛的生态系统造成了巨大的压力，如根据海沃德等人（Hayward et al., 1981）的记录，1979年游览百慕大的旅游者超过60万人，差不多是岛上人口的10倍。

未来研究的一个重点是有必要记录下来那些开展生态旅游的发展中国家（如巴西、哥斯达黎加、多米尼加、东非国家和厄瓜多尔）是否也和发展大众旅游的国家一样面临着同样的社会、生态和经济方面的问题。如库斯勒（Kusler, 1991）就曾指出欠发达国家生态旅游发展的特征是资金有限，政府导向，吸引外国游客，以外资饭店和设施为主，而且没有土地使用规划。从这种意义上讲，生态旅游的介入很可能不会改善目的地国的经济状况，上面介绍的大众旅游一样会造成同样的问题。库斯勒指出，重要的是要认识到欠发达国家和发达国家在很多结构性问题上是存在差异的，包括金融、政治环境、对机会的可介入性、可支配收入、对资源的获取和土地的规划。

莫雷诺（Moreno，2005）感觉外部的投资压力会转化成不可避免的发展速度和规模，以及与之相关的生态旅游对当地人的重要意义的认知。当地居民对目的地失去控制权会对当地资源的开发产生一系列影响，包括更高的旅游影响、企业的收入无法惠及当地居民，以及使资源保护边缘化。莫雷诺认为对这种现象的合理应对之策是拒绝外来资本进入当地生态旅游行业。这只有在当地社区领导非常强势、当地发展机构有广泛的代表性而且各方面意见比较统一的情况下才能实现。可惜这种理想的实现常会遇到一些阻力：1. 政治的不稳定性造成无力实现这方面的组织安排；2. 这样组织是否能足够强大到影响政府的政策，对抗外部强大的发展利益。本地开发的专业度需要时间和金钱，当地中小企业需要商业援助、培训、冲突的解决方案和廉价的贷款。要抵御金钱对政府的诱惑，最有效的路径就是外来投资。一种可能的解决办法是非政府组织（NGOs）的介入，莫雷诺认为NGO可以在培训等方面提供援助，让企业能更有效地进入生态旅游市场。

前面的论述让我们认识到我们不能用发达国家的发展思维去评价欠发达国家的旅游发展。范·阿梅罗姆（Van Amerom，2006）指出南非的生态旅游发展就与西方国家（主要客源）有非常密切的关系，南非多样的动植物环境和丰富的文化历史都对生态旅游者非常有吸引力。20世纪90年代中以前，由于种族隔离，国际社会对南非的一系列制裁抑制了当地旅游业的发展，这些制裁措施包括限制飞往南非的航班等。随着种族隔离的解除，国际社会对这个国家给予热情的回应，包括对这个以黑人为主的政府给予政治和经济上的支持，NGO投入数百万美元支持当地的生态旅游发展，并给予积极正面的媒体宣传，以及给予各国旅游者积极正向的出行建议，让人们对前往南非旅游充满信心。范·阿梅罗姆援引英国对前往南非旅游的积极建议，说明这种建议对刺激英国人前往南非旅游起了很大的带动作用，尽管有很多英国旅游者在那里被杀或被强奸。经过一段时间的扶植，范·阿梅罗姆指出风向再度转变，这主要是源于西方环境 NGO 提出的抗议（如挑选大象侵犯了动物的权利）、外交政策决策（如与津巴布韦的冲突）和南非的内政（如侵犯南非白人的权益，特别是与津巴布韦白人权益的对照）。生态旅游发展的这种大起大落与席卷全球的很多政治、社会和经济潮流密切相关。

扶贫旅游

很多问题仍然在限制欠发达国家的经济发展，这些问题也同样限制了旅游的发展，因为旅游是众多经济部门中的一个。其中一个影响问题就是扶贫旅游，所谓扶贫旅游就是通过执行新的、不同的旅游发展战略为穷人带来收益（Roe & Urquhart, 2002; PPT, 2002; Forstner, 2004）。在乡村和城市旅游可以通过给非农居民创造生计、教育和培训、改善卫生状况和基础设施状况，以及可持续环境管理、提升企业社会责任、创造更多的就业机会、让穷人有机会进入市场等手段实现扶贫的目标。内托（Neto, 2003）发现，尽管像生态旅游这样负责任的旅游形态力求给当地社区带来社会经济利益，但它们未必能真正实现扶贫。内托指出尽管两者都是可持续旅游发展战略，但前者强调环境可持续性而后者强调的是通过穷人的参与实现扶贫。（见 Cleverdon & Kalisch, 2000 关于如何在旅游发展中实现公平的讨论，通过控制过度生产和营销手段减轻贫困。）

罗杰森（Rogerson, 2006）发现南非在这方面是个典范。在种族隔离解除以后，南非把旅游业视为是国家经济发展的主要驱动力。以南非西北部的马蒂克维（Madikwe）狩猎保护区为例，罗杰森（2006：54—55）指出这个乡村扶贫旅游是基于以下三大基石：

1. 通过提高住宿业员工的工资让越来越多的当地人能受雇于保护区内的各类住宿设施。
2. 刺激各类小企业成为保护区及其中住宿设施的下游供应商。
3. 通过让当地人与专业的私人住宿设施开发商和运营商的合作，改善当地居民的住宿条件。

作为扶贫旅游的试验田，罗杰森认为南非的经验是值得其他欠发达国家借鉴的。不过希尔等人（Hill *et al.*, 2006）对南非的两个小型基于自然的旅游开发区（Utrecht & Matatiele）的分析发现扶贫旅游的承诺并没有兑现。尽管人们相信自然资源能促进发展，但小城镇仍然被边缘化，而且长期的就业数量非常有限，不足以弥补因关闭一些资源消耗型产业所造成的就业损失。作者发现尽管政府为一些边远地区发展基于自然的旅游提供津贴，但这种津贴并不可持续，长期的发展不可能永远依赖津贴或外部资助。

生态旅游、管理与发展政治

前面的讨论说明发展和管理与政治很难割裂开，那么随之而来的问题就是如何管理生态旅游，包括机构设置与政策制定。这方面的相关文献中给出了很多理论和案例分析。

温伯格等人（Weinberg et al., 2002）指出传统的生态旅游实际上没能让人们看到它所带来的问题，不能意识到这个行业的复杂性，可持续的社区发展项目在市场上是不可行的，这些都是些不真实的假设。根据哥斯达黎加云林保护区和新西兰的凯库拉（Kaikoura）保护区的案例分析，作者发现真正的问题存在于政治中。生态旅游存在的地方社区是大的政治体系中的一部分，这些社区不能控制经济行为，这反过来会提高旅游产品的生产效率，使之越来越像大众旅游。由于生态旅游发展的资金来源于外部，因此当地社区有压力努力提高旅游的收益率，从而证明在这里发展旅游是能在较短时间内实现获利的。作者认为，生态旅游的命运与接待国的民主体制是紧密相连的，政府在外部势力面前可能很难首先保护当地居民的利益。

达菲（Duffy, 2006b）认为生态旅游政治可能存在于不同层级上。在地方层面，生态旅游会给当地社区带来成本和收益。她以生态住宿为例指出有些个人和团体能从中获益，但更多的个人和团体并没能从中获益。在国家层面，政府能起到很多作用，一方面它们负责制定政策促进发展（基础设施、空中交通、住宿等），另一方面要通过公园和保护区的发展和管理来保护环境。在全球层面，新自由主义的发展政策更倾向于把北半球的利益放在首位，而以牺牲南半球的利益为代价。

达菲（Duffy, 2006a, 2006b）指出全球的管理会直接影响到生态旅游的政治版图。塞尔比（Selby, 2003）引达菲的观点，指出全球管理主要有以下三个背景：1. 权力从集中向分散的方向发展；2. 越来越广布的自由民主价观；3. 对人和事物的管理更依赖于理性、知识和专业度（2006a，130）。达菲根据马达加斯加的生态旅游发展对全球化管理做了如下定义：

> 一系列新自由主义思想被转化成为同样新自由主义的项目与政策，这些政策的目标是通过要素网络而不是单一资源和权力机关（如国家）管理人、资源和活动（Duffy，2006a：130）。

具体地说，达菲（Duffy，2006a）指出旅游和生态旅游必须在更广的市场环境、新自由主义思潮和战略下去分析。这里，生态旅游是经济分化或外向型增长的一个工具。旅游是发展的载体，生态旅游是发展和可持续的共同载体。这个理念对于环保非政府组织（ENGO）、世界银行和国际货币基金组织（IMF）等机构很有吸引力，它们会贷款给那些根据新自由主义观点进行改革的国家。一旦某个国家致力于保护其自然环境，它实际上就在刺激生态旅游这样的国际化企业的进入。

以马达加斯加为例。当地成立了捐献者协会执行全球管理战略，这个协会由捐献者、非政府组织和马达加斯加政府组成，其代表来自美国、法国、瑞士、德国和世界野生动物基金（WWF）、野生动物保护协会、保护国际和世界银行。对马达加斯加的援助要求的回报是在该国扩大保护区范围。但达菲指出，新保护主义理念与新自由主义理念（基于生态旅游促销的市场战略和保护必须自给自足的理论）并存，这常令人无所适从（见第9章地球保育的局限）。马达加斯加的保护思维是认为自然资源和野生动物比人重要（Duffy，2006a）：

> 国家的旅游政策致力于通过发展旅游促进经济增长，这与新自由主义定义的增长是一致的，要求政府的西化和现代化，因为旅游业意味着就业、收支平衡、地区发展和外汇收入。（Duffy，2006a：132）

达菲的看法在学术界并不孤独，阿斯卡拉特（Azcárate，2006）以墨西哥坎昆塞莱斯通（Celestún）为例详细地说明了为什么发展理论在当地的生态旅游中的实践是不成功的。阿斯卡拉特写道：

> 相信"别人"的思路会美化非发展空间和人，而这会造成发展的单一化，导致后置发展，让"别人"婴儿化和具体化。这种现实与发展理论相悖，发展理论在目前的全球和本地情况下成了一个问题缠身的理论

框架（Azcárate，2006：108）。

发展不是一个单向的过程，而是双向甚至是多向的，需要从地方和全球人种论等多方面进行探讨。法内尔和比诺埃（Funnell & Bynoe，2007）指出机制安排是指政府的运行架构和模式，同时也是指现存体系（如资源管理）中的相关势力。从定义的角度讲，机制是指"规范一个社会中个人、团体之间的行为模式，或服务于统一目标的行为准则的统称"（Leach *et al.*，1997：11，引自 Funnell & Bynoe，2007：165）。规范化的行为给长期在社会或团体中推行成为机制。当社会成员选择不规范的行径，机制就会发展变化（Funnell & Bynoe，2007）。因此机制安排可以通过影响团体利用和控制自然资源的方式鼓励或抑制可持续的生活方式。法内尔和比诺埃（Funnell & Bynoe，2007）认为可以从以下三个层面定义生态旅游的机制框架：1. 私人部门；2. 管理和经营环境资产的国家组织和半国营机构；3. 可以自给自足拥有环境资产的个人。作者发现对于生态旅游社区有四种主要的机制安排，详见表10.1。

表 10.1　社区介入旅游的机制安排

机制描述	生态旅游机制安排
基于社区（最纯的模式）	由社区成员拥有、控制和管理的基于社区的生态旅游（CBE）
与私人部门或 NGO 合作	由社区或家庭与外部企业或 NGO 合作/全资的企业，有些是基于租赁合同的
个人经营的私人企业；有时基于协议	私人拥有的生态旅游企业，由私营旅行社拥有、控制和管理，雇用当地人作为厨师、劳工、司机、园丁、行李员、服务员、导游和纪念品售货员
"非组织机制"或由根据社区规范个人理解管理和利用自然资源的个人和家庭组成用户管理团体	社区中家庭或团体生态旅游创办者

大部分生态旅游文献指出直接的基于社区的自然资源管理（CBNRM）是当地参与自然资源保护和让当地人利用资源谋生的最理性方法。基于社区的模式和方法在本书中有多处讨论，包括从生态旅游规划、开发和管理的不同角度的讨论。

格拉斯贝根和环境管理著述

达菲（Duffy，2006a，2006b）的文章分析了生态旅游的全球环境管理，法内尔和比诺埃（Funnell & Bynoe，2007）研究了生态旅游的机制安排，并从更广的角度分析了发展问题。从这些讨论我们再延伸到研究环境管理的格拉斯贝根（Glasbergen）的文章。我把格拉斯贝的五个模型与相关案例进行结合。资源管理主要源于：1.各要素之间的互动；2.社会决策和权力实施的周边结构和流程；3.正式的机制和非正式的规范。与这个理论相关的是社会多个层面的参与、代表、考虑、可靠度、授权和社会公正（Lebel et al.，2006，引自 Fennell et al.，2008）。实现上述三个目标的重要前提是社会应是可管理和开放的（Glasbergen，1998）。其中开放性很重要，一个社会要进步就必须对各种管理模式开放，包括政府与其他协会（特别是私人部门）的互动与合作。李（Li，2004）指出中国人的社区旅游发展就面临着障碍和局限，因为没有机制与国家权力相制衡。

格拉斯贝根（Glasbergen，1998）关于环境管理的综述文章中指出根据不同的目标和不同社会干预程度可以把组织框架分为五种不同的模式，包括制度控制、市场规范、民间团体、背景控制和自我规范及合作管理。作者用比较大的篇幅介绍了最后三种模式，因为这三种模式与自然旅游关系最密切（如在制定政策和活动项目时让很多利益相关方介入）。这方面的其他研究学者还有罗德斯（Rhodes，1997），他指出社会的有效管理不能仅依靠国家，必须要让国家和社会密切互动。民间团体、背景控制和自我规范，以及合作管理模式在某种程度上是相互重叠的，每一种都不同程度地依赖于合作。这种重叠让生态旅游与哪种模式有直接关系的研究变得更加复杂。因此，我们必须同时讨论社会资产、社区发展、伙伴合作等各方面的论题，才能获得比较全面的认知。

规范控制

政府是社会变化的规范者（Glasbergen，1998），法律规定明确地说明哪些是人必须做的，哪些是禁止做的。梅特尔卡（Metelka，1990）认为法规是指一个机构（政府、国际或行业机构）有权力去规范其管辖范围内的企业行为。历史上，一般认为政府是适合的法规制定者，如针对航空公司制定相关的安全政策。一直以来，人们担心如果放任不管，旅游会造成一系列的社会和生态影响。最近，替代旅游和可持续旅游形式的发展重新引起人们关注这方面的讨论，即是否有必要规范旅游产品和服务的供应，使之符合一定的商业规范。由于旅游业所造成的近期和远期的、直接和间接的影响，那种认为旅游业可以无需规范而自由发展的看法受到了挑战，越来越多的人认为企业应该对自己的行为负责。古道尔（Goodall，1994）在对英国旅游业进行环境监测的过程中对环境监测的法规进行了一次全面的回顾。古道尔引欧盟的文件指出环境监测是通过各种环境活动和政策评价企业在保护环境方面（管理和设备）的绩效如何的一种管理手段。古道尔（Goodall，1994）认为环境工具包括技术（如降低噪声技术）、法律（如"排污者买单"的原则）和商业（如与实施环境监测有关的成本和收益）三个层面，这些层面的因素可能在实施环境保护方面既是推动因素也是限制因素。

案例研究 10.1　加拿大的观鲸规定

奥拉姆斯（Orams，2002）发现观鲸活动几乎在全球的 100 个国家都有，总规模约 10 亿美元。霍伊特（Hoyt，2005）以大西洋诸岛为例分析这个行业的规模，他指出从南到北，每年有约 170 万观鲸者在这方面花费 1.33 亿美元，人数占全球的 19.4%，收入占全球的 12.7%。霍伊特指出观鲸是生态旅游中比较前沿的活动，但在加纳利群岛这样的地方，观鲸业的发展非常无序，这让鲸的活动路线受到了严重的干扰。

生态旅游对加拿大劳伦斯河上的白鲸数量的影响促使布兰和杰克逊（Blane & Jackson，1994）提出希望对有关船只采取更严格的政策加以控制。两人指出在白鲸活动区有大量的游览船只，这些船只已经影响到了白鲸的活动。他们建议限制经营者数量和扩大限速的面积，让游船在白鲸活动水域的边缘行驶。另外他们还提出相关政策应由加拿大政府制定并由相关团体（如旅行社）实施。类似规定已经在加拿大西海由观鲸游旅行社、政府部门和其他利益团体共同实施，同时已经制定出了一些指导行业发展的原则规范。最近由西北观鲸旅行社提出了一项政策草案：1. 游人应距鲸约 100 米以外；

2. 旅行社要遵守加拿大联邦渔业法；3. 在靠近白鲸时船速应降到时速 0.5 英里以下；4. 任何时候靠近白鲸时都应减速；5. 如果迎面遇上白鲸，停船让白鲸游向你；6. 如果从后面遇上白鲸，让船离开白鲸的游动路线，以与白鲸同样或更慢的速度与其平行行驶；7. 当与白鲸同向行驶时不得突然改变速度或行动方向；8. 不得高速穿过鲸群或游船密集区；（原文缺 9——译者注）10. 不要靠近正在哺喂的白鲸；11. 轮流照顾白鲸；12. 不得像跳蛙一样行船。

市场营销规范

在市场规范模式中，价格机制对变化起到决定作用（Glasbergen，1998）。政府的作用是规范市场流程，个人利益不是问题而是个解决方案："当财政激励结构发生变化时，环境产品可以在市场上得到正确估价……公共和私人利益可以达成统一"（Glasbergen, 1998：6）。从环境角度讲，关键是外部因素内部化（如因旅游活动造成环境退化）。不过也要考虑外部成本内部化，经济理论可能会忽略外部因素。因此从经济角度讲，第三方成本是可以为满足我们的个人利益做出贡献的（见第 9 章的相关案例）。

插图 10.1　加拿大新布伦瑞克圣安德鲁斯的观鲸

插图 10.2　小须鲸离开圣安德鲁斯

民间团体

格拉斯贝根（Glasbergen, 1998）认为在这种模式中自信的公民起到了关键的作用，他们通过信任与合作建立起社会纽带。机制的变化是建立在理性沟通基础上的社会变迁，这种沟通是基于理性和相互的理解，沟通的形式包括讨论、争议、反对和社会批评。格拉斯贝根指出有两种截然不同的民间团体管理模式。第一种是参与式，即参与各方把政府视为一种能做出正确判断和决策的积极力量。这种模式的一个例子是有很多"友善"团体（如Pelee点国家公园的朋友们）能为某项具体的资源需求目标共同工作并做出援助行为（见Gardner, 1993, 关于志愿、非营利、自发、服务驱动和非营利环境改善团体的讨论）。与第一种模式相对应的是反对或激进模式，认为政府首先是支持私人利益的，因此私人利益是推动国家政策变化的直接作用力。我们看到很多边缘社会和环境团体会对抗政府以期实现某些对社会非常重要的改变。

社会资产

社会资产的概念在这里是为了让我们能更好地理解社区的作用和互

动。社会资产可以定义为在团体和组织内让人们为共同目标工作的能力（Coleman，1988）。从这个概括的描述延伸出来的含义是：要让人们为一个共同的目标工作，这其中涉及大量的社会组织工作，需要人们有共同的信念和价值观，而且为了互惠互利而有动力。在这方面，社会学者发现社会是建立在组织之间互惠关系之上的，这种关系会因为信任和合作而更加紧密夯实（见 Gouldner，1960；Smelser，1963；Dredge，2006；Wyatt，1977）。如果旅游发展的各利益相关方能分享信息、知识和更加紧密地相互关联起来，生态旅游就可以更加有效地得以运行。政府部门常被指责为"单飞"或操作方式过于特立独行，只有让所有相关机构和部门都密切联系起来，共同和谐发挥作用才能为生态旅游的发展奠定坚实的基础，才能推动社会模式在社区的实践走向成功。

合作的基础是信任和旅游业中的互利，卡尔松（Karlsson，2005；另见 Putnam，2000）在瑞典奥尔延市（Årjäng）分析了 22 个小企业主，发现社区的特点就是合作精神和旅游企业主之间的兄弟关系，竞争对手之间的合作是社会资产的一种形式，在建立积极健康的商业环境中起到了至关重要的作用。卡尔松（Karlsson）认为，同等重要的是尽管有些社区有这种社会资产，但也会被其他要素（如旅游者）破坏，外来者可能有反社会和不道德的行为（另见 Krishna，2001）。

琼斯（Jones，2005）分析了冈比亚生态营地，指出尽管社会资产对营地的形成起到了重要的作用，但是一系列管理问题严重影响了营地的永续经营。根据对营地相关各方的调查，作者发现尽管人们自称信任、合作和平等，但实际上人们的观念和现实是有很大差异的。较有权势的阶层的信息并不透明，同时较低阶层的人不愿挑战他人，在项目中有更多的妥协。当家族产业继续往下传时，接手的家族成员并不像他们的父辈那样关注社区的福利。孔托格罗戈普洛斯（Kontogerogopoulos，2005）认为社会资产有时甚至是有破坏力的，他发现海上独木舟业务已经在当地引起了社会的不和谐，这主要是由于这项业务的雇员常常冲破规则的限制。很多人努力想成为公司里的导游，这样他们就能极大地提升自己在社区里的地位，改善生活，但这种努力带来了社会的变化，至少引起了当地其他居民的怨恨，这给当地社区内部带来了竞争和冲突。

非政府组织（NGOs）

非政府组织（NGO）作为一种非营利机构，在生态旅游行业发展中起到了重要的作用。像 CI 这样的组织通过保护欠发达国家的生物多样性很自然地介入生态旅游中（见案例研究 10.2）。这些团体成为社区实现产业转型、减少对生物多样性破坏目标的载体。非政府组织相对来说更多以公园、教育或生态为中心，而不是像私人部门那样以营利为中心。

NGO 的原则通常通过它们在国际保护和发展计划（ICDPs）中的介入体现出来，他们会把大量的捐款用于生物多样化保护、生态旅游和其他基于社区的项目（如前面章节所述）。在萨尔瓦多圣地亚哥，拉米雷斯（Ramírez，2005）指出生态旅游开发的援助来源于多个渠道，包括美国创办的萨尔瓦多基金（1994 年美国发起，旨在减轻外债）和萨尔瓦多环境基金（政府机构，主要是把国际资金引向合适的环境项目）。外部资金来源还包括：1. 日本、美国、西班牙、德国、瑞典、英国和卢森堡的国际援助机构；2. 欧盟的多边援助；3. 活跃于基于社区项目的协作和支持的非政府组织（NGOs）。NGO 的作用包括吸引资金、撰写方案、指导当地工作、管理资金、成为社区与国际捐助之间的有效中介以及定期提交报告。

尽管 NGO 在欠发达国家的介入带来了很多收获，但布朗（Brown，2002）指出他们的作用因其无法充分理解当地社区的复杂性而常常大打折扣，这种复杂性包括当地成员的参与度、参与者的授权和当地的决策流程（见 Butcher，2006，关于 NGO 的深入讨论——在生态旅游不使用自然资产的情况下的可持续性）。讲到授权，布朗认为需要根据新的法律法规创立新的机制框架，转变政府和相关社会组织的态度，形成新的合作伙伴关系。布朗用案例说明环境、经济发展和社会服务相关政府部门必须转变态度，因为只有这些相关部门的合力才能促进保护和发展。

围绕外部发展机构介入生态旅游的话题，吉尔吉斯斯坦的市场经济的转化过程是非常有挑战性的（Palmer，2006）。在这个世界上最穷的国家之一，吉尔吉斯斯坦的长期规划中，与旅游相伴的还必须包括减轻贫困和在国际社会树立稳定的名声。不过基于目前的发展现状，吉尔吉斯斯坦政府仍在积极寻求援助、刺激经济、解决债务问题。可惜这样依靠外部开发机构资金（如瑞士发展合作组织的基于社区的旅游计划）的自上而下的西方式生态旅游发展令当地居民和旅游运营商都感到非常陌生。西方顾问与后社会主义社区观念上的不和谐造成了一系列的社会文化影响（如商品化、表演的真实和新制度主义），这种冲突在发展的后期有愈演愈烈的势头，特别是当NGO在未与当地企业协商的情况下推行项目，这种冲突更加凸显，甚至造成社会的分裂。批评家指出乡村人的日常生活条件和价值观与这些外部机构的差距太大（Sarrasin，2013）。Yi-fong（Yi-fong，2012）指出，不同团体可以从不同的生态旅游项目中获益或受害。生态旅游常常强化了现实中的不公平性（见Zhuang et al.，2011，关于NGO在中国作用的拓展的讨论；另见Butcher，2005，关于NGO如何对当地经济发展起到积极作用）。

理查德和霍尔（Richard & Hall，2000）指出授权的核心问题是权力的分配。如果发展的力量是自上而下的，效果可能不如从内部产生动力推动的发展效果好。社区内存在各种不同的社会关系，要推进任何一项社区发展议程的前提必须是充分理解这些内部关系。理查德和霍尔指出，"全球的发展只有根植于社区才有前景"，这意味着全球的生态旅游发展倡议固然重要（见生态旅游政治部分），而社区才是这种全球倡议真正得以体现的地方。当地社区可能对这种全球化的趋势热情欢迎，也可能强力对抗。

案例研究10.2　非政府组织的亮点：国际保护组织

国际保护组织（CI）是一个通过向人们展示自然的和谐对地球生物多样性进行保护的非营利性组织。该组织的一个重要的标志是成立了自然交换部，给一些贫穷的债务国提出关于如何聪明地保护自然的一些选择。该组织通过谈判购买这些债务国的一些国外债务，作为回报该国必须有一些适当的保护行动。一些面临威胁的物种栖息地现在又安全地成为了数千种濒危物种的天堂。

国际保护组织的生态旅游宗旨是发展和支持对保护事业有贡献的生态旅游企业，影响更多的旅游企业向更生态可持续的方向发展（CI，1997）。为了实现这些目标，该组织参与了世界上很多国家和地区的生态旅游开发计划，包括玻利维亚、巴西、危地马拉、秘鲁、博茨瓦那、马达加斯加、印尼和巴布亚新几内亚。该组织用"承载力确立"的方法确保这些地区的生态旅游能惠及社区，与传统活动和保护事业相兼容，通过在这些地区举办生态旅游研讨会对当地人进行培训。最近，该组织成立了生态旅游中心，为生态旅游目的地、旅行社和住宿及相关刊物和信息机构提供信息（http://www.ectour.org/xp/ectour/；2006年12月12日登录）。

背景控制与自我约束

背景控制与自我约束的理论基础是认为社会可以通过政府干预得到控制和塑造（Glasbergen，1998）。与此相对的理论是自我参照主义，即组织和个人从各自的视角看世界，相关利益方根据自己的经验和策略确定什么是最相关的。因此，像法律法规等外部规范并不一定总能起到预期的效果，因为它们很难渗透到一些子系统中去，而更重要的是个人利益的改变，自我约束模式就是应用于这种公民社会内部体系。下面我们以旅游经营者为例加以说明。

旅游经营者

生态旅游经营者管理中的最大问题是他们会感觉自己对服务和决策失去控制力。蒂贝茨（Tibbetts，1995—1996）在讨论南卡罗来纳州的探险和生态旅游行业时指出，很多运营商更倾向于自我管理和自愿原则。因为这些运营商都是在这个环境中工作的，他们坚信他们更有能力：1. 管理他们的事务而不需要政府的帮助；2. 解决自己的问题；3. 规划和推广合适的产品。

伊瓦萨基（Hiwasaki，2006）调查了日本的三个国家公园，希望了解保护区通过基于社区的旅游发展可持续性经营中遇到的问题和值得借鉴的成功经验。日本和其他人口密集的发达国家一样，环境部（MoE）有权介入公园管理的相关利益方，因为这些公园的功能比较多而且土地所有权比较复杂。另外，社区和利益相关方的流动性也带来了很多的利益冲突、权力关系和机制上的问题。伊瓦萨基发现针对现有保护区旅游所面临的挑战有四个关键的制胜要素：机制管理、通过道德自愿原则的自我规范、高度的环境意识和合作伙伴关系。生态旅游支持机构包括环境部、林业部门、两个地方政府、农民和渔民合作组织、旅游协会、饭店协会、导游协会、商务部和私人企业。

亚曼和穆赫德（Yaman & Mohd，2004）认为马来西亚乡村可持续生态旅游发展的最关键点是建立由社区成员运作的旅游管理委员会。这个委员会的主要职责是防止其成员不恰当地使用自己的权利。亚曼和穆赫德发现这种形式的合作能有效地降低漏损，将负面影响降到最低，而且能把收益集中留在本地。除了团体内的信任问题外，更大的担忧是对外部规范机构的控制问题。如果旅游经营商把个人收益放在一切问题之首，这会对他们的行为造成深远的影响。政策制定者需要确定旅游经营商是否有能力解决这些复杂的问题和冲突，特别是当一些资源的保护要优于满足旅游者和企业需求时。现在，我们面临的问题是企业是否值得社会的信任，我们需要确定是规范管理或自我约束，或两者兼而有之，哪一种对旅游产业发展和环境保护更有利。

合作管理

格拉斯贝根（Glasbergen，1998）认为最后一种模式是最独特的模式，它综合了多种不同的理念。在这种模式中，复杂性和不可预见性不是问题和挑战，而是现实特征和问题的解决方案。在这种模式中，政府只是众多利益相关方中的一个，它会影响社会的变化，共识的达成是靠公认的定义、共同的解决问题的要求和平等地参与对话实现的（通过关系网）。合作管理土地是非常复杂的，涉及很多不同的理念和战略，包括合作、伙伴关系、社区发展与协作，下面将分别具体地介绍这几种不同的理念。这种管理战略及其细分形态是一种能在较短时间内演变的模式，学者们的理论试图区分这几种模式之间的差异，并从中选择分析的主题。这种管理模式最近比较受关注，我在下面对几种方法进行了讨论，这几种方法或多或少都有些重合的内容。

合作

旅游合作被定义为"为了共同目标的共同努力"（见 Fennell，2006：106）或可以被更广义地定义为"共同努力"（Plummer et al.，2006：501），这是合作管理模式的基础，其实也同样是公民社会、背景控制和自我规范模式的基础，即这些模式都涉及人们之间的合作和共同努力。旅游业内的合

第 10 章　开发、管理与政策

作应该如何进行其实并不明确，因为涉及的定义太多了。芬内尔（Fennell, 2006a, 2006b）指出在交互利他主义的背景下，代理商在长期的关系中承担了成本也得到了收益（见第 7 章），而摩尔（Moore, 1984）指出所有代理商能从合作中立即得到收益。这一切足以说明合作是指为了实现预定目标，各方在各种层级共同努力（见 Axelrod, 1984, 关于合作发展的文章）。

蒂珀和韦尔奇（Tipa & Welch, 2006）在讨论合作管理时指出人们对合作的认识是比较复杂混乱的。他们指出合作管理是基于决策中平等的各方的交流，在整个过程中每个团体都保持自己的独立。蒂珀和韦尔奇把这种合作管理模式称为"理想化的平等"，但这种模式常遭遇失败，因为各方很少会认为自己与其他各方是平等的，而且各方在资源掌控方面（如资金）的确不同。合作管理最早的模式是澳大利亚的卡卡杜国家公园，这个公园最早于 1978 年就开始推行合作管理（De Lacy, 1994）。卡卡杜是土著人拥有的，他们把这片土地租给国家政府作为国家公园，土著人为此每年获得租金收入，而且土著人业主在国家公园董事会中占大多数席位，参与公园的决策（Lane, 2001; Cordell, 1993）。戴维（Davey, 1993）指出这个模式最终以失败告终，因为没能在规划和政策之初就让土著人介入，而且土著人在公园管委会中不占主导，另外由于土著人缺乏足够的培训和技能，他们不能充分理解自己在公园环境中的作用（另见 Baker et al., 1992）。不论合作管理模式是否像蒂珀和韦尔奇所说的那样（即各方平等地参与并同时保持各自的独立性），但人们对合作的普遍看法确实值得商榷，从用词上就可以看出管理各利益相关方是很难达成统一的。

罗齐等人（Rozzi et al., 2006）研究了合恩角群岛地区威廉斯港附近的奥莫拉（Omora）民族植物园，发现这是证明生态旅游合作的一个很好例证。这个公园是公私合作的，在三个方面进行保护，包括跨学科研究、正式和非正式的教育以及生物文化保护，相关项目涉及传统生态知识、环境伦理和生态旅游。为了实现保护的目的，公园推行十条原则：1. 跨机构合作；2. 决策参与法；3. 跨学科法；4. 跨国合作；5. 通过媒体的传播；6. 找出标志性物种；7. 教育；8. 生态旅游；9. 可持续性管理；10. 研究。尽管这篇文章中并没有专门讨论合作关系，但不容忽视的是合作是让这个项目真正实现的基础。

> **案例研究 10.3　卡卡杜的抗争**
>
> 福克斯（Fox, 1996）曾指出资源丰富的土地给人们提供了更多的土地使用选择。澳大利亚北部的卡卡杜国家公园就存在这个问题。卡卡杜国家公园是世界遗产地之一，具有重要的生态和文化意义。卡卡杜是由土著人拥有的土地，土著人把这片地租给国家公园机构。从法律上讲，对这片土地上的资源管理不当会导致土地契约的终止。这个公园的生态旅游非常吸引人，以致土著人认为旅游业的影响与采矿业已经没有区别了，两者都会加速公园资源的衰减。福克斯称有些土著人认识到采矿终会走到尽头的，而旅游业则会不断增长，而且随着公园不断规划着数百万美元的旅游项目，这个行业还会不断壮大。土著人最担心的问题是他们的基本价值观与公园当前的发展理念完全不同。埃利奥特（Elliot, 1991）称采矿和旅游业在卡卡杜的竞争是不同利益团体在环境资源使用上的竞争和重合的最好例证。如果我们的行为导致了一个物种的灭绝，这个问题严重吗？如果我们的行为导致了一个动物园死亡，这个问题严重吗？如果我们的行为导致了公园大面积的退化，这个问题严重吗？如果一个物种的灭绝换来了更多的就业机会，这是否划算呢？想象一下，采矿者、旅游行业、土著人、公园管理当局和其他利益方都按自己的原则行事，那会是什么结果。

伙伴关系

合作管理模式的一个核心特征是在追求共同目标形成的伙伴关系。伙伴关系的定义是"双方或多方之间基于满足各方需要的同时保持独立特性的一种持续性的管理"。这种伙伴关系的特点是可以长时间维持，包容、合作和灵活（Uhlik, 1995：14）。具体地说，乌赫利克（Uhlik, 1995）提出了一个成功达成合作伙伴关系协议的六阶段合作伙伴发展模型，这六个阶段包括：1. 教育自己和其他人；2. 需求评估和资源普查；3. 找出潜在合作伙伴并了解其需求和资源；4. 对比需求和资源；5. 制定一份合作建议书；6. 提出合作伙伴关系建议。

斯普勒（Sproule, 1996）指出生态旅游伙伴关系的发展必须能融入地区和国家的现有发展体系。伙伴关系之所以能长久是因为如前所述，参与各方有合作的氛围。潜在伙伴关系包括：1. 成熟的旅游行业组织，如旅行社；2. 政府旅游局和自然资源机构，如公园；3. 涉及环境问题、小企业管理和传统社区发展的 NGO；4. 大学和其他研究机构；5. 其他社区，包括成熟的旅游社区和刚起步开发的社区；6. 其他国际组织、公共和私人基金支持的机构、国家文化委员会等。整个体系的效率由其中最薄弱的环节决定，有意发展旅游业的社区会越来越依赖伙伴关系带来的收益，这种收益能惠及本地人和外地人（Clements et al., 1993）。

伙伴关系更注重的是相关各方当前和未来的需求。从公园的角度讲，这可能是生物多样化和设立更多的保护区。从土著人的角度讲，决策和文化是最重要的议题。合作的一个典范是野生动物保护协会（WCS）和 Capitania de Alto y Bajo（CABI）（一个代表玻利维亚 25 个社区 9000 多人的组织）这两个组织之间的长期合作（Arambiza & Painter, 2006）。这两个组织之间的合作经历了时间的考验，WCS 知道要想保护生物多样性，就必须尊重 CABI 的土地使用战略。从另一方面讲，CABI 看到了保护是改善社区成员生活的基础，这种生活的改善有赖于卫生状况、教育和就业的改善。当一方的主要目的对另一方来说不是致命的，那么双方就可以针对双方的不同意见进行直截了当的沟通。拉米雷斯（Ramírez, 2005）研究了生态旅游对萨尔瓦多圣地亚哥居民的潜在价值，作者对当地居民、旅游者和夏季度假屋业主进行了调查，发现生态旅游成功最重要的因素是一个组织有序的社区，包括功能健全的当地社团和广泛的社区参与。

协作管理

旅游研究人员近年来在各种现实情况下对协作规划和管理领域不断探索（Jamal & Getz, 1995）。这方面的研究议题包括各利益相关方参与旅游决策的可能性（Gunn, 1994）；在合作解决问题的过程中谁来共享资源（Bramwell & Lane, 2000；Plummer et al., 2006）；跨机构互动的改善潜力（Gray, 1989）。协作规划方面的著述包括梅代罗斯·德·阿劳霍和布拉姆韦尔（Medeiros de Araujo & Bramwell, 1999）关于巴西情况的分析；拉德金和马丁内斯·伯特米尼（Ladkin & Martinez Bertramini，2002）关于秘鲁库斯科情况的分析；霍尔（Hall，1999）对西方国家协作旅游规划方面的批判性分析；以及蒂姆西（Timothy，1998）关于印尼日惹情况的分析（另见 Dredge，2006，用网络理论分析协作）。在资源管理方面，蒂帕和韦尔奇（Tipa & Welch，2006）更关注协作流程和相关方法（如权力的分享），以及如何依据价值判断激发起当地人的热情，如何保护决策层的控制力，以及如何让价值观统一到共同的规则、信条和架构上。权力、当地居民、控制力和架构如前面所说是本章研究的生态旅游管理的核心，下面的几个例子说明的就是这种合作管理模式中出现的权力的不平衡和相关的远景及挑战。

普皮姆·德·奥利维拉（Puppim de Oliveira，2003）指出不同的利益相关方在旅游政策制定时会根据自己的利益、权力和知识行事。作者研究了巴西环境政策制定的三个例子，发现不同层级的政府、大小旅游企业、社区团体和 NGO、开发商和外部机构的投入程度差异很大，这种差异表现在：1. 建设机构的能力；2. 保护区的建立；3. 环境项目的投资；4. 控制发展与旅游流。例如，大型旅游企业更倾向于环境项目，因为在这方面它们不会受到什么财政的影响。作者还发现政策设计的流程、谁来设计政策都会严重影响政策的结果。不同成员之间的联盟完全改变了政策的性质，因为通常政策都会受某些人的思维模式、社会和生态关注点的影响。主张联合（伙伴关系和忠诚）常是由成员和代表从自身利益出发的主张（Sabatier，1988），这意味着政策的执行不一定是出于社会的最优利益的，而可能更多地是出于个人或组织的个体利益（见 Fennell et al.，2008）。

巴克利（Buckley，2003）指出保护团体希望把旅游作为保护的一种工具，而 NGO、政府和行业协会等则想把保护作为发展的一种工具。这些团体有截然不同的背景，因此可能导致价值观的冲突，这一点在本书中频繁涉及。斯泰因等人（Stein et al.，2003）在研究佛罗里达生态旅游发展时发现，旅游从业人员和公共机构在生态旅游发展方面的重点不同。公共机构的首要任务是生态利益和资源管理，而旅游从业人员则首先把生态旅游作为一种直接和间接的收益来源。

肯尼亚的安波塞利国家公园面临着权力关系的问题。由于马赛族人在外界的知名度，马赛族人中的年轻人具有经济的优势地位，但当地社区的传统价值观正逐渐消失（Ogutu，2002）。肯尼亚马赛地（Maasailand）的例子说明社区参与的结果可能是土地和资源分配的不平等（Southgate，2006）。异质社会现状会弱化当地人出于自己的利益进行协商的能力。肯尼亚北部的运营商认识到了生态旅游的巨大潜力，成功地争取到了对于当地人并不平等的关系。由于当地人缺少机构的支持，最终丧失了对土地和资源的控制权，他们可以参与的渠道少得可怜。索思盖特（Southgate）援引贾马尔和盖兹（Jamal & Getz，1995：190—191）的观点得出结论："权力的不平衡以及与利益相关方有关的机制问题会限制协作的动议和最终的成功"。同样的情景也出现在博茨瓦纳，大型旅游运营商把当地运营商和投资人边缘化，造成了乡村发展的滞后和贫穷（Mbaiwa，2005）。哥斯达黎加的奥斯蒂欧娜（Ostional）保护区也很类似，那里的外部投资人阻止当地人从生态旅游中获利（Campbell，1999）。同样的问题也出现在泰国，因他侬国家公园里的外国旅游公司把生活在公园内的当地人的收益压到最低（Kaae，2006）。多利益相关方的共同管理的问题就是有些团体比其他团体有更大的势力，因此学者们认为管理应该权力分散并下放到尽可能低的层级，而且权力应该在不同团体之间动态变化（见 Sanderson & Koester，2000；Nelson & Gami，2003；Nagendra et al.，2005；保护区总体技术专家团，2003）。

适应性合作管理

适应性合作管理是最近出现的管理方法方面的新词，它结合了多个利益相关方（如国家、公民社会和产业），以合作精神和复杂的系统看世界（Fennell et al.，2008；Berkes，2004）。适应性合作管理法认为政策是一种试验，通过社会学习机制不断得到反馈，增长和更新知识，政策也会动态调整（动作与反应的循环），这种调整与改变是灵活地应对变化（Lee，1993；Folkea et al.，2002）。阿米蒂奇等人（Armitage et al.，2007：2）通过观察发现"适应性合作管理代表了自然资源管理创新的潜在重要性，这种创新是基于环境条件的改变、不确定性和复杂性"。因此，适应性合作管理是一种不断根据社会生态系统的变迁反馈实现发展演变的过程，只有当一种资源要在参与各方中共享时这种过程才会发生，这种过程是灵活、动态和社会学习导向的（Ruitenbeek & Cartier，2001；Folke *et al.*，2002；Berkes，2004；Olsson *et al.*，2004）。

适应性合作管理是和合作和个人利益延续相关的，整个的延续关系是由道德理论支撑的。芬内尔等人（2008）总结出适应性合作管理如果没有道德为轴，那它就沦为只是给长期存在权力和生活两难处境的人装装门面。也就是说尽管我们努力用最好的政策和管理架构，但如果没有道德基础，这一切都毫无意义，只能加剧政策和自治团体之间的模糊边界和紧张关系。适应性合作管理的特点是涉及多个利益相关方、合作、复杂、社会生态体系化、形成系统学习反馈的闭环、循环道德基础，特别与生态旅游相关。侧重在这方面的进一步研究是非常重要的，需要更多的讨论与建议。

旅游政策

第1章里我们用了很大的篇幅讨论各种生态旅游的定义，这是因为恰当的定义能带来恰当的政策，最终带来恰当的行为：定义、政策、现实（最后这个部分我们将在第11章讨论）。下面的例子说明了理解生态旅游背后的基本原则的重要性。

2006年7月，TRINET的一个讨论（TRINET是一个面向旅游学者的国际旅游在线讨论组织）详细分析了下面这个加拿大不列颠哥伦比亚（BC）省的生态旅游定义，旨在希望找出针对政策和行为确定的恰当的生态旅游定义。

> 探险旅游/商业旅游
>
> 商业娱乐常被称为生态或探险旅游，当地居民和游客通过各种户外导游活动进入不列颠哥伦比亚省壮观的荒野。商业娱乐被定义为收费的户外娱乐活动，重点强调与自然环境相关的体验。

曾经是BC省居民，现在澳大利亚莫道克大学任教的吉姆·麦克白（Jim MacBeth）总结了很多旅游学者的观点，指出"BC省的生态旅游和探险旅游更像是网站上的一个标签"，他进一步指出：

> 生态旅游的定义在政府网站上独立出现只能展示政府的无知；你给

真正的生态旅游者和学者以及其他政策制定者贴了一张"脸",这会给BC省政府和当地的生态旅游产品带来不好的名声(TRINET,2006年7月24日)。

我们得到了什么教训呢?韦斯顿(Weston,1996)把商业娱乐和旅游定义为一个基于服务的产业,它是商业化的、追求利润的,同时存在于一个能生产和分销这种产品和服务的市场中。强调这个产业的商业化、市场化和逐利的特征,这在定义生态旅游时能真正把生态旅游机会跟对方摊牌。至少政府应该同等地关注生态旅游金钱利益以外的东西。下面介绍一些关于旅游政策的基本观点,继而后面是对生态旅游政策研究的深度讨论。

简单地说,旅游政策是在旅游规划过程中帮助一个机构(通常指政府机构)明确目的和目标的文件。阿克赫斯特(Akehurse,1992)对政策的制定有着更详细的说明,并将政策定义为:

> 旅游部门开发的一种战略……确定目标和指导原则的战略。制定政策的过程包括确定公认的目标,确定优先程度,明确在社区背景下国家政府、国家旅游组织、当地政策和私营部门各自的作用,确立协作实施共同认可的计划、解决问题、监督和评价机制(Akehurst,1992:217)。

从这种意义上讲,提供旅游服务、进行规划、开发和管理需要很多组织和机构的参与和合作。

所有国家都应制定旅游政策来指导各地旅游业的规划、管理和开发,以确保能明智有效地利用资源(Jenkins,1991)。帕克和哈雷(Parker & Khare,2005)发现欠发达国家基本都有外来投资政策帮助投资人开发项目。作者分析了南非的一些关于侨民就业、移民、税务、外汇和进口关税方面的政策,以及其他一些限制发展的政策规定。

政府是政策制定的职能部门,或者是被动的(如有立法保证不能偏向旅游行业)或者是主动的,即政府采取行动偏向旅游行业的管理(通过制定目标和在法规上予以支持)和/或开发(建设和管理旅游设施)。利奇克利希(Lickorish,1991)指出政府一般会把制定旅游政策放在比较不重要的位置上,在发达国家尤其如此(欧洲的第一批关于旅游的政策报告出台于1986年),这主要是由于传统上政府认为旅游开发是私营部门分内的事(Lickorish,

1991；Pearce，1989）。利奇克利希同时指出，如果国家政府没有采取任何步骤制定政策而任由地区或当地政府去制定政策往往会导致不平衡的结果。此外，政府关于旅游业和环境方面的政策本身可能就存在抵触。农业部、环境部、旅游和工业部、交通部等部门都可能出台各自的环境政策。

科科西斯（Coccossis，1996）认为学术界还没有充分理解环境和旅游业之间关系的复杂性（如旅游业的同步影响），以及行政管理的高度分立。另外，他指出环境保护常被视为会对社会和经济发展产生威胁，当然随着近年来可持续发展的趋势，这种威胁论已逐渐淡化。如果没有恰当的发展指导原则，在社区内综合使用公共和私有土地往往会为了追求利润而牺牲社会生态利益。科科西斯提出的一个重要观点是，现代环境政策应是一个更全面的、以生态系统为基础的政策，不应再针对某些具体问题而是更多地从地区综合发展的角度出发。具体地讲这种政策应包括：

1. 将发展政策和环境管理联系起来。首先，有必要从环境的角度重新审视所有的项目、规划和计划。
2. 地区一级环境管理计划应成为指导地方环境管理计划的框架。
3. 在地方、地区和国家的各级环境管理政策中应将旅游开发结合进去。
4. 提高地方处理环境问题的能力，特别是那些发展较快的旅游目的地地区。

根据上述原则，科科西斯（Coccossis，1996）找出了欧洲发展可持续旅游的首要地区，包括海滨、乡村、人造环境和城镇，以及岛屿。关于饭店开发政策的一个最好的例子是印尼的巴厘岛限定饭店建筑的高度，这个政策在20世纪80年代还被用于世界上很多其他地方。饭店的高度不能超过当地最高的棕榈树的高度，以免破坏自然景观。也就是说开发要顺应景观的要求而不是去统治景观。

与科科西斯的论点一致的是法约斯-索拉（Fayos-Solá，1996）提出旅游政策已随着旅游行业性质的改变而发生了变化。旅游行业迫于市场全球化、超细分市场、新技术和越来越强烈的社会和生态责任意识，20世纪80年代旅游业的经营理念已逐渐从大众旅游向替代旅游转变。竞争力是影响旅游行业的一个重要因素，而竞争力是基于质量和效率的，不是数量，不过强调数量正是大众旅游的做法。法约斯-索拉指出旅游政策目标经历了三个不同阶段。第一阶段是以大量旅游者为基础的，政策目标是使旅游收入最大化，尽可能创造更多的就业，说明当地政策指导思想是大众旅游理念。第二阶段是20世纪70年代的经济衰退之后，这期间的经济在成长与衰退之间徘徊波动。在这个阶段，人们更清醒地认识到了旅游业的社会、经济和生态影响，这时的经济和政策法规目标都重新调整使旅游业的收益能更好地为社会福祉做贡献。在第三个阶段，竞争力成为旅游行业发展的决定因素，行业内出现了全面质量管理、公共、私营和非营利机构间的合作，这一切造成了多行业共生共存的现象，因此面向21世纪的政策制定需要超越传统的营销、促销、税收奖励、住宿和交通等专项内容的讨论，而要转向更全局性的问题，如环境、社会影响、理性与公平的进入权（谁在什么时候、以什么方式得到什么）以及国际社会关于健康安全的法规等问题（Richter，1991）。里克特（Richter）进一步指出政策反映政治利益已由来已久，而民选制可能会成为影响旅游决策的一种重要力量。

与上述政策问题的思路不同的是贾拉吉（Hjalager，1996）认为未来在制定限制旅游对资源基础的影响的政策法规时要重在创新。她认为影响政策制定的首要因素是这些决策都受制于意识形态和个人同情心而不是从平衡发展的角度出发，而且制定政策的人往往不去考虑政策实施的成本。她的研究涉及三类政策调控机制：市场、官僚和宗派小团体（企业与其他利益团体合作结成）。举个例子来说，贾拉吉认为官僚统治下的旅游政策主要是两种风格：1. 通过立法指导旅游者、当地人和行业的行为；2. 通过提供旅游基础设施帮助旅游业发展（见表10.2）。贾拉吉论文的中心观点是各地区应以开放的态度利用不同的法规模式处理重点环境问题。

表10.2 旅游政策法规的创新之处

政策文件	如果影响环境	对创新的影响
排放标准，通过检查进行控制	根据承载力制定行业的"终极"标准，根据环境标准发放开发许可	通过控制提高标准，严格的控制会迫使新技术发展，尚没有证据显示旅游业会成为创新的引领者

续表

政策文件	如果影响环境	对创新的影响
强制性使用某些能源或技术（如地区的供暖或垃圾处理系统）	在环境管理体系方面获得规模经济	一般创新不会出现在旅游行业内而是出现在一些专业的企业和供应商内
通过分区以限制或控制开发机会，控制土地的使用	根据承载力或环境目标限制开发商的活动	可能没有
通过分区控制进入资源脆弱地区的旅游者数量	大游客控制系统和各种旅游法规，强制培训或制度动力	开发和使用IT工具和通讯/翻译设备的机会

资料来源：Hjalager（1996）。

生态旅游政策

在很多国家，生态旅游的政策还处于考虑和初创阶段，在这种过程中需要进一步协调现存的政治和社会经济利益关系。韦弗（Weaver，2001）指出国家或地区生态旅游规划只有与国家总体旅游政策相关联时才真正有意义。索菲尔德和李（Sofield & Li，2003）指出规划如果不能与现行的政府政策相适应则肯定不能成功得以实施。与此相关的是，即使有了相关政策，负责政策实施的相关政府机构如果独立行事，也往往会做很多无用功（Jenkins & Wearing，2003）。

制定生态旅游政策的初衷是由于人们缺乏对什么是恰当的生态旅游开发和活动的共识，如旅游政策研究中心（1994）指出夏威夷就是这样一个例子。该中心对夏威夷生态旅游的发展提出了一系列政策建议，其中包括：1.全州生态旅游政策和生态旅游发展规划；2.与私营部门之间的合作与协作；3.通过直接和间接筹资方式增加发展支持基金；4.让社区积极参与到规划和决策过程中。这些建议被具体地分为综合性规划、公共和私营部门作用、调研、土地使用、保护、保留、资金、营销、企业关注问题、社会文化问题、法规、监督、教育和培训几个部分。作为美国的一个重要目的地，夏威夷认识到除了广阔的大众旅游市场外，该地区还存在着能吸引观鲸和对热带雨林有兴趣的生态旅游市场的资源。尽管经过粗略的估计，生态旅游收入只占夏威夷旅游总收入的5%，但这个市场的成长前景很好（Marinelli，1997），这对在过去的十年中连续负增长的夏威夷旅游业来讲无疑是个好消息。

与上述旅游政策研究中心的研究结果相仿，刘（Liu，1994）指出政府的政策是支持生态旅游发展的关键。她代表美属太平洋群岛所进行的研究说明政府的政策在法规和监督行业发展，平衡保护和限制关系的同时又不过多地阻碍私人经营者的经营活动方面有着重要意义，也就是实现发展与保护、供给与需求、收益和成本以及人与环境之间的平衡。另外，刘认为政府必须在提供必要的资金支持、管理指导和知识信息方面起带头作用，使私营部门可以更平稳有效地经营，这意味着政策必须做到（Liu，1994：8—9）：

1. 通过减少干预、依靠竞争作为控制手段，帮助提高私营部门经营活动的效率；
2. 保证一个秩序井然的宏观经济环境；
3. 法律和制度的保障以及公平解决争议；
4. 确保有适当的基础设施；
5. 发展人力资源；
6. 保护公共利益的同时不用过多的法规干预私营部门的活动；
7. 促进私营部门的经营活动，政府不与私营企业之间发生商业竞争；
8. 重视小企业及其经营活动的作用。

刘（Liu，1994）提出了一套公共部门推动生态旅游的指导原则，具体见表10.3。这些原则要点是实施恰当的生态旅游政策的目的。

表10.3 政策执行框架

开发目标：与当地社区协商，确定经济、生态和社会文化目标；指定生态旅游开发区。

现状调查：调查分析整个地区的生态、历史、文化、经济、资源、土地使用和所有权情况；了解和评价现有和潜在的生态旅游景点、活动、住宿、设施和交通设施情况；制定或重申开发政策和规划，特别是旅游总体规划。

基础设施和设施：提供适当的基础设施和设施，避免对外国资本的依赖；设法帮助私营部门根据生态和文化标准发展生态旅游企业。

市场：分析当前和未来国内和国际生态旅游市场并确立市场营销目标；了解和分析市场情况以实现目标；帮助私营部门制定自己的营销战略。

续表

承载力：通过恰当的管理和调研尽可能了解一个地区的社会和生态使用极限；建立社会和生态使用与影响指标；采用适当的预见性管理和规划框架。

开发：在平衡经济、生态和社会因素的情况下确定一个开发政策；根据当地的景点、交通和生态旅游基础制定开发计划；帮助开发商进行符合生态原则的规划和建设。

经济：设法提高经济收益；进行当前和未来经济形势分析；确保开发能够获利、当地人能受益、公共部门有收入且能够自我维持。

环境：不断评价生态旅游对资源基础的影响；把生态旅游和其他资源保护措施（如公园和保护区）联系起来。

文化：评价生态旅游的社会文化影响，预防负面影响，强化积极影响；让当地人有权成为决策者；对社会影响进行社会监督。

标准：对设施和住宿设施实行开发和设计标准规定；并根据标准实行关联的税收奖励和专业帮助。

人力资源：促进就业和创业；开展社区宣传教育；对当地人进行适当的教育和培训。

组织：建立公共部门、私营部门和非营利性组织之间的工作关系。

法规和监督：制定法律法规促进生态旅游的开发，支持相关旅游组织、旅行社和住宿设施；制定设施标准。

数据系统和实施：建立一个连续运行的综合性生态旅游数据系统提供调研和市场营销信息；找出生态旅游实施技术；在实施方面与私营企业和教育机构合作。

资料来源：Liu（1994）。

越来越多的规划和开发人员都认识到政策必须考虑到受生态旅游发展影响的众多利益集团，这一点本章后面还将进一步说明。塞瓦略斯-拉斯库赖因（Ceballos-Lascuráin，1996a：85—91）指出这些利益集团包括保护区员工、当地社区、旅游行业、非政府组织、金融机构、消费者和国家生态旅游委员会等。尽管这仅仅是应参与政策制定的利益集团中的一部分，芬内尔等人（Fennell et al.，2001）指出在旅游规划过程中让这么多利益集团达成一致意见已经非常困难了。而对于生态旅游来说这种意见的统一尤其困难，因为正如前面刘（Liu，1994）所说的，它要平衡使用和保护之间的关系。

让利益集团参与生态旅游政策制定的一个最好的例子是澳大利亚国家生态旅游战略（联邦旅游部，1994）。这份文件认为只有对生态旅游的开发进行管理才能使之利益最大化，文件采纳了综合开发生态旅游的方式。这个战略是一个真正反映澳大利亚人的总体意见的全国性文件，战略的制定过程是一系列的公众听证会，参加听证会的有政府机构、行业代表、保护团体、教育机构和社区团体（这个战略制定时所使用的利益团体法在 Boo，1992 的著作中有完整的介绍。他指出发展生态旅游，几个利益集团的参与是重要的）。这个战略的意图可以归纳如下："为生态旅游的未来发展指明大方向，找出保证可持续发展首先应解决的问题并指出解决这些问题的建议方法"（联邦旅游部，1994：6）。战略涉及了一系列问题、目标和行动，这些都是制定具体政策和规划的基础。战略所列的 12 个目标见表 10.4。

表 10.4　澳大利亚国家生态旅游战略目标

战略构成要素	目标
生态可持续性	在整个旅游行业内推行生态可持续原则和相关活动
综合地区规划	用制定长期战略的方法，根据生态可持续原则和相关活动制定综合性地区规划并与生态旅游相结合
自然资源管理	鼓励在自然资源管理方面采用生态旅游活动和保护可相互兼容的方法
法规	通过制定和实施适当的行业标准和认证制度鼓励生态旅游行业自律
基础设施	如果可能的话，支持精心选址和建设的基础设施的设计和使用以减少游客对自然资源的影响，提供与生物区域规划目标相一致的环境教育
影响监测	具体分析生态旅游的影响并为规划和决策提供依据信息
市场营销	鼓励和促进有道德的生态旅游产品的开发以满足游客的期望，使供求达到平衡
行业标准/认证	制定高质量的行业标准并建立一套国家级生态旅游认证体系
教育	改善各目标群体的生态旅游教育水平
土著人的介入	让土著人能有机会自我决策和自我管理，并通过生态旅游实现经济上的自给自足
可行性	了解企业的商业需要并设法提高私人和集体企业的经营可行性
考虑公平	要确保生态旅游体验的机会均等，生态旅游活动收益能在接待社区公平分配并使部分收入能用于自然资源的管理和保护

资料来源：联邦旅游部（1994）。

这些指导原则的最终目标是在澳大利亚建设一个生态和文化可持续的生态旅游行业。这个文件向世界说明了澳大利亚的生态旅游状况，这也是一个值得其他政府学习的范例。生态旅游任务组（Ecotourism Task Force）与萨斯喀彻温旅游部（该政府-私营部门合作的行业联合体，是加拿大该省的旅游发展指导机构）曾合作制定了类似的文件，这个文件将成为未来生态旅游发展的基础。文件所提出的建议包括制定一套认证程序，在不同土地者之间建立合作关系，用尖端科技和建筑形式建设可持续的生态住宿设施。

一旦地区或国家决定规划和开发生态旅游业，塞瓦略斯-拉斯库赖因（Ceballos-Lascuráin, 1996a）建议采用以下基本规划程序。在这个程序中，从一开始寻找推动和限制要素到最后行业的发展，政策是贯穿始终的。对于生态旅游来说，这个程序必须要在政府的总体发展政策和战略（如果已有现成的战略的话）指导下完成。

1. 研究准备：包括指出所要求的规划类型，准备任务书。
2. 确定目标：这些目标必须反映国家或地区政府的总体生态旅游政策/战略，其中要包括发展重点、时间安排、遗产、营销和年增长率。
3. 调查：必须对现有资源进行全面的普查和评价，特别是与景点有关的资源。调查的最终目标是将各类景点与细分市场和开发形式联系起来。
4. 分析：包括研究地区旅游的历史背景、分析开发的限制因素、分析司法背景和风险管理、财务分析、税收激励政策、文化和自然资源保护以及其他经济相关要素（如对 GNP 的贡献和对其他经济部门的互补作用）。
5. 制定政策和规划：根据上面的分析，所制定的政策必须能反映地区的经济、社会和生态需求。应根据国家的总体发展政策提出一些备选政策方案，并从中选出最终方案，最终方案中应包括基础设施、人力资源、交通、部门间协作、成立相关的委员会、税收激励和扶植以制订相应的旅游发展计划等几个部分。
6. 提出建议：最终规划中应包括景点、旅游开发区、交通连接、旅游线路和设施的设计标准。另外还应对未来的规划实施、区划、土地使用规划、经济收益、教育和培训、生态和社会影响、如何鼓励私营企业和相关立法几个方面提出建议。

7. 实施和监测：在实施之前，政策和总体规划应经过审议并以立法形式确立下来。在正式审议阶段应成立相关委员会或公司，这类机构将促进或指导规划的实施。

很多州和省旅游当局都通过开发新产品战略吸引更大的旅游市场来推动本地的旅游业和生态旅游的发展。由于很多地区机构（这些机构的设置往往以通过市场营销和激励措施创造利润为主要目标）在市场营销的理念指导下经营，与可持续旅游和生态旅游相关的社会和生态要素被放在了次要位置。不过，已有越来越多的此类机构开始成立专门的委员会处理生态旅游和可持续发展问题。例如，20世纪90年代加州旅游和民航参议院选择委员会开会，专门探讨加州旅游业所面临的各种问题，其中包括能源短缺、城市的冷漠、度假区内的暴力杀害事件等。根据委员会对上述及其他问题的研究，委员会指出建设高度的生态旅游道德对当地经济、社会和生态都有好处，可以给加州带来更多的积极旅游体验。根据这些地区政策制定的早期案例，1997年我给所有北美的州和省政府（超过60个办公室）发了一次电子邮件，了解它们的生态旅游政策和认证制度，虽然回复数量有限，但一个共同之处就是这些地区政府的政策多停留在"纸上谈兵"阶段，也就是说虽然它们在这方面考虑了很多，但在立法方面做得很少（另见 Edward *et al.*，1998）。

有些地区正向政府提出关于如何发展生态旅游行业的建议。如佛罗里达的一个顾问委员会最近提交了关于如何保护和规划州内的遗址和商业资产的报告（生态旅游/遗址旅游顾问委员会，1997），报告的主旨是"提出佛罗里达州发展的目标、战略和建议，通过地区规划有效保护和促进佛州的自然、海滨、历史和文化资产，并将这些资产与佛州的商业旅游建立起联系"（A-1）。这份报告强调建立社区机构、资源地开发、环境保护、教育和营销之间的战略协作关系。

作为这一部分的总结，生态旅游政策就是政府关于生态旅游业所做出的有所为、有所不为的决定（见 Hall & Jenkins，1995）。具体地说这种政策中应包括行动、不行动、决策、不决策、选择和流程。也就是说生态旅游政策应像决策开发一样做出不开发决策，同时要对环境和当地居民施以同样的保护（Fennell & Dowling，2003）。马来西亚的环境政策与机制就能证明"政策与经济增长的紧密关联",黑泽里和哈桑(Hezri & Hasan,2006)指出政策的制定可能是东拼西凑的和具有偶然性的。最早的政策是20世纪六七十年代出台的,当时的政策有明显的发达国家的痕迹,第二批政策出台在1987年的布伦特兰(Bruntland)报告和1992年里约会议后。尽管马来西亚很早就采取了环境措施,但是第一轮政策反馈不佳,这给第二轮及以后的政策执行制造了障碍。黑泽里和哈桑(2006)指出这个问题是源于机制的路径依赖。可持续的经济回报令其他任何形式的变化变慢或几乎被忽略,如果一个国家在经济方面发展得不错,"主流路径就形成一种仇视改变的惯性"(Hezri & Hasan,2006:47)。它们用生态旅游作为新的政策目标,生态旅游也成为经济发展的一个工具,最后的结果是为了实现可持续发展的环境政策被一贯的商业化思维所左右,而这种商业化思维是在第一轮政策机制中形成的。

结论

政策是平衡经济、社会和保证生态旅游获得成功的各要素之间关系的重要载体。不幸的是,政策一般都更重视经济利益而忽视社会和生态要素。在政策制定过程中,权力关系的平衡是基础,在生态旅游规划、发展和管理中,旅游利益相关团体的作用和关系的平衡也至关重要。格拉斯贝根设立的一系列环境管理模型都突出了这个目标,通过不同的模式管理生态旅游。有些强调平等的参与各方之间的合作,有些更突出个体利益。进一步的研究可以分析每种模式的利弊所在,以及在各级规模的区域中如何成功地推行生态旅游。

概括问题:

1. 为什么国家或地区的政策与生态旅游政策之间的关联是如此重要?
2. 恰当的定义、政策和恰当的行为之间的关系是什么?
3. 什么是管理?
4. 列出五种不同的环境管理模式,说明这些模式能如何帮助我们更好地理解生态旅游的规划与管理。
5. 什么是发展依赖,为什么欠发达国家比发达国家更依赖于发展?

第 11 章 项目规划

本章重点讨论生态旅游项目开发中的构成部分。在旅游和生态旅游领域，这方面一直缺少研究，不论是理论上还是实践中，这主要是由于为什么以及如何开发旅游产品方面的概念存在争议。娱乐领域的相关文献认为项目与产品是有根本区别的。如果生态旅游服务供应商要为游客开发有效的项目，会需要用到已经被广泛接纳的娱乐项目规划模式，这有助于满足游客的体验需求，从而实现给企业带来利润的目标。本章还将讨论服务供应商的专业度，这体现在优质生态旅游项目的开发上。

生态旅游项目规划

旅游研究中的一个谜团（至少本书作者这样认为）是缺少全面研究娱乐和休闲方面的文献。从这一点可以看出，虽然娱乐和旅游是两个不同的研究领域，但两者在概念理论上有着很强的联系。这一观点近年来得到不少学者的支持，如扬森-弗比克和戴特沃斯特（Jansen-Verbeke & Dietvorst, 1987）以及埃金顿等人（Edgington et al., 1980）均指出从个人角度研究休闲学科，休闲、娱乐和旅游几个要素之间几乎没有区别。由于旅游是一种娱乐成分很高的活动，因此也有人认为旅游的基本动机是人们对娱乐的需要（Graburn, 1989）。梅特尔卡（Metelka, 1981）进一步强调指出旅游是"一种自发行为，是娱乐的同义词，是一种满足个人需要而不是经济收益的行为"（第 90 页）。因此梅特尔卡从以下三个方面定义旅游：1. 与人们出于休闲和娱乐目的短暂旅行有关的关系和现象；2. 是娱乐的一个子系统，这是一种包括地理位置移动的娱乐活动形式；3. 为休闲娱乐旅行提供市场和服务的行业和活动（第154页）（关于休闲、娱乐和旅游三者之间的关系见 Mieczkowski，1981）。娱乐和旅游之间的相互重合是霍尔和佩奇（Hall & Page，1999）的著述中的话题之一，他们认为两者的理论、活动和影响已有了越来越多的融合。对两者加以区别的一个主要原因是人们仍在用营销和商业环境来分析旅游业，而娱乐传递系统仍停留在强调满意度上（如娱乐传输系统如何能更好地满足人们的需要）。

满意度与利润

娱乐和旅游之间的最基本区别可能是所谓的产品思维。所谓产品思维是指重视利润、生产、市场营销和商业计划的思想和现实。正如我们在旅游方面的书籍中所了解的，产品可以指生产的一种物品也可以指提供的一种服务。旅游供应商通常把自己的服务看作一种商品，因为他们可以把这些商品储存起来重复使用，而旅游者则把产品看成是服务，是他们可以在现场体验和立即消费的服务。把旅游看成服务的观点是由霍洛韦（Holloway，1994）提出来的，他指出旅游者在购买旅游包价之前是不能检查包价产品的。因此购买旅游产品是一种冒险的投资，要求购买者对供应商有充分的信任。旅游业是极端利润驱使的，这是市场营销和商业文化对这个行业所带来的副产品（大量关于旅游发展案例的文章几乎都是单纯讨论旅游业的经济影响的，生态旅游亦然，当然现有越来越多的文章在质疑那些介绍生态旅游的商业价值的书籍。见 Munt & Higinio，1993；Steele，1993）。这个争议焦点不仅存在于私营/商业部门，也渗透到了公共部门的管辖范围内。一个典型的例子是很多城市的决策者为了促进当地的经济发展积极投入到旅游促销中去。这种行为当然无可非议，但问题是如果利润是唯一的驱动因素，供应商对旅游者的满意度的关注程度就会下降。

类似博物馆这样的生态旅游服务提供商并不一定以追求利润为目标，但很多这类机构也严重地根据收益情况设计生态旅游项目，这显然与机构的整体宗旨相背离（非营利组织可以被定义为"非政府的"，因此也会放任逐利的动机）。齐费尔（Liffer，1989）指出非营利组织常出于各种原因赞助生态旅游，这些原因包括会员服务、捐助者旅行、筹集资金的来源和出于教育及研究的目的，而这些旅游活动常能带来可观的利润。希金斯（Higgins，1996）通过对美国的自然旅游公司进行的一项调查发现非营利机构在生态旅游服务方面占据重要地位，有 11 家非营利旅游运营商（占总样本量的 17%）服务于超过 2 万个客户。希金斯还发现非营利机构使用"非常复杂和综合的营销手段，包括直邮、旅游刊物上的广告、印制精美的旅游宣传册"（Higgins，1996：16）。韦勒（Weiler，1993）的研究也证明了非营利机构在生态旅游中的重要作用，他发现 402 份旅游调查问卷中（由 55 家旅行社发放），有 336 份来自私营旅游机构，66 份来自非营利机构或大学组织的旅游。大学可以等同地视为非营利组织，但它们赞助的项目常是按照营利方式设计的（见 Backman et al.，2001，关于在开发生态旅游项目中营利和非营利组织作用边界模糊的讨论）。

娱乐行业的一个基本要素是该行业的服务供应商将主要精力集中在尽可能为参与活动者（与旅游业的顾客不同）提供令人满意的娱乐体验，这是娱乐项目经营者的最主要职责。图 11.1 就概括地对旅游和娱乐这两个行业对满意度的态度进行了对比，从图中可以看出娱乐业把游客满意度放在中心位置，而旅游则将利润放在中心地位，将顾客的满意度放在次要位置。

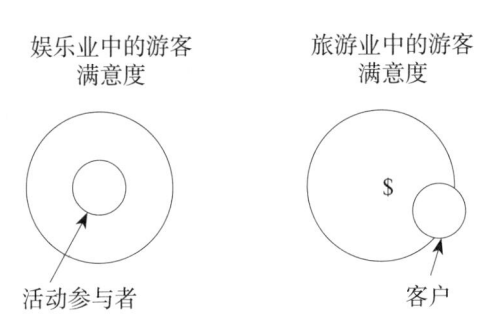

图 11.1 娱乐业与旅游业中的游客满意度

通过一系列的娱乐体验满足人们的娱乐需要的方法就是娱乐项目规划。项目设计是根据一定原则让活动参与者获得满足的一种程序，同时这种程序能让活动组织机构合理安排相关的资金、设备、时间、员工或客户的活动。简单地说，项目设计就是对资源和机会进行有效安排以满足人员的休闲需求的行为（Searle & Brayley，1993：214）。这种需求可能是教育、认可、情感、社交或心理方面的，而这些需求的满足能使这些人生活得更健康、更快乐。娱乐项目设计也是规划的一种形式，这种规划也需要有一定的战略和系统重点，包括动感、周期循环性、人与资源的互动以及寻求某种价值目标的实现。拉塞尔（Russell，1982）的下面这段话体现了娱乐项目设计的重要性：

> 娱乐项目是娱乐服务的全部，所有其他要素（人力、供应、区域和设施、预算、公共关系）都要围绕这个供参加者享乐的项目。规划是使这些项目计划付诸实施的工具。（Russell，1982：ix）

一般来说，项目规划是一个包括几个相关要素的关联性过程，这些相关要素包括理念、规划、实施和评估。根据不同的规划模式，这些要素将针对规划过程中的不同侧面。由于规划过程要完成大量的工作任务，各项工作的安排有不同的顺序，或依次进行，或几件事同步进行，甚至有些程序还需要逆向完成（是由项目的性质决定的）。表11.1是生态旅游项目规划流程的一个概要，由于篇幅限制，我们在这里只选择其中的几个步骤进行大致的介绍（关于这种流程的更深入介绍见Fennell，2002b）。

生态旅游是一种更道德、更负责任、小规模的和以社区为依托的旅游形式。最终，这类旅游将更强调人和服务的价值，而这些要素都是娱乐项目开发的中心。本书要说明的是生态旅游仍不完美，特别是现实存在的生态旅游，也就是说在如何向生态旅游公众介绍我们的计划时还有很多值得改进的地方。项目设计可以帮助我们建立起一个更标准化的项目设计程序，与娱乐项目设计一样，这种程序将是更强调以参与者为依托的程序。如果我们在规划时想的是利润，如图11.2所示，我们必须认识到实现两种不同结果所经过的过程是不同的。

表 11.1　项目规划的重要方面

理念	需求和资产	规划	实施	评估
理念	了解需求	项目构架	绿色营销	为什么评估
宗旨	定义需求	头脑风暴	质量	谁来评估
前景	需求评估	概要	员工培训	初期评估
目的	资产调查	健康和安全	公共关系	累积评估
目标	SWOT 分析	交通	预算	评估模式
项目设计理论	PESTE 分析	食物和水	日程	项目决策
项目设计方法	了解环境	服装/设备	实施	汇报
		许可	战略	认证
		领导者	在环境中运作	审计
		风险管理		
		解说		
		商业规划		

旅游规划　　　　　　　娱乐规划

↓　　　　　　　　　　↓

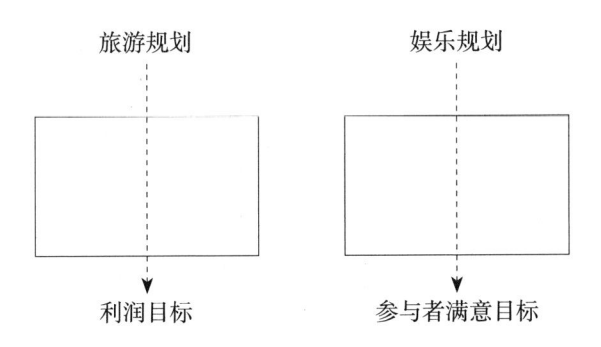

利润目标　　　　　参与者满意目标

图 11.2　旅游业与娱乐业的规划

赫尔特曼和安德森·锡德霍姆（Hultman & Anderson Cederholm，2006）指出在生态旅游中寻找真实性，包括不被当作顾客对待，而是发自内心的人与人之间的互动。"前沿"的项目不仅是关于目的地的，也是关于在这个地方的独特体验。作者指出生态旅游可能成为"场地无差异化"的产品，而体验的价值要超过地点本身的价值。作者指出这个观点的基础是来自普恩（Poon，1993）关于"新旅游"一书，那本书指出现代旅游产品已经演变得越来越个性化、定制化。格斯林（Gössling，2006）也持同样的观点，他发现生态旅游者更愿意去消费体验而不是可持续的旅行。这一点可以从生态旅游网站上得以证实，服务商都强调自己的生态旅游产品是偏重体验的。格斯林指出生态旅游的基石是"保护"和"教育"，但这两个基本特征现在要让位给广告上的"愉悦"和"意义"，即带来超常规的体验和价值增值。因此"自然不再是一个科学领域（见第 2 章）；它现在已经被浪漫化了，是追求体验的旅游者的乐园"（2006：93）。格斯林的观点不仅是由于人们的关注点从意义（即主动教育和坚固的环境承诺）转向愉悦，而且体现了生态旅游体验广告的趋势寻求"深入"和"具体体验"。这与传统的生态旅游不同，传统的生态旅游区别旅游者的依据是个人受环境教育、对环境承诺和可持续行为的程度。这主要反映了"生态旅游者"对这类旅游的知识和认知程度，这也反映出生态旅游者常年以来心理上认为什么是生态旅游（几乎所有），什么不是生态旅游（几乎没有）。结果是生态旅游被视为一种新奇和高价的旅游体验，而不是传统意义上的基于生态旅游中心的产品。但人们不禁要问这种享乐主义的产品真的是生态旅游吗？

规划者与职业性

米切尔（Mitchell，1989）归纳了生态旅游的操作与配备方面的各种实用方法（另见第 6 章中关于旅行社、导游和装备方面的内容）。尽管我们无法细致地在此说明，米切尔指出与项目相关的生态旅游的架构与运营需要主要关注以下几方面：职业导游、个人资产的调查、娱乐资产的调查、平衡需求、环境教育、旅游规划、定价、准备接待客户、响应客户咨询、打包清单、客户的医疗信息、烹饪与食物、冲突的解决、露营与营地保洁、急救、法律相关事务、步道设置与评估。对于那些有意组织和经营此类旅游的人来说，这本书是必读的。另外，运营商如果想在这方面取得成功，还必须更多涉猎与急救、风险管理、领导力、解说、娱乐项目、营销与财务等方面的书籍。

受过项目设计训练的旅游业员工可以看出项目设计给服务供应商、其他员工，当然最重要的是顾客所带来的好处。另外，项目设计者可能兼项目规划者、导游、讲解员和其他服务供应者等职能于一身，他们可能工作在只有两个人的公

第 11 章　项目规划

插图 11.1/11.2　无论生态旅游发生在什么地方，运营商和导游都必须重视参加者对价值的需求

司里，身兼数职。这意味着项目设计者还必须参与行政管理、公共关系、社区联络、市场营销、促销、评估、项目设计、确定企业目标、需求评估、领导管理、预算、设施、教学和环境教育、编排日程等工作。由于项目设计者的责任重大，因此他们要在设计项目时把参与者的满意度放在头等重要的位置上，同时要考虑企业的经营理念，同时还必须遵循以下原则（节选自 Edginton *et al.*, 1980）：

- 把参与者的需要放在第一位。
- 坚持生态旅游理想。
- 保护参与者的权利。
- 在参与专业活动之前先学习相关知识。
- 根据专业服务的最高标准行事。
- 不断提高专业知识、技能和能力。
- 经营遵循道德和公平的原则。
- 保持与参与者之间的协作关系。
- 经营者必须对自己的行为进行自律。
- 对本行业及其他相关行业的发展做出贡献。

这些原则强调了在服务过程中道德和人性化方式的重要性，顾客的价值不仅仅是一种实现财务目标的手段。尊重和实现公平、高标准、与他人协作、奉献投入、知识和保护相关权利都是成功的决定因素，同时在经营中还应把这些价值观与他人进行沟通。

职业化可以从两个方体现出来，一方面是可以获得报酬的服务（如一名职业足球运动员），另一方面是指围绕一个职业所反映出来的观念，如律师和医生，这些个人都附带着大量的职业规程，这是比较难界定的也是下面这部分内容的重点（另见 Wearing，1995；Sessoms，1991；Wilensky，1964）。在娱乐方面，学者和业者们有史以来都很难就职业规范达成一致看法。职业规范应该是涉及很多需要业者实践并在行业内保持统一的标准，其要素包括韦施勒（Weschler，1962）提出的以下几点：

1. 职业是一类专业知识体系。
2. 职业是由一系列规范界定的。
3. 职业要求广泛的准备。

4. 专业知识必须是可以交流和传播的。

5. 服务使个人有所收获。

6. 职业需要有力的职业组织。

近年来，加拿大的大学普遍非常关注探险旅游和生态旅游领域的职业化问题。不列颠哥伦比亚省甘露市卡里布大学（UCC）的探险导游证项目就是其中一个例子，这个项目旨在为本地区提供更高级的劳动力培训（Olesen & Schettini，1994）。作者指出探险旅游业对受过较高级培训的劳动力的需求每年的增长率是3.6%，这远远超过预期的1.6%。这个项目结合了业界和政府的力量（以及政府出资的机构），给受过较高培训的讲师、导游和旅行社颁发证书（见第7章关于证书的部分）。UCC（现汤姆森河大学）的项目强调了以下五个主题：1.技术能力（即荒野急救培训），2.商业技能，3.接待和服务能力，4.环境技能，5.初步进入行业协会（如学生与潜在雇主之间的网络）。

旅游业界必须要认真思考如何把职业化与旅游服务结合起来，特别是在可持续旅游方面的执行（见第1章），包括人力资源和其他方面的管理（Henry & Jackson，1996）。这其中的一个核心是通过教育让旅游从业人员感觉到个人的能力，对自己的工作感到有信心，如赖特（Wright，1987：17）指出的"最好能通过能力、效率和专业态度建立起信誉度，一个人并不是靠墙上的证书赢得尊重的"。

规划理念、使命、目标和目的

生态旅游理念（行业理念、服务提供者的思路或项目设计思想）的发展要求对生态旅游所发生的地方进行一些基本情况的考察，包括环境背景、人类活动的本质、人文自然的基础以及人际关系的实质（Malloy & Fennell，1998a）。这些情况会进一步衍生出一些其他涉及个人和社会整体对休闲意义的理解方面的相关问题。克劳斯和柯蒂斯（Kraus & Curtis，1990）指出休闲服务企业的经营理念直接反映了人们已接受休闲是生活的一个重要部分的概念，人们在这方面是有需要希望得到满足的。这些需要与可进入性、参与和追求的乐趣、考察手段与目的之间的关系、个人权利、自由以及公平（见Edginton et al.，1998）。可以说一个机构的经营理念直接反映了该机构的价值观。生态旅游者会比其他类型的旅游者更看重一些核心的环境价值，这些环境是生态旅游体验的基础。这些核心环境价值观可能包括少用、重复利用和循环使用、和谐、探索、多文化主义、保护地貌风景、保护生物多样性、关联统一、学习、服务和知识。

宗旨陈述是将企业的经营理念和发展方向落实到文字上。这种陈述应该大胆和鼓舞人心，应该为顾客和企业内部员工指明企业的发展方向。坎贝尔等人（Campbell et al.，1990）指出宗旨陈述应围绕一个组织机构的目的、价值、战略、标准和行为而定。基本上，企业要做的一切都应包含在宗旨陈述内。正如人的立场观点会发生变化一样，一个机构的宗旨陈述也会不时变动。克劳斯（Kraus，1997）指出宗旨应根据环境、需求和企业能力的变化而定期进行调整。

克劳斯（Kraus，1997）进一步指出目的和目标有不同的含义，尽管这两个词经常被混用。目的直接反映企业的宗旨，是宗旨要表达的企业的努力方向，而目标则更具体、可衡量和可近期实现，这一切主要取决于服务提供者的性质。目标是实现目的的具体步骤和途径，目标可以清楚地用文字表达出来，是在指定的时间内希望得到的行为及结果。目标源自直接反映企业总体宗旨的各种目的。

目标有两类。第一类是项目计划目标（又可称为经营目标、生产目标、投入目标或实施目标），这些目标与实现手段（物质、领导者、设施等）、实施过程所耗费的能量或客户参与程度等有关（例如，增强对濒危植物的保护意识）。第二类是业绩目标，这是项目计划的可量化测评的最终产出，直接与宗旨和目的有关（例如，参与者要在辨认清单中至少找出所有鸟类的一半）。

需求和资产

了解参与者的需求和资源储备是设计新的生态旅游项目的重要起点或决定是否继续经营某个项目的决策关键。需求和资产并不是一成不变的，而是随着时间的推移不断变化的，因此对需求和资产的定期评估将有助于项目能及时更新和运行起来更有效率。生态旅游服务供应商要面对大量的各种需求（见Knowles，1980），这些需求包括参与者、企业机构自身和社区的需求。所有这些都要根据生态旅游经营的总体要求进行过滤。基于这种观念的服务供应商是提供生态旅游项目的基础，供应商将根据这些需求排出项目的轻重缓急。

第 11 章　项目规划

需求评估

第一步也是生态旅游项目开发程序中最重要的一步就是要确定参与者的需求，服务供应商要分离出这些需求，然后再设法满足这些需求。事实上，服务供应商的主要经营方向就是要通过他们开发的各种项目满足或超出参与者的预期（McCarville，1993）。为此，项目设计人员要尽力满足参与者的需求，有效开发出适合的项目，为参与者创造有意义的体验，在娱乐行业中，实现上述目标的活动就是需求评估，其中包括用多种评价工具进行各种不同的调查。旅游规划人员通常用的方式是制定旅游战略和旅游市场营销计划，重点放在客源地的需求、包括接待能力、景点和影响在内的目的地现状（Veal，1992）。这些方式究竟能在多大程度上满足娱乐或旅游需求还是值得继续探讨的，这也是本章在介绍这些方法时所持的态度。

需求评估是"项目设计者找出是什么和应该是什么之间的差距并缩短这种差距的过程"（Windsor et al.，1994，63；另见 Gilmore & Campbell，1996）。这种需求分析可以细化到个人，但通常只细化到具有共同特征的人群（性别、年龄、地理分布等特征）。表 11.2 列出了业者进行需求评估的一些理由（节选自 DeGraaf et al.，1999）。如在服务意识指导下需求评估需要旅游者为项目设计提供有价值的建议，在创新的项目设计中可能需要新思路，服务供应商可能希望为尽可能多的人服务，另外需求评估还能帮助项目设计者根据参与者的心理和生理需要不断对项目做细微的调整。根据项目设计者的时间、条件、资源和经验，他们可以根据需要依照一定步骤进行需求评估，这些步骤包括：1. 确定需求，2. 找出研究对象，3. 提出适当的问题，4. 收集数据资料，5. 分析和解释数据，6. 编写报告并利用数据资料进行规划。

表 11.2　为什么需要进行评估？

理由	描述
A. 服务导向	
旅游者意见	项目设计决策应吸取旅游者提出的有建设性的看法和意见
征求新思路	项目规划应有创意和创新
包容性	使供应商尽可能为更多的群体提供服务，包括不同年龄、性别、能力、种族、宗教和受教育程度的群体
满足人们的真正需求	帮助项目设计者根据参与者的心理和生理需要对项目进行细微的调整

续表

理由	描述
B. 追求质量	
投入的专业精神	经营者在经营过程中必须以道德为准绳,尽可能超越行业或地区的标准
资源分布	让经营者了解他/她应该把重点放什么地方(如更多的员工、更好的交通等)
可信度	对自己的行动负责,对自己所希望影响到的人(旅游者、公园、当地居民、其他土地使用者等)施以正确的影响
提高利润	要在保证旅游者满意的同时确保企业能获得利润
C. 项目管理	
避免重复	重复工作对于企业内部和企业之间的运作来讲都是一种资源的浪费,会导致不健康的竞争
安全问题	如何更好地使用设施、交通,以及更好地理解在每一个充满变数的环境中存在的风险
规划各种项目	帮助我们设计和实施能满足某个特定目标的最好的项目
发展/满足个人目的	帮助供应商和参与者实现他们的目的,如发展个人技能和环境教育

资料来源:节选自 DeGraaf *et al.* (1999)。

景区和资源的普查

正如参与者的需求每年或在参与不同项目时都会有变化,构成生态旅游的基础的景点、自然、文化、娱乐和社会文化资源也会不断变化。为此,服务供应商就应定期对景点和资源进行普查以记录它们的变化情况。一般来说,这种普查是系统地对旅游目的地的景点和资源进行调查,这些景点和资源在时间和空间上属于生态旅游所涉及的范畴。经营者的任务不仅要列出所有潜在的景点和资源,还要找出与这些景点相关的重要特征,使经营者能将其编排到计划中去创造更大的价值。

表 11.3 是一个景点和资源综合调查清单,表中包括资源的"现状"或"存在情况",资源的"数量"(如瀑布数量)以及可用于生态旅游的资源"数量"。另外表中还包括如何客观评价资源对旅游者吸引力的方法,这些方法包括根据旅游的时间和空间的跨度、影响水平、使用水平、交通等因素选择适合的组合。经营者可能还会对未来的潜在资源进行客观评估。

第 11 章 项目规划

插图 11.3/11.4 生态旅游者需要离得足够近去观察和拍照

表 11.3　一般资源普查

资源	现状/存在情况	数量	当前质量（1—10 排名）	吸纳旅游者的能力（低、中、高）	未来潜力（低、中、高）及相关说明
自然景区					
海滩	无	-	-	-	没有，不适合开发
观鸟	有	很多类型	8	（中）	迁徙和栖息种类（高）
喀斯特地貌					
气温					
降水量					
平均日照					
沙漠环境					
森林					
地质构成					
徒步游道路					
岛屿					
湖泊					
苔藓					
哺乳动物					
山地					
自然道路					
公园/保护区					
植物					
河流					
瀑布					
野外环境					
文化/历史景区					
住宿设施					
交通设施					
食物和饮料等					

资料来源：节选自 Fennell（2002b）。

资源普查所得到的信息是项目规划阶段整个流程运作的基础。另外，经营者应在社区内寻找个人或团体（人力资源）帮助对环境进行解说。每个社区都有对当地的自然和人文历史了解非常深入的人，他们可能愿与生态旅游者分享他们的知识。因此找一些专家（如当地保护组织）参与项目规划可以使项目内容更加丰富，同时这种做法还能使项目获得当地社区的支持（见第6章）。

项目设计者可以用SWOT分析法（即优势、劣势、机会和威胁几个词的英文首字母的组合）对潜在项目设计进行评估。凯尔基特等人（Kelkit et al., 2005）以土耳其鹅山（Kazdagi）国家公园为例进行了这方面的研究。鹅山有意发展生态旅游作为解决当地越积越多的环境问题，谋求可持续发展的途径。公园管理者减少了这个地区的打猎和采矿活动，发展对环境破坏较小的户外娱乐活动（野生动物观赏、徒步、吉普越野和野餐）。为了平衡旅游发展的压力与保护，管理团队进行了SWOT分析以确定未来的发展战略。分析的结果见表11.4。

表11.4　鹅山国家公园的SWOT分析

优势	劣势
公园有旅游经验	活动不能满足所有人
游客很满意	当地人仍不支持保护
基于自然的吸引力	公园里车辆过多
历史资源的吸引力	步道的标示不清晰
有集中的娱乐区可以接待游客	公园停车设施不足
公园是一个雇主	垃圾处理和垃圾清理存在的问题
有一系列活动提供给旅游者	
自然资源尚未受到威胁	

机会	威胁
鼓励当地人参与到公园的保护中	越来越多的游客数量给公园造成了压力
保护公园的资源会使当地整个地区作为一个旅游目的地更有吸引力	公园没有相关规定很难控制公园的发展
	公园的预算无力满足日益增长的游客的需求

凯尔基特等人（Kelkit et al., 2005）指出为了让公园更可持续，不能仅屈从于经济利益。公园意识到自己的生态旅游吸引力，越来越多的游客、当地人支持不足、预算有限、规则有限等都是公园面临的问题，而这一切是很多生态旅游目的地所面临的共性问题。

第三部分　生态旅游的重要议题

项目设计

这部分介绍的项目规划模型是最全最综合的，包括了几个关键要素，如项目的结构和后勤条件，下面分为几个小部分分别进行讨论。

结构

项目的构架包括五个主要构成部分，每个部分都是项目继续构建的基础（见表11.5），这些构成部分包括：

1. 项目区域：生态旅游项目区域指的是构成项目的活动区域。从纯娱乐的角度讲，这些活动包括爱好、音乐、户外娱乐、思想和文学娱乐、社会娱乐、艺术和手工艺、舞蹈、戏剧、运动和赛事。生态旅游项目区域可以包括观熊、观鲸、观星、倾听狼嚎、观鸟以及一些边缘生态旅游活动，如乘独木舟和乘亚划子，这些活动是否可以算作生态旅游主要取决于参加者的动机。

2. 项目形式：生态旅游体验的构建是基于很多不同的项目形式的。显然"旅行和远足"这种项目形式是最常被生态旅游服务供应商所使用的，但并不是说这是唯一可选择的类型。生态旅游供应商可以为他们的潜在顾客开设一些讲座，如给客人放映哥斯达黎加的鸟类的幻灯片。这种形式上的分类可以说明某些形式更适于某些活动，重要的是适合的形式会让导游和员工工作起来感到很舒服。下表中提出的形式包括一些在传统娱乐行业已经被使用的形式，重要的是恰当的形式能让导游和员工能以最舒适的方式达到服务水平。

3. 项目环境：虽然生态旅游这个概念本身与野外环境有着千丝万缕的联系，越来越多的研究显示城市和乡村也同样适合（见第3章）。这三种环境中必须至少与五种子环境有联系，即：海水、淡水、陆地、高空和上述几个的结合。

4. 项目交通：交通形式可以包括机动形式和非机动形式，前者包括游船、动力船和直升机，后者包括独木舟、排筏、气球和滑雪鞋。

5. 项目住宿：成功的生态旅游体验的一部分是与项目的住宿类型有关的，住宿类型可以分为有固定屋顶的和无固定屋顶的两类。无固定屋顶的住宿设施包括吊床、帐篷、山洞、印第安人的锥形帐篷、披屋、冰屋和露营；有固定屋顶的住宿设施包括饭店、汽车旅馆、度假区、住宿加早餐、旅游拖车、生态住宿、牧场、棚屋、船屋和树屋（见第 6 章中关于树屋的详细讨论）。

表 11.5 项目设计矩阵

项目区域	项目形式	项目环境	项目交通	项目住宿
自然类型的	俱乐部	**边远地区**	**机动型**	**无固定屋顶**
鸟类数量	竞赛	海水	游船	吊床
自然狩猎区	旅行	淡水	动力船	帐篷
退化控制项目	特殊节庆活动	陆地	飞机	山洞
自然手工艺	讲座	高空	直升机	开放式居所（倚
狼嚎	顺访	混合环境	火车	靠处）
树/植物特征	服务	**乡村**	汽车和巴士	印第安人的锥形
观星	对外拓展	海水	支路车辆	帐篷
自然徒步游		淡水	雪地车	冰屋/雪洞
观看野生动物		陆地	**非机动型**	露营
溜索		高空	独木舟	**有固定屋顶**
户外摄影		混合环境	亚划子	饭店和汽车旅馆
探洞		**城市**	排筏	度假区
潜水		海水	帆船	住宿加早餐/旅馆
探险		淡水	滑翔伞	旅游拖车/大篷车
文化		陆地	气球	停车场
乡村和牧场		高空	山地自行车	生态住宿
遗址		混合环境	滑雪板和滑雪鞋	牧场
（等等）			马、美洲无峰驼、	棚屋
			骆驼	船屋
			徒步/背包游	
			轮椅	

资料来源：节选自 Fennell（2002b）。

一旦项目区域、形式、环境、流动性和住宿等选择都确定下来了，就要把他们分别装入项目矩阵框架内。这使服务供应商可以在项目的基本框架下了解各种不同的选择。项目设计者根据存在情况、顾客的要求及其他要求

（包括项目的目的和目标，员工的优势和劣势以及现有资源）从上述五项中选择最适合于自己的项目构成要素。这可能要求项目设计人员进行头脑风暴式的思考，这个过程可能需要与项目设计的几个相关人员进行讨论。具体的选择要根据时间、预算、设备、人力资源、风险等条件进行综合考虑。

后勤条件

在项目规划的过程中，这个环节包括对一些后勤和现实问题的描述，这些问题对参与者的身体和心理的健康非常重要。首先要对顾客进行简单的情况介绍，这可以在出行前的一个月或在出发当天进行，取决于生态旅游的类型。这些信息可以非常具体，包括动物清单等，也可以非常笼统地介绍与护照和签证、疫苗接种、健康保险、进口物品、行李、货币和家庭安全等有关的事项。在对生态旅游者进行情况介绍时，最好说明一下旅行的地形、时间长度和对旅游者体力的要求。这些信息可以让旅游者从身体和心理上做好充分的准备。如果让那些身心都没有准备好的旅游者参加生态旅游，不仅旅游者本身可能无法完成全部安排的活动，而且如果活动风险较大还可能把旅游者置于非常危险的境地。

必须谨慎的原因

如上所述，生态旅游经营者在开发线路时必须非常谨慎。根据娱乐行业项目设计者的经验，整个旅游活动过程中风险系数最高不是活动本身而是参与者从一地到另一地的交通途中（Gilchrist，1998）。为了防止事故的发生，服务供应商必须小心选择司机和运输车辆，并考虑司机需要载客驾驶的时间。

不论项目环境有多文明或原始都必须非常关注食物的储存、制作和丢弃方式。要想安全地保存食物就要首先了解旅行的环境，城市环境与野外环境不同，湿热环境与干冷环境不同。另外在安全保存食物方面不仅要防止细菌和微生物的滋生，而且还要提防蚂蚁、老鼠、浣熊和棕熊。在野外环境中，经营者可能需要密封容器存放食物，或者将食物挂在树上以防止被夜间活动的动物叼走。另外需要提醒导游注意的是要将清洁情况向团员公开，经常当着团员的面洗手和餐盘，确保双方都对食物处理过程感到放心。

第 11 章　项目规划

胃疼是旅行者中最常见的疾病，致病的原因一般是食用了不洁的食物和水。所谓饮用的不洁的水主要是指水中含有细菌（如大肠杆菌、伤寒沙门氏菌、霍乱弧菌）、微生物（如蓝氏贾第鞭毛虫、隐孢子虫）或病毒（如肝炎病毒），这种情况在热带目的地比较常见（Brock，1979）。水中的微生物问题已经引起了广泛的关注，人们可以使用很多设备去除水源中的微生物。由于微生物体积较大（10~100微米，而相比之下，细菌一般只有2微米，病毒只有0.1~0.2微米），所在微生物用市场上出售的净水设备能够很容易地过滤掉。消除水中病原体的方法有三种：将水煮沸、用化学制剂碘、过滤。经营者要记住虽然上述方法一般情况下都有效，但有些微生物（如隐孢子虫）是抗碘的，而有些人对这类微生物有过敏反应。

经营者一定要让导游随身带上最新版的野外急救指南，以防万一。经营者应知道野外环境中急救的内容与城市中的不同，城市环境中急救的主要职责是围绕着恢复呼吸、止血、骨折固定和安全防范措施，而在野外环境中的救护往往超过急救范围，包括宿营、旅行、卫生、创新和对水和食物的妥善管理（Merry，1994）。另外，导游要知道宿营地的出入口所在，最近的医疗救护设施的位置以及如何可以到达那里，随身携带手机和一些24小时可联系的应急电话。另外，应鼓励导游获取急救方面的高级证书以随时做好应急的准备。

旅游者所面临的人身和健康风险很多，这主要是由于他们会接触很多可能会伤人或让人感到不适的动物和植物。人们往往会注意一些有毒或危险的动物（如鳄鱼、蜘蛛、澳大利亚的蛇、加拿大的熊、印度的蛇），但事实上，大部分问题是由我们上面所提到的一些微生物体引起的。动物和植物可能会直接或间接地阻止人们到某一地区去旅行。如虱子所携带的病原体可能会引起莱姆关节炎、洛基山斑疹热和兔热病。莱姆关节炎在北美尤其多见，它是由鹿虱（deer tick）的分泌液通过其觅食方式将博氏疏螺旋体菌感染给它所寄居的人。鹿虱通过嘴上的钩子能牢牢地依附在寄主上，在吸食时，虱子的身体可以变扁附在寄主上以防止被刷落。这种病的早期症状是在被叮咬的部位出现皮疹，然后会出环状隆起像面包圈一样的皮疹，同时伴有类似感冒的症状，扁桃体肿大、硬脖子、背痛、恶心和呕吐，晚期症状包括关节疼痛、心脏炎症和神经系统方面的病症（面部肌肉暂时瘫痪），不同的病人会有不同的症状反应。

风险管理

从最根本上讲，风险管理是一个机构用以规避损失的一个程序。一般来讲，这些损失是指由于受伤、设备和设施遭到破坏以及错误的行为而造成的经济损失。风险的主要来源（即人们在制订计划时可以预先想到的能构成风险的事物）包括设施、设备、计划本身和人（Corbett & Findlay，1998）。简单地说，风险管理可被定义为"对风险可能性进行正式评估并采取一切可能的措施使其影响最小化"（全国独立学校协会，引自 Ammon，1997：174）。这里用一个复杂的名称道出了一种非常基本的管理工具，所有娱乐和旅游服务供应商都不能忽视制定恰当的风险管理计划的必要性。当然某些形式的娱乐和旅游活动（如探险性质的）还需要这方面更细致的计划，原因如利德尔（Liddle，1997）所指出的，这类活动的基础具有潜在的风险性，而一旦这种风险成为现实，那将是一种不可接受的损失（如危及活动参与者的人身安全）。一般来讲，风险管理计划过程包括一定的步骤使经营者能找出潜在风险所在，对这些风险进行分类，制定风险控制措施，实施这些措施，对实施过程进行监督并对措施进行必要调整（Watson，1996）。风险的辨认和分类可以通过表11.6所列的步骤进行，通过这些做法使项目设计得能找出每个项目的问题所在。

表 11.6　风险管控概要

1. 总体描述	4. 地点
a）项目名称	a）地点/区域
b）活动类型	b）天气
c）风险程度	c）线路/住地
2. 日期和时间	d）设施
a）日期	5. 交通
b）时间	a）交通工具模式
3. 目的和目标	b）线路/目的地
a）组织目标	6. 参加者
b）活动目标	a）人数

续表

b）技术能力水平	9. 组织活动
c）特点	a）活动前的准备
7. 领队	b）团体控制
a）人数/作用	c）教育战略
b）资质	d）时间管理
8. 设备	10. 紧急预案
a）类型和数量	a）政策
b）控制	b）健康表格
	c）电话号码

资料来源：节选自 Ford & Blanchard（1993）。

潜在风险的评价可以用"高、中、低"来进行排列，或者采用"1（低）到10（高）"来进行评分等其他方法。如在"位置"一栏下场地风险可能被评为低，天气风险低，线路和住宿风险中，而设施风险为高。科比特和芬德利（Corbett & Findlay, 1998）指出下一个步骤是要制定控制主要风险的措施，可能从以下四个方面考虑措施的制定：

1. 保持风险：如果风险发生的可能性为低或风险的影响非常小可以不采取任何步骤。

2. 减轻风险：采取措施减少风险发生的可能性或降低风险的影响力，一般是通过改变人的行为或行动来实现上述目的。具体做法可以包括制定出设备和设施的定期维护计划并认真依计划进行维护，帮助员工发展自己的事业，或在设施内贴出措辞得当的警示或规则告示。

3. 转移风险：风险的程度可以接受，但可以通过合约将风险转移给其他人。这种做法包括坚持让所有参与活动者签署放弃追索责任的声明，购买保险，投保范围和金额能涵盖所有活动，或将风险责任通过合同包给其他机构（如交通部门）。

4. 回避风险：采取措施禁止、限制、推迟或取消某些活动，包括由于某些危险因素推迟一些活动，不要在坏天气下旅行，禁止活动参与者参加一些需要一定专业技能的活动，某些活动（或遵照企业或地区的政策)要坚持"禁酒"原则。

博丹斯基(Bodansky, 1994)发现风险是规模和危害可能性的函数,包括了对某一件发生概率的估计。探险娱乐业对风险有两种理解,真正的风险是指造成损失的现实可能性,这时无损失意味着零风险,而死亡意味着极端风险(Priest, 1990)。真正的风险任何时候都不能准确估计。另一种风险指想象风险,即最好地估计真正的风险。那些在高风险活动(如登山)中有丰富经验的人能更好地理解活动的风险性。上面列出的一些选择可供服务供应商灵活选择,选择那些不仅对供应商来说是最好的(包括成本和资源,以及责任),而且对参加活动的生态旅游者来说也是最好的活动,因为他们知道供应商已经尽可能地控制了可预料和不可预料的各种情况。

项目实施

只有到了项目实施时,前期所做的所有规划才有意义。项目设计过程中的这个步骤中包括市场营销、质量控制、员工培训、公共关系、预算、实施战略和计划日程几个部分。在这里我们只讨论实施战略这一部分。

麦肯齐和斯梅尔策(McKenzie & Smeltzer, 1997)指出只有考虑到了以下两点项目才可能成功实施:1. 可供项目使用的资源(如预算一部分中指出的);2. 项目实现的环境,这一点对生态旅游项目来说尤其重要。因此,项目实施必须涉及资源的付出,包括时间、人力和资金。要根据具体的实施战略分配这些资源。

由博格和高尔(Borg & Gall, 1989)提出并被麦肯齐和斯梅尔策所引用讨论的模型是包括一系列现场测试和项目调整,这些程序可以确保所设计的项目是可以接受的和有生命力的。这个模型的好处是在每个阶段都可以对项目进行修改甚至完全放弃该项目而不致浪费资源,如在第三阶段结束时发现参与者对项目感到不满意就可以做出放弃的决定,使项目设计人员不必在这个项目上再耗费更多的资源。实施战略包括项目构建,这一点是麦肯齐和斯梅尔策所特别强调的。虽然看起来这项工作应在项目构架阶段完成,但麦肯齐和斯梅尔策指出在实施过程中可以对项目进行修改或压缩规模,以适应服务供应商的需要。通过对比几个项目所需要的时间和资源可以具体制定实施细则。也就是说，越严格地遵照这个模型的每一个步骤，项目后期成功的可能性就越大。

表 11.7　麦肯齐和斯梅尔策有关项目规划研究和开发周期的几个步骤

1. **前期实地测试**：让目标人群中的一些人参与项目，然后对他们进行访谈、观察和问卷调查，收集数据并进行分析。
2. **主体项目调整**：根据前期实地测试结果进行调整。
3. **主体实地测试**：重复第一个步骤，但这次人数要比第一步时多一倍，在项目开始前和结束后分别进行量化数据收集，并根据项目目标对数据结果进行分析。
4. **经营性项目调整**：根据主体实地测试结果进行调整。
5. **经营性实地测试**：重复第三个步骤，但人数要比第三步时多一倍，然后进行访谈、观察和问卷调查，收集数据并进行分析。
6. **最终项目调整**：根据经营性实地测试结果进行调整。
7. **分解和实施**：和其他人共享项目，并实施项目。

原始资料来源：Borg & Gall（1989）；摘自 McKenzie & Smeltzer（1997）。

项目评估

评估往往看作是项目进展到最后实施的步骤，其实这应该是贯穿项目始终的一个延续的程序，这个程序能让供应商对项目的进展不断进行控制。评估对整个项目规划过程都很重要，霍尔和麦克阿瑟（Hall & McArthur, 1998）指出企业如果不进行有效评估就不可能：1. 正确理解行动；2. 从错误中吸取教训；3. 自我提高。评估可以被定义为"找出、分类和应用公认的标准确定被评估物的价值（价值或分值）、质量、用途、有效性或与标准相关的意义"（Worthen et al., 1997：5；另见 Busser, 1990）。评估可以在以下几个领域内进行：1. 行政管理（如制订计划、组织、员工配备、培训、领导工作、控制和激发创造力）；2. 领导力或人事（资历、能力和员工业绩）；3. 项目内容（满足参与者的需求、日程安排、中转、目的和目标、监督、记录等）；4. 物业（包括设计、施工和设施及设备的维护）。

生态旅游项目常用的评估方法是标准评估法，根据职业标准评估现有活动是否达到了目标以及达标的程度如何（Kraus & Allen，1997）。例如，木筏漂流的运营者必须确保所有参加此项目的游客戴头盔。这种方法更注重管理细节而非顾客的满意度，事先制定的标准通常反映了组织机构的利益或出于自身发展的职业责任（如试验教育协会制定了一系列针对户外娱乐活动的标准）。同理，这也适用于认证。萨斯喀彻温省最近制定了一系列职业标准，规范运营商的行为（如设计规范、生态住宿规范、提升自然体验），只有达标的企业才能获得运营许可（见图11.3）。法雷尔和伦德格伦（Farrell & Lundegren，1993）指出这是公共保护区域最常用的评估方法。

□是	□否	□不存在	经营是否包括直接与活动有关或能提升活动质量的住宿？
□是	□否	□不存在	如果使用可携带住宿设施（帐篷/锥型帐篷），这类住宿设计是否考虑到影响最小化？
□是	□否	□不存在	住宿设施是否能提升"自然"体验？

图11.3　可持续住宿设施的评价标准
资料来源：萨斯喀彻温省生态旅游协会（2000）。

过程与结果的评估

根据上面的文字，我们知道评估应在任何一个需要的阶段进行，包括项目开发和实施阶段。早期阶段的评估被称为构成评估，重点放在如何推动项目的进展。如评估可用于狼嚎项目的收集信息阶段，用以调整调查问卷内容。构成评估能提供及时的反馈，有助于项目的后续阶段的发展。

总结性评估能让项目决策者和消费者根据预定的标准判断项目的优劣。仍以上面说的狼嚎项目为例，总结性评估能确定在多大程度上项目日程安排能满足生态旅游者的需求，从而确定项目的未来价值。延续性要素是很重要的，这是区别构成评估和总结性评估的关键，构成评估的结果体现在项目的开发和实施上（通过调整和修改），而总结性评估得出的结果是项目应继续运行、终止、扩大或采纳推广（Worthen et al.，1997）。

评估可以使经营者获得对项目有重要意义的信息。有了这些信息的帮助，服务供应商可以确定项目的最终命运，在这方面可以有如下选择：1. 继续进行不做任何改动；2. 改动后继续进行；3. 暂停待以后再进行；4. 暂停，改动后待以后再进行；5. 完全终止项目。显然，如果评估结果是正面的则只需做细微改动，甚至根本不用改动（当然很多专业的服务供应商总会希望项目能不断改进，做得更好）。在另一个极端，如果对项目的评价结果是负面的，特别是如果同一项目过去就曾得到过类似评估，则这个项目就应搁置起来或完全取消。不过卡彭特和豪（Carpenter & Howe，1985）指出项目复查应与需求评估（项目周期的最初步骤）紧密相连。如果没有对参与者需求的反复评估，项目设计人员就不知道一个暂时搁置起来的项目是否可以重新起用。卡彭特和豪指出评估和需求评估之间的相互联系可以"让你对顾客的需求做出快速反应，使之有助于你的评估结果，同是需求评估可以让你了解休闲项目和服务需求的变化，使你在长期经营中保持敏感"（1985：172）。有些项目因不受欢迎而被搁置起来，但这些项目在未来可能会引起人们的兴趣。

有很多方法可以评估生态旅游项目和景区的服务质量，穆赫德·沙阿瓦希德等人（Mohd Shahwahid et al.，2013）采用了关键事件法评估马来西亚关丹村（Kampung Kuantan）萤火虫公园的生态旅游者对于置身昆虫中的产品和服务的满意度。受访者指出有五个地方令他们感到不满，包括对景区和设施质量不满意，行前旅游预期较高，员工的知识培训不到位，员工和其他游客的一些行为令人无法接受，以及对游客的需求反馈不及时不到位。作者指出公园员工可以采用的最有效的调整战略依重要程度依次为：1. 微笑、道歉和承认错误；2. 改正错误，挽回影响；3. 管理互动（警告员工）；4. 完全对这种反馈置之不理。最后一种情况是员工完全不承认问题的存在，或彻底忽略问题。

贞和鲍姆（Chan & Baum，2007）对马来西亚苏高的两处生态住宿地的生态旅游者进行深度访谈，发现游客对生态住宿的体验好评和差评各半，作者总结出服务体验的六大领域，见表11.8。

表 11.8　服务体验建设

方面	例子
享乐	兴奋、享受、记忆深刻
互动	见不同的人，参与整个过程，拥有选择的权利
新奇	逃离、做些新鲜事
舒适	身体的舒适、放松
安全	个人安全、财产安全
刺激	教育和信息、挑战

资料来源：Chan & Baum（2007）。

体现在生态旅游体验和生态旅游产品的功能及实用性的正面反馈包括：1.享乐，包括野生动物、自然环境、乘游船和丛林漫步；2.互动，包括野生动物、员工、导游和其他团组；3.新奇，包括野生动物；4.舒适，包括野生动物、自然环境和乘游船；5.个人安全，包括船夫和乘游船；6.刺激，包括旅游要素带来知识和身体方面的挑战。

体现在生态旅游体验和生态旅游产品的功能及实用性的负面反馈包括：1.不想要/不喜欢船的噪音和燃料；2.蚊子令人不适；3.除了船的燃料外，游船过于拥挤也引起抱怨和不满；4.抱怨没能看到野生动物，游船行程太短，卫生间状况太糟，客房维护不好，路面颠簸和看不到林地。贞和鲍姆（Chan & Baum，2007）总结指出生态旅游服务是由很多不同方面组成的，管理需要有整体观，需要综合生态旅游项目的各个环节才能给生态旅游者留下好的印象。另外基于自然的旅游和生态旅游也需要产品的创新，需要更灵活、更个性化、更综合性和更活跃（Saarinen，2005）。

结论

本章指出旅游业和娱乐业之间有很多共通之处，从体验的角度讲尤其如此。服务对于两者来说都是很重要的，但两者服务的侧重面不同，娱乐服务的重点是使参与者感到满意，而由于各地市政府对旅游业的关注，人们有一个先入为主的观念，认为旅游业是一个赚钱工具，属于商业性行业。不过旅游行业也要调整自己的服务观念，不能只把旅游者（参与者或客户）看成是摇钱树。越来越复杂的旅游服务产品和日益激烈的竞争要求服务供应商提供更多不同的服务。我们可以说所有事情都是对等的，比较专业的项目设计人员能获得较长时间的经济上的成功，也就是说参与者群体能获得各方面的满足。在 21 世纪，旅游者要求他们的旅游体验能和娱乐体验一样令人满意。这意味着旅游行业需要教育、技术开发、实践和自我实现。这也就意味着旅游项目的设计也要向娱乐项目一直以来的做法靠拢。

概括问题：

1. 需求评估和资产普查如何能帮助生态旅游经营者并使生态旅游者获益？
2. 本章所讨论的项目规划如何使生态旅游服务供应商重视利润以外的其他要素？对其他要素的重视能帮助供应商在市场上保持长期竞争力吗？
3. 纵观整个项目规划模型，说明为什么规划的这种循环性质如此重要。
4. 构成评估和总结性评估有什么区别？
5. 什么是 SWOT 分析？它能如何帮助项目规划人员？

第12章 总结

我们越来越能看透这个世界的愚蠢和虚荣，并越来越能欣赏真正有价值的东西。我们给自己加上很多虚伪的负担，我们复杂的文明带给我们的是很多虚伪或人为造成的欲求，这一切使我们偏离了给予我们力量和健康的真正源泉。（J. Burroughs, *Time and Change*, 1912）

本书努力把当前与生态旅游有关的理论基础、概念和问题都归纳出来。一开始，我们发现没有什么能像生态旅游的理论与实践这样令人感到如此绝望，因为这个问题涉及很多不同的角度和研究学科（如经济学、生态学、人类学、公园管理、市场营销、服务供应）。不同的优先级和价值观都会带来不同的结果。

本书更倾向于保护主义，这也形成了最终所采纳的生态旅游定义。生态旅游要存在下去就必须以更绿色的方式存在。有些学者认为，从严格意义上讲，生态旅游是不能在可持续大众旅游的情况下继续生存的。时间会告诉我们结果的。如果生态旅游真的跟大众旅游牵手了，这意味着生态旅游会发生巨大改变吗？或可持续大众旅游发生了巨变？我相信生态旅游者是一个独立的市场，可能有些学者并不认同，但我想这个市场并不大（见第2章）。我看到探秘自然（Quest Nature）旅游公司的例子，他们70%的客户是回头客。基于自然历史的旅游首先是旅游，这些旅游者寻求定期到自然世界中去享受，而且他们会寻找那些提供这种生态旅游体验的旅行社。

我上研究生的时候被告知生态旅游要想成功就必须削弱所有最初设定要完成的东西，我们可以把这称为"弗兰肯斯坦综合征（科学怪人综合征）"：

我们出于好意用各种零部件造出了一个新东西,结果发现一切都错了。为什么从试验到结果有些东西会错,这其中必定有理由。生态旅游跟其他一切形式的旅游一样,我们评估它的成功与否不是基于社会和生态的和谐,而是取决于利润。这是人性中的冷酷、硬性、爱算计的一面,更看重效率、生产力、科学、技术和短期效应。我认为我们必须用哲学思维去看生态旅游,这让我们能以更大的尺度去看这个行业的问题而不把眼光拘泥于眼前的个人利益。从这个意义上讲,我们考虑的范围除了利润,还涉及具体地区的家庭、社区、记忆、历史、权力和尊重(Fennell & Malloy, 2007)。另外,生态旅游这个名词不能保证行为的可持续性:两者并不是同义词。生态旅游如果没有道德准绳的规范,可能跟其他形式的旅游一样不可持续甚至破坏力可能更大。

  我曾参加过跨加拿大高速公路生态旅游产品开发的一系列研讨会。这个公路旅游产品并不仅限于一个省的范围,而是把公路看成一个交通载体,鼓励旅游者沿途下车观赏生态旅游景点。20世纪70年代到80年代,由加拿大环境部开发的跨加拿大高速公路生态旅游产品吸引了越来越多的人的兴趣,他们可以沿高速公路旅行并沿路欣赏加拿大各地的自然风光。虽然加拿大环境部出版的相关书籍中称这个项目的开发并不是为了利润,而仅仅是为了强化加拿大和国际旅游者与加拿大国土之间的这种人与土地的联系,然而最近关于跨加拿大高速公路旅游会议的论调却完全不同。会上几乎是一边倒地以经济收益来衡量这个产品的营销是否成功(第9章和第11章)。无疑,作为世界上最大的产业,旅游业是受利润驱使的。而如前文所述,生态旅游恰好是这个行业中发展最快的一个部分。然而,在这次会议上却几乎没有人把旅游者看成是货币符号以外的事物。这让我不禁想问,如果沿高速公路参观生态旅游景点的旅游者一毛钱都不花的话,有关部门是否还会开发这个产品呢?衡量一个生态旅游项目成功与否的标准到底是什么?生态旅游市场是否真有近来报道的那么大?还是这个人数是行业制造出来的,或者是通过对产品加入一些生态旅游式的体验后重新包装去迎合一些并不真正想投入到生态旅游中的旅游大众呢?读者们在这里是找不到答案的,但这个问题确实值得思考。近年来生态旅游实在是太"性感"了,它的利润使行业不可能忽视它。

  当会议主席要求我们从更广义的角度看生态旅游(包括文化和自然景观)

时，我想到了第9章提到的好莱坞直升机生态旅游。不过好莱坞的直升机游和哥斯达黎加的硬性生态旅游者飞行之旅，两者之间到底有什么区别呢？哪一个对自然更有破坏性呢？很多人认为前者其实破坏性更小，远低于让人走过非常敏感的雨林地带，但那些乘直升机的人并没有接触地面啊。但事实上把直升机体验视为生态旅游从根本上就错了。因为真正的生态旅游体验是让旅游者有直观的、具体的与自然世界的接触。这意味着看到它、感受它、触摸它——认识它。这种学习过程是直升机游客无法做到的，因为他们根本无法进入自然世界。另外，参加直升机游的客人，我们无法确认到底是直升机本身更有吸引力还是体验的内容（如对好莱坞的解读）更有吸引力。最后，它会对保护做出什么贡献呢？重点是，如果一次飞越好莱坞的体验可以被称为生态旅游的话，那生态旅游就大门洞开了。秃鹰在盘旋。

生态旅游业从属于大众旅游，而大众旅游的问题关系到生态标签和度假区开发。当我看到华美达（Ramada）的标志出现在墨西哥尤卡坦半岛最近开发的生态住宿设施中的时候，我个人感到非常担忧，这并不是从生态影响角度讲的担忧（华美达显然也像假日酒店等其他大型饭店集团一样想将环境结合到自己的产品形象中去），而更多的是社会经济方面的担忧。生态旅游的信条之一就是这个行业应以地方经营为主。如果华美达把自己的收入都注入当地社区和地区内的生物多样性保护事业的话，它如何能保持自己在国际竞争市场中的地位呢？当国际商业社区介入这种"地方"企业时，这种生态的光环终会消失的。这种情况正如布里顿（Britton，1977）等人所指出的大都会对这个行业的统治现象。我估计，当今生态旅游行业所面临的最大威胁是大饭店和度假区集团将渗透到生态旅游行业中去，而利他主义越来越少，正如前面所说的。

加拿大太平洋饭店和度假区集团最近对其数千名员工进行了一次调查，调查结果是公司制定了比较有利于环境的政策（D'Amore，1993），这个12点环境行动计划是这个领域中此类计划的第一个。这个政策在15年前会受到欢迎吗？不太可能。华美达和其他连锁饭店集团的做法是饭店管理界对公众意见所做出的反应。这种选择有很多商业性的解释（如这可以使饭店降低维护成本和人均成本，还能让顾客感到一种内心的平衡），但仅此而已吗？这

第12章 总结

让我想到了最近大公司在其员工中推行健康会员制的趋势，这能说明企业真地对员工的健康和福利感兴趣吗？这种行为的潜在原因可能是希望员工身体更健康，从而提高劳动生产率、减少缺勤，并最终为公司省钱。在这种双赢的情况下，人们很难去批评企业只把员工看成是商品，其最终目的是从这种人力资源中榨取最大的产出。我不希望显得太悲观，但确实很难确定饭店这种做法的真正动机（主要动机）和本质（经济收益）。人们不禁要问饭店及其他企业如果不在财力许可的范围内保护资源、关注环境并考虑公众意见的话，他们是否将无法成功地经营下去。

前面提到的例子非常重要，因为它暴露了生态旅游脆弱的腹部——更多的证据被暴露！如批评家指责生态旅游：1. 必须是生态良性而且必须保持低承载量的接待水平才能成功；2. 不足以让社区所有成员获益。生态旅游始终面临的问题是资源的需求把人引向目的地。如果我们跨越半个地球旅行时会考虑到对地球是否友善吗？我们正耗费大量的燃油只是为了满足我们的享乐目标。可能不会，但我们至少可以做到去支持那些采取了环保措施尽可能减少生态足迹（如更有效地使用燃油和采取控制碳排量措施，Putz & Pinard, 1993年在书中讨论了后面一个方面）的航空公司。针对前面提到的第二点，我认为社区利益是一种机制赋予的信任和合作。生态旅游的规划和管理必须依靠政府和政策体系，包括非正式的原则和正式的机构，它需要有广泛的代表性和参与性，而且对于各方的影响和变化是开放的（第10章）。从这个意义上讲，生态旅游需要与更广阔的可持续发展政策相结合，这种政策在资源和行业规划和管理方面更强有力。合作也意味着各部门之间稳定和跳动的纽带，让各方在经济上能共同获益。在这方面我们还有很长的路要走。

生态旅游批评家会指责生态旅游的定义和目标过于高大上，确实很难找到一个各方都认可的定义。但这个议题是否成立还是值得推敲的。基本上解决这个问题有两个办法：1. 认同并调整定义，使之更宽容同时牺牲很多根本原则；2. 坚持这个高大上的目标去实现整体性的结果。支持第二点就等于坚持了生态旅游的很多根本原则，如学习、可持续性、道德和本地收益，让更多的业者为这些目标努力——就像可持续发展一样，它是一个过程而不是一个终极目标。那些向这些目标积极努力的人会在努力的过程中认识到这种努力的意义,这是很多地区执行的认证制度的基础——尽管很多认证体系也出于各种原因被诟病(第7章)。

奥斯卡·王尔德(Oscar Wilde)指出有人认为"一个人如果面面俱到,等于任何方面都不看重"。我觉得真正的努力还在前面,不是简单地终止生态旅游(那太简单了)而是去理解它:1. 我们无法回头,无路可退;2. 我们要更好地理解从根本上讲我们是什么。针对第一条,我不确定一些新造的词(如地理旅游、野生动物旅游或负责任的旅游等存在于目前文献中的相关词汇)能解决目前的问题,说明旅游业中人与人和人与环境的互动关系。这些问题归根结底是追问从深层次讲我们到底是谁,我们只有真正想明白这个问题(不是仅从名称、标签和概念上)才能摆脱困惑。生态旅游仍然是旅游中最有道德的一种形式,但我们不能脱离经济、政策、社会、技术和生态的视角去看人的本质和旅游的伦理道德。从这个意义上讲,限制我们的不仅是对人类行为本身缺乏了解,而且是割裂地看待产业、当地居民、学界和政府,未来必须是所有各方的共同整体努力或共同的哲学理念(见 Weaver & Lawton, 2007)。

在大众传媒和技术如此发达的现代,信息充斥着人们的视听,理论上和现实上我们有很多渠道可以接触到生态旅游。我们已经从各种资料上深入了解了这个概念,我们已经不再带着浪漫的粉色眼镜看待它了(见 Cater & Lowman, 1994)。生态旅游失败的例子几乎和成功的案例一样多。这些案例的分析让我们有机会解构理论和实践的分歧点,在这个动态发展的行业中寻求正确的路径。为了实现这个目的,下面列出了一些能帮助我们更好地平衡生态旅游内相互竞争的各要素的优先原则:

- 尊重生态旅游中每个动物的利益,超越资源和种群数量的管理。第7章中讨论的新的动物伦理研究能为我们提供指导原则,分辨哪些行为是可接受的,哪些是不可接受的。
- 尊重当地人和土著人的权利,包括雇用这些被边缘化的人群担任中高层管理职务,给他们机会让他们在企业内得到升迁,让他们在生态旅游中表现自己独有的能力。
- 鼓励生物多样性保护,支持包括生态旅游在内的各种形式的发展。如果推行的发展模式剥夺了当地人的获益能力，这种模式是不可能像其他更综合和有更强互动性的模式那样成功。
- 生态旅游产业的发展不应强加给当地社区，而是要基于社区并由社区倡导。强调决策的内生性而非外来性，我们鼓励外部的影响但不能以牺牲当地社区的统一性为代价。
- 合作和信任是生态旅游各利益相关方建立有益关系的根本，这会给各方都带来利益。
- 行业决策者要努力扩大旅行社和旅游者的数量，但这种扩张要以当地环境的承载力为准绳，这意味着不同的环境和不同的极限，这是需要调研得出的结论。
- 通过管理体系、认证制度和行业道德规范的推行与评估不断提高运营商的环境管理能力。这需要政府、业界和学界的共同努力，同时需要生态旅游行业有公平公共的指导原则与规范。
- 国家和地方各级政府要相互配合，帮助国际机构认清行业形式以及这个行业对当地资源和人民带来的负面影响。
- 资助研究，让研究成果帮助政府决策，从而使生态旅游受益，特别是对破坏性土地使用的管理。支持市场调研，不单是针对生态旅游。
- 认识到生态旅游仅仅是人性的另一种表达，我们必须要首先理解旅游者的基础行为才不会在影响分析中迷失，拖累整个行业。要利用跨学科研究方法才能更好地弥补当前生态旅游研究中的空白。
- 鼓励服务供应商用创新的方式教育旅游者，让他们学习生态和文化体验知识，要支持和鼓励导游终生学习，让他们尽可能知识渊博。
- 与教育机构和当地居民密切合作，给当地居民提供培训机会（如认证教育或学位教育），让他们能受雇于这个行业。学科设置要根据当地居民需要而不是机构的需要。
- 教育培训的原则是保护当地社会文化和生态系统的统一性。
- 生态旅游的命运取决于政府的民主体系的强弱，较强的民主体系能有力保护当地居民不受外来势力的压迫。政府的管理模式必须要开放和应变，从政治经济的各个层次形成对民众的支持。

- 强调服务商对环境保护的作用，因为环境是他们赖以生存的基础。保护区的维持和物种的回迁（如种树和垃圾清运）需要得到各种形式的资金捐助和各类活动的经济收益支撑。
- 确保生态旅游政策是由各方代表共同参与制定的。在加拿大，政策的制定是考虑业界、顾问和政府的利益，制定政策的主要动机是增长和个体私利。这样做的结果是生态旅游学界的声音不受重视，像在旷野上呼喊一样。
- 继续解构和综合归纳生态旅游的定义。目前关于这个定义，学界和业界一直难以达成一致，这也会制约政策的制定和现实行为的规范（如垂钓和狩猎是否属于生态旅游）。
- 组织关于生态旅游的国际节事活动，让它的目的能超越机构的私利。最后的问题下面会更详细地说明。

2002年是国际生态旅游年（IYE），这是第一次全球的生态旅游盛事。同年的魁北克会议系列活动，包括20多次预备会，涉及3000多名参会代表。这次活动的重要意义在于吸纳了各利益相关方的代表，共同讨论生态旅游的未来（形成了魁北克生态旅游宣言，附录引用了这个文件的全文，列举了政府、运营企业、行业协会、非政府组织、学界、顾问、跨政府组织、社区和原住民团体各自对于生态旅游的未来应当担负的责任）。国际生态旅游年的举办意味着：1. 生态旅游将继续成为旅游业的一个重要组成部分；2. 生态旅游进入了一个新的发展阶段，它已经超越初期阶段，成为社区发展的可持续形式，将成为或已经成为"世界上最大的产业中发展得最快的一部分"（Fennell，2002c；Weinberg et al.，2002）。这个新阶段是与以往不同的，它将更注重效率、生产力、技术和短期成本收益计算以外的更多的东西（Heidegger，1966）。海德格尔（Heidegger）认为新的思考将涉及更广泛的可能性，我们将用更新更好的工具评估影响生态旅游行业各方的需求。否认这方面的重要性将让我们回到无力、沮丧和自私自利的老路上去（Saul，2001）。生态旅游魁北克城会议（2002）强调了资源的划分，因为很多项目控制在大型政府机构和NGO手里，它们会以服务本机构的利益为主旨而不是其他相关群体的利益。缺乏更深刻的思考使我们看到这些会议实际上对现实的改善作用甚微（见 Tepelus，2008，提出了对 IYE 所获成果的批评）。

总之，正如本章所引用的伯勒（Burrough）的那一段话所指出的，我们生活在一个肤浅的、毫无价值观念的世界上。作为全球经济的重要驱动要素之一，旅游业迎合了现代文明强调物质结果而忽视更道德的结果的社会主流思潮。作为旅游业的一部分，生态旅游将努力使自己从传统旅游和替代旅游中脱颖而出。未来研究的重点应放在确定"替代"的意义，以及生态旅游在建设更好的替代旅游形式方面的作用。如果生态旅游更注重其虚伪的责任、徒劳性和人为欲求，我认为这种旅游形式是不可能取得真正意义上的成功的。反之，如果在生态旅游理念和实施方面强调价值观基础，那么这种旅游形式将真正对人与人和人与环境的关系做出贡献，成为这个复杂的世界上的其他发展模式（旅游业和非旅游业）的楷模。

概括问题：

1. 算计思维和深度思维的对比反差是什么？
2. 生态旅游行业的主要批评观点有哪些？
3. 为什么说仅以经济尺度衡量（生态旅游）企业的成败是危险的？
4. 为什么"进入到"自然对于一个生态旅游者来说是很重要的？
5. 酒店集团的例子说明利他主义和自私自利哪一种更可持续？

附录：生态旅游魁北克城市宣言

2002年5月19日—22日，来自132个国家的公营、私营及非政府部门的1000多名代表聚集在加拿大魁北克市，出席了根据联合国2002年国际生态旅游年的活动计划，由联合国环境署（UNEP）和世界旅游组织（WTO）发起，魁北克市旅游局和加拿大旅游委员会共同主办的世界生态旅游峰会。

在2001年和2002年期间共召开了18次预备会议，共有3000多名来自旅游、环境与其他管理部门的国家与地方政府、私营生态旅游企业及其行业协会、非政府组织、学术机构及咨询部门、政府间组织以及土著居民和地方社区的代表出席了会议。魁北克峰会是一系列会议的最高潮。

本文件既考虑到整个准备过程，也考虑到峰会期间所进行的讨论。虽然它是众多利益相关群体之间对话的结果，但并不是一份通过谈判所形成的文件。其主要目的是确定一个初步的议事日程，就生态旅游的可持续发展提出一系列建议。

与会代表一致认同，将于2002年8—9月份在约翰内斯堡召开的世界可持续发展峰会（WSSD）是今后10年中确定国际政策基础的盛事。同时还强调，作为一个重要的产业，旅游的可持续性应该是世界可持续发展峰会优先讨论的问题，因为它对摆脱贫困和濒危生态系统的环境保护有着潜在作用。因此在这次峰会上，与会者请求联合国、联合国组织及其所代表的成员国在世界可持续峰会上分发下面的《宣言》及世界生态旅游峰会的其他成果。

世界生态旅游峰会的与会者意识到这一磋商在体现众多利益相关群体——尤其是非政府组织和地方及土著人社区——的意见方面所存在的局

限性；

　　承认旅游有着重要且复杂的社会、经济和环境影响；

　　考虑人们对到自然区域旅游的兴趣与日俱增；

　　强调旅游应该通过增加当地社区的经济收益、积极促进自然资源和当地社区文化完整性的保护，以及通过增强旅游者对自然和文化遗产保护的意识来促进整个旅游业更加可持续发展；

　　承认与自然区域相关的文化多样性，尤其是由地方社区的历史遗存所形成的文化多样性，一些社区一直保持着它们自己的传统知识和实践，而其中许多是数百年来已经证实是可持续的；

　　重申据文件证明，用于保护与管理生物多样化和文化丰富的保护区域的资金在全球范围内普遍不足；

　　认识到可持续旅游可以成为保护区域的重要收入来源；

　　进一步认识到许多这类保护区往往是贫困农民的家园，他们经常缺医少药、缺乏教育设施、通信系统以及其他真正发展机会所需要的基础设施；

　　确信不同形式的旅游，尤其是生态旅游，如果以可持续的方式进行经营管理，那么对当地居民及其文化，以及对为子孙后代保护与可持续利用自然来说，是这种宝贵的经济机遇；

　　同时强调，不管何时何地，只要是在自然区域和乡村的旅游规划、开发与经营不当，便会导致自然景观的退化、对野生动物和生物多样性造成威胁、水质下降、贫困、土著人和当地社区的迁徙，使文化传统受到侵蚀；

　　确认生态旅游必须承认和尊重土著人和地方社区的土地所有权，包括他们的保护区、敏感地区及宗教场所；

　　强调为了从生态旅游和其他形式的基于自然的旅游中取得公平的社会、经济和环境利益，最大限度地减少或避免潜在的负面影响，需要采取参与式的规划机制，允许地方和土著人社区以透明的方式规定和调整其区域的用途，包括退出旅游开发的权利；

　　注意到寻求实现社会和环境目标的小微企业往往是在一种不能为这一特殊的新市场提供适当的财政和营销支持的发展环境下进行经营的。为了达到社会和环境目标，需要通过采取一系列措施来进一步了解生态旅游市场，包括对目的地的市场调研、专门用于旅游业的信贷工具、外部成本补贴、激励使用可持续能源和创新技术方案,不仅在企业里,而且在政府内和那些试图支持企业决策的人们当中,重视技能的开发;

根据以上各点,峰会的代表对政府、私有部门、非政府组织、基于社区的协会、学术和研究机构、政府间组织、国际金融机构、开发援助机构以及土著人和地方社区提出了一系列建议,这些建议均列在本宣言的附件中。

A. 对政府的建议

1. 制定与可持续发展的总体目标相一致的全国、区域及地方的生态旅游政策和开发战略,并要通过和那些可能参与、影响生态旅游活动或可能受到生态旅游活动影响的人们进行广泛咨询来制定。而且,用于生态旅游的原则应该放宽到涵盖整个旅游部门。

2. 与地方社区、私有部门、非政府组织以及所有生态旅游的相关利益群体协作,保证对大自然、地方文化,以及特殊的传统知识和原生资源进行保护。

3. 确保国家、省和地方一级所有相关的公共机构(包括在适当的时候成立跨部门的工作组)在生态旅游过程的不同阶段的适当参与和必要的协调,同时促使其他利益相关群体参与生态旅游的相关决策。另外,要建立适当的预算机制和立法框架,以便实现这些多元利益相关群体机构所确定的目标。

4. 在上述框架中要包括国家、区域、地方各级必要的法律和监测机制,包括所有利益相关群体和环境影响评估研究所公认的目标是可持续性指标,以避免产生或最大限度地减少对社区或自然环境的负面影响。监测结果应该对广大公众公开,因为这些信息可以使旅游者选择那些贯彻而不是不贯彻生态旅游原则的经营者。

5. 培养地方在保护区、缓冲区和其他生态旅游开发区运用像分区等发展管理工具的能力,以及采用参与式土地使用规划方法的能力。

6. 利用国际上认可的原则制定认证方案、生态标志以及旨在保护生态旅游可持续发展的自愿性活动，鼓励私有经营者参与这些活动，以促进消费者对他们的认知。不过，认证制度应当反映区域和亚区域的标准、承载力，并提供财政上的支持，使中小企业可以参与这些活动。为实现这些计划的使命，需要一个立法框架。

7. 确保对作为生态旅游核心的中小型企业提供技术、财政和人力资源开发方面的支持，其目的是使它们能够以一种可持续的方式起步、成长与发展。同样，具有生态旅游潜力的地区要建造适宜的基础设施以促进本地企业的涌现。

8. 制定适当的政策、管理计划以及对游客的解说方案，同时要为自然保护区提供充足的资金来源以管理迅速增加的游客、保护脆弱的生态系统、有效地避免热点保护区的过度利用。这些计划应该包括清晰的准则、直接和间接的管理战略以及对资金的控制，以确保对所有在保护区经营生态旅游的企业以及愿意造访这些地方的旅游者进行社会和环境影响的监测。

9. 在国家旅游管理机构针对国内外旅游市场的整体促销战略和活动中，要包括中小型生态旅游公司以及基于社区和基于非政府组织的生态旅游经营活动。

10. 发展在国内外促销生态旅游产品的区域性网络与合作。

11. 对旅游经营者采取激励措施（如市场促销优惠）以便使他们采纳生态旅游原则，使其经营活动在环境、社会和文化方面更加负责任。

12. 确保在所有的生态旅游开发中——哪怕是在最地道的农村以及在国家和地区公园中——制定详细的基本环境和卫生标准，使之起到试点的作用。这应该包括选址、规划、设计、固体垃圾的处理、污水和集水区的保护等方面。还要确保在没有可持续基础设施投资以及地方上对这些方面的控制和监测能力没有得到加强的情况下，政府不会实施这些生态旅游发展战略。

13. 资助或支持那些投资进行生态旅游和可持续旅游研究项目的机构进行基础研究与调查，记录动植物尤其是濒危物种的生存状况，并将之作为任何一项拟开展的生态旅游开发环境影响评估的一部分。

14. 支持进一步制定关于可持续旅游发展的国际准则、指南和道德规范（如那些由生物多样性大会、联合国环境开发署和世界旅游组织制定的准则和规范等），以改进在旅游中贯彻可持续发展理念的国际和国家级的立法框架、政策及总体规划。
15. 作为一种选择，在那些可能会改善相关社区的社会环境和经济纯收益的地方，考虑公用土地的所有权和管理权从采掘型或集约型生产部门移交给与保护相结合的旅游部门。
16. 促进和发展针对儿童和年轻人的教育计划以增强其对自然保护、可持续利用、地方与土著文化及其与生态旅游关系的认识。
17. 促进目的地的出入境旅游经营者、其他服务的提供者及非政府机构之间的合作，以便进一步教育旅游者并影响他们在目的地，尤其是发展中国家目的地的行为。

B. 对私有部门的建议

18. 规划、发展和引导其业务经营，使之能最大限度地减少对敏感的生态系统保护和总体环境的负面影响，并积极促进其保护，以使地方社区直接受益。
19. 牢记要使生态旅游经营做到可持续，必须使所有利益相关群体受益，包括项目的所有者、投资者、管理者和雇员，也包括开展生态旅游的社区和自然区域的保护组织。
20. 采纳一个可靠的认证制度或其他自愿性的规范制度，如生态标志制度，以便向潜在客户表明其坚持可持续原则和他们所提供的产品与服务的可靠性。
21. 与负责自然保护区和生物多样化保护的政府和非政府组织合作，确保生态旅游的经营是按照在那些地区实施的管理计划和其他规定进行的，从而可以在提高旅游体验的质量和对自然资源的保护做出经济贡献的同时，最大限度地减少对其可能产生的负面影响。
22. 在经营中越来越多地利用当地久旱产品以及物力和人力资源，以便保持生态旅游产品的总体真实性，扩大留在目的地的财政和其他收益的比例。为实现这一目的，私有经营者应该在当地员工的培训方面进行投资。

23. 确保在发展生态旅游活动中使用的供应系统是完全可持续的，并与向顾客提供的最终产品与服务的可持续水准相一致。

24. 积极地与土著人领导共同合作以确保土著人文化和社区能够得到准确的描述与尊重，同时要向企业的员工和客人提供有关土著人的场地、风俗和历史的充分而准确的信息。

25. 在顾客、旅游者中间，促进其在所造访的生态旅游目的地的行为更加符合道德规范，向旅游者、行业工作者进行环境教育，促进不同文化间的相互理解，同时鼓励为支持地方社区或保护项目自愿捐赠。

26. 通过在某一特定目的地开展各种各样的旅游活动和将其经营扩大到不同目的地的做法使所提供的产品多样化，以便扩大生态旅游的潜在利益，避免一些生态旅游景点因过度拥挤而对其长期的可持续性造成威胁。在这方面，迫切要求私有经营者尊重生态旅游目的地已有的游客影响管理制度并为其做出贡献。

27. 为行业协会或合作组织创建筹资机制，这些机构能够帮助解决生态旅游培训、市场营销、产品开发、研究和融资的问题。

28. 鉴于以上各点，制定和实施公司关于可持续旅游发展的政策，其目的是在生态旅游经营的每一个部分落实这些政策。

C. 对非政府组织、基于社区的协会、学术和研究机构的建议

29. 向生态旅游目的地、当地社区组织、小企业和相关的地方当局提供技术、财政、教育、能力建设及其他方面的支持，以确保贯彻实现可持续发展的适宜的政策、开发和管理原则及监测机制。

30. 监督和从事关于生态旅游对生态系统、生物多样化、地方土著文化的实际影响以及生态旅游目的地的社会经济结构方面的研究。

31. 与公私组织合作，确保通过研究所取得的数据和信息能够用于生态旅

游开发和管理的支持决策过程。
32. 与研究机构合作以制订出解决生态旅游开发问题的切实可行的解决方案。

D. 对政府间组织、国际金融机构和开发援助机构的建议

33. 制定和协助实施国家和地方政策及规划指南、生态旅游的评估框架，确定生物多样化的保护、社会经济发展、尊重人权、脱贫、自然保护及其他可持续发展目标之间的关系，并要加强这些技术专长向所有国家的转让。要特别关注处在发展阶段或最不发达状态的国家、发展中小岛国，以及一些山地国家，因为联合国将2002年也定为国际山脉年。
34. 以国际准则为基础，增强区域、国家及地方组织制定和实施生态旅游政策和计划的能力。
35. 制定生态旅游认证制度的国际标准和金融机制，考虑中小企业的需要，方便它们使用这些程序。
36. 将在多元利益相关群体间进行对话的方法列入全球、区域或国家级的政策、指南及项目中，以便在参与生态旅游的国家和行业之间进行经验交流。
37. 确定全世界生态旅游企业成败的决定因素，以便通过出版物、实地考察、培训性质的研讨会和技术援助项目等方式将这些经验和最佳做法传授给其他国家；此次峰会后，联合国环境署和世界旅游组织应该继续组织关于可持续生态旅游问题的国际对话，例如，通过国际和地区性论坛对生态旅游的发展进行定期评估。
38. 有必要调整金融手段和贷款条件及程序以适应那些作为这一产业核心的中小型生态旅游公司的需求，作为确保其长期的经济可持续性的条件。
39. 开发内部人力资源能力来支持可持续旅游以及作为其中一个发展子部门的生态旅游，确保专家、研究工作和文件编制全部到位，以应用于可持续发展的生态旅游业。

E. 对社区和地方组织的建议

40. 社区开发愿景的一部分可包括生态旅游。要制定并实施一种战略，通过生态旅游的开发，包括人文、实体、金融和社会资本的开发及提升对技术信息的可得性，提高社区的集体收益。
41. 加强、培育并鼓励社区对生态旅游相关的传统技能保护与利用的能力，尤其是那些以家庭为基础的艺术与工艺、农产品以及利用当地自然资源以可持续的方式建造的传统房屋和景观。

2002 年 10 月 18 日通过。

英文网址：http://www.travelmole.com/cgi-bin/item.cgi?id=81853

参考文献

Acott, T.G., LaTrobe, H.L. and Howard, S.H. (1998)'An evaluation of deep ecotourism and shallow ecotourism', *Journal of Sustainable Tourism* 6(3): 238—253.

Ad Hoc Technical Expert Group on Protected Areas (2003) 'Protected areas: their role in the maintenance of biological and cultural diversity', United Nations Environment Programme, Convention ofn Biological Diversity, Tjärnö, Sweden, 10—13 June.

Adams, J.S., Tashchian, A. and Shore, T.H. (2001) 'Codes of ethics as signals for ethical behaviour', *Journal of Business Ethics* 29: 199—211.

Adams, S.M. (1983) 'Public/private sector relations', *The Bureaucrat*, Spring: 7—10.

Adams, W. and Hume, D. (2001) 'Conservation and community: changing narratives, policies and practices in African conservation', in D. Hulme and M. Murphress (eds), *African Wildlife and Livelihoods: The Promise and Performance of Community Conservation*, Oxford: James Currey.

Adams, W.M. and Infield, M. (2003) 'Who is on the gorilla's payroll? Claims on tourist revenue from a Ugandan National Park', *World Development* 31(1): 177—190.

Aguirre G.J.A. (2006) 'Linking national parks with its gateway communities for tourism development in Central America: Nindiri, Nicaragua, Bagazit, Costa Rica and Portobelo, Panama', *PASOS. Revista de Turismo y Patrimonio Cultural* 4(3): 351—371.

Akehurst, G. (1992) 'European Community tourism policy', in P. Johnson and B. Thomas (eds), *Perspectives on Tourism Policy*, London: Mansell.

Alam, H.M.A. (2012) 'Maximum allowable visitor numbers: a new approach to low carbon ecotourism development', *Asian Journal of Applied Sciences* 5(7): 497—505.

Alderman, C. (1992) 'The economics and the rold of privately owned lands used for nature tourism, education and conservation', paper presented at the 4th World

Congress on Parks and Protected Area, Caracas, February.

Almeyda Zambrano, A.M., Broadbent, E.N. and Durham, W.H. (2010) 'Social and environmental effects of ecotourism in the Osa Peninsula of Costa Rica: the Lapa Rios case', *Journal of Ecotourism* 9(1): 62—83.

Ammon, R. (1997) 'Risk management process', in D.J. Cotton and T.J. Wilde (eds), *Sport Law for Sport Managers*, Dubuque, IA: Kendall/Hunt.

Andersen, D.L. (1993) 'A window to the natural world: the design of ecotourism facilities', in K. Lindberg and D.E. Hawkins (eds), *Ecotourism: A Guide for Planners and Managers*, North Bennington, VT: The Ecotourism Society.

——(1994) 'Ecotourism destinations: conservation from the beginning', *Trends* 31(2): 31—38

Anderson/Fast (1996a) *Ecotourism in Saskatchewan: Primary Research*, Saskatoon, Saskatchewan: Anderson/Fast.

——(1996b) *Ecotourism in Saskatchewan: State of the Resource (Report 1)*, Saskatoon, Saskatchewan: Anderson/Fast.

Anderson, W. (2008) 'Promoting ecotourism through networks: case studies in the Balearic Islands', *Journal of Ecotourism* 8(1): 51—69.

Aperghis, G.G. and Gaethlich, M. (2006) 'The natural environment of Greece: an invaluable asset being destroyed', *Southeast European and Black Sea Studies* 6(3): 377—390.

Applegate, J.E. and Clark, K.E. (1987) 'Satisfaction levels of birdwatchers: an observation on the consumptive-nonconsumptive continuum', *Leisure Sciences* 9: 129—134.

ARA Consultants (1994) *Ecotourism-Nature, Adventure/Culture: Alberta and British Columbia Market Demand Assessment*, Vancourver, BC: ARA Consultants.

Arambiza, E. and Painter, M. (2006) 'Biodiversity conservation and the quality of life of Indigenous people in Bolivian Chaco', *Human Organization* 65(1): 20—34.

Aridjis, H. (2000) 'Flight of kings', *Amicus Journal* (22)2: 26—29.

Arlen, C. (1995) 'Ecotour, hold the eco', *US News and World Report*, 29 May.

Armitago, D., Berkes, F. and Doubleday, No. (2007) 'Moving beyond the critiques of co-management: theory and practice of adaptive co-management', in D. Armitage, F. Berkes and N. Doubleday (eds), *Adaptive Co-management: Collaboration, Learning and Multi-Level Governance*, Vancourver, BC: UBC Press.

Armstrong, E.K. and Kern, C. (2011) 'Demarketing manages visitor demand in the Blue Mountains National Park', *Journal of Ecotourism* 10(1): 21—37.

Armstrong, E.K. and Weiler, B. (2002) 'Getting the message across: an analysis of messages delivered by tour operators in protected areas', *Journal of Ecotourism*

1(2/3) 104—121.
Association for Experiential Education (1993) *Manual of Accreditation Standards for Adventure Programs*, Boulder, CO: AEE.
Atwood, M. (1984) 'The Galápagos haven't changed much in a million years: now the tourists are coming', *Quest* (April): 37—45.
Axelrod, R. (1984) *The Evolution of Cooperation*, New York: Basic Books.
Ayala, H. (1996) 'Resort ecotourism: a paradigm for the 21st century', *Cornell Hotel and Restaurant Administration Quarterly* 37(5): 46—53.
Aylward, B., Allen, K., Echeverria, J. and Tosi, J. (1996) 'Sustainable ecotourism in Costa Rica: the Monteverde Cloud Forest Preserve', *Biodiversity and Conservation* 5(3): 315—343.
Azcárate, M.C. (2006) 'Between local and global, discourses and practices: rethinking ecotourism development in Celestún (Yucantán, México)', *Journal of Ecotourism* 5(1/2): 97—111.
Bachert, D.W. (1990) 'Wilderness education: a holistic model', in A.T. Easley, J.F. Passineau and B.L. Driver (eds), *The Use of Wilderness for Personal Growth, Therapy, and Education*, General Technical Report RM-193, Fort Coolins, CO: USDA Forest Service.
Backman, S., Petrick, J. and Wright, B.A. (2001) 'Management tools and techniques: an integrated approach to planning', in D.B. Weaver (ed.), *The Encyclopedia of Ecotourism*, Wallingford, Oxon: CAB International.
Badalamenti, F., Ramos, A.A., Voultsiadou, E., Sánchez Lizaso, J.L., D'Anna, G., Pipitone, C., Mas, J., Ruiz Fernandez, J.E., Whitmarsh, D. and Riggio, S. (2000) 'Cultural and social-economic impacts of Mediterranean marine protected areas', *Environmental Conservation* 27(2): 110—125.
Baker, L., Woenne-Green, S. and the Mutitjulu Community (1992) 'The role of aboriginal ecological knowledge in ecosystem management', in J. Birckhead, I. De Lacy and L. Smith (eds), *Aboriginal Involvement in Packs and Protected Areas*, Canberra: Aboriginal Studies Press.
Balint, P.J. (2006) 'Improving community-based conservation near protected areas: the importance of development variables', *Environmental Management* 38(1): 137—148.
Ballantine, J. and Eagles, P.F.J. (1994) 'Defining the Canadian ecotourist', *Jounral of Sustainable Tourism* 2(4): 210—214.
Barash, D.P. (1982) *Sociobiology and Behaviour*, 2nd edn, New York: Elsevier.
Barbier, E.B. (1987) 'The concept of sustainable economic development', *Environmental Conservation* 14(2): 101—109.

Barkin, D. (2000) 'The economic impacts of ecotourism: conflicts and solutions in Highland Mexico', in P.M. Goode, M.F. Price and F.M. Zimmermann (eds), *Tourism and Development in Mountain Regions*, London: CAB International.

Barnwell, K.E. and Thomas, M.P. (1995) 'Tourism and convervation in Dalyan, Turkey: with reference to the loggerhead turtle (*Caretta caretta*) and the Eurphrates turtle (*Trionyx triunguis*)', *Environmental Education and Information* 14(1): 19—30.

Barrett, C. and Arcese, P. (1998) 'Wildlife harvest in integrated conservation and development projects: linking harvest to household demand, agricultural production, and environmental shocks in the Serengeti', *Land Economics* 74: 449—465.

Barrow, G. (1994) 'Interpretive planning: more to it than meets the eye', *Environmental Interpretation* 9(2): 5—7.

Barter, M., Newsone, D. and Calver, M. (2008) 'Preliminary quantitative data on behavioural responses of Australian pelican (Pelecanus conspicillatus) to human approach on Penguin Island, Western Australia', *Journal of Ecotourism* 7(2/3): 197—212.

Bartholomew, G.A. (1986) 'The role of natural history in contemporary biology', *Bioscience* 36: 324—329.

Bassin, Z., Breault, M. Flemming, J., Foell, S., Neufeld, J. and Priest, S. (1992) 'AEE organizational membership preference for program accreditation', *Journal of Experiential Education* 15(2): 21—27.

Bastmeijer, K. and Roura, R. (2004) 'Regulating Antarctic tourism and the precautionary principle', *American Journal of International Law* 98(4): 763—781.

Bauer, T. and Dowling, R. (2003) 'Ecotourism policies and issues in Antarctica', in D.A. Fennell and R.K. Dowling (eds), *Ecotourism: Policy and Strategy Issues*, Wallingford, Oxon: CAB International.

Beadles Thurau, B., Carver, A.D. Mangun, J.C., Basman, C.M. and Bauer, G. (2007) 'A market segmentation analysis of cruise ship tourists visiting the Panama Canal watershed: opportunities for ecotourism development', *Journal of Ecotourism* 6(1): 1—18.

Beder, S. (1996) *The Nature of Sustainable Development*, 2nd edn, Newham, Australia: Scribe Publications.

Beaumont, N. (2011) 'The third criterion of ecotourism: are ecotourists more concerned about sustainability than other tourists?', *Journal of Ecotourism* 10(2): 135—148.

Belasco, J.A. and Stayer, R.C. (1993) *Flight of the Buffalo*, New York: Warner.

Beres, L. (1986) 'Contracting out! The pros and cons', paper presented at the CPRA National Conference, Edmonton, Alberta.

Berkes, F. (1984) 'Competition between commercial and sport fisherman: an ecological analysis', *Human Ecology* 12(4): 413—429.

——(2004) 'Rethinking community-based conservation', *Conservation Biology* 18(3): 621—630.

Berridge, K.C. (2003) 'Pleasures of the brain', *Brain and Cognition* 52(1): 106—128.

Bhattacharya, A.K., Saksena, V. and Banerjee, S. (2006) 'Environmental auditing in ecotourism: a study on visitors' management in Van Vihar National park, Bhopal, M.P. (India)', *Indian Forester* February: 139—148.

Bjork, P. (2007) 'Definition paradoxes: from concept to definition', in James Higham (ed.), *Critical Issues in Ecotourism*, Burlington, MA: Elsevier, pp. 23—45.

Black, R. and Ham, S. (2005) 'Improving the quality of tour guiding: towards a model for tour guide certification', *Journal of Ecotourism* 4(3): 178—195.

Black, R. and King, B. (2002) 'Human resource development in remote island communities: an evaluation of tour-guide training in Vanuatu', *International Journal of Tourism Research* 4: 103—117.

Black, R., Ham, S. and Weiler, B. (2000) *Ecotour Guide Training in Less Developed Countries: Some Research Directions for the 21st Century*, Working Paper 07/00, Faculty of Business and Economics, Monash University, Caufield East, Victoria, Australia.

——(2001) 'Ecotour guide training in less developed countries: some preliminary research findings', *Journal of Sustainable Tourism* 9(2): 147—156.

Blackstone Corporation (1996) *Developing an Urban Ecotourism Strategy for Metro Toronto: A Feasibility Assessment for the Green Tourism Partnership*, Toronto, Canada.

Blamey, R.K. (1995) *The Nature of Ecotourism*, Occasional Paper no. 21, Canberra, ACT: Bureau of Tourism Research.

——(2001) 'Principles of ecotourism', in D.B. Weaver (ed.), *The Ecocyclopedia of Ecotourism*, New York: CAB International, pp. 5—22.

Blamey, R.K. and Braithwaite, V.A. (1997) 'A social values segmentation of the potential ecotourism market', *Journal of Sustainable Tourism* 5(1): 29—45.

Blane, J. and Jackson, R. (1994) 'The impact of ecotourism boats on the St Lawrence beluga whales', Environmental Conservation 21(3): 267—269.

Blangy, S. and Nielson, T. (1993) 'Ecotourism and minimum impact policy', *Annals of Toruism Research* 20(2): 357—360.

Blersch, D.M. and Kangas, P.C. (2013) 'A modeling analysis of the sustainability of ecotourism in Belize', *Environment, Development and Sustainability* 15: 67—80.

Bodansky, D. (1994) 'The precautionary principle in US environmental law', in T.O' Riordan and J. Cameron (eds), *Interpreting the Precautionary Principle*,

London: Earthscan.

Bonham, C. and Mak, J. (1996) 'Private versus public financing of state destination promotion', *Journal of Travel Research* 35(2): 3—10.

Boo, E. (1990) *Ecotourism: The Potentials and Pitfalls*, Washington, DC: World Wildlife Fund.

——(1992) *The Ecotourism Boom: Planning for Development and Management*, Washington, DC: Wildlands and Human Needs, World Wildlife Fund.

Boonzaier, E. (1996) 'Local responses to conservation in the Richtersveld National Park, South Africa', *Biodiversity and Conservation* 5(3): 307—314.

Borg, W.R. and Gall, M.D. (1989) *Educational Research: An Introduction*, 5th edn, New York: Longman.

Bottrill, C.G. and Pearce, D.G. (1995) 'Ecotourism: towards a key elements approach to operation-alising the concept', *Journal of Sustainable Tourism* 3(1): 45—54.

Bourgouin, F. (2002) 'Information communication technologies and the potential for rural tourism SMME development: the case of the Wild Coast', *Development Southern Africa* 19(1): 191—212.

Bowie, N.E. (1986) 'Business ethics', in J.P. DeMarco and R.M. Fox (eds), *New Directions in Ethics: The Challenge of Applied Ethics*, New York: Routledge & Kegan Paul.

Bowler, P.J. (1993) *The Norton History of the Environmental Science*, New York: W.W. Norton.

Boyd, S.W. and Butler, R.W. (1996) 'Managing ecotourism: an opportunity spectrum approach', *Tourism Management* 17(8): 557—566.

Bramwell, B. and Lane, B. (2000) 'Collaboration and partnerships in tourism planning', in B. Bramwell and B. Lane (eds), *Tourism Collaboration and Partnerships: Politics, Practice and Sustainability*, Clevedon: Channel View Publications, pp. 1—19.

Brandon, K. (1996) *Ecotourism and Conservation: A Review of Key Issues*, Environment Department Paper no.23, Washington, DC: World Bank.

Brechin, S.R., Wilshusen, P.R., Fortwangler, C.L. and West, P.C. (2002) 'Beyond the square wheel: toward a more comprehensive understanding of biodiversity conservation as social and political process', *Society and Natural Resources* 15: 41—64.

Bressan, R.A. and Crippa, J.A. (2005) 'The role of dopamine in reward and pleasure behavior—review of data from preclinical research', *Acta Psychiatrica Scandinavica* 111: 14—21.

Bright, A.D., Fishbein, M., Manfredo, M. and Bath, A. (1993) 'Application of the theory of reasoned action to the National Park Service's controlled burn', *Journal of*

Leisure Research 25: 263—280.

British Columbia Ministry of Development, Industry and Trade (1991) *Developing a Code of Ethics: British Columbia's Tourism Industry*, Victoria, British Columbia: Ministry of Development, Trade, and Tourism.

Britton, R.A. (1977) 'Making tourism more supportive of small-state development: the case of St. Vincent', *Annals of Tourism Research* 4(5): 268—278.

Britton, S.G. (1982) 'The political economy of tourism in the Third World', *Annals of Tourism Research* 9(3): 331—358.

Brock, T.D. (1979) *Biology of Micro-organisms*, 3rd edn, Englewood Cliffs, NJ: Prentice-Hall Inc.

Brodowsky, P.K., National Wildlife Federation (2010) *Ecotourists Save the World: The Environmental Volunteer's Guide to More Than 300 International Adventures to Conserve, Preserve, and Rehabilitate Wildlife and Habitats*. New York: Penguin.

Brody, B. (1983) *Ethics and Its Applications*, New York: Harcourt Brace Jovanovich.

Brookfield, H. (1975) *Interdependent Development*, London: Methuen.

Brown, K. (2002) 'Innovations for conservation and development', *Geographical Journal* 168(1): 6—17.

Bryan, H. (1977) 'Leisure value systems and recreational specialization: the case of trout fishermen', *Journal of Leisure Research* 9: 174—187.

Buckley, R. (1994) 'A framework for ectourism', *Annals of Tourism Research* 21(3): 661—665.

——(2002) 'Tourism ecocertification in the international year of ecotourism', *Journal of Ecotourism* 1(2—3): 197—203.

——(2003a) 'Partnerships in ecotourism: Australian political frameworks', *International Journal of Tourism Research* 6: 75—83.

——(2003b) 'Ecological indicators of tourist impacts in parks', *Journal of Ecotourism* 2(1): 54—66.

——(2004) 'Ecotourism land tenure and enterprise ownership: Australian case study', *Journal of Ecotourism* 3(3): 208—213.

——(2005) 'In search of the narwhal: ethical dilemmas in ecotourism', *Journal of Ecotourism* 4(2): 129—134.

Buckley, R. and Pannell, J. (1990) 'Environmental impacts of tourism and recreation in national parks and conservation reserves', *Journal of Tourism Studies* 1(1): 24—32.

Buckley, R. and Sommer, M. (2000) *Tourism and Protected Areas: Partnerships in Principle and Practice*. Gold Coast, QLD: Cooperative Research Centre for Sustainable Tourism.

Budowski, G. (1976) 'Tourism and enivonmental conservation: conflict, coexistence, or symbiosis', *Environmental Conservation* 3(1): 27—31.

Bujold, P. (1995) 'Community development: making a better home', *Voluntary Action News*, 5—8.

Bull, A. (1991) *The Economics of Travel and Tourism*, Melbourne: Pitman.

Bullard, R.D. (1996) 'Environmental justice: it's more than waste facility siting', *Social Science Quarterly* 77: 493—499.

Burch, W.R. Jr. (1988) 'Human ecology and environmental management', in J.K. Agee and D.R. Johnson (eds), *Ecosystem Management for Parks and Wilderness*, Seattle: University of Washington Press.

Burger, J., Gochfeld, M. and Niles, L.J. (1995) 'Ecotourism and birds in coastal New Jersy: contrasting responses to birds, tourists, and managers', *Environmental Conservation* 22(1): 56—65.

Burgoon, M., Hunsaker, F.G. and Dawson, E.J. (1994) *Human Communication*, 3rd edn, Thousand Oaks, CA: Sage.

Burns, G.L. MacBeth, J. and Moore, S. (2011) 'Should dingoes die? Principles for engaging ecoentric ethics in wildlife tourism management', *Journal of Ecotourism* 10(3): 179—196.

Burns, P. (1999) 'Dealing with dilemma', *In Focus* 33:4—5.

Burr, S.W. (1995) 'Sustainable tourism development and use: follies, foibles, and practical approaches', in S.F. McCool and A.E. Watson (eds), *Linking Tourism, and Enviornment, and Sustainability*, USDA Technical Report INTGTR-323, Ogden, UT: US Department of Agriculture, Forest Service, Intermountain Research Station.

Burton, M. (2000) Minister of tourism—official opening address, in G. Wrath (ed.), Proceedings of the Antarctic tourism workshop. Christchurch, NZ: Antarctica New Zealand: 6—7.

Burton, R. and Wilson, J. (2001) 'Ecotourism resources on the Internet: a review of ecotourism websites', *International Journal of Tourism Research* 3: 72—75.

Busser, J.A. (1990) *Programming: For Employee Services and Recreation*, Champaign, IL: Sagamore.

Butcher, J. (2005) 'The moral authority of ecotourism: a critique', *Current Issues in Tourism* 8(2—3): 114—124.

——(2006) 'Natural capital and the advocacy of ecotourism as sustainable development', *Journal of sustainable Tourism* 14(6): 529—544.

Butler, R.W. (1980) 'The concept of tourist area cycle of evolution: implications for management of resources', *Canadian Geographer* 24: 5—12.

——(1985) 'Evolution of tourism in the Scottish Highlands', *Annals of Tourism*

Research 12(3): 379—391.

——(1990) 'Alternative tourism: pious hope or Trojan horse?', *Journal of Travel Research* 28(3): 40—45.

——(1991) 'Tourism, environment, and sustainable development', *Environmental Conservation* 18(3): 201—209.

——(1993) 'Integrating tourism and resource management: problems of complementarity', in M.E. Johnston and W. Haider (eds), *Communities, Resources and Tourism in the North*, Thunder Bay, Ontario: Centre for Northern Studies, Lakehead University.

——(1999) 'Sustainable tourism: a state-of-the-art review', *Tourism Geographies* 1(1): 7—25.

Butler, R.W. and Fennell, D.A. (1994) 'The effects of North Sea oil development on the development of tourism', *Tourism Management* 15(5): 347—357.

Butler, R.W. and Waldbrook, L.A. (1991) 'A new planning tool: the tourism opportunity spectrum', *Journal of Tourism Studies* 2(1): 2—14.

Butler, R.W., Fennell, D.A. and Boyd, S.W. (1992) *The POLAR Model: A System for Managing the Recreational Capacity of Canadian Heritage Rivers*, Ottawa: Environment Canada.

Butynski, T. (1998) 'Is gorilla tourism sustainable', *Gorrila Journal* 16: 1—3.

Campbell, A., Devine, M. and Young, D. (1990) *A Sense of Mission*, London: Pitman Press.

Campbell, G.A., Straka, T.J., Franklin, R.M. and Wiggers, E.P. (2011) 'Ecotourism as a revenue-gnerating activity in South Carolina Lawcountry plantations', *Journal of Ecotourism* 10(2): 165—174.

Campbell, L.M. (1999) 'Ecotourism in rural developing communities', *Annals of Touirism Research* 26(3): 534—553.

——(2002) 'Conservation narratives and the "received wisdom" of ecotourism: case studies from Costa Rica', *International Journal of Sustainable Development* 5(3): 300—325.

Canada, Government (1990) *Canada's Green Plan*, Ottawa: Supply and Services Canada.

Canada, Parliament (1993) *Statues of Canada Revised Loose Leaf Edition*, Chapter N-14, Ottawa: Supply and Services Canada.

Canadian Environmental Advisory Council (CEAC) (1991) *A Protected Areas Vision for Canada*, Ottawa: Minister of Supply and Services.

——(1992) *Ecotourism in Canada*, Ottawa: Minister of Supply and Services.

Canadian Tourism Commission (1995) *Adventure Travel in Canada: An Overview of Product, market and business Potential*, Ottawa: Tourism Canada.

Canadian Wildlife Service (1995) *Last Mountain Lade National Wildlife Area* (Catalogue no. CW66-86/1995E). Ottawa: Ministry of Supply and Services.

Canova, L. (1994) 'Tourism in the modern age', *All of Us* 15: (unknown).

Carpenter, G.M. and Howe, C.Z. (1985) Programming Leisure Experiences: A Cyclical Approach, Englewood Cliffs, NJ: Prentice-Hall.

Carr, L. and Mendelsohn, R. (2003) 'Waluing coral reefs: a travel cost analysis of the Great Barrier Reef', *AMBIO: A Journal of the Human Environment* 32(5): 353—357.

Carrier, J.G. and MacLeod, D.V.L. (2005) 'Bursting the bubble: the socio-cultural context of ecotourism', *Journal of the Royal Anthropological Institute* 11: 315—334.

Cater, E. (1994) Ecotourism in the third world: proglems and prospects for sustainability, in E. Cater and G. Lowman (eds) *Ecotourism: A Sustainable Option*? Chichester: Wiley, pp. 69—86.

Cater, E. (2002) 'Ecotourism: the wheel keeps turning', paper presented at the Tourism and the Natural Environment symposium, Eastbourne, UK, 23—25 October.

——(2006) 'Ecotourism as a western construct', *Journal of Ecotourism* 5(1/2): 23—39.

Cater, E. and Lowman, G. (1994) *Ecotourism: A Sustainable Option*? Chichester, UK: Wiley.

Catibog-Sinha, C. (2008) 'Zoo tourism: biodiversity conservation throught tourism', *Journal of Ecotourism* 7 (2/3): 160—177.

Ceballos-Lascurain, H. (1987) *Estudio de prefactibilidaad socioeconómic del turismo ecológico y anteproyecto asquitectónico y urbanístico del Centro de Turismo Ecologico de Sian Ka'an, Quintana Roo*, Study completed for SEDUE, Mexico.

——(1996a) *Tourism, Ecotourism, and Proected Areas*, Gland, Switzerland: International Union for the Conservation of Naure and Natural Resources.

——(1996b) 'Ecotourism or a second Concun in Quintana Roo?', *The Ecotourism Society Newsletter* third quarter: 1—3.

Center for Tourism Policy Studies (1994) *Ecotourism Opportunities for Hawaii's visitor Industry*, Honolulu: Department of Business, Economic Development and Tourism.

Cerruti, J. (1964) 'The two Acapulcos', *National Geographic Magazine* 126(6): 848—878.

Chambers, E. (1999) Native Tours: The Anthropology of Travel and Tourism, Prospect Heights, IL: Waveland.

Chan, J.K.L. and Boum, T. (2007) 'Ecotourists' perception of ecotourism experience in Lower Kinabatangan, Sabah, Malaysia', *Journal of Sustainable Tourism* 15(5): 574—590.

Chapin, M. (1990) 'The silent jungle: ecotourism among the Kuna Indians of Panama', *Cultural Survival Quarterly* 14(1): 42—45.

Chase, A. (1987) 'How to save our national parks', *Atlantic Monthly* July: 35—44.

——(1989) 'The Janzen heresy', *Condé Nast Traveler* November: 122—127.

Chase, L.C., Lee, D.R., Schulze, W.D. and Anderson, D.J. (1998) 'Ecotourism demand and differential pricing of national park access in Costa Rica', *Land Economics* 74(4): 466—482.

Chester, G. (1997) 'Australian ecotourism accreditation of and running', *Ecotourism Society Newsletter* second quarter: 9, 11.

Chipeniuk, R. (1988) 'The vacant niche: an argument for the re-creation of a hunter-gatherer component in the ecosystems of northern national parks', *Environments* 20(1): 50—59.

Chodos, R. (1977) *The Caribbean Connection,* Toronto: James Lorimer.

Christaller, W. (1963) 'Some considerations of tourism location in Europe: the peripheral regions – underdeveloped countries – recreation areas', *Regional Science Association Papers* 6: 95—105.

Christensen, N.A. (1995) 'Sustainable community-based tourism and host quality of life', in S.F. McCool and A. Watson (eds), *Linking Tourism, the Environment, and Sustainability*, USDA Forest Service General Technical Report INT-GTR-323, pp. 63—68.

Christiansen, D.R. (1990) 'Adventure tourism', in J.C. Miles and S. Priest (eds), *Adventure Education,* State College, PA: Venture Publishing.

Christie, M.F. and Mason, P.A. (2003) 'Transformative tour guiding: training tour guides to be critically reflective practitioners', *Journal of Ecotourism* 2(1): 1—16.

Chubb, M. and Chubb, H.R. (1981) *One-third of Our Time? An Introduction to Recreation Behavior and Resource,* New York: John Wiley.

Clarke, J. (1997) 'A framework of approaches to sustainable tourism', *Journal of Sustainable Tourism* 5(3): 224—233.

——(2002) 'A Synthesis of activity towards the implementation of sustainable tourism: ecotourism in a different context', *International Journal of Sustainable Development* 5(3): 232—249.

Clawson, M. and Knetsch, J.L. (1966) *Economics of Outdoor Recreation*, Baltimore, MD: Johns Hopkins University Press.

Clements, C.J., Schultz, J.H. and Lime, D.W. (1993) 'Recreation, tourism, and the local residents: partnership or coexistence?', *Journal of Park and Recreation Administration* 11(4): 78—91.

Cleverdon, R. and Kalisch, A. (2000) 'Fair trade in tourism', *International Journal of*

Tourism Research 2: 171—187.

Coccossis, H. (1996) 'Tourism and sustainability: perspectives and implications', in G.K. Priestley, J.A. Edwards and H. Coccossis (eds), *Sustainable Tourism? European Experiences*, Wallingford, Oxon.: CAB International.

Cochran-Smith, M. (2003) 'Learning and unlearning: the education of teacher educators', *Teaching and Teacher Education* 19(1): 5—28.

Cockrell, D. and Detzel, D. (1985) 'Effects of outdoor leadership certification on safety, impacts, and program', *Trends* 22(3): 15—21.

Coghlan, A. and Fennell, D.A. (2009) 'Myth or substance: an examination of altruism as the basis of volunteer tourism', *Annals of Leisure Research* 12(3/4): 377—402.

Coghlan, A. and Kim, K.J. (2012) 'Interpretive layering in nature-based tourism: a simple approach for complex attractions', *Journal of Ecotourism* 11(3): 173—187.

Cohen, E. (1972) 'Toward a sociology of tourim', *Social Research* 39(1): 164—182.

——(1978) 'The impact of tourism on the physical environment', *Annals of Tourism Research* 5(2): 215—237.

——(1987) 'Alternative tourism: a critique', *Tourism Recreation Research* 12(2): 13—18.

——(2002) 'Authenticity, equity and sustainability in tourism', *Journal of Sustainable Tourism* 10(4): 267—276.

Coleman, J.S. (1988) 'Social capital in the creation of human capital', *American Journal of Sociology* 84 (suppl.): S95S119.

Colvin, J.G. (1994) 'Capirona: a model of indigenous ecotourism', paper presented at the Second Global Conference: Building a Sustainable World through Tourism, Montreal, September.

Commonwealth of Australia (1997) *Ecotourism Snapshot: A Focus on Recent Market Research*, Canberra: Office on National Tourism.

Commonwealth Department of Tourism (1994) *National Ecotourism Strategy*, Canberra: AGPS.

Conservation International (1997) *Conservation International's Ecotourism Program Initiatives*, Washington, DC: CI.

Conservation Measures Partnership (2002) Open Standards for the Practice of Conservation. Available online at http://www.conservationmeasures.org.

Conservation Measures Partnership (2004) Open Standards for the Practice of Conservation. Available online at http://www.conservationmeasures.org.

Consulting and Audit Canada (1995) *What Tourism Managers Need to Know: A Practical Guide to the Development and Use of Indicators of Sustainable Tourism*, Ottawa: Consulting and Audit Canada, for the World Tourism Organization.

Cooper, C. (1995) 'Strategic planning for sustainable tourism: the case of the offshore islands of the UK', *Journal of Sustainable Tourism* 3(4): 191—209.

Cooper, C. and Jackson, S. (1989) 'Destination lifecycle: the Isle of Man case study', *Annals of Tourism Research* 16(3): 377—398.

Coppock, J.T. (1982) 'Tourism and conservation', *Tourism Management* 3: 270—276.

Corbett, R. and Findlay, H. (1998) *Your Risk Management Program: A Handbook for Sport Organization*, Ottawa: Centre for Sport and Law.

Cordell, J. (1993) 'Who owns the land? Indigenous involvement in Australian protected areas', in E. Kemf (ed.), *The Law of the Mother: Protecting Indigenous People in Protected Areas*, San Francisco, CA: Sierra Club.

Costanza, R., d'Arge, R., de Groot, R., Farber, S., Grasso, M., Hannon, B., Limburg, K., Naeem, S., O'Neill, R.V., Paruelo, J., Raskin, R.G., Sutton, P. and van den Belt, M. (1997) 'The value of the world's ecosystem services and natural capital', *Nature* 387: 253—260.

Countryside Commission (1990) *National Parks in Focus*, Cheltenham: Countryside Commission.

Crabtree, A.E. and Black, R.S. (n.d.) *Ecoguide Program: Guide Workbook*, Brisbane: Ecotourism Association of Australia.

Crittendon, A. (1975) 'Tourism's terrible toll', *International Wildlife* 5(2): 4—12.

Csikszentmihalyi, M. (1975) *Beyond Boredom and Anxiety*, San Francisco, CA: Jossey-Bass, Inc.

——(1990) Flow: The Psychology of Optimal Experience, New York: HarperCollins.

Csikszentmihalyi, M. and Csikszentmihalyi, I.S. (1990) 'Adventure and the flow experience', in J.C. Miles and S. Priest (eds), Adventure Education, State College, PA: Venture Publishing.

Curtin, S. (2003) 'Whale-watching in Kaikoura: sustainable destination development?', *Journal of Ecotourism* 2(3): 173—195.

——(2005) 'Nature, wild animals and tourism: an experiential view', *Journal of Ecotourism* 4(1): 1—15.

——(2010) 'What makes for memorable wildlife encounters? Revelations from "serious" wildlife tourism', *Journal of Ecotourism* 9(2): 149—168.

Cutaş, C., Ştefan, P. and Gheorghe, S. (2011) 'The importance of ecomarketing in developing of ecotourism in Romania', *Scientific Papers Series Management, Economic Engineering in Agriculture and Rural Development* 11(3): 59—64.

Dahles, H. (2002) 'The politics of tour guiding: image management in Indonesia', *Annals of Tourism Research* 29(3): 783—800.

Daigle, J.J., Hrubes, D., and Ajzen, I. (2002) 'A comparative study of beliefs, attitudes, and values among hunters, wildlife viewers, and other outdoor recreationists', *Human Dimensions of Wildlife* 7: 1—19.

Daltabuit, M. and Pi-Sunyer, O. (1990) 'Tourism development in Quintana Roo, Mexico', *CS Quarterly* 14(1): 9—13.

D'Amore, L.J. (1993) 'A code of ethics and guidelines for socially and environmentally responsible tourism', *Journal of Travel Research* 31(3): 64—66.

Dankers, C. (2003) *Environmental and Social Standards, Certification and Labelling for Cash Crops*, Rome: FAO.

Davey, S. (1993) 'Creative communities: planning and comanaging protected areas', in E. Kemf (ed.), *The Law of the Mother: Protecting Indigenous Peoples in Protected Areas*, San Francisco, CA: Sierra Club Books.

Davidson, M. (1995) 'Community development', *Recreation Saskatchewan* 22: 5—6.

Davis, P.B. (1998) 'Beyond guidelines: a model for Antarctic tourism', *Annals of Tourism Research* 23(3): 546—553.

de Castro, F. and Bergossi, A. (1996) 'Fishing at Rio Grande (Brazil): ecological niche and competition', *Human Ecology* 24(3): 401—411.

De Graaf, D.G., Jordan, D.J. and De Graaf, K.H. (1999) *Programming for Parks, Recreation, and Leisure Services: A Servant Leadership Approach*, State College, PA: Venture Publishing.

De Groot, R.S. (1983) 'Tourism and conservation in the Galápagos Islands', *Biological Conservation* 26: 291—300.

de Haas, H.C. (2002) 'Sustainability of small-scale ecotourism: the case of Niue, South Pacific', *Current Issues in Tourism* 5(3—4): 319—337.

De la Barre, S. (2005) 'Not "ecotourism" ?: wilderness tourism in Canada's Yukon Territory', *Journal of Ecotourism* 4(2): 92—107.

De Lacy, T. (1992) 'Towards an aboriginal land management curriculum', in J. Birckhead, T. De Lacy and L. Smith (eds), *Aboriginal Involvement in Parks and Protected Areas*, Canberra: Aboriginal Studies Press.

Dearden, P. (1991) 'Parks and protected areas', in B. Mitchell (ed.), *Resource Management and Development*, Toronto: Oxford University Press.

Dearden, P. and Rollins, R. (1993) 'The times they are a-changin', in P. Dearden and R. Rollins (eds), *Parks and Protected Areas in Canada: Planning and Management*, Toronto: Oxford University Press.

Debbage, K.G. (1990) 'Oligopoly and the resort cycle in the Bahamas', *Annals of Tourism Research* 17(4): 513—527.

Debbage, A. (1996) 'The edges of the civilized world: tourism and the hunger for wild places', *Orion* 15(2): 28—35.

Deming, A. (1981) 'Alternative tourism: towards a new style in North-South relations', *Tourism Management* 2: 253—264.

Deruiter, D.S. and Donnelly, M.P. (2002) 'A qualitative approach to measuring determinants of wildlife value orientations', *Human Dimensions of Wildlife* 7: 251—271.

Devall, B. and Sessions, G. (1985) *Deep Ecology*, Salt Lake City, UT: Gibbs Smith.

Diamentis, D. (1999) 'The concept of ecotourism: evolution and trends', *Current Issues in Tourism* 2(2—3): 93—122.

——(2000) 'Ecotourism and sustainability in Mediterranean islands', *Thunderbird International Business Review* 42(4): 427—443.

——(2004) Ecotourism, London: Thomson.

Diamentis, D. and Ladkin, A. (1999) 'Green strategies in the tourism and hospitality industries', in F. Vellas and L. Becheral (eds), *The International Marketing of Travel and Tourism*, London: Macmillan.

Diamond, J. (1975) 'The island dilemma: lessons of modern biogeographic studies for the design of nature reserves', *Biological Conservation* 7: 3—15.

——(2005) Callapse: *How Societies Choose to Fail or Succeed*, New York: Viking.

Dieke, P. (2001) 'Kenya and South Afirca', in D.B. Weaver (ed.), *The Encyclopedia of Ecotourism*, London: CAB International.

Dodds, R. and Joppe, M. (2001) 'Promoting urban green tourism: the development of the other map of Toronto', *Journal of Vacation Marketing* 7(3): 261—267.

Dolnicar, S. (2002) 'A review of data-driven market segmentation in tourism', *Journal of Travel and Tourism Marketing* 12(1): 1—22.

——(2010) 'Identifying tourists with smaller environmental footprints', *Journal of Sustainable Tourism* 18(6): 717—734.

Dolnicar, S., Crouch, G.I. and Long, P. (2008) 'Environmentaly friendly tourists: what do we really know about them?', *Journal of Sustainable Tourism* 16(2): 197—210. Also available at: http://ro.uow.edu.au/cgi/viewcontent.cgi?article=1478 & context=commpapers

Donohoe, H.M. and Needham, R.D. (2006) 'Ecotourism: the evolving contemporary definition', *Journal of Ecotourism* 5(3): 192—210.

——(2008) 'Internet-based ecotourism marketing: evaluating Canadian sensitivity to ecotourism tenets', *Journal of Ecotourism* 7(1): 15—43.

Dorsey, E.R., Steeves, H.L. and Porras, L.E. (2004) 'Advertising ecotourism on the internet: commodifying environment and culture', *New Media & Society* 6(6): 753—779.

Dowling, R.K. (1992) *The Ecoethics of Tourism: Guidelines for Developers, Operators, and Tourists*, Canberra: Bureau of Tourism Research.

——(1993) 'An environmentally based planning model for regional tourism development', *Journal of Sustainable Tourism* 1(1): 17—37.

Dowsley, M. (2009) 'Inuit-organised polar bear sport hunting in Nunavut territory, Canada', *Journal of Ecotourism* 8(2): 161—175.

Doxey, G.V. (1975) 'A causation theory of visitor-resident irritants: methodology and research inference', paper presented at the TTRA Conference, San Diego, California, pp. 195—198.

Drake, S.P. (1991) 'Local participation in ecotourism projects', in T. Whelan (ed.), *Nature Tourism: Managing for the Environment*, Washington, DC: Island Press.

Dredge, D. (2006) 'Networks, conflict and collaborative communities', *Journal of Sustainable Tourism* 14(6): 562—581.

D'Sa, E. (1999) 'Wanted: tourists with a social conscience', *International Journal of Contemporary Hospitality management* 11(2—3): 64—68.

Duenkel, N. and Scott, H. (1994) 'Ecotourism's hidden potential: altering perceptions of reality', *Journal of Physical Education Recreation and Dance* October: 40—44.

Duffus, D.A. and Dearden, P. (1990) 'Non-consumptive wildlife-oriented recreation: a conceptual framework', *Biological Conservation* 53(3): 213—231.

——(2006a) 'Global environmental governance and the politics of ecotourism in Madagascar', *Journal of Ecotourism* 5(1/2): 128—144.

——(2006b) 'The politics of ecotourism and the developing world', *Journal of Ecotourism* 5(1/2): 16.

Dufrene, M. (1973) *The Phenomenology of Aesthetic Experience,* Evanston, IL: Northwestern University Press.

Dunlap, R.E. and Heffernan, R.B. (1975) 'Outdoor recreation and environmental concern: an empirical examination', *Rural Sociology* 40: 18—30.

Durst, P.B. and Ingram, C.D. (1988) 'Nature-oriented tourism promotion by developing countries', *Tourism Management* 9(1): 39—43.

Dyess, R. (1997) 'Adventure travel or ecotourism?', *Adventure Travel Business* April: 2.

Eagles, P.F.J. (1992) 'The travel motivations of Canadian ecotourists', *Journal of Travel Research* 31(Fall): 3—7.

——(1993) 'Parks legislation in Canada', in P. Dearden and R. Rollins (eds), *Parks and Protected Areas in Canada*, Toronto: Oxford University Press.

——(1995) 'Tourism and Canadian parks: fiscal relationships', *Managing Leisure* 1: 16—27.

Eagles, P.F.J. and Wind, E. (1994) 'Canadian ecotours in 1992: a content analysis of adverstising', *Journal of Applied Recreation Research* 19(1): 67—87.

Echeverría, J., Hanrahan, M. and Solorzano, R. (1995) 'Valuation of non-priced amenities provided by the biological resources within the Monteverde Cloud Forest Preserve, Costa Rica', *Ecological Economics* 13: 45—52.

Economic and Social Commission for Asia and the Pacific (ESCAP) (1978) 'The formulation of basic concepts and guidelines for preparation of tourism sub-regional master plans in the ESCAP region' (in Britton 1982).

Economist (1991) 'Travel and tourim: the pleasure principle', March: 3—22.

——(2002) 'Poachers'regurn'. Available online at http://www.economist.com/node/1131330 (acessed 7 August 2014).

Ecotourism/Heritage Tourism Advisory Committee (1997) *Planning for the Florida of the Future*, Tallahassee, FL: Government Document

Ecotourism Society (1993) *Ecotourism Guidelines for Nature Tour Operators*, North Bennington, VT: The Ecotourism Society.

Ecotourism Society of Saskatchewan (2000) *Saskatchewan Ecotourism Accreditation System,* Regina, Saskatchewan.

Edginton, C.R., Compton, D.M. and Hanson, C.J. (1980) *Recreation and Leisure Programming: A Guide for the Professional*, Philadelphia, PA: Saunders.

Edginton, C.R., Hanson, C.J., Edginton, S.R. and Hudson, S.D. (1998) *Leisure Programming: A Service Centred and Benefits Approach*, Boston, MA: WCB/McGraw-Hill.

Edwards, S., McLaughlin, W.J. and Ham, S. (1998) *Comparative Study of Ecotourism Policy in the Americas—1998: Volume II Latin America and the Caribbean*, Organization of America States, University of Idaho.

Ehrlich, P.R. (2000) *Human Natures: Genes, Cultures, and the Human Prospect*. New York: Penguin.

Ehrlich, P.R. and Ehrlich, A.H. (1992) 'The value of biodiversity', *Ambio* 21(3): 219—226.

Eidsvik, H. (1983) 'Biosphere reserves/opportunities for cooperation: a global perspective', in R.C. Scace and C.J. Martinka (eds), *Towards the Biosphere Reserve: Exploring Relationships between Parks and Adjacent Lands*, Kalispell, MT: Department of the Interior, National Park Service.

——(1993) 'Canada, conservation, and protected areas', in P. Dearden and R. Rollins (eds), *Parks and Protected Areas in Canada*, Toronto: Oxford University Press.

Elliot, R. (1991) 'Environmental ethics', in P. Singer (ed.), *A Companion to Ethics*, Oxford: Blackwell.

Environment Canada (1990) *National Parks System Plan*, Ottawa: Supply and Services Canada.

Erisman, H.M. (1983) 'Tourism and cultural dependency in the West Indies', *Annals of*

Tourism Research 10(3): 337—361.

Eubanks T.L. Jr, Stroll, J.R. and Ditton, R.B. (2004) 'Understanding the diversity of eight birder sub-populations: socio-demographic characteristics, motivations, expenditures and net benefits', *Journal of Ecoturism* 3(3): 151—172.

European Commission (2004) *Using Natural and Cultural Heritage to Develop Sustainable Tourism*, 1, 3. Available online at http://reports.europa.eu.int/comm/enterprise/services/tourism/studies/ecosystems/heritage.htm

Ewert, A. (1985) 'Why people climb: the relationship of participant motives and experience level to mountaineering', *Journal of Leisure Research* 17(3): 241—250.

Ewert, A. and Shultis, J. (1997) 'Resource-based tourism: an emerging trend in tourism experiences', *Parks and Recreation* September: 94—103.

Exmoor National Park Planning Committee (2013) Draft Exmoor National Park Local Plan. Available online at http://www.exmoor-nationalpark.gov.uk/about-us/meetings-agendas-reports/enpa-planning-committe/02-jul-2013/Draft-Exmoor-Local-Plan-for-consultation.pdf (accessed 9 July 2014).

Fairweather, J.R., Maslin, C. and Simmons, D.G. (2005) 'Environmental values and response to ecolabels among international visitors to New Zealand', *Journal of Sustainable Tourism* 13: 82—99.

Falk, J.H. and Dierking, L.D. (2000) *Learning from Museums: Visitor Experiences and the Making of Meaning*, Walnut Creek, CA: AltaMira Press.

Farquharson, M. (1992) 'Ecotourism: a dream diluted', *Business Mexico* 2(6): 8—11.

Farr, H. and Rogers, A. (1994) 'Tourism and the environment on the Isles of Scilly: conflict and complementarity', *Landscape and Urban Planning* 29: 1—17.

Farrell, B.H. and McLellan, R.W. (1987) 'Tourism and physical environment research', *Annals of Tourism Research* 14(1): 1—16.

Farrell, P. and Lundegren, H.M. (1993) *The Process of Recreation Programming*, State College, PA: Venture Publishing.

Fayos-Solá, E. (1996) 'Tourism policy: a midsummer night's dream?', *Tourism Management* 17(6): 405—412.

Federation of Nature and National Parks of Europe (1993) *Loving Them to Death? Sustainable Tourism in Europe's Nature and National Parks*, Eupen, Belgium: Kliemo.

Fennell, D.A. (1990) 'A profile of ecotourists and the benefits derived from their experience: a Costa Rican case study', unpublished master's thesis, University of Waterloo, Waterloo, Ontario.

——(1998) 'Ecotourism in Canada', *Annals of Tourism Research* 25(1): 231—234.

——(2000) 'Ecotourism on trial: the case of billfishing as ecotourism', *Journal of*

Sustainable Tourism 8(4): 341—345.

——(2001) 'Areas and needs in ecotourism research', in D.B. Weaver (ed.), *The Envyclopedia of Ecotourism*, Wallingford, Oxon: CABI, pp. 639—655.

——(2002a) 'The Canadian ecotourist in Costa Rica: ten years down the road', *International Journal of Sustainable Development* 5(3): 282—299.

——(2002b) *Ecotourism Programme Planning*, Wallingford, Oxon.: CAB International.

——(2002c) 'Ecotourism: where we've been and where we're going', *Journal of Ecotourism* 1(1): 1—6.

——(2003) 'Ecotourism in the South African context', *African Insight* 33(1): 1—8.

——(2004) 'Towards interdisciplinarity in tourism: making a case through complexity and shared knowledge', *Recent Advances and Research Updates* 5(1): 99—110.

——(2006a) 'Evolution in tourism: the theory of reciprocal altruism and tourist-host interactions', *Current Issues in Tourism* 9(2): 105—125.

——(2006b) *Tourism Ethics*, Clevedon: Channel View.

——(2008) 'Ecotourism and the myth of indigenous stewardship', *Journal of Sustainable Tourism*, 16(2): 129—149.

——(2009) 'The nature of pleasure in pleasure travel', *Tourism Recreation Research*, 34(2): 123—134.

——(2012a) 'Tourism, animals and ethics: utilitarianism', *Tourism Recreation Research*, 37(3): 239—249.

——(2012b) 'Tourism and animal rights', *Tourism Recreation Research*, 37(2): 157—166.

——(2012c) *Tourism and Animal Ethics*. London: Routledge.

——(2012d) 'Ecotourism', in A. Holden and D. Fennell (eds), *The Routledge Handbook of Tourism and the Environment*, London: Routledge, pp. 323—333.

——(2013a) 'The ethics of excellence in tourism research', *Journal of Travel Research* 52(4): 417—425.

——(2013b) 'Contesting the zoo as a setting for ecotourism, and the design of a first principle', *Journal of Ecotourism* 12(1): 1—14.

——(2013c) 'Tourism and animal welfare', *Tourism Recreation Research*, 38(3): 325—340.

——(2013d) 'Tourism, animals and ecocentrism: a re-examiniation of the billfish debate', *Tourism Recreation Research* 38(2): 189—202.

Fennell, D.A. and Butler, R.W. (2003) 'A human ecological approach to tourism interactions', *Progress in Tourism and Hospitality Research* 5: 197—210.

Fennell, D.A. and Dowling, R.K. (2003) 'Ecotourism policy and planning: stakeholders, management and governance', in D.A. Fennell and R.K. Dowling (eds), *Ecotourism*

Policy and Planning, Wallingford, Oxon.: CAB International.

Fennell, D.A. and Eagles, P.F.J. (1990) 'Ecotourism in Costa Rica: a conceptual framework', *Journal of Park and Recreation Administration* 8(1): 23—34.

Fennell, D.A. and Ebert, K. (2004) 'Tourism and the precautionary principle', *Journal of Sustainable Tourism* 12(6): 461—479.

Fennell, D.A. and Malloy, D.C. (1995) 'Ethics and ecotourism: a comprehensive ethical model', *Journal of Applied Recreation Research* 20(3): 163—184.

——(1997) 'Measuring the ethical nature of tourist operators: a comparison', World Congress and Exhibition on Ecotourism, Rio de Janeiro, Brazil, 15—18 December, pp. 144—149.

——(2007) *Codes of Ethics in Tourism: Practice, Theory, Synthesis,* Clevedon: Channel View.

Fennell, D.A. and Nowaczek, A. (2010) 'Moral and empirical dimensions of human-animal interactions in ecotourism: deepening on otherwise shallow pool of debate', *Journal of Ecotourism,* 9(3): 239—255.

Fennell, D.A. and Przeclawski, K. (2003) 'Tourists and host communities', in S. Singh, D.J. Timothy, and R.K. Dowling (eds), *Tourism in Destination Communities,* Wallingford, Oxon.: CAB International.

Fennell, D.A. and Sheppard, V. (2011) 'Canada's 2010 Winter Olympic Legacy: applying an ethical lens to the post-games'sled dog cull', *Journal of Ecotourism* 10(3): 197—213.

Fennell, D.A. and Smale, B.J.A. (1992) 'Ecotourism and natural resource protection: implications of an alternative form of tourism for host nations', *Tourism Recreation Research* 17(1): 21—32.

Fennell, D.A. and Weaver, D.B. (1997) 'Vacation farms and ecotourism in Saskatchewan, Canada', *Journal of Rural Studies* 13(4): 467—475.

——(2005) 'The ecotourism concept and tourism-conservation symbiosis', *Journal of Sustainable Tourism* 13(4): 373—390.

Fennell, D.A. and Weaver, D.B. (2005) 'The ecotourism concept and tourism symbiosis', *Journal of Sustainable Tourism,* 13(2): 373—390.

Fennell, D.A., Buckley, R. and Weaver, D.B. (2001) 'Policy and planning', in D.B. Weaver (ed.), *The Encyclopedia of Ecotourism,* Wallingford, Oxon.: CAB International.

Fennell, D.A., Plummer, R. and Marschke, M. (2008) 'Is adaptive co-management ethical?', *Journal of Environmental Management* 88(1): 62—75.

Fennell, J. (1989) 'Destination resorts', *Canadian Building* 39(5): 10—17.

Figgis, P. (2004) *Conservation on Private Lands: The Australian Experience,* IUCN

Programme on protected Areas: Gland, Switzerland.

Finch, R. and Elder, J. (1990) *The Norton Book of Nature Writing*, New York: W.W. Norton and Co.

Fleckenstein, M.P. and Huebsch, P. (1999) 'Ethics in tourism: reality or hallucination', *Journal of Business Ethics* 19: 137—142.

Flinn, D. (1989) *Travellers in a Bygone Shetland*, Edinburgh: Scottish Academic Press.

Folke, C., Carpenter, S., Elmqvist, T., Gunderson, L., Holling, C.S., Walker, B., Bengtsson, J., Berkes, F., Colding, J., Danell, K., Falkenmark, M., Moberg, M., Gordon, L., Kaspersson, R., Kautsky, N., Kinzig, A., Levin, S.A., Mäler, K-G., Ohlsson, L., Olsson, P., Ostrom, E., Reid, W., Rockstöm, J., Savenije, S. and Svedin, U. (2002) *Resilience and Sustainable Development: Building Adaptive Capacity in a World of Transformations*, Environmental Advisory Council to the Swedish Government Scientific Background Paper.

Font, X. and Buckley, R. (2001) *Tourism Ecolabelling*, Wallingford, Oxon.: CAB International.

Font, X., Sanabria, R. and Skinner, E. (2003) 'Sustainable tourism and ecotourism certification: raising standards and benefits', *Journal of Ecotourism* 2(3): 213—218.

Font, X., Tapper, R. and Cochrane, J. (2006) 'Competitive strategy in a global industry: tourism', *Handbook of Business Strategy* 7(1): 51—55.

Ford, P. and Blanchard, J. (1993) *Leadership and Administration of Outdoor Pursuits*, State College, PA: Venture.

Forestell, P.H. (1993) 'If Leviathan has a face, does Gaia have a soul?: incorporating environmental education in marine eco-tourism programs', *Ocean and Coastal Management* 20(3): 267—282.

Forman, R.T.T. (1990) 'Ecologically sustainable landscapes: the role of spatial configuration', in I.S. Zonneveld and R.T.T. Forman (eds), *Changing Landscapes: An Ecological Perspective*, New York: Springer Verlag.

Forstner, K. (2004) 'Community ventures and access to markets: the role of intermediaries in marketing rural tourism products', *Development Policy Review* 22(5): 497—514.

Forsyth, T. (1995) 'Business attitudes to sustainable tourism: self-regulation in the UK outgoing tourism industry', *Journal of Sustainable Tourism* 3(4): 210—231.

Fowkes, J. and Fowkes, S. (1991) 'Roles of private sector ecotourism in protected areas', *Parks* 2(3): 26—30.

Fox, A. (1996) 'Kakadu, tourism and the future', *Australian Natural History* 21(7): 266—271.

Fox, R.M. and DeMarco, J.P. (1986) 'The challenge of applied ethics', in R.M. Fox and

J.P. DeMarco (eds), *New Directions in Ethics: The Challenge of Applied Ethics*, New York: Routledge & Kegan Paul.

Francis, G. (n.d.) 'Ecosystem management', paper presented at the Tri-national conference on the North American Experience Managing Transboundary Resources: United States and the Boundary Commissions.

——(1985) 'Biosphere reserves: innovations for cooperation in the search for sustainable development', *Environments* 17(3): 21—38.

Frangialli, F. (1997) 'Keynote address to the World Ecotour'97 Conference', Rio de Janeiro, 15—18 December.

Frost, J.E. and McCool, S.F. (1988) 'Can visitor regulations enhance recreational experiences?', *Environmental Management* 12(1): 5—9.

Fulgosi, D. (2006) 'Man v. monkey', *National Post*, Thursday, 9 November, section A22.

Funnell, D.C. and Bynoe, P.E. (2007) 'Ecotourism and institutional structures: the case of North Rupununi, Guyana', *Journal of Ecotourism* 6(3): 163—183.

Galley, G. and Clifton, J. (2004) 'The motivational and demographic characteristics of research ecotourists: Operation Wallacea volunteers in south-east Sulawesi, Indonesia', *Journal of Ecotourism* 3(10): 69—82.

Garavan, T.N. (1997) 'Training, development, education and learning: different or the same?', *Journal of European Industrial Training* 21(2): 39—50.

Gardner, J.E. (1993) 'Environmental non-government organizations (ENGOs) and sustainable development', in S. Lerner (ed.), *Environmental Stewardship: Studies in Active Earthkeeping*, Department of Geography Publication Series, no.39, University of Waterloo, Waterloo, Ontario.

Garrod, B. (2003) 'Local participation in the planning and management of ecotourism: a revised model approach', *Journal of Ecotourism* 2(1): 33—53.

Garrod, B. and Fennell, D.A. (2004) 'An analysis of whalewatching codes of ethics', *Annals of Tourism Research* 31(2): 334—352.

Gass, M. and Williamson, J. (1995) 'Accreditation for adventure programs', *Journal of Physical Education, Recreation and Dance* 22—27 January.

Geist, V. (1994) 'Wildlife conservation as wealth', *Nature* 368: 45—46.

Genot, H. (1995) 'Voluntary environmental codes of conduct in the tourism sector', *Journal of Sustainable Tourism* 3(3): 166—172.

Getz, D. (1986) 'Models in tourism planning: towards integration of theory and practice', *Tourism Management* 7(1): 21—32.

——(1990) *Festivals, Special Events, and Tourism*, New York: Van Nostrand Reinhold.

Getz, D. and Jamal, D. (1994) 'The environment—community symbiosis: a case for collaborative tourism planning', *Journal of Sustainable Tourism* 2(3): 152—173.

Giannecchini, J. (1993) 'Ecotourism: new partners, new relationships', *Conservation Biology* 7(2): 429—432.

Gilchrist, N.L. (1998) 'Winter hiking and Camping', in N.J. Dougherty IV (ed.), *Outdoor Recreation Safety*, Champaign, IL: Human Kinetics.

Gilmore, G.D. and Campbell, M.D. (1996) *Needs Assessment Strategies for Health Education and Health Promotion*, Madison, WI: WCB Brown and Benchmark.

Gjerdalen, G. and Williams, P.W. (2000) 'An evalution of the utility of a whale watching code of conduct', *Tourism Recreation Research* 25(2): 27—37.

Glasbergen, P. (1998) 'The question of environmental governance', in P. Glasbergen (ed.), *Co-operative Environmental Governance*, Dordrecht, Netherlands: Kluwer Academic Press, pp. 1—18.

Globe'90 (1990) *An Action Strategy for Sustainable Tourism Development*, Ottawa: Tourism Canada.

Gnoth, J. (1997) 'Tourism motivation and expectation formation', *Annals of Tourism Research* 24: 283—304.

Goeldner, C.R., Ritchie, J.R.B. and McIntosh, R.W. (2000) *Tourism: Principles, Practices, Philosophies*, New York: John Wiley & Sons, Inc.

Goodall, B. (1994) 'Environmental auditing: current best practice (with special reference to British tourism firms)', in A.V. Seaton (ed.), *Tourism: The State of the Art*, Chichester: John Wiley.

Goodall, B. and Cater, E. (1996) 'Self-regulation for sustainable tourism?', *Ecodecision* 20 (Spring): 43—45.

Goodwin, H. (1995) 'Tourism and the environment', *Biologist* 42(3): 129—133.

——(1996) 'In pursuit of ecotourism', *Biodiversity and conservation* 5(3): 277—291.

Gössling, S. (2000) 'Sustainable tourism development in developing countries: some aspects of energy use', *Journal of Sustainable Tourism* 8(5): 410—425.

——(2002) 'Human-environmental relations within tourism', *Annals of Tourism Research* 29(2): 539—556.

——(2006) 'Ecotourism as experience tourism', in S. Gössling and J. Hultman (eds), Ecotourism in Scandinavia: Lessons in Theory and Practice, Wallingford, Oxon: CAB International, pp. 89—97.

Gössling, S., Borgstrom Hansson, H., Horstmeier, O. and Saggel, S. (2002) 'Ecological footprint analysis as a tool to assess tourism sustainability', *Ecological Economics* 43: 199—211.

Gouldner, A. (1960) 'The norm of reciprocity: a preliminary statement', *American Sociological Review* 25: 161—178.

Government of British Columbia (2011a) *Premier Appoints Task Force to Review Dog Killings.* Accessed 28 February 2011 at http://www2.news.gov.bc.ca/news_release_2009-2013/2011PREM006-000094.htm

——(2011b) *Premier Announces Canada's Toughest Animal Cruelty Laws.* Accessed 28 February 2012 at http://www2.news.gov.bc.ca/news_release_2009-2013/2011PREM0030-000340.htm

——(2012) *Sled Dog Code of Practice.* Victoria, BC: Government of British Columbia and Ministry of Agriculture.

Graburn, N. (1989) 'Tourism: the sacred journey', in V.L. Smith (ed.), *Hosts and Guests: The Anthropology of Tourism* (2nd edn), Philadeophia, PA: University of Pennsylvania Press.

Graefe, A.R., Vaske, J.J. and Kuss, F.R. (1984a) 'Resolved issues and remaining questions about social carrying capacity', *Leisure Sciences* 6(4): 497—507.

——(1984b) 'Social carrying capacity: an integration and synthesis of twenty years of research', *Leisure Sciences* 6: 395—431.

Gratzer, M., Winiwarter, W. and Werthner, H. (2006) *State of the Art in eTourism.* Available online at http://homepage.univie.ac.at/werner.winiwarter/secec.pdf (accessed 22 November).

Gray, L.C. and Moseley, W.G. (2005) 'A geographical perspective on proverty-environment interaction', *Geographical Journal* 171(1): 9—23.

Gray, N. and Campbell, L.M. (2007) 'A decommodified experience? Exploring aesthetic, economic and ethical values for volunteer ecotourism in Costa Rica', *Journal of Sustainable Tourism* 15(5): 463—482.

Gray, P.A., Duwors, E., Villeneuve, M. and Boyd, S. (2003) 'The socioeconomic significance of nature-based recreation in Canada', *Environmental Monitoring and Assessment* 86: 129—147.

Green, H. and Hunter, C. (1992) 'The environmental impact assessment of tourism development', in P. Johnson and B. Thomas (eds), *Perspectives on Tourism Policy*, London: Mansell.

Green Tourism Association (1999) *Map Project Evaluation Report.* Available online at www.green-tourism.on.ca (accessed October 2001).

Grenier, A.A. (1998) *Ship-based Polar Tourism in the Northwest Passage: A Case Study*, Rovaniemi: University of Lapland.

Grenier, D., Kaae, B.C., Miller, M.L. and Mobley, R.W. (1993) 'Ecotourism, landscape architecture and urban planning', *Landscape and Urban Planning* 25(1/2): 1—16.

Grumbine, E. (1996) 'Beyond conservation and preservation in American environmental values', in B.L. Driver, D. Dustin, T. Baltic, G. Elsner and G. Peterson (eds), *Nature and the Human Spirit: Toward an Expanded Land Management Ethic,* State College, PA: Venture.

Grupo de Trabalho Interministerial MICT/MMA (1994) *Diretrizes para uma Política Nacional de ectourism/Coordenaçao de Silvio Magalhaes Barros II e Denis Hamú m de La Penha*, Brasilia: EMBRATUR.

Guignon, C. (1986) 'Existential ethics', in R.M. Fox and J.P. DeMarco (eds), *New Directions in Ethics: The Challenge of Applied Ethics,* New York: Routledge & Kegan Paul.

Gullison, R.E., Rice, R.E. and Blundell, A.G. (2000) 'Marketing species conservation', *Nature* 404: 923-924.

Gunn, C.A. (1972) *Vacationscape: Designing Tourist Regions,* University of Texas: Bureau of Business Research.

——(1988) Tourism Planning, New York: Taylor & Francis.

——(1994) Tourism Planning: Basics, Concepts, Cases, 3rd edn, Washington, DC: Taylor & Francis.

Gunnarsdotter, Y. (2006) 'Hunting tourism as ecotourism: conflicts and opportunities', in S. Gössling and J. Hultman (eds), *Ecotourism in Scandinavia: Lessons in Theory and Practice*, Wallingford, Oxon, CAB International, pp. 178—192

Gurung, C. (1995) 'Ecolodges and their role in integrated conservation and development', paper presented at the Second International Ecolodge Forum and Field Seminar, San Jóse, Costa Rica, 22—29 October.

Hadley, J. and Crow, P. (1995) 'Some guidelines for the architecture of ecotourism facilities', in *The Ecolodge Sourcebook for Planners and Managers*, North Bennington, VT: The Ecotourism Society.

Hadwen, W.L., Hill, W. and Pickering, C.M. (2008) 'Linking visitor impact research to visitor impact monitoring in protected areas', *Journal of Ecotourism* 7(1): 87—93.

Halbertsma, N.F. (1988) 'Proper management is a must', *Naturopa* 59: 23—24.

Hall, C.M. (1992) 'Adventure, sport and health tourism', in B. Weiler and C.M. Hall (eds), *Special Interest Tourism*, London: Belhaven Press.

——(1999) 'Rethinking collaboration and partnership: a public policy perspective', *Journal of Sustainable Tourism* 7(3—4): 274—289.

Hall, C.M. and Boyd, S. (2005) 'Nature-based tourism in peripheral areas: introduction', in C.M. Hall and S. Boyd (eds), *Nature-based Tourism in Peripheral Areas: Development or Disaster?*, Toronto: Channel View Publications.

Hall, C.M. and Jenkins, J. (1995) *Tourism and Public Policy*, London: Routledge.

Hall, C.M. and McArthur, S. (1998) *Integrated Heritage Management: Principles and Practice*, London: Stationery Office.

Hall, C.M. and Page, S.j. (1999) *The Geography of Tourism and Recreation: Environment, Place and Space*, London: Routledge.

Hall, C.M. and Wouters, M. (1995) 'Issues in Antarctic tourism', in C.M. Hall and M.E. Johnston (eds), *Polar Tourism: Tourism in the Arctic and Antarctic Regions*, London: John Wiley.

Hall, S. (ed.) (1993) *Ethics in Hospitality Management: A Book of Readings*, East Lansing, MI: Educational Institute of the American Hotel and Motel Association.

Halpern, S. (1998) 'A fragile kingdom', *Audubon* 100(2): 37—45, 99—101.

Ham, S. and Weiler, B. (2000) *Six Principles for Tour Guide Training and Sustainable Development in Developing Countries*, Working Paper 102/00, Faculty of Business and Economics, Monash University, Caufield East, Victoria, Australia.

Ham, S.H. and Weiler, B. (2002) 'Interpretation as the centerpiece of sustainable wildlife tourism', in R. Harris, T. Griffin and P. Williams (eds) *Sustainable Tourism: A Global Perspective* (pp. 35—44). Oxford: Butterworth Heinemann.

Hammitt, W.E. and Cole, D.C. (1987) *Wildland Recreation: Ecology and Management*, New York: John Wiley.

Harrington, I. (1971) 'The trouble with tourism unlimited', *New Statesman* 82: 176.

Harroun, L.A. (1994) *Protectial Frameworks for Analysis of Ecological Impacts of Tourism in Developing Countries*, Washington, DC: World Wide Fund for Nature.

Harroy, J.P. (1974) 'A century in the growth in the "national par" concept throughout the world', in H. Elliot (ed.), *Second World Conference on National Parks*, Gland, Switzerland: International Union for the Conservation of Nature and Natural Resources.

Hart, J. and Hart, T. (2003) 'Rules of engagement for conservation', *Conservation in Practice* 4(1): 14—22.

Hasse, J.C. and Milne, S. (2005) 'Participatory approaches and geographical information systems (PAGIS) in tourism planning', *Tourism Geographies* 7(3): 272—289.

Hawkes, S. and Williams, P. (1993) *The Greening of Tourism: From Principles to Practice*, Burnaby, British Columbia: Centre for Tourism Policy and Research, Simon Fraser University.

Hawkins, D. (1994) 'Ecotourism: opportunities for developing countries', in W. Theobald (ed.), *Global Tourism: The Next Decade*, Oxford: Butterworth.

Hawkins, J.P., Roberts, C.M., Van't Hof, T., De Meyer, K., Tratalos, J. and Aldam, C. (1999) 'Effects of recreational scuba diving on Caribbean coral and fish communities', *Conservation Biology* 13: 888—897.

Hayek, F.A. ([1944]/1994) *The Road to Serfdom*, Chicago: University of Chicago Press.

Hays, S.P. (1959) *Conservation and the Gospel of Efficiency*, Cambridge, MA: Harvard

University Press.

Hayward, S.J., Gomez, V.H. and Sterrer, W. (1981) *Bermuda's Delicate Balance*, Hamilton: Bermuda National Trust.

Haywood, M. (1986) 'Can the tourist area lifecycle be made operational?', *Tourism Management* 7(3): 154—167.

Heald, D. (1984) 'Privatization: analyzing its appeal and limitations', *Fiscal Studies* 5(1): 9—15.

Heidegger, M. (1966) *Discourse on Thinking*, New York: Harper Torchbooks.

Heinen, J.T. and Shrestha, S.K. (2006) 'Evolving policies for conservation: an historical profile of the protected area system of Nepal', *Journal of Environmental Planning and Management* 49(1): 41—58.

Hendee, J.C., Stankey, G.H. and Lucas, R.C. (1990) *Wilderness Management*, Golden, CO: International Wilderness Leadership Foundation.

Henderson, N. (1992) 'Wilderness and the nature conservation ideal: Britain, Canada, and the United States contrasted', *Ambio* 21(6): 394—399.

Henry, I.P. and Jackson, G.A.M. (1996) 'Sustainability of management processes and tourism products and contexts', *Journal of Sustainable Tourism* 4(1): 17—28.

Herfindahl, O. (1961) 'What is conservation', in O.C. Herfindahl (ed.), *Three Studies in Mineral Economics,* Washington, DC: Resources for the Future.

Hetzer, N.D. (1965) 'Environment, tourism, culture', *LINKS* (July); reprinted in Ecosphere (1970) 1(2): 1—3.

Hezri, A.A. and Hasan, M.N. (2006) 'Towards sustainable development? The evolution of environmental policy in Malaysia', *Natural Resources Forum* 30: 37—50.

Higginbottom, K. (2004) 'Wildlife tourism: an introduction', in K. Higginbottom (ed.), *Wildlife Tourism: Impacts, Management and Planning*, Altona, VIC: Common Ground.

Higgins, B.R. (1996) 'The global structure of the nature tourism industry: ecotourists, tour operators, and local businesses', *Journal of Travel Research* 35(2): 11—18.

Higgins-Desiolles, F. (2009) 'Indigenous ecotourism's role in transforming ecological consciousness', *Journal of Ecotourism* 8(2): 144—160.

Higham, J. and Lück, M. (2002) 'Urban ecotourism: a contradiction in terms?', *Journal of Ecotourism* 1(1): 36—51.

Higham, J.E.S. and Bejder, L. (2008) 'Managing wildlife-based tourism: edging slowly towards sustainability?', *Current Issues in Tourism* 11(1): 75—83.

Higham, J.E.S. and Dickey, A. (2007) 'Benchmarking ecotourism in New Zealand: A c. 1999 analysis of activities offered and resources utilized by ecotourism businesses', *Journal of Ecotourism* 6(1): 67—74.

Higham, J.E.S., Lusseau, D. and Hendry, W. (2008) 'Wildlife viewing: the significance of the viewing platforms', *Journal of Ecotourism* 7(2/3): 137—146.

Hill, J., Woodland, W. and Gough, G. (2007) 'Can visitor satisfaction and knowledge about tropical rainforests be enhanced through biodiversity interpretation, and does this promote a positive attitude towards ecosystem conservation?', *Journal of Ecotourism* 6(1): 75—85.

Hill, R. (2006) 'The effectiveness of agreements and protocols to bridge between Indigenous and non-Indigenous toolboxes for protected area management: a case study from the wet tropics of Queensland', *Society and Natural Resources* 19: 577—590.

Hill, T., Nel, E. and Trotter, D. (2006) 'Small-scale, nature-based tourism as pro-poor development intervention: two examples in Kwazulu-Natal, South Africa', *Singapore Journal of Tropical Geography* 27: 163—175.

Hills, T. and Lundgren, J. (1977) 'The impact of tourism in the Caribbean: a methodological study', *Annals of Tourism Research* 4(5): 248—267.

Hinch, T. (1998) 'Ecotourists and indigenous hosts: diverging views on their relationship with nature', *Current Issues in Tourism* 1(1): 120—124.

Hitchcock, R.K. (1993) 'Toward self-sufficiency', *Cultural Survival Quarterly* 17(2): 51—53.

Hitchner, S.L., Lapu Apu, F., Tarawe, L., Galih, S., Nabun Aran, S. and Yesaya, E. (2009) 'Community-based transboundary ecotourism in the Heart of Borneo: a case study of the Kelabit Highlands of Malaysia and the Kerayan Highlands of Indonesia', *Journal of Ecotourism* 8(2): 193—213.

Hiwasaki, L. (2006) 'Community-based tourism: a pathway to sustainability for Japan's protected areas', *Society and Natural Resources* 19: 675—692.

Hjalager, A.-M. (1996) 'Tourism and the environment: the innovation connection', *Journal of Sustainable Tourism* 4(4): 201—218.

Hockings, M. (1994) 'A survey of the tour operator's role in marine park interpretation', *Journal of Tourism Studies* 5(1): 16—28.

Hoffman, W.M., Frederisk, R.E. and Schwartz, M.S. (2001) *Business Ethics: Readings and Cases in Corporate Morality*, Boston, MA: McGraw-Hill.

Holden, A. (2003) 'In need of a new environmental ethics for tourism?', *Annals of Tourism Research* 30(1): 95—108.

Holland, S.M., Ditton, R.B. and Graefe, A.R. (1998) 'An ecotourism perspective on billfish industries', *Journal of Sustainable Tourism* 6(2): 97—116.

Holloway, J.C. (1994) *The Business of Tourism*, 4th edn, London: Pitman.

Honderich, T. (1995) *The Oxford Campanion to Philosophy*, New York: Oxford

University Press.

Honey, M. (2003) 'Protecting Eden: setting green standards for the tourism industry', *Equipment* 45(6): 8—14.

Honey, M. (2008) *Ecotourism and Sustainable Development: Who Owns Paradise?* 2nd edn, Washington, DC: Island Press.

Honey, M. and Rome, A. (2001) *Protecting Paradise: Certification Programs for Sustainable Tourism and Ecotourism*, Washington, DC: Institute for Policy Studies.

Hope, K.R. (1980) 'The Caribbean tourism sector: recent performance and trends', *Tourism Management* 1(3): 175—183.

Hough, J.L. (1988) 'Obstacles to effective management of conflicts between national parks and surrounding human communities in developing countries', *Environmental Conservation* 15(2): 129—136.

Hovinen, G.R. (1981) 'The tourist cycle in Lancaster County, Pennsylvania', *Canadian Geographer* 25(3): 286—289.

Howell, B.J. (1994) 'Weighing the risks and rewards of involvement in cultural conservation and heritage tourism', *Human Organization* 53: 150—159.

Howes, L., Scarpaci, C. and Parsons, E.C.M. (2012) 'Ineffectiveness of a marine sanctuary zones to protect burrunan dolphins (*Tursiops australis* sp.nov.) from commercial tourism in Port Phillip Bay, Australia', *Journal of Ecotourism* 11(3): 188—201.

Hoyman, M.M. and McCall, J.R. (2013) 'Is there trouble in paradise? The perspectives of Galapagos community leaders on managing economic development and environmental conservation through ecotourism policies and the Special Law of 1998', *Journal of Ecotourism* 12(1): 33—48.

Hoyt, E. (2000) *Whale Watching 2000: Worldwide Tourism Numbers, Expenditures and Expanding Socioeconomic Benefits*, Yarmouth Port: International Fund for Animal Welfare.

——(2005) 'Sustainable ecotourism on the Atlantic Islands, with special reference to whale watching, marine protected areas and sanctuaries for cetaceans', *Biology and Environment: Proceedings of the Irish Academy* 105B(3): 141—154.

Hudson, S. and Miller, G. (2005) 'The responsible marketing of tourism: the case of Canadian mountain holidays', *Tourism Management* 26: 133—142.

Hughes, G. (1995) 'The cultural construction of sustainable tourism', *Tourism Management* 16(1): 49—59.

Hughes, K., J. Packer and R. Ballantyne (2011) 'Using post-visit action resources to support family conservation learning following a wildlife tourism experience', *Environmental Education Research* 17(3): 307—328.

Hughes, M. and Morrison-Sanders, A. (2002) 'Impact of trail-side interpretive signs on visitor knowledge', *Journal of Ecotourism* 1(2/3): 122—132.

——(2005) 'Influence of on-site interpretation intensity on visitors to natural areas', *Journal of Ecotourism* 4(3): 161—177.

Hughes, M., Newsome, D. and Macbeth, J. (2005) 'Visitor perceptions of captive wildlife tourism in a Western Australian natural setting', *Journal of Ecotourism* 4(2): 73—91.

Hultman, J. and Andersson Cederholm, E. (2006) 'The role of nature in Swedish ecotourism', in S. Gössling and J. Hultman (eds), *Ecotourism in Scandinavia: Lessons in Theory and Practice*, Wallingford, UK: CAB International, pp. 76—88.

Hultsman, J. (1995) 'Just tourism: an ethical framework', *Annals of Tourism Research* 22(3): 553—567.

Hunter, C. and Shaw, J. (2006) 'Applying the ecological footprint to ecotourism scenarios', *Environment Conservation* 32(4): 294—304.

Hunter, C.J. (1995) 'On the need to re-conceptualise sustainable tourism development', *Jounral of Sustainable Tourism* 3(3): 155—165.

Husbands, W. (1981) 'Centres, peripheries, tourism and socio-spatial development', *Ontaio Geography* 17: 37—59.

Hvenegaard, G.T. (1994) 'Ecotourism: a status report and conceptual framework', *Journal of Tourism Studies* 5(2): 24—35.

——(2002) 'Using tourist typologies for ecotourism research', *Journal of Ecotourism* 1(1): 7—18.

Inbakaran, R.J., Jackson, M.S. and Chhetri, P. (2004) 'Spatial representation of resident attitudes in tourism product regions of Victoria, Australia', in K.A. Smith and C. Shcott (eds), *Proceedings of the New Zealand Tourism and Hospitality Research Conference,* Wellington, 8—10 December, pp. 146—158.

Ingram, C.D. and Durst, P.B. (1987) 'Marketing nature-oriented tourism for rural development and wildlands management in developing countries: a bibliography', General Technical Report SE-44, Asheville, NC: US Dept of Agriculture, Forest Service, Southeastern Forest Experiment Station.

——(1989) 'Nature-oriented tour operators: travel to developing countries', *Journal of Travel Research* 28(2): 11—15.

Inskeep, E. (1987) 'Environmental planning for tourism', *Annals of Tourism Research* 14(1): 118—135.

Isaacs, J.C. (2000) 'The limited potential of ecotourism to contribute to wildlife conservation', *Wildlife Society Bulletin* 28(1): 61—69.

Infield, M. (2002) 'The culture of conservation: exclusive landscapes, beautiful cows and conflict over Lake Mburo National Park, Uganda', unpublished PhD thesis, Schoold of Dvelopment Studies, University of East Anglia, Norwich.

Iso-Ahola, S. (1982) 'Toward a social psychological theory of tourism motivation: a rejoinder', *Annals of Tourism Research* 9(2): 256—262.

Issaverdis, J.-P. (2001) 'The pursuit of excellence: benchmarking, accreditation, best practice and auditing', in D.B. Weaver (ed.), *The Encyclopedia of Ecotourism*, Wallingford, Oxon.: CAB International.

Iturreguid, P. and Dutschke, M. (2005) 'Liberalisation of environmental goods and services and climate change', discussion paper no. 335 of the Hamburg Institute of International Economics, August.

Iverson, T. (1997) 'Ecolabelling and tourism', TRINET communication, 22 June.

Jackson, S. (2007) 'Attitudes towards the environment and ecotourism of stakeholders in the UK tourism industry with particular reference to ornithological tour operators', *Journal of Ecotourism* 6(1): 34—62.

Jamal, T. (2004) 'Virtue ethics and sustainable tourism pedagogy: phronesis, principles and practice', *Journal of Sustainable Tourism* 12(6): 530—545.

Jamal, T. and Getz, D. (1995) 'Collaboration theory and community tourism planning', *Annals of Tourism Research* 22(1): 186—204.

Jamal, T., Borges, M. and Stronza, A. (2006) 'The institutionalization of ecotourism: certification, cultural equity and praxis', *Journal of Ecotourism* 5(3): 145—175.

Jansen-Verbeke, M. and Dietvorst, A. (1987) 'Leisure, recreation, tourism: a geographic view on integration', *Annals of Tourism Research* 14(3): 361—375.

Jenkins, C.L. (1991) 'Tourism development strategies', in L.J. Lickorish (ed.), *Developing Tourism Destinations*, Harlow: Longman, pp. 61—78.

——(1994) 'Tourism in developing countries: the privatization issue', in A.V. Seaton (ed.), *Tourism: The State of the Art*, Chichester: John Wiley.

Jenkins, J. and Wearing, S. (2003) 'Ecotourism and protected areas in Australia', in D.A. Fennell and R.K. Dowling (eds), *Ecotourism Policy and Planning*, Wallingford, Oxon.: CAB International.

Johnson, D. (2006) 'Providing ecotourism excursions for cruise passengers', *Journal of Sustainable Tourism* 14(1): 43—54.

Johnson, D.R. and Agee, J.K. (1988) 'Introduction to ecosystem management', in J.K. Agee and D.R. Johnson (eds), *Ecosystem Management for Parks and Wilderness*, Seattle: University of Washington Press.

Johst, D. (1982) 'Does wilderness designation increase recreation use?', unpublished report of the Bureau of Land Management, Washington, DC.

Jones, H. (1972) 'Gozo: the living showpiece', *Geographical Magazine* 45(1): 53—57.

Jones, S. (2005) 'Community-based ecotourism: the significance of social capital', *Annals of Tourism Research* 32(2): 303—324.

Jones, T., Wood, D., Catlin, J. and Norman, B. (2009) 'Expenditure and ecotourism: predictors of expenditure for whale shark tour participants', *Journal of Ecotourism* 8(1): 32—50.

Joppe, M. (1996) 'Sustainable community tourism development revisited', *Tourism Management* 17(7): 475—479.

Jordan, M. (2001) 'Brazil lays claims to the rain forest', *Wall Street Journal*, Eastern edition, 31 August: A6, A11.

Juric, B., Cornwell, T.B. and Mather, D. (2002) 'Exploring the usefulness of an ecotourism interest scale', *Journal of Travel Research* 40: 259—269.

Jurowski, C. (1996) 'Tourism means more than money to the host community', *Parks and Recreation* 31(9): 110—118.

Jurowski, C., Muzaffer, U., Williams, D.R. and Noe, F.P. (1995) 'An examination of preferences and evaluations of visitors based on environmental attitudes: Biscayne Bay National Park', *Journal of Sustainable Tourism* 3(2): 73—85.

Kaae, B.C. (2006) 'Perceptions of tourism by national park residents in Thailand', *Tourism and Hospitality Planning and Development* 3(1): 19—33.

Kahle, L.R., Beatty, S.E. and Homer, P. (1986) 'Alternative measurement approaches to consumer values: the list of values (LOV) and values and life style (VALS)', *Journal of Consumer Research* 13(3): 404—409.

Kaosa-ard, M. (2002) 'Development and management of tourism products: the Thai experience', *Chiang Mai University Journal* 1(3): 289—301.

Kaosa-ard, M. (with 16 others) (1993) *A Review Report on Tourism for the Master Plan Research Report*, prepared for the Tourism Authority of Thailand (TAT), Thailand Development Research Institute, Bangkok, Thailand.

Karlsson, S.E. (2005) 'The social and cultural capital of a place and their influence on the production of tourism: a theoretical reflection based on a illustrative case study', *Scandinavian Journal of Hospitality and Tourism* 5(2): 102—115.

Karwacki, J. and Boyd, C. (1995) 'Ethics and ecotourism', *Business Ethics* 4(4): 225—232.

Kavallinis, I. and Pizam, A. (1994) 'The environmental impacts of tourism: whose responsibility is it anyway? The case study of Mykonos', *Journal of Travel Research* 33(2): 26—32.

Kearsley, G., Hall, C.M. and Jenkins, J. (1997) 'Tourism planning in natural areas: introductory comments', in C.M. Hall, J. Jenkins and G. Kearsley (eds), *Tourism Planning and Policy in Australia and New Zealand: Cases, Issues and Practice*,

Sydney: Irwin, pp. 55—74.
Kelkit, A., Ozel, A.E. and Demirel, O. (2005) 'A study of the Kazdagi (Mt. Ida) National Park: an ecological approach to the management of tourism', *International Journal of Sustainable Development and World Ecology* 12: 141—148.
Kellert, S.R. (1985) 'Birdwatching in American Society', *Leisure Sciences* 7(3): 343—360.
——(1987) 'The contributions of wildlife to human quality of life', in D.J. Decker and G.R. Goff (eds), *Valuing Wildlife: Economic and Social Perspectives*, Boulder, CO: Westview.
Kelly, J.R. and Godbey, G. (1992) *The Sociology of Leisure*, State College, PA: Venture Publishing.
Kenchington, R.A. (1989) 'Tourism in the Galapásos Islands: the dilemma of conservation', *Environmental Conservation* 16(3): 227—236.
Kersletter, D., Hou, J.-S. and Lin, C.-H. (2004) 'Profiling Taiwanese ecotourists using a behavioural approach', *Tourism Management* 25: 491—498.
Khan, M.M. (1997) 'Tourism development and dependency theory: mass tourism v. ecotourism', *Annals of Tourism Research* 24(4): 988—991.
Kibicho, W. (2006) 'Tourists to Amboseli National Park: a factor-cluster segmentation analysis', *Journal of Vacation Marketing* 12(3): 218—231.
King, D.A. and Stewart, W.P. (1996) 'Ecotourism and commodification: protecting people and places', *Biodiversity and Conservation* 5(3): 293—305.
Kiss, A. (2004) 'Is community-based ecotourism a good use of biodiversity conservation funds?', *TRENDS in Ecology and Evolution* 19(5): 232—237.
Knowles, M. (1980) *The Modern Practice of Adult Education*, New York: Cambridge University Press.
Kohl, J. (2005) 'Putting environmental interpretation to work for conservation in a park setting: conceptualizing principal conservation strategies', *Applied Environmental Education and Communication* 4: 31—42.
Kohlberg, L. (1981) *Essays on Moral Development*, Volume I: *The Philosophy of Moral Development*, New York: Harper & Row.
——(1984) *Essays on Moral Development*, Volume II: *The Philosophy of Moral Development*, New York: Harper & Row.
Kontogeorgopoulos, N. (2004a) 'Conventional tourism and ecotourism in Phuket, Thailand: conflicting paradigms or symbiotic partners?', *Journal of Ecotourism* 3(2): 87—108.
——(2004b) 'Ecotourism and mass tourism in southern Thailand: spatial interdependence, structural connections, and stage authenticity', *GeoJournal* 61:

1—11.

——(2005) 'Community-based ecotourism in Phuket and Ao Phangnga, Thailand: partial victories and bittersweet remedies', *Journal of Sustainable Tourism* 13(1): 4—23.

Kraus, R. (1997) *Recreation Programming : A Benefits-driven Approach*, Toronto: Allyn & Bacon.

Kraus, R. and Allen, L. (1997) *Research and Evaluation in Recreation, Parks and Leisure Studies*, 2nd edn, Scottsdale, AZ: Gorsuch Scarisbrick.

Kraus, R. and Curtis, J. (1990) *Creative Management in Recreation, Parks and Leisure Services*, 5th edn, St Louis, MO: Times Mirror/Mosby.

Krech, S. (1999) *The Ecological Indian: Myth and History*, New York: W.W. Norton & Co.

Kretchman, J.A. and Eagles, P.F.J. (1990) 'an analysis of the motives of ecotourists in comparison to the eneral Canadian population', *Society and Leisure* 13(2): 499—507.

Krippendorf, J. (1977) *Les dévoreurs des paysages,* Lausanne: 24 Heures.

——(1982) 'Towards new tourism policies', *Tourism Management* 3: 135—148.

——(1987) 'Ecological approach to tourism marketing', *Tourism Management* 8(2): 174—176.

Krishna, A. (2001) 'Moving from the stock of social capital to the flow of benefits: the role of agency', *World Development* 29: 925—943.

Kroshus Medina, L. (2005) 'Ecotourism and certification: confronting the principles and pragmatics of socially responsible tourism', *Journal of Sustainable Tourism* 13(3): 281—295.

Krug, W. (2002) *Private Supply of Protected Land in Southern Africa: A Review of Markets, Approaches, Barriers and Issues,* Report for the Working Party on Global and Structural Policies, Paris, Organisation for Economic Co-operation and Development, JT00124118.

Kuo, I.-L. (2002) 'The effectiveness of environmental interpretation at resource-sensitive destinations', *International Journal of Tourism Research* 4: 87—101.

Kur, N.T. and Hvenegaard, G.T. (2012) 'Promotion of ecotourism principles by whale-watching companies' marketing efforts', *Tourism in Marine Environments* 8(3): 145—151.

Kusler, J.A. (1991) 'Ecotourism and resource conservation: introduction to issues', in J.A. Kusler (ed.), *Ecotourism and Resource Conservation: A Collection of Papers*, Volume 1, Madison, WI: Omnipress.

Kutay, K. (1989) 'The new ethic in adventure travel', *Buzzworm: The Environmental Jounral* 1(4): 31—34.

Kwan, P., Eagles, P.F.J. and Gebhardt, A. (2010) 'Ecolodge patrons' characteristics and motivations: a study of Belize', *Jouranal of Ecotourism* 9(1): 1—20.

LaFranchi, H. (1998) 'Bye-bye to Brazil's bio-paradise?', *Christian Science Monitor* 91(8): 12—14.

Laarman, J.G. and Durst, P.B. (1987) 'Nature travel and tropical forests', FPEI Working Paper Series, Southeastern Center for Forest Economics Research, North Carolina State University, Releigh.

——(1993) 'Nature tourism as a tool for economic development and conservation of natural resources', in J. Nenon and P.B. Durst (eds), *Nature Tourism in Asia: Opportunities and Constraints for conservation and Economic Development*, Washington, DC: US Forest Service.

Laarman, J.G. and Gregersen, H. (1994) 'Making nature-based tourism contributed to sustainable development', *EPAT/MUCIA Policy Brief* 5:1—6.

——(1996) 'Pricing policy in nature-based tourism', Tourism Management 17(4): 247—254.

Ladkin, A. and Martinez Bertramini, A. (2002) 'Collaborative tourism planning: a case study of Cusco, Peru', *Current Issues in Tourism* 5(2): 71—93.

Lai, P.-H. and Shafer, S. (2005) 'Marketing ecotourism through the Internet: an evaluation of selected ecolodges in Latin America and the Caribbean', *Journal of Ecotourism* 4(3): 143—160.

Lane, M.B. (2001) 'Affirming new directions in planning theory: comanagement of protected areas', *Society and Natural Resources* 14: 657—671.

Langholz, J. and Brandon, K. (2001) 'Privately owned protected area', in D.B. Weaver (ed.), *The Encyclopedia of Ecotourism*, Wallingford, Oxon.: CAB International.

Langholz, J.A. and Lassoie, J.P. (2001) 'Perils and promise of privately owned protected areas', BioScience 51(12): 1079—1085.

——(2002) 'Combining conservation and development on private lands: lessons from Costa Rica', *Environment, Development and Sustainability* 3: 309—322.

Langholz, J.A., Lassoie, J.P. and Schelhas, J. (2000) 'Incentives for biological conservation: Costa Rica's private wildlife refuge program', Conservation Biology 14(6): 1735—1743.

Lau, C.K.H. and Johnston, C.S. (2002) *Eco-gateway! Auckland's Emerging Role as an Ecotourism Destination*. Available online at www.gdrc.org/uem/eco-tour/etou-define. html (accessed 20 September 2006).

Law, R. and Wong, J. (2003) 'Successful factors for a travel web site: perceptions of on-line purchasers in Hong Kong', *Journal of Hospitality and Tourism Research* 27(1): 118—124.

Lawton, L. and Weaver, D.B. (2001) 'Ecotourism in modified spaces', in D.B. Weaver (ed.), *Encyclopedia of Ecotourism*, Wallingford, Oxon.: CAB International.

Lea, J.P. (1993) 'tourism development ethics in the Third World', *Annals of Tourism Research* 20: 701—715.

Leader-Williams, N. (2002) 'animal conservation, carbon and sustainability', *Philosophical Transactions of the Royal Society of London* A 360: 1787—1806.

Lebel, L., anderies, J., Campbell, B., Folke, C., Hatfield-dodds, S., Hughes, T.P. and Wilson, J. (2006) 'Governance and the capacity to manage resilience in regional socio-ecological systems' 11(1): 19. Available online at http://www.ecologyandsociety.org/vol11/iss1/art9/.

Lee, K.N. (1993) *Compass and Gyroscope: Integrating Science and Politics for the Environment*, Washington, DC: Island Press.

Lee, S. and Jamal, T. (2008) 'Environmental justice and environmental equity in tourism: missing links to sustainability', *Journal of Ecotourism*, 7(1): 44—67.

Leiper, N. (1981) 'Towards a cohesive curriculum in tourism: the case for a distinct discipline', *Annals of Tourism Research* 8(1): 69—84.

——(1990) 'Tourist attraction systems', *Annals of Tourism Research* 17(3): 367—384.

Lemelin, H., Fennell, D.A. and smale, B.J.A. (2008) 'Polar bear viewers as deep ecotourists: how specialized are they?', Journal of sustainable Tourism, 16(1): 42—62.

Lemelin, H., McCarville, R. and Smale, B. (2002) *The Effects of Context on Price Expectations for Wildlife Viewing Opportunities in Churchill, Manitabo*, Report for the Manitoba Department of Conservation and Parks Canada, Waterloo, Ontario.

Lemelin, R.H. (2007) 'Finding beauty in the dragon: the rold of dragonflies in recreation and tourism', *Journal of Ecotourism* 6(2): 139—145.

Lemelin, R.H., Smale, B. and Fennell, D. (2008) 'Polar bear viewers as deep ecotourists: how specialized are they?', *Journal of sustainable Tourism* 16(1): 42—62.

León, C. and González, M. (1995) 'Management the environment in tourism regions: the case of the Canary Islands', *European Environment* 5(6): 171—177.

Leslie, D. (1994) 'Sustainable tourism or developing sustainable approaches to lifestyle', *World Leisure and Recreation* 36(3): 30—36.

Lew, A. (1987) 'A framework of tourist attraction research', *Annals of Tourism Research* 14(4): 553—575.

Li, Y. (2004) 'Exploring community tourism in China: the case of Nanshan cultural tourism zone', *Journal of Sustainable Tourism* 12(3): 175—193.

Lickorish, L.J. (1991) 'Roles of government and the private sector', in L.J. Lickorish (ed.), *Developing Tourism Destinations*, Harlow: Longman.

Liddle, M. (1997) *Recreation Ecology: The Ecological Impact of Outdoor Recreation and Ecotourism*, London: Chapman and Hall.

Lindberg, K. (1991) *Policies for Maximising Nature Tourism's Ecological and Economic Benefits*, Washington, DC: World Resources Institute.

Lindsey, P.A., Alexander, R., Mills, M.G.L., Romanach, S. and Woodroffe, R. (2007) 'Wildlife viewing preferences of visitors to protected areas in South Africa: implications for the role of ecotourism in conservation', *Journal of Ecotourism* 6(1): 19—33.

Lipske, K. (1992) 'How a monkey saved the jungle', *International Wildlife* 22(1): 38—43.

Liu, F. (2001) *Environmental Justice Analysis: Theories, Methods, and Practice*, New York: Lewis Publishers.

Liu, J.C. (1994) *Pacific Island Ecotourism: A Public Policy and Planning Guide*, Honolulu: Office of Territorial and International Affairs.

Liu, Z. (2003) 'Sustainable tourism development: a critique', *Journal of Sustainable Tourism* 11(6): 459—475.

Loomis, L. and Graefe, A.R. (1992) 'Overview of NPCA's Visitor Impact Management Process', paper presented at the Fourth World Congress on Parks and Protected Areas, Caracas, 11—21 February.

López-Espinosa, R. (2002) 'Evaluating ecotourism in natural protected areas of La Paz Bay, Baja California Sur, Mexico: ecotourism or nature-based tourism?', *Biodiversity and Conservation* 11: 1539—1550.

Lothian, W.F. (1987) *A Brief History of Canada's National Parks*, Ottawa: Supply and Services Canada.

Lovejoy, T. (1992) 'Looking to the next millennium', *National Parks* January-February: 41—44.

Lovelock, B. and Robinson, K. (2005) 'Maximizing economic returns from consumptive wildlife tourism in peripheral areas: white-tailed deer hunting on Stewart Island/Rakiura, New Zealand', in C.M. Hall and S. Boyd (eds), *Nature-based Tourism in Peripheral Areas: Development or Disaster?*, Toronto: Channel View Publications.

Lovelock, C.H. and Weinberg, C.B. (1984) *Marketing for Public and Nonprofit Managers*, Toronto: Wiley.

Low, B.S. (1996) 'Behavioral ecology of conservation in traditional societies', *Human Nature* 7(4): 353—379.

Lucas, R.C. (1964) 'Wilderness perception and use: the example of the Boundary Waters Canoe Area', *Natural Resources Journal* 3(3): 394—411.

Lucas, R.C. and Stankey, G.H. (1974) 'Social carrying capacity for backcountry recreation', in *Outdoor Reception Research: Applying the Results*, USDA Forest Service General Technical Report NC-9, North Central Forest Experiment Station, St Paul, Minnesota, pp. 14—23.

Lück, M. (2002a) 'Large-scale ecotourism: a contradiction in itself?', *Current Issues in Tourism* 5(3-4): 361—370.

——(2002b) 'Looking into the future of ecotourism and sustainable tourism', *Current Issues in Tourism* 5(3—4): 371—374.

——(2003) 'Education on marine mammal tours as agent for econservation: but do tourists want to be educated?', *Ocean and Coastal Management* 46: 943—956.

Luhrman, D. (1997) 'WTO Manila meeting', internet communication, 23 May, WTO Press and Communications.

Lumsdon, L.M. and Swift, J.S. (1998) 'Ecotourism at a crossroads: the case of Costa Rica', *Journal of Sustainable Tourism* 6(2): 155—172.

Lynes, J.K. and Dredge, D. (2006) 'Going green: motivations for environmental commitment in the airline industry: a case study of Scandinavian Airlines', *Journal of Sustainable Tourism* 14(2): 116—138.

Mabey, C. (1994) 'Youth leadership: commitment for what?', in S. York and D. Jordan (eds), *Bold Ideas: Creative Approaches to the Challenge of Youth Programming*, Institute for Youth Leaders: University of Northern Iowa.

Machura, L. (1954) 'Nature protection and tourism: with particular reference to Austria', *Oryx* 2(5): 307—311.

Mackie, J.L. (1977) *Ethics: Inventing Right and Wrong*, Harmondsworth: Penguin Books.

Madrigal, R. (1995) 'Personal values, traveler personality type, and leisure travel style', *Journal of Leisure Research* 27(2): 125—142.

Madrigal, R. and Kahle, L.R. (1994) 'Predicting vacation activity preferences on the basis of value-system segmentation', *Journal of Travel Research* 32(3): 22—28.

Maher, P.T., Steel, G. and McIntosh, A. (2003) 'Antarctica: tourism, wilderness, and "ambassador-ship"', *USDA Forest Service Proceedings RMRS-P-27*, pp.204—210.

Mahoney, E.M. (1988) 'Recreation and tourism marketing', unpublished paper, Michigan State University, Ann Arbor, Michigan.

Maille, P. and Mendelsohn, R. (1993) 'Valuing ecotourism in Madagascar', *Journal of Environmental Management* 38: 213—218.

Malloy, D.C. and Fennell, D.A. (1998a) 'Ecotourism and ethics: moral development and organizational cultures', *Journal of Travel Research* 36(4): 47—56.

——(1998b) 'Codes of ethics and tourism: an explanatory content analysis', *Tourism Management* 19(5): 453—461.

Manfredo, M., Teel, T.L. and Bright, A.D. (2003) 'Why are public values toward wildlife

changing?', *Human Dimensions of Wildlife* 8: 287—306.
Mangott, A.H., Birtles, R.A. and Marsh, H. (2011) 'Attraction of dwarf minke whales Balaenoptera acutorostrata to vessels and swimmers in the Great Barrier Reef World Heritage Area: the management challenges of an inquisitive whale', *Journal of Ecotourism* 10(1): 64—76.
Mannell, R. and Kleiber, D. (1997) *A Scoial Psychology of Leisure*, State College, NY: Venture.
Manning, T. (1996) 'Tourism: where are the limits?', *Ecodecision* 20(Spring): 35—39.
Maple, L.C., Eagles, P.F.J. and Rolfe, H. (2010) 'Birdwatchers'specialization characteristics and national park tourism planning', *Journal of Ecotourism* 9(3): 219—238.
Marinelli, L. (1997) 'Ecotourists take to the Hawaiian hills', *Toronto Star*, 25 October.
Markwell, K. (1998) 'Taming the chaos of nature: cultural construction and lived experience in nature-based tourism', PhD dissertation, University of Newcastle, Newcastle, NSW, Australia.
Maroney, R.L. (2006) 'Community based wildlife management planning in protected areas: the case of Altai argali in Mongolia', *USDA Forest Proceedings RMRS-P-39*, Proceedings of the Conference on Transformation Issues and Future Challenges, 27 January Salt Lake City, UT.
Marsh, G.P. (1864) *Man and Nature; Or, Physical Geography as Modified by Human Action*, New York: Scribner.
Maslow, A. (1954) *Motivation and Personality,* New York: Harper & Row.
Mason, J.G. (1960) *How to Be a More Effective Executive*, New York: McGraw-Hill.
Mason, P. (1994) 'A visitor code for the Arctic', *Tourism Management* 15(2): 93—97.
——(1997a) 'Ecolabelling and tourism', TRINET communication, 22 June.
——(1997b) 'Tourism codes of conduct in the Arctic and Sub-Arctic Region', *Journal of Sustainable Tourism* 5(2): 151—165.
Mason, P. and Christie, M. (2003) 'Tour guides as critically reflective practitioners: a proposed training model', *Tourism Recreation Research* 28(1): 23—33.
Mason, P. and Mowforth, M. (1995) 'Codes of conduct in tourism', *Occassional Papers in Geography*, no. 1, Department of Geographical Sciences, University of Plymouth.
——(1996) 'Codes of conduct in tourism', *Progress in Tourism and Hospitality Research* 2(2): 151—167.
Mathieson, A. and Wall, G. (1982) *Tourism: Economic, Physical, and Social Impacts*, London: Longman.
Mau, R. (2008) 'Managing for conservation and recreation: the Ningaloo whale shark experience', *Journal of Eco-tourism* 7(2/3): 213—225.

May, R.M. (1992) 'How many species inhabit the earth?', *Scientific American* 267(4): 42—48.

Mayo, E.F. (1975) 'Tourism and the national parks: a psychographic and attitudinal study', *Journal of Leisure Research* 14(1): 14—18.

Mayr, E. (1988) *Toward a New Philosophy of Biology: Observations of an Evolutionist*, Cambridge: Belknap.

Mbaiwa, J.E. (2003) 'The socio-economic and environmental impacts of tourism development on the Okavango Delta, north-western Botswana', *Journal of Arid Environments* 54: 447—467.

——(2005) 'The problems and prospects of sustainable tourism development in the Okavango Delta, Botswana', *Journal of sustainable Tourism* 13(3): 203—227.

MacArthur, R.H. and Wilson, E.O. (1963) 'An equilibrium theory of insular zoogeography', *Evolution* 17: 373—387.

McArthur, S. (1997) 'Introducing the National Ecotourism Accreditation Program', *Australian Parks and Recreation* 33(2): 30—34.

Macbeth, J. (1994) 'To sustain is to nurture, to nourish, to tolerate and to carry on: can tourism? Trends in sustainable rural tourism development', *Parks and Recreation Magazine* 31(1): 42—45.

MacCarville, R. (1993) 'Keys to quality leisure programming', *Journal of Physical Education, Recreation and Dance* October: 32—39.

McCool, S.F. (1985) 'Does wilderness designation lead to increased recreational use?', *Journal of Forestry* January: 39—41.

——(1995) 'Linking tourism, the environment, and concepts of sustainability: setting the stage', in S.F. McCool and A.E. Watson (eds), *Linking Tourism, the Environment, and sustainability*, USDA Technical Report INT-GTR-323, Ogden, UT: US Department of Agriculture, Forest Service, Intermountain Research Station.

McFarlane, B.L. and Boxall, P.C. (1996) 'Participation in wildlife conservation by birdwatchers', *Human dimensions of Wildlife* 1(3): 1—14.

McIntosh, C. (1992) 'Eco-tourism shows promise for the north', *Northern Ontario Business* 12(1): 9.

MacKay, K. and McIlraith, A. (1997) *Churchill Visitor Study: Seasonal Overview*, Winnipeg: Health, Leisure and Human Performance Research Institute, University of Manitoba.

McKenzie, J.F. and Smeltzer, J.L. (1997) *Planning, Implementing, and Evaluating Health Promotion Programs: A Primer*, 2nd edn, Toronto: Allyn & Bacon.

McKercher, B. (1993a) 'The unrecognized threat to tourism: can tourism survive "sustainability"?', *Tourism Management* 14(2): 131—136.

——(1993b) 'Some fundamental truths about tourism: understanding tourism's social and environmental impacts', *Journal of Sustainable Tourism* 1(1): 6—16.

——(2010) 'Academia and the evolution of ecotourism', *Tourism Recreation Research* 35(1): 15—26.

McKercher, B. and du Cros, H. (2003) 'Testing a cultural tourism typology', *International Journal of Tourism Research* 5: 45—58.

MacKinnon, B. (1995) 'Beauty and the beasts of ecotourism', *Business Mexico* 5(4): 44—47.

McNeely, J.A. (1988) *Economics and Biological Diversity*, Gland, Switzerland: International Union for the Conservation of Nature and Natural Resources.

——(1993) 'People and protected areas: partners in prosperity', in E. Kemf (ed.), *The Law of the Mother: Protecting Indigenous People in Protected Areas*, San Francisco, CA: Sierra Club.

Medeiros de Araujo, L. and Bramwell, B. (1999) 'Stakeholder assessment and collaborative tourism planning: the case of Brazil's Costa Dourada project', *Journal of Sustainable Tourism* 7(3—4): 356—378.

Mehmetoglu, M. (2007) 'Nature-based tourism: a contrast to everyday life', *Journal of Ecotourism* 6(2): 111—126.

Meletis, Z.A. and Campbell, L.M. (2007) 'Call it consumption! Re-conceptualising ecotourism as consumption and consumptive', *Geography Compass* 1(4): 85—870.

Menkhaus, S. and Lober, D.J. (1996) 'International ecotourism and the valuation of tropical rainforests in Costa Rica', *Journal of Environmental Management* 47: 1—10.

Merry, W. (1994) *St. John Ambulance Official Wilderness First-Aid Guide*, Toronto: McClelland & Stewart Inc.

Metelka, C.J. (1981) The Dictionary of Tourism, Urbana-Champaign, IL: Merton House Co.

——(1990) *The Dictionary of Hospitality, Travel and Tourism*, Albany, NY: Delmar.

Meyer-Arendt, K.J. (1985) 'The Grand Isle, Louisiana resort cycle', *Annals of Tourism Research* 12: 449—465.

Midgley, M. (1994) *The Ethical Primate: Humans, Freedom and Morality*, London: Routledge.

Mieczkowski, Z.T. (1981) 'Some notes on the geography of tourism: a comment, *Canadian Geographer* 25: 186—191.

Milgrath, L. (1989) 'An inquiry into values for a sustainable society: a personal statement', in L. Milgrath (ed.), *Envisioning a Sustainable Society*, Albany, NY: SUNY press.

Mill, R.C. and Morrison, A.M. (1985) *The Tourism System*, Englewood Cliffs, NJ: Prentice-Hall.

Miller, B.R. (1996) 'The global structure of the nature tourism industry: ecotourists, tour operators, and local businesses', *Journal of Travel Research* 35(2): 11—18.

Miller, G. (2001) 'Corporate responsibility in the UK tourism industry', *Tourism Management* 22: 589—598.

Miller K.R. (1976) 'Global dimensions of wildlife management in relation to development and environmental conservation in Latin America', Proceedings of Regional Expert Consultation on Environment and Development, Bogota, 5—10 July, Santiago, Chile: Food and Agriculture Organization.

——(1989) *Planning National Parks for Ecodevelopment: Methods and Cases from Latin America*, Washington, DC: Peace Corps.

Miller, M.L. and Kaye, B.C. (1993) 'Coastal and marine ecotourism: a formula for sustainable development?', *Trends* 30(2): 35—41.

Mimi (2011) 'Consumptive use', Environment. Available online at http://en.mimi.hu/environment/index_environment.html (accessed 10 January 2011).

Mintzberg, H. (1996) 'The myth of "Society Inc."', *The Globe and Mail Report on Business Magazine* October: 113—117.

Mirabella, M. (1998) 'Brazil hopes new push for ecotourism can help save Amazon rain forest'. Available online at www.cnn.com/travel/news/9801/28/amazon.ecotourism (accessed 15 May 2002).

Mitchell, B. (1989) *Geography and Resources Analysis*, New York: Longman.

——(1994) 'Sustainable development at the village level in Bali, Indonesia', *Human Ecology* 22(2): 189—211.

Mitchell, G.E. (1992) *Ecotourism Guiding: How to Start your Career as an Ecotourism Guide*, n.p.: G.E. Mitchell.

Mitchell, L.S. (1984) 'Tourism research in the United States: a geographical perspective', *Geojournal* 9(1): 5—15.

Mlinarić, I.B. (1985) 'Tourism and the environment: a case for Mediterranean cooperation', *International Journal of Environmental Studies* 25: 239—245.

Mohd Shahwahid, H.O., Mohd Iqbal, M.N., Amira Mas, A.Y.U. and Farah, M.S. (2013) 'Assessing service quality of community-based ecotourism: a case study from Kampung Kuantan Firefly Park', *Journal of Tropical Forest Science* 25(1): 22—33.

Moore, J. (1984) 'The evolution of reciprocal sharing', *Ethological Sociobiology* 5: 4—14.

Moore, S. and Carter, B. (1993) 'Ecotourism in the 21st century', *Tourism Management* 14(2): 123—130.

参考文献

Moran, D. (1994) 'Contingent valuation and biodiversity: measuring the user surplus of Kenyan protected areas', *Biodiversity and Conservation* 3: 663—684.

Moreno, P.S. (2005) 'Ecotourism along the Meso-American Caribbean reef: the impacts of foreign investment', *Human Ecology* 33(2): 217—244.

Morrison, A.M., Hsieh, S. and Wang, C.-Y. (1992) 'Certification in the travel and tourism industry', *Journal of Tourism Studies* 3(2): 32—40.

Moscardo, G., Morrison, A.M. and Pearce, P.L. (1996) 'Specialist accommodation and ecologically sustainable tourism', *Journal of Sustainable Tourism* 4(1): 29—54.

Moskwa, E. (2010) 'Ecotourism in the rangelands: landholder perspectives on conservation', *Journal of Ecotourism* 9(3): 175—186.

Mountjoy, A.B. (1971) *Developing the Underdeveloped Countries*, New York: John Wiley.

Mowforth, M. (1993) *Eco-tourism: Terminology and Definitions*, Research Report Series, no. 1, Department of Geographical Sciences, University of Plymouth.

Müller, D.K. and Huuva, S.K. (2009) 'Limits to Sami tourism development: the case of Jokkmokk, Sweden', *Journal of Ecotourism* 8(2): 115—127.

Muloin, S. (1998) 'Wildlife tourism: the psychological benefits of whale watching', *Pacific Tourism Review* 2: 199—213.

Munasinghe, M. (1994) 'Economic and policy issues in natural habitats and protected areas', in L. Munasinghe and J. McNeely (eds), *Protected Area Economics and Policy: Linking Conservation and Sustainable Development*, Washington, DC: World Bank.

Munro, J.K., Morrison-Saunders, A. and Hughes, M. (2008) 'Environmental interpretation evaluation in natural areas', *Journal of Ecotourism* 7(1): 1—12.

Munt, I. and Higinio, E. (1993) 'Belize: eco-tourism gone away', *In Focus* 9:18—19.

Murphy, P.E. (1983) 'Tourism as a community industry: an ecological model of tourism development', *Tourism Management* 4(3): 180—193.

——(1985) *Tourism: A Community Approach*, London: Routledge.

Musa, G., Hall, C.M. and Higham, J.E.S. (2004) 'Tourism sustainability and health impacts in high altitude advanture, cultural and ecotourism destinations: a case study of Nepal's Sagarmatha National Park', *Journal of Sustainable Tourism* 12(4): 306—331.

Myers, N. (1980) *The Sinking Ark*, Oxford: Pergamon Press.

Myles, P.B. (2003) 'Contribution of wilderness to survival of the adventure and ecotourism markets', *USDA Forest Service Proceedings RMRS-P-27*, pp. 185—187.

Nagendra, H., Karmacharya, M. and Marna, B. (2005) 'Evaluating forest management in Nepal: views from across space and time', *Ecology and Society* 10(1). Available online at http://www.ecologyandsociety.org/vol110/iss1/art24 (accessed 8 November 2006).

Naidoo, R. and Adamowicz, W.L. (2005) 'Biodiversity and nature-based tourism at forest reserves in Uganda', *Environment and Development Economics* 10: 159—178.

Nash, R. (1982) *Wilderness and the American Mind*, New Haven: Yale University Press.

Naylon, J. (1967) 'Tourism: Spain's most important industry', *Geography* 52: 23—40.

Nelson, J. and Gami, N. (2003) 'Enhancing equity in the relationship between protected areas and indigenous and local communities in Central Africa, in the context of global change', *CEESP-WCPA-IUCN Theme on Indigenous and Local Communities, Equity and Protected Areas*. Available online at http://www.iucn.org/theme/ceesp/Publications/TILCEPA/CCA-Nelson-Gami.pdf (accessed 8 November 2006).

Nelson, J.G. (1991) 'Sustainable development, conservation strategies, and heritage', in B. Mitchell (ed.), *Resource Management and Development*, Oxford: Oxford University Press.

——(1993) 'Planning and managing national parks and protected areas: a human ecological approach', paper presented at the Ecosystem Management for Managers Workshop, University of Waterloo, Waterloo, Ontario, 18—21 January.

——(1994) 'The spread of ecotourism: some planning implications', *Environmental Conservation* 21(1): 248—255.

Nelson, J.G., Butler, R. and Wall, G. (1993) *Tourism and Sustainable Development: Monitoring, Planning, Managing*, Waterloo, Ontario: Department of Geography Publication Series, no. 37, University of Waterloo.

Nelson, V. (2010) 'Promoting energy strategies on Eco-Certified accommodation websites', *Journal of Ecotourism* 9(3): 187—200.

Nepal, S. (2004) 'Indigenous ecotourism in central British Columbia: the potential for building capacity in the Tl'art'en nations territories', *Journal of Ecotourism* 3(3): 173—194.

Neto, F. (2003) 'A new approach to sustainable tourism development: moving beyond environmental protection', *Natural Resources Forum* 27: 212—222.

Newsome, D., Moore, S.A. and Dowling, R.K. (2002) *Natural Area Tourism: Ecology, Impacts, and Management*, Clevedon: Channel View Publications.

Niezgoda, A. (2004) Problems of Implementing Sustainable Tourism in Poland, Available online at http://www.puereview.ac.poznan.pl/2004v4n1/3-niezgoda.pdf (accessed 28 November).

Nolan, R. and Rotherham, I. (2012) 'Volunteer perceptions of an ecotourism experience: a case study of ecotourism to the coral reefs of Southern Negros in the Philippines',

Journal of Ecotourism 11(3): 153—172.

Norris, R. (1992) 'Can ecotourism save natural areas?', *Parks*, January-February: 31—34.

Notzke, C. (1994) 'Aboriginal people and protected areas', paper presented at Saskatchewan Protected Areas Conference, University of Regina, Regina, Saskatchewan, June.

Novelli, M., Barnes, J.I. and Humavinan, M. (2006) 'The other side of the ecotourism coin: consumptive tourism in Southern Africa', *Journal of Ecotourism* 5(1/2): 62—79.

Nowaczek, A. and Smale, B. (2005) 'Traveller evaluations of ecotour operator ethics at a community-owned and operated site in Tambopata Reserve, Peru', Paper presented at the 11th Canadian Congress on Leisure Research, 17—20 May, Nanaimo, BC.

——(2010) 'Exploring the predisposition of tavellers to qualify as ecotourists: the Ecotourist Predisposition Scale', *Journal of Ecotourism* 9(1): 45—61.

Nyaupane, G.P. and Thapa, B. (2004) 'Evaluation of ecotourism: a comparative assessment in the Annapurna Conservation Area Project, Nepal', *Journal of Ecotourism* 3(1): 20—45.

O'Connor, S., Campbell, R., Cortez H. and Knowles T. (2009) *Whale Watching Worldwide: Tourism Numbers, Expenditures and Expanding Economic Benefits*, Yarmouth, MA: International Fund for Animal Welfare.

O'Gara, G. (1996) 'A natural history of the Yellowstone tourist', *Sierra* 81(2): 54—59, 83—85.

Ogutu, Z.A. (2002) 'The impact of ecotourism on livelihood and natural resource management in Eselenkei, Amboseli ecosystem, Kenya', *Land Degeneration and Development* 13: 251—256.

OK, K. (2006) 'Multiple criteria activity selection for ecotourism planning in Iğneada', *Turkish Journal of Agriculture and Forestry* 30: 153—164.

Olesen, R.M. and Schettini, P. (1994) 'From classroom to cornice: training the adventure tourism professional', in A.V. Seaton (ed.), *Tourism: The State of the Art*, Chichester: John Wiley.

Olsen, M.E., Lodwick, D.G. and Dunlop, R.E. (1992) *Viewing the World Ecologically*. Boulder, CO: Westview.

Olsson, P., Folke, C. and Berkes, F. (2004) 'Adaptive comanagement for building resilience in social-ecological systems', *Environmental Management* 34(1): 75—90.

Ontario Ministry of Tourism and Recreation (1985a) *Planning Recreation: A Manual of Principles and Practices*, Toronto: Government of Ontario.

——(1985b) *Better Planning for Better Recreation,* Toronto: Government of Ontario.

Oppermann, M. (1997) 'Ecolabelling and tourism', TRINET communication, 22 June.

Oprah.com (2013) *3 Ways To Do Good (and Feel Good) on Your Next Vacation.* Available online at http://www.oprah.com/world/Eco-Tourism-Volunteering-Eco-Vacations/2 (accessed 15 September).

Orams, M. (1996) 'Using interpretation to manage nature-based tourism', *Journal of Sustainable Tourism* 4(2): 81—94.

Orams, M.B. (1995) 'Towards a more desirable form of ecotourism', *Tourism Management* 16(1): 3—8.

——(2002) 'Humpback whales in Tonga: an economic resource for tourism', *Coastal Management* 30: 361—380.

O'Reilly, A.M. (1986) 'Tourism carrying capacity: concepts and issues', *Tourism Management* 7(4): 254—258.

Ormsby, A. and Mannle, K. (2006) 'Ecotourism benefits and the role of local guides at Masoala National Park, Madagascar', *Journal of Sustainable Tourism* 14(3): 271—287.

Ortolano, L. (1984) *Environmental Planning and Decision Making,* New York: John Wiley.

Osland, G.E. and Mackoy, R. (2004) 'Ecolodge performance goals and evaluations', *Journal of Ecotourism* 3(2): 109—126.

Ostrom, E. (1999) 'Coping with tragedies of the commons', *Annual Review Political Science* 2: 493—535.

Page, S. and Dowling, R. (2002) *Ecotourism,* Essex, UK: Pearson Education.

Page, S. and Thorn, K. (2002) 'Towards sustainable tourism development and planning in New Zealand: the public sector response revisited', *Journal of Sustainable Tourism* 10(3): 222—238.

Palacio, V. and McCool, S.F. (1997) 'Identifying ecotourists in Belize through benefit segmentation: a preliminary analysis', *Journal of Sustainable Tourism* 5(3): 234—243.

Palmer, N.J. (2006) 'Economic transition and the struggle for local control in ecotourism development: the case of Kyrgyzstan', *Journal of Ecotourism* 5(1/2): 40—61.

Parker, S. and Khare, A. (2005) 'Understanding success factors for ensuring sustainability in ecotourism development in southern Africa', *Journal of Ecotourism* 4(1): 32—46.

Parsons, E.C.M., Fortuna, C.M., Ritter, F., Rose, N.A., Simmonds, M.P., Weinrich, M., Williams, R. and Panigada, S. (2006) 'Glossary of whale watching terms', *Journal of Cetacean Research and Management* 8 (suppl.): 249—251.

Passmore, J. (1974) *Man's Responsibility for Nature*, New York: Scribner.

Patterson, T., Gulden, T., Cousins, K. and Kraev, E. (2004) 'Integrating environmental, social and economic systems: a dynamic model of tourism in Dominica', *Ecological Modelling* 175: 121—136.

Payne, D. and Dimanche, F. (1996) 'Towards a code of conduct for the tourism industry: an ethics model', *Journal of Business Ethics* 15: 997—1007.

Payne, R.J. and Graham, R. (1993) 'Visitor planning and management in parks and protected areas', in P. Dearden and R. Rollins (eds), *Parks and Protected Areas in Canada*, Toronto: Oxford University Press.

Pearce, D.G. (1985) 'Tourism and environmental research: a review', *International Journal of Environmental Studies* 25: 247—255.

——(1991) *Tourist Development*, London: Longman.

Pearce, P.L. (1982) *The Social Psychology of Tourist Behaviour*, Oxford: Pergamon Press.

Peattie, K. (1995) *Environmental Marketing Management: Meeting the Green Challenge*, London: Pitman

Pegas, F., Coghlan, A. and Rocha, V. (2012) 'An exploration of a mini-guide programme: training local children in sea turtle conservation and ecotourism in Brazil', *Journal of Ecotourism* 11(1): 48—55.

Pennisi, L.A., Holland, S.M. and Stein, T.V. (2004) 'Achieving bat conservation through tourism', *Journal of Ecotourism* 3(3): 195—207.

Perkins, H. and Grace, D.A. (2009) 'Ecotourism: supply of nature or tourist demand?', Journal of Ecotourism 8(3): 223—236.

Peterson, G. (1996) 'Four corners of human ecology: different paradigms of human relationships with the earth', in B.L. Driver, D. Dustin, T. Baltic, G. Elsner and G. Peterson (eds), *Nature and the Human Spirit: Toward an Expanded Land Mangement Ethic*, State College, PA: Venture.

Pettersson, R. (2006) 'Ecotourism and indigenous people: positive and negative impacts of Sami tourism', in s. Gössling and J. Hultman (eds), *Ecotourism in Scandinavia: Lessons in Theory and Practice*, Wallingford, UK: CAB International, pp. 166—177.

Pfafflin, G.F. (1987) 'Concern for tourism: European perspective and response', Annals of Tourism Research 14(4): 576—579.

Philipsen, J. (1995) 'Nature-based tourism and recreation: environmental change, perception, ideology and practice', in G.J. Ashworth and A.G.J. Dietvorst (eds), *Tourism and Spatial Transformations: Implications for Policy and Planning*, Wallingford, Oxon.: CAB International.

Phillips, A. (1985) 'Socio-economic development in the "national parks" of England and Wales', *Parks* 10(1): 1—5.

Phillips, H. (2003) 'The pleasure seekers', New Scientist 11 October. Available online at http://wire-heading.com/pleasure.html (accessed 24 October 2008).

Pinchot, G. (1910) *The Fight for Conservation*, New York: Harcourt Brace.

——(1947) *Breaking New Ground*, Seattle: University of Washington Press.

Pinhey, T.K. and Grimes, M.D. (1979) 'Outdoor recreation and environmental concern: a re-examination of the Dunlap-Heffernan thesis', *Leisure Science* 2: 1—11.

Piper, L.A. and Yeo, M. (2011) 'Ecolabels, ecocertification and ecotourism', *Sustainable Tourism: Socio-Cultural, Environmental and Economics Impact*, 279—294.

Pipitone, C., Mas, J., Ruiz Fernandez, J.A., Whitmarsh, D. and Riggio, S. (2000) 'Cultural and socio-economic impacts of Mediterranean marine protected areas', *Environmental Conservation* 27(2): 110—125.

Pitt, D.G. and Zube, E.H. (1987) 'Management of natural environments', *Handbook of Environmental Psychology* 1: 1009—1041.

Plog, S. (1973) 'Why destinational areas rise and fall in popularity', *Cornell Hotel and Restaurant Administration Quarterly*, Novemeber: 13—16.

Plummer, R., Kulczycki, C. and Stacey, C. (2006) 'How are we working together? A framework to assess collaborative arrangements in nature-based tourism', *Current Issues in Tourism* 9(6): 499—515.

Pollock, N.C. (1971) 'Serengeti', *Geography* 56(2): 145—147.

Poon, A. (1993) *Tourism, Technology and Competitive Strategies*, Wallingford, Oxon.: CAB International.

Pouta, E., Neuvonen, M. and Sievanen, T. (2006) 'Determinants of nature trip expenditures in southern Finland: implications for nature tourism development', *Scandinavian Journal of Hospitality and Tourism* 6(2): 118—135.

Powell, R.B. and Ham, S.H. (2008) 'Can ecotourism interpretation really lead to pro-conservation knowledge, attitudes and behavior? Evidence from the Galapagos Islands', *Journal Sustainable Tourism*, 16(4): 467—489.

PPT (2002) *What Is Pro-poor Tourism*. Available online at www.propoortourism.org.uk (accessed 6 June).

Preece, N., van Oosterzee, P. and James, D. (1995) *Biodiversity Conservation and Ecotourism: An Investigation of Linkages, Mutual Benefits and Future Opportunities*, Canberra: Department of the Environment, Sport and Territories.

Pretty, J. and Pimbert, M. (1995) 'Trouble in the Garden of Eden', *Guardian* (London), 13 May, section D.

Price, A.R.G. and Firaq, I. (1996) 'The environmental status of reefs on Maldivian resort islands: a preliminary assessment for tourism planning', *Aquatic Conservation: Marine and Freshwater Ecosystem* 6(2): 93—106.

Priest, S. (1990) 'The semantics of adventure education', in J.C. Miles and S. Priest (eds), *Adventure Education*, State College, PA: Venture Publishing.

Priskin, J. (2003) 'Tourist perceptions of degradation caused by coastal nature-based recreation', *Environmental Management* 32(2): 189—204.

Przeclawski, K. (1996) 'Deontology of tourism', *Progress in Tourism and Hospitality Research* 2: 239—245.

Puhakka, R. and Siikamäki, P. (2012) 'Nature tourists', response to ecolabels in Oulanka PAN Park, Finland', *Journal of Ecotourism* 11(1): 56—73.

Puppim de Oliveira, J.A. (2003) 'Governmental responses to rousim development: three Brazilian case studies', *Tourism Management* 24: 97—110.

——(2005) 'Tourism as a force for establishing protected areas: the case of Bahia, Brazil', *Journal of Sustainable Tourism* 13(1): 24—49.

Putnam, R.D. (2000) *Bowling Alone: The Collapse and Revival of American Community*, New York: Simon & Schuster.

Putz, F.E. and Pinard, M.A. (1993) 'Reduced-impact logging as a carbon off-set method', *Conservation Biology* 7(4): 755—757.

Puustinen, J., Pouta, E., Neuvonen, M. and Sievanen, T. (2009) 'Visits to national parks and the provision of natural and man-made recreation and tourism resources', *Journal of Ecotourism* 8(1): 18—31.

Quinn, B. (1990) 'The essence of adventure', in J.C. Miles and S. Priest (eds), *Adventure Education*, State College, PA: Venture Publishing.

Rainforest Alliance (2008) 'Rainforest Alliance Welcomes the United National Commitment to the establishment of the Sustainable Tourism Stewardship Council'. Available online at http://www.rainforest-alliance.org/newsroom/news/un-stsc (accessed 4 April 2013).

Rajotte, F. (1980) 'Tourism in the Pacific', in F. Rajotte and R. Crocombe (eds), *Pacific Tourism: As Islanders See It*, Suva, Fiji: Institute of Pacific Studies, University of the South Pacific, pp. 1—14.

Ramirez, E. (2005) 'Domestic ecotourism opportunities in Barra de Santiago Estuary, El Salvador', unpublished masters thesis, Lund University, Helsingborg, Sweden.

Rattan, J.K., Eagles, P.F.J. and Mair, H.L. (2012) 'Volunteer tourism: its role in creating conservation awareness', *Journal of Ecotourism* 11(1): 1—15.

Ray, R. (2000) *Management Strategies in Athletic Training*, 2nd edn, Champaign, IL: Human Kinetics.

Redcliff, M. (1987) *Sustainable Development: Exploring the Contradictions*, London:

Methuen.

Rees, W. and Wachernagel, M. (1996) *Our Ecological Footprint: Reducing Human Impact on the Earth*, Gabriolo Island, BC: New Society Publishers.

Reid, H. (2001) 'Contractual national parks and the makuleke community', *Human Ecology* 29(2): 135—155.

Reid, R. Stone, M. and Whiteley, T. (1995) *Economic Value of Wilderness Protection and Recreation in British Columbia*, British Columbia Ministries of Forests and Environment, and Land and Parks, WP-6-012, Decmeber.

Reidenbach, R.E. and Robin, D.P. (1988) 'Some initial steps toward improving the measurement of ethical evaluations of marketing activities', *Journal of Business Ethics* 7: 871—879.

——(1990) 'Toward the development of a multidimensional scale for improving evaluations of business ethics', *Journal of Business Ethics* 9: 639—653.

Reimer, J.K. and Walter, P. (2013) 'How do you know it when you see it? Community-based ecotourism in the Cardarmom Mountains of southwestern Cambodia', *Tourism Management* 34: 122—132.

Reingold, L. (1993) 'Identifying the elusive ecotourist', in *Going Green*, a Supplement to *Tour and Travel News*, 25 October, pp. 36—37.

Relph, E. (1976) *Place and Placelessness*, New York: Methuen.

REST (2003) *Community-based Tourism: The Sustainable Challenge*. Available online at http://www.iabd.org/int/jpn/English/support_files/REST-ENG.pdf (accessed 2 March 2004).

Reynolds, L. (1992) 'Montserrat to target "ecotourists"', *Globe and Mail* 22 February, travel section.

Rhodes, R.A.W. (1997) *Understanding governance: Policy Networks, Governance, Reflexivity and Accountability*, Milton Keynes: Open University Press.

Richards, G. and Hall, D. (2000) 'The community: A sustainable concept in tourism development?', in G. Richards and D. Hall (eds), *Tourism and Sustainable Community Development*, New York: Routledge, pp. 1—13.

Richer, L.K. (1991) 'Political issues in tourism policy: a forecast', in D.E. Hawkins and J.R.B. Ritchie (eds), *World Travel and Tourism Review*, Volume 1, London: CAB International, pp. 189—193.

Riedmiller, S. (2001) 'Private sector investment in marine protected areas: experiences of the Chumbe Island coral park in Zanzibar/Tanzania', paper presented at the ICRI-UNEP-CORDIO Regional Workshop for the Indian Ocean, November 26—28, 2001, Maputo, Mozambique.

Rinne, P. and Saastamoinen, O. (2005) 'Local economic role of nature-based tourism in Kuhmo municipality, eastern Finland', *Scandinavian Journal of Hospitality and Tourism* 5(2): 89—101.

Rivera, M.A. and Croes, R. (2010) 'Ecotourists' loyalty: will they tell about the destination or will they return?', *Journal of Ecotourism* 9(2): 85—103.

Rivers, P. (1973) 'Tourits troubles', *News Society* 23: 250.

Robinson, M. (1999) 'Collaboration and cultural consent: refocusing sustainable tourism', *Journal of Sustainable Tourism* 7(3—4): 379—397.

Rocharungsat, P. (2004) 'Community-based ecotourism: the perspectives of three stakeholder groups', in K.A. Smith and C. Schott (eds), *Proceedings of the New Zealand Tourism and Hospitality Research Conference*, Wellington, 8-10 December, pp. 335—347.

Rodger, K., Smith, A., Newsome, D. and Moore, S.A. (2011) 'Developing and testing an assessment framework to guide the sustainability of the marine wildlife tourism industry', *Journal of Ecotourism* 10(2): 149—164.

Roe, D. and Urquhart, P. (2002) *Pro-poor Tourism: Harnessing the World's Largest Industry for the World's Poor*, London: International Institute for Environment and Development. Available online at www.propoortourism.org.uk/Dilys%20IIED%20paper.pdf (accessed 27 June).

Rogerson, C.M. (2006) 'Pro-poor local economic development in South Africa: the role of pro-poor tourism', *Local Environment* 11(1): 37—60.

Rollins, R. (1993) 'Managing the national parks', in P. Dearden and R. Rollins (eds), *Parks and Protected Areas in Canada*, Toronto: Oxford University Press.

Rollins, R. and Dearden, P. (1993) 'Challenges for the future', in P. Dearden and R. Rollins (eds), *Parks and Protected Areas in Canada*, Toronto: Oxford University Press.

Romeril, M. (1985) 'Tourism and the environment: towards a symbiotic relationship', *International Journal of Environmental Studies* 25: 215—218.

Romero, S. (2000) 'Amazon seeks to green economy', *Toronto Star*, 19 June, section E6.

Ross, G.F. (2003) 'Workstress response perceptions among potential employees: the influence of ethics and trust', *Tourism Review* 58(1): 25—33.

Rozzi, R., Massardo, F., Anderson, C.B., Heidinger, K. and Silander, Jr, J.A. (2006) 'Ten principles for biocultural conservation at the southern tip of the Americas: the approach of the Omora Ethnobotanical Park', *Ecology and Society* 11(1): 43. Available online at http://www.ecology and society.org/vol11/iss1/art43.

Ruitenbeek, J. and Cartier, C. (2001) *The Invisible Wand: Adaptive Co-management as an Emergent Strategy in Complex Bio-economic Systems*, Center for International

Forestry Research Occasional Paper, no. 34, (online), http://www.cifor.cigar.org.

Russell, D., Botrill, C. and Meredith, G. (1995) 'International ecolodge survey', in *The Ecolodge Sourcebook for Planners and Managers*, North Bennington, VT: The Ecotourism Society.

Russell, R.V. (1982) *Planning Programs in Recreation*, St Louis, MO: Mosby.

Ryan, C. (1991) *Recreational Tourism: A Social Science Perspective*, New York: Routledge.

——(1997) 'Ecolabelling and tourism', *TRINET communication*, 22 June.

——(2002) 'Tourism and cultural proximity: examples from New Zealand', *Annals of Tourism Research* 29(4): 952—971.

Smale, B.J.A. and Reid, D.G. (1995) 'Public policy on recreation and leisure in urban Canada', in R. Loreto and T. Price (eds), *Urban Policy Issues: Canadian Perspectives*, 2nd edn, Toronto: Oxford Universty Press.

Smelser, N.J. (1963) *Theory of Collective Behavior*, New York: Free Press.

Smith, A.J., Scherrer, P. and Dowling, R. (2009) 'Impacts on aboriginal spirituality and culture from tourism in the coastal waterways of the Kimberley region, North West Australia', *Journal of Ecotourism* 8(2): 82—98.

Smith, S.L.J. (1990a) *Dictionary of Concepts in Recreation and Leisure Studies*, New York: Greenwood Press.

——(1990b) *Tourism Analysis*, New York: Longman.

Smith, V.L. (1989) 'Introduction', in V.L. Smith (ed.), *Hosts and Guests: The Anthropology of Tourism*, Philadelphia: University of Pennsylvania Press.

Snell, M.B. (2001) 'Gorillas in the cross fire', *Sierra* 86(6): 30—34.

Sofield, T. and Li, F.M.S. (2003) 'Processes in formulating an ecotourism policy for nature reserves in Yunnan Province, China', in D.A. Fennell and P.K. Dowling (eds), *Ecotourism Policy and Planning*, Wallingford, Oxon.: CAB International.

Solomon, B., Corey-Luse, C. and Halvorsen, K. (2004) 'The Florida manatee and ecotourism: toward a safe minimum standard', *Ecological Economics* 50: 101—115.

Sorice, M.G., Shafer, C.S. and Ditton, R.B. (2006) 'Managing endangered species within the use-preservation paradox: the Florida manatee (*Trichechus manatus Latirostris*) as a tourism attraction', *Environmental Management* 37(1): 69—83.

Southgate, C.R.J. (2006) 'Ecotourism in Kenya: the vulnerability of communities', *Journal of Ecotourism* 5(1/2): 80—96.

Spinage, C. (1998) 'Social change and conservation misrepresentation in Africa', *Oryx* 32(4): 265—276.

Sproule, K.W. (1996) 'Community-based ecotourism development: identifying partners in the process', paper presented at the Ecotourism Equation: Measuring the Impacts

(ISTF) Conference, Yale School of Forestry and Environmental Studies, 12—14 April.

Staiff, R., Bushell, R. and Kennedy, P. (2002) 'Interpretation in national parks: some critical questions', *Journal of Sustainable Tourism* 10(2): 97—113.

Stanford, C.B. (1999) 'Gorilla warfare', *The Sciences* (July-August): 18—23.

Stankey, G.H. and McCool, S.F. (1984) 'Carrying capacity in recreational settings: evolution, appraisal, and application', *Leisure Sciences* (July-August): 18—23.

Stark, J.C. (2002) 'Ethics and ecotourism: connections and conflicts', *Philosophy and Geography* 5(1): 101—113.

Starmer-Smith, C. (2004, 6 November) 'Eco-friendly tourism on the rise', *Daily Telegraph Travel*, 4.

Stebbins, R.A. (1996) 'Cultural tourism as serious leisure', *Annals of Tourism Research* 23(4): 948—950.

Steele, P. (1993) 'The economics of eco-tourism', *In Focus* 9: 7—9.

——(1995) 'Ecotourism: an economic analysis', *Journal of Sustainable Tourism* 3(1): 29—44.

Stein, T.V., Clark, J.K. and Rickards, J.L. (2003) 'Assessing nature's role in ecotourism development in Florida: perspectives of tourism professionals and government decision-makers', *Journal of Ecotourism* 2(3): 155—172.

Stern, P.C., Dietz, T., Dolsak, N., Ostrom, E. and Stonich, S. (2002) 'Knowledge and questions after 15 years of research', in E. Ostrom, T. Dietz, N. Dolsak, P.C. Stern, S. Stonich and E.U. Weber (eds), *The Drama of the Commons*, Washington, DC: National Academy Press, pp. 445—486.

Stevens, B. (1994) 'An analysis of corporate ethical code studies: "Where do we go from here?"', *Journal of Business Ethics* 13: 63—69.

Stoll, J.R., Ditton, R.B. and Stokes, M.E. (2009) 'Sturgeon viewing as nature tourism: to what extent do participants value their viewing experiences and the resources upon which they depend?', *Journal of Ecotourism* 8(3): 254—268.

Stonehouse, B. (2001) 'Polar environments', in D.B. Weaver (ed.), *The Encyclopedia of Ecotoursim*, Wallingford, Oxon.: CAB International.

Strong, P. and Morris, S.R. (2010) 'Grey seal (Halichoerus grypus) disturbance, ecotourism and the Pembrokeshire marine code around Ramsey Island', *Journal of Ecotourism* 9(2): 117—132.

Stronza, A. (2001) 'Anthropology of tourism: forging new ground for ecotourism and other alternatives', *Annual Review of Anthropology* 30: 261—283.

——(2007) 'The economic promise of ecotourism conservation', *Journal of Ecotourism* 6(3): 210—230.

Stronza, A. and Gordillo, J. (2008) 'Community views on ecotourism', *Annals of Tourism Research* 35(2): 448—468.

Sulaiman, Y. (2006) 'Enter lottery for right to visit ecotourism destination?', *ETurboNews*, Wednesday 27 September, p. 1.

Swarbrooke, J. and Horner, S. (1999) *Consumer Behavious in Tourism*, Oxford: Butterworth-Heinemann.

Swart, S. and Saayman, M. (1997) 'Legislative restrictions on the tourism industry: a South African perspective', *World Leisure and Recreation* 39(1): 24—30.

Sydee, J. and Beder, S. (2006) 'The right way to go? Earth Sanctuaries and market-based conservation', *Captialism Nature Socialism* 17(1): 83—98.

Tang, T., Zhong, L. and Cheng, S. (2012) 'Tibetan attitudes towards community participation and ecotourism', *Journal of Resources and Ecology* 3(1): 8—15.

Tangley, L. (1988) 'Who's polluting Antarctica?', *BioScience* 38(9): 590—594.

Tao, C.-H., Eagles, P.F.J. and Smith, S.L.J. (2004) 'Profiling Taiwanese ecotourists using a self-definition approach', *Journal of Sustainable Tourism* 12(2): 149—168.

Taylor, J.E., Dyer, G.A., Stewart, M., Yunez-Naude, A. and Ardila, S. (2003) 'The economics of ecotourism: a Galápagos Islands economy-wide perspective', *Economic Development and Cultural Change* 51: 977—997.

Taylor, P.W. (1989) *Respect for Nature: A Theory of Environmental Ethics*, Princeton, NJ: Princeton University Press.

Tepelus, C. (2008) 'Reviewing the IYE and WSSD processes and impacts on the tourism sustainability agenda', *Journal of Ecotourism* 7(1): 77—86.

Texas Parks and Wildlife (1996) *Nature Tourism in the Lone Star State*, Austin, TX: Texas Parks and Wildlife Development.

Thaman, K.H. (2002) 'Shifting sights: the cultural challenge of sustainability', *International Journal of Sustainability in Higher Education* 3(3): 233—242.

The International Ecotourism Society (TIES) (2006) *Fact Sheet: 'Global ecotourism'*, Bennington, VT: Author.

Theerapappisit, P. (2003) 'Mekong tourism development: capital or social mobilization?', *Tourism Recreation Research* 28(1): 47—56.

Theophile, K. (1995) 'The forest as a business: is ecotourism the answer?', *Journal of Forestry* 93(3): 25—27.

Thomlinson, E. and Getz, D. (1996) 'The question of scale in ecotourism: case study of two small ecotour operators in the Mundo Maya region of Central America', *Journal of Sustainable Tourism* 4(4): 183—200.

Thompson, P. (1995) 'The errant e-word: putting ecotourism back on track', *Explore*, 73: 67—72.

Tibbetts, J. (1995—6) 'A walk on the wild side', *Coastal Heritage* 10(3): 3—9.

TIES (2012) 'SEE turtles offers an expenses paid week of volunteering with sea turtle conservation project in Costa Rica'. Available online at http://www.ecotourism.org/news/volunteer (accessed 15 September 2013).

Tilley, F. (1999) 'The gap between the environmental attitudes and the environmental behavior of small firms', *Business Strategy and the Environment* 8: 238—248.

Timothy, D. (1998) 'Cooperative tourism planning in a developing destination', *Journal of Sustainable Tourism* 6(1): 52—68.

Tims, D. (1996) 'The perspective of outfitters and guides', in B.L. Driver, D. Dustin, T. Baltic, G. Elsner and G. Peterson (eds), *Nature and the Human Spirit: Toward an Expanded Land Management Ethic*, State College, PA: Venture.

Tipa, G. and Welch, R. (2006) 'Comanagment of natural resources: issues of definition from an indigenous community perspective', *Journal of Applied Behavioral Science* 42(3): 373—391.

Tisdell, C. (1995) 'Investment in ecotourism: assessing its economics', *Tourism Economics* 1(4): 375—387.

Tisdell, C. and Wilson, C. (2004) 'Economics of wildlife tourism', in K. Higginbottom (ed.), *Wildlife Tourism: Impacts, Management and Planning*, Altona, VIC: Common Ground.

Tompkins, L. (1996) *A Description of Wilderness Tourism and Outfitting in the Yukon*, Whitehorse: Department of Tourism.

Tongson, E. and Dygico, M. (2004) 'User fee system for marine ecotourism: the Tubbataha reef experience', *Coastal Management* 32: 17—23.

Topelko, K.N. and Dearden, P. (2005) 'The shark watching industry and its potential contribution to shark conservation', *Journal of Ecotourism* 4(2): 108—128.

Tourism Concern (1992) *Byeond the Green Horizon: Principles for Sustainable Tourism*, United Kingdom: World Wildlife Fund.

Tourism Industry Association of Canada (1995) *Code of Ethics and Guidelines for Sustainable Tourism*, Ottawa: Tourism Industry Association of Canada.

Travis, A.S. (1982) 'Physical impacts: trends affecting tourism', *Tourism Management* 3: 256—262.

Tremblay, P. (2001) 'Wildlife tourism consumption: consumptive or non-consumptive?', *International Journal of Tourism Research* 3: 81-86.

——(2008) 'Wildlife in the landscape: a top end perspective on destinational-level wildlife and tourism management', *Journal of Ecotourism* 7(2/3): 179—196.

Tribe, J. (2002) 'Education for ethical tourism action', *Journal of Sustainable Tourism* 10: 309—324.

Tribe, J., Font, X., Griffiths, N., Vickery, R. and Yale, K. (2000) *Environmental Management for Rural Tourism and Recreation*, London: Cassell.

Trivers, R. (1971) 'The evolution of reciprocal altruism', *Quarterly Review of Biology* 46: 35—37.

Tuan, Y.-F. (1971) 'Geography, phenomenology, and the study of human nature', *The Canadian Geographer* 14: 193—201.

Tubb, K.N. (2003) 'An evaluation of the effectiveness of interpretation within Dartmoor National Park in reaching the goals of sustainable tourism development', *Journal of Sustainable Tourism* 11(6), 476—498.

Turnbull, C. (1981) 'East African Safari', *Natural History* 90(5): 26—34.

Uhlik, K.S. (1995) 'Partnership step by step: a practical model of partnership formation', *Journal of Park and Recreation Administration* 13(4): 13—24.

UNEP/WTO (2002) *Quebec Declaration on Ecotourism.* Available online at www. uneptie.org/pc/tourism/documents/ecotourism/WESoutcomes/Quebec-Declar-eng.pdf (accessed 31 August).

United Nations Environment Programme Industry and Environment (1995) *Environmental Codes of Conduct for Tourism*, Technical Report no. 29, Paris: UNEP.

UNWTO (2013) 'UNWTO Highlights: 2013 Edition', Available online at http:// dtxtq4w60xqpw.cloudfront.net/sites/all/files/pdf/unwto_highlights13_cn_hr_0.pdf (accessed 31 August).

Upchurch, R.S. and Ruhland, S.K. (1995) 'An analysis of ethical work climate and leadership relationship in lodging operations', *Journal of Travel Research* 34(2): 36—42.

Upreti, B.N. (1985) 'The park-people interface in Nepal: problems and new directions', in J.A. McNeely, J.W. Thorsell and S.R. Chalise (eds), *People and Protected Areas in the Hindu Kush-Himalaya*, Kathmandu, Nepal: King Mahendra Trust for Nature Conservation and the International Centre for Integrated Mountain Development.

Urich, P.B., Day, M.J. and Lynagh, F. (2001) 'Policy and practice in karst landscape protection: Bohol, the Philippines', *Geographical Journal* 167(4): 305—323.

Urry, J. (1992) 'The tourist gaze and the "environment"', *Theory, Culture and Society* 9: 1—26.

U.S. Department of the Interior (1993) *Guiding Principles of sustainable Design,* Denver, CO: Denver Service Center.

US Forest Service (1994) *Recreation Executive Report*, Washington, DC: Department of Interior, US Forest Service.

Valentine, P.S. (1993) 'Ecotourism and nature conservation: a definition with some recent developments in Micronesia', *Tourism Managemnt* 14(2): 107—115.

参考文献

Van Amerom, M. (2006) 'African foreign relations as a factor in ecotourism development: the case of South Africa', *Journal of Ecotourism* 5(1/2): 112—127.

Van der Merwe, C. (1996) 'How it all began: the man who "coined" ecotourism tells us what it means', *African Wildlife* 50(3): 7—8.

Van Liere, K.D. and Noe, F.P. (1981) 'Outdoor recreation and environmental attitudes: further examination of the Dunlap-Heffernan thesis', *Rural Sociology* 46: 501—513.

Veal, A.J. (1992) *Research Methods for Leisure and Tourism: A Practical Guide*, Harlow: Longman Group.

Vespestad, M. and Lindberg, F. (2010) 'Understanding nature-based tourist experiences: an ontological analysis', *Current Issues in Tourism* 14(6): 563—580.

Veverka, J.A. (1994) 'Interpretation as a management tool', *Environmental Interpretation* 9(2): 18—19.

Vincent, V.C. and Thompson, W. (2002) 'Assessing community support and sustainability for ecotourism development', *Journal of Travel Research* 41: 153—160.

Vogeler, I. and DeSouza, A. (1980) *Dialectics of Third World Development*, New Jersey: Allanheld, Osmun.

Vovelli, M., Barnes, J.I. and Humavindu, M. (2006) 'The other side of the ecotourism coin: consumptive tourism in southern Africa', *Journal of Ecotourism* 5(1/2): 62—79.

Waayers, D., Newsome, D. and Lee, D. (2006) 'Observations of non-compliance behavior by tourists to a voluntary code of conduct: a pilot study of turtle tourism in the Exmouth region, Western Australia', *Journal of Ecotourism* 5(3): 211—222.

Wagar, J.A. (1964) 'The carrying capacity of wildlands for recreation', Society of American Foresters, *Forest Service Monograph* 7: 23.

Waite, G. (1999) 'Naturalizing the "primitive": a critique of marketing Australia's indigenous peoples as "hunter-gatherers"', *Tourism Geographies* 1(2): 142—163.

Waitt, G., Lane, R. and Head, L. (2003) 'The boundaries of nature tourism', *Annals of Tourism Research* 30(3): 523—545.

Wall, G. (1982) 'Cycles and capacity: incipient theory or conceptual contradiction', *Tourism Mangement* 3(3): 188—192.

——(1993) 'International collaboration in the search for sustainable tourism in Bali, Indonesia', *Journal of Sustainable Tourism* 1(1): 38—47.

——(1994) 'Ecotourism: old wine in new bottles?', *Trends* 31(2): 4—9.

Wall, G. and Wright, C. (1977) *The Environmental Impact of Outdoor Recreation*, Publication Series, no. 11, Department of Geography, University of Waterloo, Ontario.

Wallace, G.N. (1993) 'Wildlands and ecotourism in Latin America', *Journal of Forestry* 91(2): 37—40.

Wallace, G.N. and Pierce, S.M. (1996) 'an evaluation of ecotourism in Amazonas, Brazil', *Annals of Tourism Research* 23(4): 843—873.

Walle, A.H. (1995) 'Business ethics and tourism: from micro to macro perspectives', *Tourism Management* 16(4): 263—268.

Walpole, M.J., Goodwin, J.J. and Ward, K.G.R. (2001) 'Pricing policy for tourism in protected areas: lessons from Komodo National Park, Indonesia', *Conservation Biology* 15: 218—227.

Walter, P.G. (2013) 'Theorising visitor learning in ecotourism', *Journal of Ecotourism* 12(1): 15—32.

Walters, R.D.M. and Samways, M.J. (2001) 'Sustainable dive ecotourism on a South African coral reef', *Biodiversity and Conservation* 10: 2167—2179.

Watkinson, R. (2002) 'Frogs or cassowaries: cooperative marketing with the tourism industry', *Journal of Ecotourism* 1(2/3): 181—188.

Watson, R. (1996) 'Risk management: a plan for safer activities', *Canadian Association for Health, Physical Education, Recreation and Dance Journal*, Spring: 13—17.

Wearing, S. (1994) 'Social and cultural perspectives in training for indigenous ecotourism development', unpublished paper.

——(1995) 'Professionalisation and accreditation of ecotourism', *Leisure and Recreation* 37(4): 31—36.

Wearing, S. and Neil, J. (1999) *Ecotourism: Impacts, Potential and Possibilities*, Oxford: Butterworth-Heinemann.

Weaver, D.B. (1990) 'Grand Cayman Island and the resort cycle concept', *Journal of Travel Research* 29(2): 9—15.

——(1991) 'Alternative to mass tourism in Dominica', *Annals of Tourism Research* 18: 414—432.

——(1993) 'Ecotourism in the small island Caribbean', *GeoJournal* 31: 457—465.

——(1995) 'Alternative tourism in Monserrat', *Tourism Management* 16(8): 593—604.

——(1998) *Ecotourism in the Less Development World*, London: CAB International.

——(1999) 'Magnitude of ecotourism in Costa Rica and Kenya', *Annals of Tourism Research* 26(4): 792—816.

——(2001a) 'Ecotourism as mass tourism? Contradiction or reality?', *Cornell Hotel and Restaurant Administration* Quarterly April: 104—112.

——(2001b) *Ecotourism*, Milton, Queensland: John Wiley & Sons.

——(2001c) *The Encyclopedia of Ecotourism*, Wallingford, Oxon.: CAB International.

——(2002a) 'Asian ecotourism: patterns and themes, *Tourism Geographies* 4(2): 153—

172.

——(2002b) 'The evolving concept of ecotourism and its potential impacts', *International Journal of sustainable Development* 5(3): 251—264.

Weaver, D.B. and Fennell D. A. (1997) 'The vacation farm industry of Saskatchewan: a profile of operators', *Tourism Management* 18(6): 357—365.

Weaver, D.B. and Lawton, L. (2002) 'Overnight ecotourist market segmentation in the Gold Coast Hinterland of Australia', *Journal of Travel Research*, 40: 270—280.

——(2007) 'Progress in tourism management twenty years on: the state of contemporary ecotourism research', *Tourism Management* 28: 1168—1179.

Weaver, D.B. and Schluter, R. (2001) 'Latin America and the Caribbean', in D.B. Weaver (ed.), *The Encyclopedia of Ecotourism,* Wallingford, Oxon.: CAB International.

Weaver, G. and Wishard-Lambert, V. (1996) 'Community tourism development: an opportunity for park and recreation departments', *Parks and Recreation* 31(9): 78—83.

Weeden, C. (2001) 'Ethical tourism: an opportunity for competitive advantage?', *Journal of Vacation Marketing* 8(2): 141—153.

Weiler, B. (1993) 'Nature-based tour operators: are they environmentally friendly or are they faking it?', *Tourism Recreation Research* 18(1): 55—60.

Weiler, B. and Davis, D. (1993) 'An exploratory investigation into the roles of the nature-based tour leader', Tourism Management 14(2): 91—98.

Weiler, B. ad Ham, S. (2001) 'Tour guides and interpretation', in D.B. Weaver (ed.), *The Encyclopedia of Ecotourism*, Wallingford, Oxon.: CAB International.

——(2002) 'Tour guide training: a model for sustainable capacity building in developing countries', *Journal of Sustainable Tourism* 10(1): 52—69.

Weiler, B. and Richins, H. (1995) 'Extreme, extravagant and elite: a profile of ecotourists on Earthwatch expeditions', *Tourism Recreation Research* 20(1): 29—36.

Weinberg, A., Bellows, S. and Ekster, D. (2002) 'Sustaining ecotourism: insights and implications from two successful case stuides', *Society and Natural Resources* 15: 371—380.

Welford, R. and Ytterhus,B.(1998) 'Conditions for the transformation of eco-tourism into sustainable tourism', *European Environment* 8: 193—201.

Welford, R., Ytterhus, B. and Eligh, J. (1999) 'Tourism and sustainable development: an analysis of policy and guidelines for managing provision and consumption', *Sustainable Development* 7(4): 165—177.

Wells, M., Brandon, K. and Hannah, L. (1992) *People and Parks: Linking Protected Area Management with Local Communities*, Washington, DC: World Bank.

Weschler, I.R. (1962) *Issues in Human Relations Training*, Washington, DC: National Training Laboratories.

Western, D. (1993) 'Defining ecotourism', in K. Lindberg and D.E. Hawkins (eds), *Ecotourism: A Guide for Planners and Managers*, North Bennington, VT: The Ecotourism Society.

Western, D. and Thresher, P. (1973) *Development Plans for Amboseli,* Nairobi: World Bank Report.

Weston, S.A. (1996) *Commercial Recreation and Tourism: An Introduction to Business Oriented Recreation,* Toronto: Brown & Benchmark.

Wheeler, M. (1994) 'The emergence of ethics in tourism and hospitality', *Progress in Tourism, Recreation, and Hospitality Management* 6: 46—56.

Wheeller, B. (1994) 'Egotourism, sustainable tourism and the environment: a symbiotic, symbolic or shambolic relationship', in A.V. Seaton (ed.), *Tourism: The State of the Art,* Chichester: John Wiley.

——(2004) 'The truth? The hole truth. Everything but the truth. Tourism and knowledge: a septic sceptic's perspective', *Current Issues in Tourism* 7(6): 467—477.

White, D. (1993) 'Tourism as economic development for native people living in the shadow of a protected area: a North American case study', *Society and Natural Resources* 6: 339—345.

White, L. Jr (1971) 'The historic roots of our ecologic crisis', in R.M. Irving and G.B. Priddle (eds), *Crisis,* London: Macmillan.

Wickens, E. (2002) 'The sacred and the profane: a tourist typology', *Annals of Tourism Research* 29(3): 834—851.

Wight, P.A. (1993a) 'Sustainable ecotourism: balancing economic, environmental and social goals within an ethical framework', *Journal of Tourism Studies* 4(2): 54—66.

——(1993b) 'Ecotourism: ethics or eco-sell?', *Journal of Travel Research* 21(3): 3—9.

——(1995) 'Greening of remote tourism lodges', paper presented at Shaping Tomorrow's North: The Role of Tourism and Recreation, Lakehead University, Thunder Bay, Ontario, 12—15 October.

——(1996) 'North American ecotourists: market profile and trip characteristics', *Journal of Travel Research* 34(4): 2—10.

Wilcove, D S. and Eisner, T. (2000) 'The impending extinction of natural history', *Chronicle Review, Chronicle of Higher Education* 47(3): B24.

Wilensky, H.L. (1964) 'The professionalization of everyone?', *American Journal of Sociology* 70(2): 137—158.

Wiles, R. and Hall, T. (2005) 'Can interpretive messages change park visitors' views on wildland fire?', *Journal of Interpretation Research* 10(2): 18—35.

Williacy, S. and Eagles, P.F.J. (1990) *An Analysis of the Federation of Ontario Naturalists' Canadian Nature Tours Programme*, Department of Recreation and Leisure Studies, University of Waterloo, Waterloo, Ontario.

Williams, P.W. (1992) 'A local framework for ecotourism development', *Western Wildlands* 18(3): 14—19.

Wilson, A. (1992) *The Culture of Nature*, Cambridge, MA: Blackwell.

Wilson, C. and Tisdell, C. (2003) 'Conservation and economic benefits of wildlife-based marine tourism: sea turtles and whales as case studies', *Human Dimensions of Wildlife* 8: 49—58.

Wilson, E.O. (1984) *Biophilia*, Cambridge, MA: Harvard University Press.

——(2002) *The Future of Life*, New York: Vintage Books.

Wilson, M. (1987) 'Nature oriented tourism in Ecuador: assessment of industry structure and development needs', Forestry Private Enterprise Initiative, North Carolina State University, Raleigh, North Carolina, no. 20.

Windsor, R., Baranowski, T., Clark, N. and Cutter, G. (1994) *Evaluation of Health Promotion, Health Education, and Disease Prevention Programs*, Mountain View, CA: Mayfeld.

Winkler, R. (2006) 'Subsistence farming, poaching and ecotourism: social versus communal welfare maximization in wildlife conservation'. Available online at http://www.uni-kiel.de/ifw/konfer/wsumwelt/winkler.pdf (accessed 28 September).

Winpenny, J.T. (1982) 'Issues in the identification and appraisals of tourism projects in developing countries', *Tourism Management* 3(4): 218—221.

Winson, A. (2006) 'Ecotourism and sustainability in Cuba: does socialism make a difference?', *Journal Sustainable Tourism* 14(1): 6—23.

Wise, R.A. (2004) 'Dopamine, learning and motivation', *Nature Reviews Neuroscience* 5(6): 483—495.

Wollenberg, K.C., Jenkins, R.K.B., Randrianavelona, R., Rampilamanana, R., Ralisata, M., Ramanandraibe, A., Ravoahangimalala, R.R. and Vences, M. (2011) 'On the shoulders of lemurs: pinpointing the ecotouristic potential of Madagascar's unique herpetofauna', *Journal of Ecotourism* 10(2): 101—117.

Wood, M.E. (1991) 'Formulating the Ecotourism Society's Regional Action Plan', in J.A. Kusler (ed.), *Ecotourism and Resource Conservation*. Madison, WI: Madison Publishers, pp. 80—89.

World Commission on Environment and Development (1987) *Our Common Future*, Oxford: Oxford University Press.

Worthen, B.R., Sanders, J.R. and Fitzpatrick, J.L. (1997) *Program Evaluation:*

Alternative Approaches and Practical Guidelines, New York: Longman.

Wright, J.R. (1983) *Urban Parks in Ontario Part I: Origins to 1860*, Toronto: Ministry of Tourism and Recreation.

——(1987) 'The university and the recreation profession', *Recreation Canada* 45(3): 14—18.

Wunder, S. (2000) 'Ecotourism and economic incentives: an empirical approach', *Ecological Economics* 32: 465—479.

Wyatt, S. (1997) 'Dialogue, reflection, and community', *Journal of Experiential Education* 20(2): 80—85.

Yaman, A.R. and Mohd, A. (2004) 'Community-based ecotourism: a new proposition for sustainable development and environmental conservation in Malaysia', *Journal of Applied Sciences* 4(4): 583—589.

Yaman, H.R. (2003) 'Skinner's naturalism as a paradigm for teaching business ethics: a discussion from tourism', *Teaching Business Ethics* 7: 107—122.

Yee, J.G. (1992) *Ecotourism Market Survey: A Survey of North American Ecotourism Tour Operators*, San Francisco: PATA.

Yeoman, I., Munro, C. and McMahon-Beattie, U. (2006) 'Tomorrow's: world, consumer and tourist', *Journal of Vacation Marketing* 12(2): 174—190.

Yi-fong, C. (2012) 'The indigenous ecotourism and social development in Taroko National Park area and San-Chan tribe, Taiwan', *GeoJournal* 77: 805—815.

Young, B. (1983) 'Touristization of a traditional Maltese fishing-farming village: a general model', *Tourism Management* 4(1): 35—41.

Young, E.H. (1999) 'Balancing conservation with development in small-scale fisheries: is ecotourism an empty promise?', *Human Ecology* 27(4): 581—620.

Young, F.J.L. (1964) *The Contracting Out of Work: Canadian and USA Industrial Relations Experience*, Industrial Relations Centre, Queen's University, Kongston, Ontario.

Yudina, O. and Fennell, D.A. (2013) 'Ecofeminism in the tourism context: a discussion of the use of other-than-human animals as food in tourism', *Tourism Recreation Research* 38(1): 55—69.

Zeppel, H. (2006) *Indigenous Ecotourism: Sustainable Development and Management*, Wallingford, Oxon.: CABI.

Zeppel, H. and Muloin, S. (2008) 'Aboriginal interpretation in Australian wildlife tourism', *Journal of Ecotourism* 7(2/3): 116—136.

Zhuang, H., Lassoie, J.P. and Wolf, S.A. (2011) 'Ecotourism development in China: prospects for expanded roles for non-governmental organisations', *Journal of Ecotourism* 10(1): 46—63.

参考文献

Ziffer, K. (1989) *Ecotourism: The Uneasy Alliance*, Working Paper, no. 1, Washington, DC: Conservation International.

Zimmerman, E.W. (1951) *World Resources and Industries*, New York: Harper.

Zwirn, M., Pinsky, M. and Rahr, G. (2005) 'Angling ecotourism: issues, guidelines, and experience from Kamchatka', *Journal of Ecotourism* 4(1): 16—31.

后　　记

我要感谢劳特利奇（Routledge）出版社的几位知识丰富的工作人员，包括安德烈·莫尔德（Andrew Mould）、费伊·利林克（Faye Leerink），特别要感谢协调本项目的卡丽·贝尔（Carrie Bell）和莎拉·吉尔克斯（Sarah Gilkes）。曼迪·金特尔（Mandy Gentle）在整个文件编辑的过程中一直督促我专注于此事。整个编辑团队非常专业，在很大程度上帮助我收集各方面的资料，让本版相对之前的版本有较大的提升。还要感谢麦克·芬内尔（Mike Fennell）给我们提供了这么好的封面照片。祝他旅途顺利！

非常感谢所有文章版权的持有者允许我们在书中引用，如果有遗漏也非常抱歉。后记中没有提到的对本书有贡献的人，希望你能联系我们的出版社，我们会在未来的再版中一并感谢。

图书在版编目(CIP)数据

生态旅游:第四版/(加)戴维·A.芬内尔著;张凌云,马晓秋译.—北京:商务印书馆,2017
(当代旅游研究译丛)
ISBN 978-7-100-13023-3

Ⅰ.①生… Ⅱ.①戴…②张…③马… Ⅲ.①生态旅游—研究 Ⅳ.①F590.75

中国版本图书馆 CIP 数据核字(2017)第 045324 号

权利保留,侵权必究。

当代旅游研究译丛
生 态 旅 游
(第四版)
〔加〕戴维·A.芬内尔 著
张凌云 马晓秋 译

商 务 印 书 馆 出 版
(北京王府井大街36号 邮政编码100710)
商 务 印 书 馆 发 行
北 京 冠 中 印 刷 厂 印 刷
ISBN 978-7-100-13023-3

2017年4月第1版　　开本 787×960 1/16
2017年4月北京第1次印刷　印张 26½
定价:62.00元